国家社会科学基金重大招标项目
《百年道家与道教研究著作提要集成》
（批准号：14ZDB118）成果

道家与道教研究著作提要集成

（1901—2017）（四）

詹石窗　总主编

国家图书馆出版社

目　录

4.老子思想研究

老子平议

　　《老子平议》，［清］俞樾著。本书是俞樾《诸子平议》中的一卷。《诸子平议》的出版形式有两种：丛书版与单行本版，版本较多。比如：1922年双流李氏念劬堂刻本，共14册。上海：商务印书馆，1935年4月初版、7月再版，系"国学基本丛书"之一种。

　　俞樾（1821—1907），字荫甫，号曲园，浙江德清人。晚清著名学者，经学家，小学家。一生著作颇丰，有《春在堂全书》，以经为主，兼涉史、子、集。其中代表性著作为《群经平议》《诸子平议》《古书疑义举例》等。晚清与近代许多著名学者如章太炎、崔适、吴昌硕等都出自俞樾的门下。

　　《诸子平议》是俞樾继《群经平议》后又一部训诂校勘著作，校释了15种子书：《管子》《晏子春秋》《老子》《墨子》《荀子》《列子》《庄子》《商子》《韩非子》《吕氏春秋》《董子春秋繁露》《贾子》《淮南内经》《扬子太玄》《扬子法言》。该书与《群经平议》以及乾嘉学派王念孙、王引之父子的《读书杂志》《经义述闻》并列为清代四大训诂学考据巨著。

　　自古以来，《老子》作为一个年代久远、篇幅简短，但含义丰富玄妙的哲学巨著，被历代学者注解解读。但何为原始的、真正的《老子》古本？经中很多存在争议的地方其原文到底如何？意义又作何解？著者通过对诸版本的研究分析，结合文字训诂的方法，所作的《老子平议》，旨在还原《老子》的古本真实面貌及其所要表达的本原意义。《老子平议》为《诸子平议》的第八卷，共45页，以通行版的王弼本《老子》为底本进行校勘平议，一共列出了《老子》全文中50余处进行考辩。其所考辩的参考内容除了其他版本的《老子》，诸如河上公版《老子》、傅奕版《老子》、唐景龙二年（708）道德经碑等外，还有《易经》《诗经》《汉书》《韩非子》《说文解字》等不同著作。在整篇《老子平议》中，著者根据以上资料，对《老子》多处的音律、句式、字词等进行考据分析。根据"一律"或"一义"的原则：即语法结构的一致性、音律的一致性、词序排列的一致性、前后文意义的一致性、字的含义的一致性等等方面，考辩出了《老子》中的通假字、词序错误、语序错误、少字、衍文、误字、章节错误等多处可疑之处。通过著者的考辩，整个《老子》的行文更加规范一致，意义更加明确统一。如《老子》第21章，王弼版原文为："道之为物，惟恍惟惚。惚兮恍兮，其中有象；恍兮惚兮，其中有物。"著者根据前后对应的"一律"原则，认为正确的原文应该是："道之为物，惟恍惟惚。恍兮惚兮，其中有物；惚兮恍兮，其中有象。"

与著者当时颠沛流离的生存环境有关，本书的引用资料，包括整个《诸子平议》，都不是非常多。但著者治学严谨，不偏向不盲从，考辩分析有理有据。而且没有停留在考据的层面，而是通过训诂来通达经义，尤其注意整个《老子》前后文的思想一致性与逻辑连贯性，并且将很多语句放到当时的历史环境下进行考察，还原其本来面目。遗憾的是，《老子平议》乃至整个《诸子平议》在后世的研究中，大部分人都将重点放在了语法、句式、训诂等方面，而鲜见有人对俞樾注解后的诸子著作的经义本身做进一步的研究与还原。（黄子鉴）

老子哲学的研究和批评

《老子哲学的研究和批评》，程辟金著。上海：民智书局，1923年6月版，系"国民丛书"之一种。

本书共分八章。第一章讨论了老子其人及年代。著者对一些历史记载进行分析之后，认为老子其人既非孔子问礼的老子，也非历史记载的"老莱子"，而是孔子殁后100多年的周太史儋。

第二章中著者提出一个很大胆的观点：认为《老子》一书乃是一首哲学诗。因为《老子》的体裁到底是诗还是文？前人没研究过。著者将先秦的诗类著作（如《诗经》等）与非诗类（如《孟子》《庄子》《列子》等）进行比较，找出二者的诸多差异。他还从音韵与体裁两个方面进行分析，认为《老子》与《诗经》在这两个方面都存在很多相似之处。所以得出《老子》的体裁是诗的结论。并因其内容是哲学性的，故为哲学诗。《老子》是哲学诗这一观点贯彻本书始终，后文中有不少结论都是以此为前提得出的。

第三章为老子哲学的纲要和方法。著者归纳老子哲学是破繁就简的：从有名至无名。

第四章为老子的宇宙论。著者将老子与古代西方自然哲学比较，得出老子的宇宙论其实就是"中国古代泛神论的哲学诗"。

第五章为老子的天道观念。结合其第二章的观点，著者用解读《诗经》中某些句子的方法来解读《老子》。将"天地不仁""圣人不仁"中的"不"字解读为"岂不"，而认为老子的天道观是天道善论。

第六章是老子的人生哲学。著者从物质生活与精神生活两个方面分析，认为老子对物质生活的要求是满足"根本生活"反对"奢侈生活"，通过"不尚贤""不贵难得之货""不见可欲"这些手段来实现。在精神生活方面，著者认为老子的主张是静的、消极的，是"破除环境"、以直觉为基础、无善无恶的，是难以实现的。

第七章是老子的政治哲学。著者认为这是老子人生哲学的一部分，主要有"无为而无不为的原理""虚无的政府""去兵的主张""理想的国家"几个方面。

最后第八章是著者对老子哲学的批评。著者对老子的"道"不予评论，认为那是经验界限以外的。但是对老子以天道为善，人道为恶，故反对人为的思想进行驳斥，认为禽兽野人的自然道德与文明人的道德孰高孰低不好判断，但知识组织这类人为事物可以益人也可以害人。著者认为老子对时代的反抗精神可嘉，但他没能向前看而是向后看，是消极的，人类应该奋斗竞争。

本书产生于20世纪二三一年代，当时学术界泛起一股"疑古"思潮，《老子》一书及老子本人也是这段思潮中的焦点问题之一。本书著者可能多少受到影响，书中某些论辩也有所不足，但提出《老子》为哲学诗的新颖观点，也对一些问题的看法颇有理据，这些都是本书的可取之处。（黄子鉴）

老子商君经济思想

《老子商君经济思想》，熊梦著。北京：志学社，1925年11月版。

熊梦（1902—1981），字今生，湖南邵阳（今邵东）人。毕业于朝阳大学经济系，毕业后到北京大学国学研究所从事"中国经济思想史"专题研究。后留学美国华盛顿州立大学，获经济学博士。曾任国民政府财政部全国田赋租税整理委员会委员、湖南省政府简任高参及南京三民中学校长等职。负责编审全国大专院校有关社会科学教科书。主要著作有《晚周诸子经济思想史》《墨子经济思想》等。

本书包括"老子经济思想"和"商君经济思想"两大部分，以及附录一"许行学发微序"、附录二"评墨子经济思想""致章行严先生书"。第一部分"老子经济思想"包括三章：第一章前论分别从租税横厚、兵役烦苦、贫富悬殊、商贾掠夺、政治腐败几个方面阐述老子所处的时代背景，第二章本论是本书的主体，从《道德经》出发，阐述老子的经济思想，包括无欲（寡欲）、宝俭、重农、均产、法自然五个方面，第三章附论主要表述法国重农学派经济学家归士里（Francois Quesnay，1694—1774，今译作弗朗斯瓦·魁奈）的重农经济思想，并将老子的经济思想与之相比较。第二部分"商君经济思想"包括：第一章前论、第二章本论。前论概述商鞅经济思想产生的时代背景，引出其农战耕战经济思想。本论部分主要阐述商鞅的农业一元生产论经济思想，即务农重农贵农政策，主要包括：物观说（经济基础影响并决定法律政治等上层建筑）、调查说（清查境内之民数）、垦土、贵粟（藏粟不藏金）、徕民几个方面。

本书将老子和商君的经济思想合论，大致归属于民国时期的中国经济思想史研究体系。熊梦与当时的唐庆增、甘乃光、李权时、赵可任、黄汉、赵丰田、俞寰澄、夏炎德等经济学者并世，共同代表了中华人民共和国成立前中国经济思想史研究的成就，初步构建了中国经济学的学科框架和理论体系，为中华人民共和国成立后中国经济学专业的发展奠定了理论基础。

本书的特色和成就在于按照人物（包括著作）分章立论，同时，将主体经济思想相同的老子、商鞅并论，并比较法国经济学家魁奈和商鞅的经济思想，凸显商鞅的中国经济思想特色和时代特色。老子和商鞅同属先秦，皆处乱世，都是从当时的历史环境出发，重视农业，为治国理政提供一种发展社会经济的思路。本书引用老子、商鞅的原文较多，分析相对不足，然就当时中国经济学正处于创建起步阶段而言，也无可厚非。（袁方明）

生命之节律

《生命之节律》，［荷兰］亨利·包立尔著，秋士译，冯友兰校订。北京：国家图书馆出版社，2018年12月第1版，系方勇主编《子藏·道家部·老子卷》之一种，据1927年朴社排印本收录。

亨利·包立尔，荷兰人。著名小说家。清末曾来中国，在北京、厦门、漳州、广州等地居住多年。进行了不少文学创作和翻译工作，著有《新中国》等。

冯友兰简介详见《〈老子〉年代问题》提要。

本书原名《无为》，英译版改名为 The rhythm of life，秋士先生译为《生命之节律》。全书由原序（亨利·包立尔撰）、译序（秋士撰）、正文、跋（冯友兰撰）四个部分构成。

本书并非对《老子》原文的注释，著者力图发挥自己"诗人的特权"，以一种诗意的形式展示老子思想的菁华。用著者的话说，"这书也不过是我内中为老子的话所唤起的思想同感情的倾泻"。本书正文分为"道""艺术""爱"三个章节，作者别出心裁地设计了自己去仙山古庙向老子求教的故事，通篇主要以问答的形式将诸如"道""诗""爱情"等各个概念娓娓道来。著者通过对人物形象、心理深入细致的刻画向读者传递自己对"道"的体悟。他形容老子面色安详如同"一个静寂的黄昏"，由内而外散发着"灵魂的光辉"；在与老子的问答过程中，著者描写了自己感到"稀有的大欢乐""突然的自由"，进而感到一种非喜非乐"心境的开朗"。著者在人物对话情节中穿插了大量的环境描写，红霞、海浪、蓝天白云等自然景观皆成为作者以"有名"释"无为"的极好意象。

著者反复阐释"道"，他认为"道"非他，就是上帝，是始与终，我们不能领会这个绝对的"实体"。然而"道不远人"，每个人都有复归于"道"之冲动，"道"的纯洁之动作伴殖而来之声便是"诗"，艺术家感受灵魂与"道"同在从而产生艺术，在"无为"中将"道"凝固为艺术品。"爱"是"道"之节律，人们的相爱似白云合并而飞，终为一风所吹，泯灭在天空之无限蔚蓝中，复归于"道"。"道""诗""爱"是一体而相同的，人在"道"的怀抱中，犹如驶入汪洋的小舟不再知道岸的踪迹，"生死""荣辱""善恶""悲喜"都渐渐归于虚无，"一切清洁，全无垢秽的痕迹"。

本书通篇行文流畅，情节环环相扣，引人入胜。著者的各种描写仿佛引领着读者用每一寸的身体发肤去感受"道"，体会被"道"所浸润的平和与喜悦。正如译者秋士先生所说："这是一杯清茶，希望献给一切健全的人们，消一消他们内中因艺术和爱情和社会国家久临战阵而有的颓热。"（林汝达）

老子政治思想概论

《老子政治思想概论》，孙思昉著。上海：商务印书馆，1931年8月初版，系"国学小丛书"之一种。另由该社于1933年与1935年再版。

孙至诚，字思昉。民国时期曾任河南省公署秘书长等职，为清末著名学者章太炎的关门弟子，章太炎曾著《与孙思昉论时事书》，可见师徒二人对时事颇为关注。

本书主要是阐述老子的政治思想，而对老子哲学中的个人修养层面鲜少涉及。由章太炎作序，开宗明义地指出该著作的目的是寄希望年轻人以老子之术而佐百姓。著者在绪论中，提出老子学说的特点是"明自然之理，达人生之情"。并将老子定位为哲学家、道德家、政治家，而非神仙家、权术家。著者认为老子的政学根植于道德，"道"为自然之天，"德"为人生之性。所以老子的政学是从上到下，纲举目张，需明体而后用。著者还提出了几个"治老子之方法"，即"何谓""何故""何用"。

绪论之后共有12章，每章都以"老子之××论"为题，工整统一。分别为："本体论""无为论""放任论""体合论""民本论""相对论""调和论""互助论""法术论""铨选论""农村论""弭战论"。以"本体论"为起点，著者在阐述说明了"道"的本体特色之后，以此为框架对后面的内容进行论述，层次分明，逻辑严谨。每一章长短不一，有的深入论述，有的简要带过。著者在"体合论""调和论""农村论"这几个方面阐述较多。

在论述中，著者先引用《老子》的一句或几句原文来说明思想观点，然后进行具体的分析说明。具体分析说明中，著者除了引用了《老子》的注解（在著作中多引用韩非子对《老子》的注解，极少见到王弼的注解）、古代的历史政治事件、近现代的历史政治事件以外，还引用了当时的西方政治学、社会学

以及自然科学的很多思想理论。如孟德斯鸠关于法律与犯罪的观点、赫胥黎的
《天演论》中的观点、达尔文进化论、斯宾塞的"体合"论。以西学解老是本
书最突出的特点，著者将《老子》中诸多文字一一剖析，分析其所体现出来的
老子思想，并指出不少当时的西方思想理论与其具有相似性或一致性。

　　然而著者的目的并非是以老子的政治思想来论述当时西方思想理论的正
确与实用。恰恰相反，著者坚持以"道"为"体"的第一原则。以《天演论》
为例，著者之所以认为该书中的观点正确有理，是因为该书中对"天"的描
述符合老子的天道论思想含义：自然天、无善无恶、任天演自然等。而在当
时非常受推崇且广为流行的欧美国家的"自由、平等、博爱"的思想，著者
却认为其不符合"道'的精神，故是虚假的而不真实的。可见著者对当时西
方流行思想学说的态度也不是一味地肯定，而是只有符合"道"的立场才是
正确的合理的。

　　本书体系清楚，结构严谨。视野上纵横古今中西，立论独特而深入，有着
较高的学术价值，是关于老子政治思想不可多得的学术著作。考虑到著者的政
治家身份，本书或也可以看作是对老子学说在政治上的思想实践，体现了强烈
的经世致用主义。不足之处在于部分章节过于简短，展开不足。（黄子鉴）

老子哲学之人生观

　　《老子哲学之人生观》，蔡尚思著。北京：国家图书馆出版社，2018年12
月第1版，系方勇主编《子藏·道家部·老子卷》之一种，据1933年上海启
智书局排印《老墨哲学之人生观》本收录。

　　蔡尚思（1905—2008），号中睿，福建泉州人。历史学家、中国思想史
研究专家。毕业于孔教大学、北京大学，曾师从王国维、陈垣、梁启超、柳
诒徵等人，曾任光华大学、东吴大学及武昌华中大学等校教授，沪江大学副
校长、代校长，复旦大学副校长、顾问等。2018年5月入选首批由上海市社
会科学界联合会公布的"上海社科大师"名单。著作有《中国思想研究方法》
《中国文化的优良传统》《蔡尚思选集》等。

　　本书出自《老墨哲学之人生观》上卷。《老墨哲学之人生观》在结构上未
分章，只分为上下两卷。上卷为《老子哲学之人生观》，下卷为《墨子哲学之

人生观》。作者通过引用《道德经》和《墨子》的原文来阐述自己的观点。

在《老子哲学之人生观》中，著者认为要了解老子的人生观，首先要了解老子的宇宙观，宇宙观即天道，是老子人生观的基础。至于老子的人生观方面，必须了解老子对于世人所谓的善恶、美丑、真伪是怎样的。老子认为善恶相同、得失相反、是非相成，不如无善以无恶，无得以无失，无是以无非，即"不尚善，自无恶"。老子主张统治者应"无为而治""守无为""贵柔守雌""居下不争"，不因自己的私欲而驱使百姓，与民争利。著者认为老子的"大道至理"包括三种，即"清净主义""无为主义""自然主义"。老子的理想状态包括理想世间和理想人生，理想世间为"太古之至"即小国寡民，理想人生为"婴儿、赤子、愚人"。老子极力攻击智识名利，认为一切罪恶皆为近世所谓进化不明所造成的。老子认为"婴儿、赤子、愚人"是人生的好典范，放弃仁义巧智，才存人德。著者在文中将老子思想与佛教思想进行了对比，认为老子思想虽然极力攻击当下，慕太古，但是又不像佛教一般厌世。著者也讲到了梁启超和蔡元培对于老子思想的评价和解释。

总之，本书短小精辟，简洁明了，对老子哲学人生观分析得比较中肯、客观，对了解老子思想的瑰宝——人生观有一定帮助。（张芳山）

老子研究与政治

《老子研究与政治》，署名历劫余生著。上海：中国图书杂志公司，1939年10月初版。

著者署名为历劫余生，根据本书自序得知，其曾在新中国建设学会的推进会中任职。

本书共11章，分为了解老子与《道德经》的前提、《道德经》的主旨、《道德经》兵事观、《道德经》实践等方面的内容。

第一章是了解老子之前提，著者将老子与释迦、孔子、耶稣进行比较，认为他们都有"悲天悯人觉世"的心胸，但老子尤其简明直接真实。第二章是了解《道德经》之前提，著者认为《道德经》是积极的非消极的、是真实的非矫伪的、是政治经非修养经。

第三至八章阐述了《道德经》的六大主旨，分别为：第一主旨"化育"，第二主旨"息争"，第三主旨"无私、先公"，第四主旨"无欲、物质、精神（非名）"，第五主旨"静与无为"，最后主旨"谦卑、虚无、柔弱"。这几章前后环环相扣，形成了一个较为完整的《道德经》的主旨体系。著者首先指出该书"主完成而不主毁灭，主成功而不主失败"，故自然界给人生存的本能，人类也应该助长万物生养方合道，此为"化育"。但因战争是摧残天地间化育的唯一有力者，战争会产生恶果，是无道的，故需要"息争"。然而"争起于有私，息争之第一前提，在无私"。"无私"的具体表现则为"无欲"。"无欲"不能仅作个人修养，因为欲包括物质和精神两个方面，精神方面诸如权力主义等，就涉及社会的层面，所以老子破除"仁义"等美名，回归无欲的天道。紧接"无欲"的是"无为"，"无为"可以看作以"无欲"为动机的行动，即"不合理与势者不为，合于理与势者为"。而"静"则是实现"无为"的一种方法。"谦卑、虚无、柔弱"为《道德经》的最后主旨，也是最高主旨，"谦卑"为《道德经》的特点，"柔弱"更进一层，"虚无"则表现了大道在虚空之中的神秘。

第九章是《道德经》与《孙子兵法》的比较，著者认为二者都主张避战；都需以己方不败与必胜为前提，而对自身力量较低估计，对敌方力量宜较高估计；都主张慈悲，以最少牺牲获得胜利，最好不战而胜。所以著者认为《孙子》13篇与《道德经》的精神是契合的。

第十章是《道德经》对于笃信与实践之指示，著者认为老子让人对"道"起信念，并示人以实践方法，与宗教家异曲同工。对于"道"的实践，需从一元的道德论出发"抱朴"。

第十一章是实践老子政治哲学之成功者，著者列举了汉代的文帝与光武帝，以及唐宋开国首领为例子。

通观本书，著者少谈《道德经》的玄妙理论与人性修养，而是期待从中找出一些有利于政治的方法论，为此著者结合了很多历史、时事和近代西方哲学、科学进行分析。但偶见牵强附会之处，诸如著者将《道德经》中的"不敢为天下先"解读为不能主动发动战争。此外，本书部分论述不够到位，如第十章谈到《道德经》的"实践"，著者并未给出可操作的方案，还是停留在"一元""朴"这样形而上的概念中。但是总的来说，可以看到著者对救国救世的拳拳之心，这种经世致用的思想是值得提倡与赞扬的。（黄子鉴）

老子

　　《老子》，张默生撰。北京：国家图书馆出版社，2018年12月第1版，系方勇主编《子藏·道家部·老子卷》之一种，据1944年胜利出版社排印《中国历代名贤故事集第三辑》本收录。

　　张默生简介详见《老子章句新释》提要。

　　本书前有胜利出版社编审组《作者小传》和潘公展《中国历代名贤故事集编辑旨趣》两篇，分别介绍作者生平和编辑出版本丛书的意义。本书由三部分章节外加一篇附录构成。三部分章节分别介绍老子、杨朱、庄周三人的生平、著述、思想学说及其后世之影响，附录为王弼本《老子道德经》经文。

　　在"老子"篇中，著者重点讨论了老子的"道""名""相对论""退化论""弃智主义""寡欲主义""静默主义""处事态度"和"政治思想"。在"杨朱"篇中，著者重点讨论了杨朱的"为我主义""名实论""定命论""人生观"和"政治思想"。在"庄子"篇中，著者重点讨论了庄子的"道""名学""物化说""人生观""养生论""处事态度"和"政治思想"。

　　著者认为，老子学说以《易经》为渊源，但其表现方式与我国传统思想较多异趣，它往往超出一般人的常识，好从反面立论，它认为真理即"道"是绝对的，万事万物是相对的，希望以此来破世人之执迷；道家哲学，至庄子而大成，庄子极大地发展了老子学说，他从整体上对真理进行把握，并洞悉大化的运行。著者认为，杨朱学说因其流派未曾著书传世，导致其真面目、真精神在后世几乎全然失真；杨朱的好辩虽然违背道家宗旨，但其大体所归仍属道家，其极端个人自由主义、不受政府支配、不愿被野心家利用、不依赖人、不利用人等思想，多有揭露人类弱点、洞悉人生底蕴的意义，启人智慧。（赵海涛）

老子哲学

　　《老子哲学》，大同著。上海：大法轮书局，1947年版。另有台北：五洲出版社，1983年10月版，精装，署名许大同著。

大同法师（1923—1992）．本名徐公有，出家法名悟因，后改禅名大同，1947年迁居香港，改名许大同，江苏如皋人。他对佛、道、儒及基督教教义皆有研究，著有《宗教学》《四家（佛道儒墨）会通》《教育学》《许大同画册》等。

本书开篇为蒋维乔序，然后为许大同自序。其在自序中表明自己在研究佛学之余兼治老子是因为"盖取彼之长，补我之短，浸假以成一家之言，乃能有益也"。可见著者认为包括老子思想在内的老、释、儒、墨四家思想都是有用的，希望能够取长补短，圆融成为一家之言方能益处良多。

本书主要从"老子之主义"，包括平等主义、救世主义、非兵主义、无欲主义、无为主义、不争主义；"老子之思想"，包括佛学思想、科学思想、革命思想、无我思想；"老子之宇宙观"，包括宇宙之来源、宇宙之本体、宇宙之妙用、宇宙之终极；"老子之人生观"．包括知足寡欲、保守天真、养其真我、为而不恃；"老子之观物方法"，包括静观，动观，动静互观；"老子之处事方法"，包括不自矜伐，与物玄同；"老子哲学与佛家之相通点"等7个方面阐述老子的哲学思想，后有"老子辩答十六疑问"，就一些常见的对老子思想的疑问进行了回答。最后的附录中，著者论述了老、释、儒、墨四家要旨并做出比较。

本书在近代老学研究中特点显著，主要表现在：

其一，用近代科学研究成果来证明老子学说的正确。例如用近代的发明物望远镜和火车、轮船、飞机，来证明《道德经》中的"不出户，知天下"与"善行无辙迹"，用近代科学发现的蒸汽电力，来证明老子所说的"天下之至柔，驰骋天下之至坚，无有入无间"。

其二，通过近代西方的学术思想解释《道德经》的思想观点，即以西学解老。如在附录中，著者论述了老子是否主张专制。用《道德经》中"民之饥，以其上食税之多"，"高者抑之，下者举之，有余者损之，不足者补之"等语句证明了老子反对专制、提倡平等的思想。

其三，期待圆融各家，取长补短，成为一家之言。这一点尤其表现在对佛家和道家的融合上。著者就这两家的很多方面进行比较并指出相同之处。例如著者认为《道德经》中的"道"与佛教《大乘起信论》的"真如"非常相似，并从体、相、用三个方面进行论述。但著者也并非一味求同，而是承认这二者仍然存在差异，如著者认为道家的出世思想是理想玄虚的，不如佛教慈悲切实。

本书是近代佛教老学研究的重要著作之一，著者不仅在新的历史时代下点评诸家，且将当时最新的科技与《道德经》结合研究，这种求新的探索是很有意义的。该著作中以佛学解老部分也论述的深入精彩。不足之处在于著者试图统一科学与哲学，如以科技解释老子思想（这种现象，也发生在当时某些佛教研究上），这固然有历史原因：民国时期，西方近代先进科技涌入中国，中国人民的传统认知受到挑战，所以希望用已有认知融合新来事物。这种现象虽然体现了中华文化的包容性，但在今天看来，学术研究还是应该明确区分科学与哲学的范畴，不能混淆。（黄子鉴）

老子哲学之研究

《老子哲学之研究》，金声著。南京：松涛出版社，1948年10月初版。

金声，从其自序中可以看出是一位从业于军事的人，他认为自己不精治于孙子兵法却涉足老子研究，是因为"心者人之器"，"戚子治兵，首重治心"，治兵得先把自己内心养活。

自序之后著者简要介绍了老子的传略，然后分别从老子的宇宙观、人生观、政治思想等方面阐述了老子的哲学。最后的附录是老子《道德经》。

在"老子的宇宙观"一章中，分为"道""道的由来""道的真相""道的功用""宇宙的原理"五个部分的内容。著者和大部分老子研究者的观点一样，认为"道"是宇宙的本体，涵盖"有"与"无"，是"众妙之门，玄之又玄"。值得注意的是，著者认为，对"道的功用"的理解，最根本的不在于认识"道"的"万能"，甚至不在于认识其"对人生的行为功用如何"，"而在于认识它政治的功用"。

在"老子的人生观"一章，著者从"无与有""人生的准则""无我与有我""内生活与外生活""循环论的法则与相对论的法则""命运问题""人生的最高境地"七个方面层层递进进行论述，从"人与我""大我与小我""有我与无我"分析了老子的人生观，并将其总结为：人应该更多的重视精神生活与物质生活，不要迷信所谓的命运，要让自己成为"人道一体"的"超人"。

最后是"老子的政治思想"一章，在论述了"无为而治"与"无为而治的原理——道"后，在"如何无为而治"一节里，著者提出"不尚名""毋重

利""抑私欲""绝诈伪""尊灵意""非兵争""除刑戮"七种方法。最后简单
介绍了著者所认为的老子思想中的"无为而治的成效""治术""理想社会"。

本书著者并非专业的学者，而是一个军事人员在闲暇之余对《老子》研
读的感悟与结论。所以书中论述较为浅显，逻辑也不是非常严密。但是此书
充满了生命力，行文之中时常可见著者的疾呼，体现了民国时期的人民在面
对动荡的社会局势时，有诚恳的救世之心。他们对传统文化充满敬仰，期待
从中获得解脱之道。尤其是著者提出的，人不要屈从于命运，而要做一个"人
道一体"的超人，更是体现了新时代中国人民自强不息的精神。这种态度是
值得提倡的，在当代也有很大的积极意义。（黄子鉴）

老子哲学

《老子哲学》，梁启超、张纯一著。上海：大法轮书局，1949年3月初版，
系"法轮小丛书"之一种。另有北京：国家图书馆出版社，2018年12月第1版，
系方勇主编《子藏·道家部·老子卷》之一种，收录民国油印本《老子哲学》。

梁启超简介详见《论〈老子〉书作于战国之末》提要。

张纯一简介详见《评注老子菁华录》提要。

本书第一部分是梁启超所著的《老子哲学》。这是梁启超1920年从欧洲
回国后在清华大学的一篇讲稿，发表于《哲学》第1期及第2期。该书首先
简要介绍了老子的传记，然后重点阐述了老子的学说。从"本体论""名相
论""作用论"三个方面进行阐述。

在"本体论"中，梁启超认为老子哲学思想中的本体"道"，非一元的唯心
论或唯物论，也非二元心物对立论或者多元论，而是超越一切名相，类似《大
乘起信论》中"真如"的存在。在"名相论"中，梁启超认为名相由人类的分
别心而产生，并遵从"道生一，一生二，二生三，三生万物"的原则变化生息。在
"作用论"中，梁启超认为"道常无为而无不为"一句总摄"道"的一切功用，
并指出人类应该多创造、少与有、无私、少欲。本书的一大特点是以佛解老，
这可能与梁启超的佛教信仰有关，全篇可见梁启超在很多地方将老子的"道"
与《大乘起信论》中的"真如"进行对比，并认为二者在体、相、用这三个方
面都有很多相似之处，如在"名相论"这一部分，梁启超将"有名万物之母"

与"心生灭门"比较，认为二者非常一致。在此著作中梁启超一改早年对老子思想的批判否定态度，转而更多的对老子思想的肯定认可，但他也指出了《老子》思想中的一些不足之处，如"无名之朴"与"自然主义"之间就存在矛盾。

本书是近代历史上首先用哲学的方法对老子进行解读的著作。不仅在当时具有重大的学术意义，而且影响了同时期的老子思想研究。稍后的许大同就受梁启超本书的影响，也写了一本名为《老子哲学》的书，并有不少观点承袭本书。

在梁启超的《老子哲学》之后，是张纯一据此所著的《读梁任公〈老子哲学〉》，曾发表于北京《晨报》与上海《时事新报》。张纯一在该篇中肯定了梁启超以佛解老的态度，认为佛教思想可以明辨包括道家在内的其他各种学说。并对梁启超的大部分观点论述表示赞同，仅就几个问题进行讨论，如"本体论"中"为学日益，为道日损"一段。该篇后是《梁任公先生覆书》，为梁启超的回复。

本书两位著者的基本立场都是以佛为本，即以佛教思想来解释老子。无论是梁启超还是张纯一，虽然都对老子的思想有着正面的肯定，并承认其积极作用，但归根到底，其论证是从佛教思想为终极圆满的角度出发的，这不仅与两人的佛教信仰有关，也与当时佛教思想界中存在以佛教思想圆融其他诸家的思潮有关。这种带有宗教立场的态度可算作本著作在学术上的不足之处。（黄子鉴）

老子研究参考讲义

《老子研究参考讲义》，李孟楚辑。北京：国家图书馆出版社，2018年12月第1版，系方勇主编《子藏·道家部·老子卷》之一种，据民国排印本收录。

李孟楚简介详见《魏晋南北老学志》提要。

本书分为三篇：《老子外书》《老子三解》《老子严遵注》。其中《老子外书》中收入《史记》中《老子列传》《孔子世家》《仲尼弟子列传》的有关内容，并摘录《庄子》《礼记》《说苑》的部分篇章，最后是《老子佚文》。《老子三解》收入韩非《解老》《喻老》篇、刘安的《道应训》篇。《老子严遵注》篇中有《严注辑本自序》《道德指归论》《老子注》。

本书篇幅虽小，但采众家之长，内容丰富，对《老子》的讲解比较全面。主张"披采群籍"，如其在《老子严遵注》中所言，"杂采严注与指归论"。著

者认为，东汉以后，老学开始复兴，东汉老学是从周到魏晋承上启下的重要发展阶段，严氏之书是理解老学的枢纽。（林汝达）

老子哲学九章

《老子哲学九章》，无名氏著。北京：国家图书馆出版社，2018年12月第1版，系方勇主编《子藏·道家部·老子卷》之一种，据民国手抄本收录。

本书共九章，分为两册。第一册是前四章内容，第二册是后五章内容。因为各章节抄写时间不一，字体墨迹浓淡稍有不同。全书内容分别为：第一章老子年代考，第二章老子学说之渊通，第三章方法论，第四章本体论，第五章宇宙论，第六章人生哲学，第七章政治哲学，第八章微妙玄通，第九章无为而无不为。

本书认为老子在孔子之前，后因为"独尊儒术"，才导致世人为了世情而把和孔子同时的老莱子误认为老子，或者干脆把老子放到孔子之后。作者把《老子》学说的来源归结为：一部分"因袭旧闻"，一部分"实为世变所激"。作者还借鉴西方哲学的观点，认为《老子》运用了自然观察法、历史观察法、直觉的思维辩证法、演绎法等研究方法。认为《老子》的本体论，是"道"。道"常住不变""丧偶绝待""周遍一切""无古无今""不生不死""能生能化""能维系宇宙""藏于不竭之府""不可以言说破""譬水象朴"。《老子》的宇宙论可称为：四大的宇宙、先天的宇宙、自然的宇宙、人为的宇宙。《老子》的人生哲学是"混一"的人生哲学。著者认为老子所处的年代，为政者都是以攻伐为主要任务，以侵吞为主义，强吞弱，众暴寡，没有任何公共安宁幸福可言。《老子》一书历数当时政治的弊端，对症下药。著者于最后两章揭示了微妙玄通的义理，芋对"无为而无不为"进行论述。

总而言之，本书综合前人的观点，从上述九个方面，巧用对簿公堂等风趣的手法，对《老子》进行分析解读，行文简洁明了。（吴靖梅）

老子哲学

《老子哲学》，张起钧著。台北："中央文物供应社"印行，1953年11月初版，系"中国文化丛书"之一种。另有台北：正中书局，1964年9月初版。

张起钧简介详见《道家智慧与现代文明》提要。

本书以崇尚自然、尊天黜人、相反相成之义来阐明老子形而上之本旨，并由此以推衍其人生思想与政治哲学，最后论其得失，基本上是采取西方哲学的观点与方法来阐发老子思想。著者特别推崇老子的形而上学，认为老子一切主张的理论根据全来自形而上学，并认定他整个哲学体系也就是一套完整的形上哲学。本书阐发的方式是掌握老子的哲学精神来建构其哲学系统，并引用老子原文章句来做这哲学系统的注脚。当然老子的思想体系是否即是"一套完整的形上哲学"，这其实是一种会引起后续争议的说法，也是著者的独门之见，但因著者名声很广，此书又不断再版，可引发老学研究者进一步思考与后续讨论。故此书不适合作为研究老子的入门书籍，但有哲学基础以后，可作为进阶阅读与再思考之书目。（赖慧玲）

中国古代哲学家老子及其学说

《中国古代哲学家老子及其学说》，［苏联］杨兴顺著，杨超译。北京：科学出版社，1957年5月第1版，分为道林本与报纸本两种。

杨兴顺（1904—1989），生于浙江宁波。哲学学者，苏联汉学家。曾任符拉迪沃斯托克的中国列宁学校及国际革命援助中央委员会教员等，之后转入苏联科学院哲学研究所，1951年被评为高级研究员。主要著作有《辩证法》《关于中国哲学史中的唯物主义传统》等。

本书的俄文原版是在新中国成立前写成的，1950年在莫斯科出版。在中文版中，修改了一些不妥之处，在导论与第一、二章补充了不少内容，并新增了"西欧资产阶级学者论道德经"一章。全书有导论与之后六章，附录有《道德经》今译序与《道德经》今译。

在导论中著者提出了老子的哲学是朴素自发的唯物主义。"法自然"是遵循客观法规，而非宗教神学思想的世界观，著者反对将"道"做神秘主义与唯心主义的解读，并指出撰写本作的目的是阐明老子学说是中国唯物主义思想的胚芽，揭穿资产阶级学者对老子学说的歪曲。

第一章是"道德经思想发生时的社会历史情况"，著者提出，在当时社会与生产力发生巨变的时代，不同的哲学思想代表了不同的阶级，并认为老子的"道"的思想代表了受压迫群众，特别是破产公社农民这一阶级。

第二章著者讨论了老子其人与《道德经》，他反对胡适、梁启超、顾颉刚等人对老子其人其作的论断，认为老子是真实的历史人物，《道德经》是老子的弟子及其解释者对老子学说基本原理的阐述。

第三章著者阐述了"道"的学说的唯物主义本质，著者不认同其他学者认为的"道"的唯心性，而将"道"理解为不附加任何成分的、对自然界本来面目的了解，"不仅意味着客观世界的自然法则，而且还意味着万物的物质实体"。著者虽然描述了"道"的唯物特性，但也批判了老子学说作为朴素唯物主义的不彻底之处，例如忽视经验，过分注重统一。

第四章是"道德经的社会伦理学说"，著者认为老子反对残暴的统治者，反对战争，同情人民，但老子不能真正理解历史社会发展的原因，在历史观上具有唯心主义色彩，所以将智慧看成是各种灾难的源头，故采取"弃圣绝智"的做法。著者认为，老子的思想在中国的文化史思想史上占有重要地位，并被后期中国的唯物主义学者发展。

第五章和第六章分别是"西欧资产阶级学者论道德经"与"革命前的俄国和苏联对道德经的研究"，著者列举了不少学者对《道德经》的不同观点并批判了资本主义学者对《道德经》思想的"歪曲"。

总体来说，本书对于《道德经》的研究有显著的贡献。首先这是国际领域对《道德经》的研究，其次本书对《道德经》的唯物主义思想的论证观点全面系统，其中诸如"有"与"无"、"道"与"德"的论述比较精彩。该著作对老子思想在社会伦理方面的研究在当时看来也较为独到。（黄子鉴）

老子朴素辩证的逻辑思想——无名论

《老子朴素辩证的逻辑思想——无名论》，汪奠基著。武汉：湖北人民出版社，1958年5月第1版，32开，61千字。

汪奠基（1900—1979），又名三辅，号芰芜、山父等，湖北鄂城人。现代著名逻辑学家、哲学家、教育学家，对中国逻辑史的研究具有开拓性贡献。曾任中国科学院哲学所研究员、逻辑研究室顾问。主要著作有《科学方法》

《哲学与科学》《中国逻辑思想史》等著作。其中《中国逻辑思想史》一书是中国历史上第一部中国逻辑通史著作。

本书部分原文曾在《哲学研究》杂志上发表过，后经湖北人民出版社征求，又加入了绪言作为补充材料，写成此书发表。

本书共九章。第一章是绪言，主要就老子其人其书、老子与孔子的思想关系进行了阐述，认为《道德经》的思想符合春秋时期的历史进程。

第二章在古代逻辑思想发展的背景下，阐述了老子辩证思想发生发展的历史关系。著者认为名实问题与政治伦理不可分割，故老子的逻辑与孔子的逻辑不一样，一个是从当时社会矛盾斗争中概括出的"无名论"，一个是从名实的定义来演绎"礼数""刑名"。

第三章为"道"的自然逻辑范畴与其科学基础，著者认为"道"是物质性和规律性的存在，归纳了它的范畴与五种性质，并列举《道德经》中不少原文说明其所代表的天文、历法、数学、物理、化学、生物等方面的科学实践意义。

第四章讨论了老子的"正反"与"无"概念。著者指出《周易》中"正反"相推的思想被老子继承并发展出"正言若反"的表述形式，而老子的"无"，则可看作负概念，远远早于西方对负概念的提出。而老子这种"无名"的辩证存在，就是自然逻辑。

第五章列举了一些"道"的范畴形式如"道""常""反"等，并对其进行分析。著者认为《老子》过于强调统一，排斥对立，所以混入相对主义——走上循环论证"唯道是从"的路线，并将部分范畴形式与概念形式混淆。

第六章论述了老子对于表述真知的"名、言、辩"的看法。著者从前文提到的老子"正言若反"逻辑思想出发，认为老子不仅没有否定"名"，而且是逻辑史上首先发现"名实"不可分割的人，老子对"言"的态度是杜绝"虚言"的主观判断，对"辩"的思想也并非一直以来学术界认为的"违于善"。

第七章阐述了《道德经》中有关推论形式的一些方法问题，有"正反推论法"和"曲全推论法"两种，并分析了老子对推理形式的运用。

第八章略论老子逻辑思想的影响。著者认为老子的逻辑思想广泛影响了战国时期诸子思想，如孔门学者、荀子、墨子、杨朱、公孙龙、韩非。其在秦汉之后还有影响，并受到改造或修正，如佛教的因明论与朱熹理学。

最后一章是结论，著者总结了老子朴素辩证的正反推论、直观唯物主义的逻辑形式、负概念等对逻辑学贡献的评价。附录为主要参考书目。

我国历代关于《老子》的著作很多，除了注释以外，大部分有关老子与《道德经》的著作都是围绕着老子的哲学思想，如宇宙观、人生观、体用论等进行的。而本书则是从逻辑学的角度进行研究。并且著者的逻辑思想立足点是基于春秋时期的社会历史背景，尤其是伦理政治。著者不仅提出老子的逻辑思想，也将孔子的逻辑思想与之对比，在纵向与横向两个方面都有对比研究，于《老子》的逻辑学研究领域可谓弥补了空白。但在本书之后，国内对《老子》的逻辑研究鲜少有成果，未能将这一研究成果继续深入发展。（黄子鉴）

老子的教育观

《老子的教育观》，余书麟编著。台北：复旦出版社，1953年4月初版。另有台北：文景出版社，1975年4月再版，封面及版权页题为《老子教育观》，余书麟著，但内文与初版相同。

余书麟（1907—2009），安徽望江人。曾执教于四川省立教育学院、台湾师范大学、新加坡南洋大学等校。主要著作有《中国教育史》《中国儒家心理思想史》等。

著者长年在大学讲授"普通教学法"课程，深感过去担任该科授课者大多偏重诠释西方教育方法原理，而忽视中国固有之教育方法。为补此偏，著者于授课之余，探究先秦诸子教育学说，辑为《中国教育法史》书稿。盖因篇帙甚巨、付梓不易，故先行出版分册，本书是为第一分册。

本书除自序外，共分四章：第一章引言，阐述著者对于老子思想之基本观点。第二章老子思想概述，即陈述著者对于老子思想的总体理解。在此宏观的思想基础上，著者进一步阐述老子的教育观，构成第三章之主题。在这章中，著者从教育宗旨、教材、教法三大面相展示老子的教育思想。第四章结论指出老子并非消极的避世隐士，而是积极入世的圣者，其学说于今日情势而言，仍不失为一帖救世良方。

著者有鉴于当代研究中国教育史者，咸认老子为反智主义、虚无主义，遂多忽略其对教学法之贡献，故促发其探究老子之教育观，冀能清除一般对老子观念之曲解。此心可嘉，此举可佩，其成果亦多少起到纠偏明旨之功。唯有部分则论述过简，无以彰显老子思想义蕴，或有多作强解之处，则难免有牵强附会之论。如以"无有""无间"直解为原子，其由此赞叹老子之科学分析能力，则是诠释太过了。另又直陈老子注重科学实验，创制炼丹炉之实验设备，并谓老子懂"蒸馏""升华"之义，于物理化学有相当造诣，此似乎就是妄议了。（刘见成）

老子身世及其兵学思想探赜

《老子身世及其兵学思想探赜》，袁宙宗著。台北：台北商务印书馆，1977年9月初版，32开。

袁宙宗，1921年生，四川南川（今属重庆）人，华西协合大学中文系毕业。曾任成都军文社编辑、南充成达中学训导主任。赴台后，先后于高雄私立文藻女子外语专科学校、冈山空军官校、凤山陆军官校任教，在陆军官校期间，曾担任文史学系主任六年。撰有《爱国诗词选》《忠烈文选》《诸葛武侯的素养与战略》等书。

本书分为上、下编。上编老子身世考订共8章，第一章导论，认为老子与《老子》系春秋时代即已出现；第二章姓名，引用《史记》本传，并以甲骨文、金文与先秦两汉典籍加以考证；第三章籍里，将历代诸家之说汇整为表格，并搭配地图，方便读者理解；第四章时代，讨论老子之先代祖系与官职、问礼、之秦授书尹喜等事；第五章著书，分析《老子》成书之方法，源自采纳古书古训、自我创作、后人掺入等3种，并搭配春秋史事与老子思想，论证《老子》的著成年代，以及《老子》在后世流传的版本问题；第六章生卒年代，引证史事推测老子的生年、卒年；第七章子孙，推测魏文侯所敬仰之段干木与周室之太史儋，分别为老子之子、孙，而《史记》本传所载之段干宗，则是老子之后代子孙；第八章弟子，认为文子、蜎子、关尹、庚桑楚等，皆为老子弟子，另附《老子身世简表》《大陆出土帛书老子蠡测》2篇。

下编老子兵学思想探赜共8章，第一章兵学思想渊源，认为中国先秦之兵学思想渊源自姜尚、周公、史佚、仲山甫、尹吉甫等人，并将《老子》章

句与前揭人物之言论进行比对；第二章和平主义，指出《老子》书中谈兵而
不主张用兵，具备反战、和平之思想；第三章兵与民之关系，说明治理国家
当以民意为考量，不宜单凭一己之智行事；第四章无事取天下，引述"无为
而无不为""虚而不屈"的兵学思想与战略观；第五章阴柔策略，说明老子守
柔、善下之战略观；第六章用奇，引证史事与《老子》原典，说明其"以奇
用兵"之战术；第七章为将之道，由正反两面引证历代史事，说明为将者若
能学习老子思想的益处，以及不学习其思想导致的弊病；第八章老子兵学思
想与后世兵家影响，列举孙武、孙膑、吴起、尉缭、张良等5名先秦至汉代的
重要军事思想家，分析其军事思想所受老子影响之处。

总的来说，本书引证古今诸家和出土文献加以立论、辩驳，具有一定的
价值，然有时引证于说部所载，抑或推定生卒、家世、生子年岁等项，则略
有小眚，稍可商榷之。不过，在整理、分析方面而言，本书的确对后起学子
初步了解老子思想与《老子》，有事半功倍之效，值得肯定。（李建德）

老子学术思想

《老子学术思想》，张扬明著。台北：黎明文化事业股份有限公司，1977
年11月初版，系"国学丛书"之一种。

张扬明简介详见《老子斠正译释》提要。

本书著者在其有关老子经义斠证译释之基础上，进一步探究老子之思想
内涵。著者详将老子五千言分门别类，一一抽绎归纳，分析老子之思想与方
法，体察老子之目的与理想，期以了解老子之思想体系。

该书共分4篇22章32节26目，益以绪论、结论，凡12万余言，并附体
系表一、插图六。举凡老子重要想法、作法、世人之所疑议外，皆根据五千
经文，穷其根源、寻其微旨、萃其精华、语其要极。此中论述虽皆参合众家，
然皆不离经义，不失老子本旨。

第1篇老子之道。道乃老子学术思想之核心，天地万物一切皆由道所生，
包含在道中。故老子学术思想之探究，首先便需如实掌握道之内涵。了解了
老子的道，方能渐及其余，否则始源不明，必迷于枝节。

第2篇老子的基本理论。老子体证大道复运用其超然智慧，就宇宙间之现

象观察发现许多自然规律，依此老子建立其基本理论。本篇共分10章分述老子之基本理论：自然、虚无、道的永恒循环、唯气得道之全、阴阳二气互相冲和消长、万物负阴抱阳同源同归、反者道之动、清静胜躁动、柔弱胜刚强。

第3篇老子的为道方法。道乃老子思想之核心与根本，如何体道是为确实掌握老子思想之关键所在。本篇共分6章，分别展示为道的6种重要功夫：一、无为、无欲、无智、无身以"致虚"；二、涤除玄览、无智无知以"守静"；三、营魄抱一专气致柔、啬而重积以"养气"；四、持身、处世、治国、用兵之"用柔"；五、居反以待、由反而行之"处反"；六、守慈、行俭、不敢为天下先之"持宝"。

第4篇老子之理想境界。老子言："从事于道者同于道，同于道者道亦乐得之。"修道成德，以道修之于身，其德乃真；以道修之于天下，其德乃普。本篇共分3章分述老子心目中理想的人格境界，理想的政治境界与理想的社会境界。老子的理想是少私寡欲、见素抱朴之人格、自正自和无为而治的政治以及甘食美服安居乐俗之纯朴社会。

两千年来，老子思想于各家学说、历朝政治、艺术、宗教、社会文化影响深远。著者以为老子企求之理想人格、社会与政治，莫非切中时弊、简而易行，盖取法大道自然，历久而弥新，经得起考验，值得大力阐扬，于今犹然。（刘见成）

老子的哲学

《老子的哲学》，王邦雄著。台北：东大图书有限公司，1980年9月初版，126千字。

王邦雄，1941年生。文学博士。1975年7月创办《鹅湖月刊》，任社长。曾受聘于中国文化大学哲学系、淡江大学中文系、"中央大学"中文系及哲学研究所。著作有《韩非子的哲学》《儒道之间》《中国哲学论集》等。

本书除绪论及结语外，主要分6章，共有8大段落。绪论部分，著者以儒家、道家两种中华民族最传统，也最有代表性的两派学说，来阐扬"道"，并论及老子《道德经》的生命价值。著者由基本的"儒""道"两家的"心"来探讨"道"的"行而上"与"形而下"。

书中提到儒家的人文之路，即《论语》的志于道、据于德、依于仁、游于艺等君子之路，与"道家"所提倡的自然之路——"天地不仁，圣人不仁"，来做相对的比喻，此对比让后代的学者有相当多的想象空间。

著者指出老子的出生地，对其哲学思想之影响，既深且广，构筑了他的成长心路历程；著者以近12页的篇幅，来探究老子的身世之谜。其次还考据《论语》成书和《道德经》的先后顺序。

本书第3章，著者探讨"人的生命何以成为有限"之概念。著者以"层次"的概念来加以分析，人、地、天、道、与自然的层次关系。著者强调"无""有"与"万物"的2层与3层的关系，加上"人、地、天"各占一层，是可转成5层的概念。人、地、天、道、自然，环环相扣的联动，著者指出这5种层级，彼此是互不相干扰，易言之，看是独立却又是相连通的，这5个是互相牵扯互动，可以说是联动相互的关系存在。

最后，著者只以极短的篇幅作出结语，旨在赋予老子思想的"现代意义"，大概只有600字左右，言简意赅。著者在近代台湾哲学界的地位不容忽视，其著作有其架构上的思维优势，他既勇于执着，也富于情调；一方面是严正承担的，另一方面是超之放旷的。总而观之，中国是儒家的伦理社会，加上道家的艺术人生，才使得中国的历史传统在礼教沦为教条、濒临崩溃之时，也能有其自我调整、开展新机的生气与活力。（熊品华）

老子考证

《老子考证》，张扬明著。台北：黎明文化事业股份有限公司，1981年5月初版，32开，系"国学丛书"之一种。

张扬明简介详见《老子斠证译释》提要。

本书旨在辩证历代各家学者对老子其人、其事及其书的所疑所惑，辟其讹误以存其真实。全书分为老子人事考证及老子书考证两篇凡12章，广引群经相关文献资料、分类撷取、条分缕析，务求立论平实、引证详尽，以澄清历来疑义。

第一篇老子人事考证。下分七章各就老子姓名的问题、老子籍贯的问题、老子官职的问题、孔子见老的问题、老子过关西去诸问题、老子生卒及其后人的问题与老子关系人物的问题等七大项目逐一考证析论。

第二篇老子书考证。下分五章就历来治老学者所提疑义分章析论澄清之，这些问题包括：老子书思想问题、老子书语词问题、老子书文体问题、老子书著者问题与其他相关问题。

著者于老子其人、其事、其书相关问题之详实考证后，其结论明证老子确系陈相赖乡曲仁里人，名耳字聃姓李氏；在春秋时曾为周室柱下史；是道德经的著作人；并在著书之前将其学说口耳传授，风靡朝野。此亦证明历代学人之所疑所惑，均系疏于考证有欠深思而人云亦云互相滋扰，不值重视。

本书穷搜博采、资料完备、条分缕析、考证入微、论证详实，对于历来莫衷一是众说纷纭之疑难问题予以澄清，虽不敢说就是最后的结论，然于学术研究上具有重要的参考价值。（刘见成）

老子之道治主义

《老子之道治主义》，［意大利］贺荣一著。台北：五南图书出版公司，1988年5月初版。另改题《老子之朴治主义》，天津：百花文艺出版社，1994年4月第1版，32开，165千字。

贺荣一（1933—1993），北京人，后入意大利籍。曾任教于意大利都灵大学东方学院、米兰语言学院以及古老的巴维亚大学等校。主要著作有《中国文学之分析》（意文）、《中国国画简史》（意文）、《道德经注译与析解》等书。

本书最前有著者自序、西德白玉峰对本书之推荐及引言——老子之理想国，最后则有朴治主义之总结；正文则有八章，标题分别为朴治主义绪论、人君立身为政所当选取之途径、论朴治主义之形上基石"道"、朴治主义之两大主角"侯王与万物（人类）"、以圣人为中心的朴治主义者之四大师表"道、天、地、圣人"、论朴治主义经国治民之道、论朴治主义者、老子对实现其朴治主义之期望与失望。新版发行时，在著者自序之后新插入一篇：对本书更名缘由之说明，主要解释著者经多年思考，认为"朴治主义"之说比"道治主义"一词，更能允当地表明老子学说大旨之理由。

本书是著者以其《道德经注译与析解》一书的义理内容为基础，以系统地理论方式重新编述而成。著者认为，《道德经》一书原由许多不相连属的个别思想单元组成，但经过对各章句义、思想的分析和对照综合之后，可发现其中内涵实是互相关联而构成的一个不可分割的思想整体，且认定这个思想整体所表达的乃是一套具有完整体系的政治哲学学说，其内容一言以蔽之，即是"人君当以自然之道，亦即当以自然之方式治民"，以现代语言称之即所谓"朴治主义"。此说宗旨认为老子想建立一个清净无争、质朴自然、自给自足的小农社会，故肯定老学是为济世救民的实用学说。本书论述条理清晰、论证有据，著者认为用"朴治主义"概念统领《道德经》全文，可使世人得睹老子思想之真貌。然此说虽概念清晰，实际却将老子学说之面向，仅限缩为"政治哲学学说"而已，反不能全面说明老学更宽广多重的可能意义，故可作为研究老子政治哲学之重要参考，而不能视为全面认识老学之唯一方式。

（赖慧玲）

老子的智慧

《老子的智慧》，林语堂著。长春：时代文艺出版社，1988年12月第1版，32开，177千字，系"林语堂选集"之一种。另有西安：陕西师范大学出版社，2004年5月版，32开，180千字。北京：群言出版社，2010年11月第1版，16开，213千字。长沙：湖南文艺出版社，2011年12月第1版，32开，250千字。

林语堂（1895—1976），原名和乐，后改玉堂，福建龙溪人。现代著名作家、翻译家、语言学家。留学美国、德国，获哈佛大学文学硕士，莱比锡大学语言学博士。1923年回国后，任北京大学英文教授，曾为"语丝社"成员。1926年任厦门大学文科主任。30年代编辑《论语》《人间世》《宇宙风》等刊物，提倡闲适幽默小品文，成为"论语派"的主要代表。1936年赴美国任教，并从事写作，1976年在香港逝世。著有《吾国与吾民》《孔子的智慧》《大荒集》等。

本书分序论、7篇正文及附录三部分。序论包括两篇专论及一篇序文，前者通过老子、孔子两家哲学差异，说明中国神仙哲学的特色，其间参入中西思想家的比较，显示林语堂"两脚踏中西文化"的通人情怀；序文介绍了诸子百家中的主要思想潮流，突出道家各派哲学思想。7篇正文将《道德经》81

章，按今本自然顺序分成7篇。第一篇《道之德》（第1章至第6章）、第二篇《道之训》（第7章至第13章）、第三篇《道之体》（第14章至第25章）、第四篇《力量之源》（第26章至第40章）、第五篇《生活的准则》（第41章至第56章）、第六篇《政治论》（第57章至第75章）、第七篇《箴言》（第76章至第81章），每章原文有林语堂的语译，并引用经过语译的《庄子》相关篇章内容加以阐释、深化老子的思想。附录《想象的孔老会谈》，从《庄子》一书中，辑录孔子向老子问道的相关内容。

作为一名作家撰写的《老子的智慧》，本书最大的特色在于老庄合观，或者说以庄解老。这项工作正如林语堂所言，"一般人却很少做这种尝试"。老子是道家哲学的开创者，庄子继承发展了老子的哲学思想。两者有同也有异，本书将老庄联类合观，主要见证了老庄的同。老子以诗的形式表述他的哲学观，而《庄子》中的"老子"却以散文的手法展示"现代"版的《道德经》。如第1章《论常道》，引用《庄子·外篇·知北游》中泰清与无穷、无为、无始的对话，说明道不可名的神秘性，同时引用《庄子·杂篇·庚桑楚》中的"天门者，无有也"，说明"众妙之门"的玄深，使"玄之又玄"的"众妙之门"变得清晰起来。再如第22章《争之无益》，引用《庄子·内篇·人间世》形体支离弯曲者（疏），因"曲"得以保全自己，说明"曲则全"的不争辩证法的实际效用。庄子从社会生活中举例，使"曲则全"的抽象辩证法感性具体化，富有文学故事性，让人更容易理解接受。再如第37章《天下自定》，引用《庄子·外篇·天地》中"古之畜天下者，无欲而天下足，无为而万物化，渊静而百姓定"，说明"道常无为而不为""无欲以静，天下将自定"的特征，如此对接妥帖的解释，举不胜举，可见林语堂确实花了大量的合观功夫。以庄解老，足见老子哲学的影响力，同时也说明庄子传承老子的衣钵，老庄一体，突出了道家哲学的整体魅力。（李永）

《老子》智慧与经营管理

《〈老子〉智慧与经营管理》，张锦明著。上海：学林出版社，1991年1月第1版，32开，125千字。

此书由序言、八章正文、后记及主要参考书目四部分构成。序言由上海交通大学管理学院徐纪良所作。他指出，管理思想古今中外相同，著者从《老子》一书中提炼八个方面的经营管理思想，并以古今中外例证予以阐明，具有启迪性与可读性，填补了我国古代管理思想研究的空白。第一章"道——论企业精神"，著者把老子哲学最高范畴的"道"运用为企业经营管理之道的核心——企业精神，分析企业精神的构成因素，并从"道"的三个基本意义的角度，阐明与企业精神的联系。第二章"上善之人——企业精神的雕塑者"，著者强调"上善之人"（企业家）作为企业精神的雕塑者所应具备的素养与雕塑的内容及如何雕塑。第三章"以百姓之心唯心——以人促产"，突出以人为中心的管理模式。著者认为只有了解人、尊重人、信任人才能搞好经营管理，人心凝聚才是提高生产力的源泉。第四章"无为而治——一种有效的管理模式"，著者指出，老子的"无为而治"观运用到经营管理中，要求领导因势利导，顺其自然，放手让部下参与管理，充分发挥员工的自主权与创新精神。第五章"善建者不拔——谈创新"，著者认为，"老子主张创新是很有气魄的"，如"欲不欲""学不学""为之于未有"运用在竞争中，以奇致胜。强调创新对企业成功发展的重要性，分析创新的原则以及创新过程中所遇到的问题。第六章"知人者智——谈用人"，著者强调知人用人的重要性，"人才就是创业之本"，并分析企业在用人问题上的诸多方面，如"人尽其才""启用拔尖人才"等。第七章"欲将取之，必先予之——谈得失"，运用老子辩证思想，阐述经营管理中"取"和"予"的得失，分析辩证法顺化、用反、知几三条法则所蕴含的现代经济价值。第八章"知足常足——谈谋利和有德"，涉及义利之辩。著者认为老子"善利万物而不争""见素抱朴""与人己愈多""三宝"诸多思想可以做到谋利与德性兼顾，知足则常足。

　　本书古今贯通，中外并蓄。著者挖掘出老子思想中一些现代性因素，将之运用现代经营管理中，结合古今中外的大量例证，阐述经营管理之道，开辟老子思想研究新领域，给人以耳目一新之感。如第二章论述企业家应具备的"决断"素养时，著者引用美国小罗伯特的《成功之路》、日本土光敏夫的《经营管理之道》以及《史记·春申君列传》《汉书·霍光传》等书中的有关"决断"论述，证明一名领导"动善时"的决断精神对"政善治""事善能"的重要性，同时也阐明老子思想的影响力与现代价值，这样古今中外的诸多例证，每章均有，举不胜举。如此，老子不仅是古代的哲学家、政治家，也可以充当现代企业家。老子的古道心肠，并非消极保守复古，实际上具有深厚的救世圣人情怀。

　　然而老子的"不争"思想与现代市场经济竞争规则的深层矛盾性，著者没有深入揭示。老子的"不争"思想可以分层次、分对象来阐明。从分层次上说，老子的"不争"思想在心体层次上，是作为修道人与天道相合而提出来的，但在具体实践中，却产生了争的效果。如"为人己愈有""与人己愈多""后其身而身先"一方面是由于"不争"向争的辩证转化所致，另一方面"不争"在用的层次上也隐含争的因素。如"圣人之道，为而不争"，其中"为"乃是不争之争，"化而欲作"也是一种争，不过是争的对象不同罢了。作为一名企业家，必须在"体用"层次上，处理好"不争"与争的对象性与矛盾性，这样才能在市场经济竞争大潮中，不断进取，超越自我。以一种为消费者、为社会负责的精神，以一种为人类文明无私奉献的精神，从事经营管理活动，方能游刃有余，真正实现"无为而无不为"的自由境界。（李永）

老子哲学之诠释与重建

　　《老子哲学之诠释与重建》，袁保新著。台北：文津出版社，1991年9月初版，精装，系"鹅湖学术丛刊"之一种。1997年12月再版。

　　袁保新，1952年生，台湾台北人。辅仁大学哲学系学士、硕士，私立中国文化大学哲学研究所博士，师从王邦雄教授。硕士班时即为《鹅湖月刊》的创办人之一，并担任社长；曾任职中国文化大学、南华大学、醒吾科技大学、淡江大学，担任过明新科技大学校长。除本书外，还著有《孟子三辨之学的历史省察与现代诠释》及专业期刊论文多篇。

　　本书最前有王邦雄教授的序和著者的自序，正文共分上、下两编：上编收录著者1984年1月所完成的博士论文《老子形上思想之诠释与重建》全文，章节安排为：导论、老子《道德经》中"道"一概念的初步解析、当代老学诠释系统的分化、创造性诠释的探索、老子形上思想的重建、结论；下编则是著者后来参加一些学术会议所撰写的单篇论文集，其主题分别有：老子思想中"道"之形上性格底商榷、存有与道——亚里斯多德与老子形上学之比较、老子语言哲学试探、老子思想在现代文化中的意义——以唐君毅先生有关存在主义之省察为线索、老子政治哲学的洞见与局限、文明的守护者——

老子哲学智慧试诠等共六篇。

上编首先说明老子形上思想探究之价值，而后展示老子义理诠释的困境，最后再以"创造性诠释"为原则，逐一检讨当代老学较具代表性之诠释系统，并给予一理论之定位。其中最主要讨论的焦点，即是老子的"道"究竟是"客观实有"型态或是"主观境界"型态的问题。经由著者逐一分析的结果，认为除了牟宗三先生力主"主观境界"型态之外，其余学者大多采"客观实有"型态之立场。著者最后也在众家之中特取牟先生意旨来诠释老学，但对牟先生"主观境界"的诠释立场，进一步分析出"道"的客观性，从而避免了此说被批评为"主观主义"之误会。而下编所收单篇论文，基本上并没有超出上编之思路及架构，大多是进一步补强诠释或以概念更明确的语句方式来分析老子思想。

本书在义理诠释与理论重建方面，不乏融贯性的创见，尤以著者为征定老子哲学的现代性所自铸的"文化治疗学"一词，主要想表明老子的形上思想与西方形上学不同，它所关怀的世界，是以人作为行动中心所辐射出去的"价值世界"；又认为老子哲学对应"周文疲弊"，其与儒家最大不同的地方，是其智慧、精彩全在于批判、治疗，而非积极的建构。此"文化治疗学"之说，在牟宗三先生之后的当代新儒学群中，已经常被引用为理解老学之词，且进一步被诠释与讨论。（赖慧玲）

老子哲学评论

《老子哲学评论》，谭宇权著。台北：文津出版社，1992年8月初版，系"文史哲大系"之一种。

谭宇权，1946年生，广东南海人。曾任中学教师。主要著作有《中庸哲学研究》《荀子学说评论》《墨子思想评论》等。

本书正文分为老子哲学概论、老子思辨方法评论上下两部分，共15章。其中第一部分之章节安排为：论老子的读法、论老子哲学的价值、论建立中国第一个形上学的老子、论老子哲学形成的背景、比较老子与中庸的"道"、比较孔老两子的中心问题及其解决方法。第二部分之分章为：论老子的论理法则——反、评论老子的自然学说、评论老子的万物论、从人性论评论老子的思辨方法、从形上学评论老子的思辨方法、评论老子的知识论、从宗教哲学评论老子的思辨方法、从政治学评论老子的思辨方法、评论老子的人生哲学。

本书主张：老子思想的进路，有朝向解决原儒创始人——孔子未竟之业而来的趋势。故孔子思想的终点，可说即是老子的起点。又认为因孔子主张自强不息的人生观，而老子提倡柔弱胜刚强的人生论，故两家思想有互补之功能。但在人生哲学方面，以为老子学说虽有助于中国人在贫穷社会中养成"乐天知命"或"安贫乐道"的习性，但同时也培养了成为二千年来专制政治奴才的性格。此外，著者认为帛书《老子》的出现，首先证明老子思想先有形下学，才有形上学；其次证明老子学说是起于对当时社会政治的不满；最重要的是证明今日所见各注本的《老子》典籍，实际已经过历代学者润饰修改，故越到后面的注解，就越有可能无法掌握原作意义。

本书文字表达方式类似口头讲义记录，故非常直白易懂，著者希望以"以经解经"之客观原则，去把握原著的精神与内涵。然因著者并非学文史科班出身，表面论述讲解虽清楚而颇有创发，但许多古籍训解之基本训练不足，历史断代资料运用也少凭证，往往仅凭各种逻辑推论即作结论。故本书可作为对文史外行者闲余亲近国学之作，但作为当行的学术论著，则争议颇多。（赖慧玲）

老子思想的史官特色

《老子思想的史官特色》，王博著。台北：文津出版社，1993年11月初版，25开，系"大陆地区博士论文丛刊"之一种。

王博，1967年生，内蒙古赤峰人。北京大学哲学博士，师从朱伯昆教授。曾任北京大学哲学系主任、博士生导师、北京大学社会科学部部长等职，现任北京大学副校长。已出版专著：《简帛思想文献论集》《无奈与逍遥》等，发表论文多篇。

本书原为著者1992年6月完成答辩的北京大学博士论文《老子思想探源及研究》，之后经过一年的修改，才在台湾正式出版。又经陈鼓应、丘镇京两位教授建议而改成本书名，以突出本书内容上的特点。

本书分为上下两篇，其中上篇《老子思想探源》之章节安排为：引言、老子思想的史官特色（上）——老子与史官、老子思想的史官特色（中）——太史之职掌对老子思想的影响、老子思想的史官特色（下）——史官思维的一般特征及其在老子思想中的本现、老子思想的民族背景、老子思想的神话渊源、从老子哲学看中西哲学之差异；下篇《老子思想研究》部分之分章则为：老子哲学的基本问题、老子所谓道的意义、老子关于道物关系的看法、君人南面之术——老子的治国思想、老子的治身思想；之后还有附录《马王堆〈老子〉乙本卷前古佚书的研究》单元，这部分也有两章为：马王堆《老子》乙本卷前古佚书的书名、成书年代及产生地域，《黄帝四经》的主要思想及其在黄老之学中的地位；书后则有著者简短的后记。

本书上篇主要探讨老子的思想渊源，因著者认为老子思想的形成，与其史官的经历有密不可分的关系，故想通过这种角度来准确把握老子思想的整体精神及真实内容。在上篇中除了讨论老子哲学的史官特色之外，还辅之以对老子思想民族背景的考察，力求使探源更加全面而符合历史。另外，由于神话在古代文化中具有重要地位，著者也专章讨论其与老子哲学的关系。而下篇部分着重探讨老子思想的基本内容，包括对道、物、有、无等概念之讨论，及在"治国"与"治身"两方面思想的探讨。最后著者还有两章专门研究"马王堆帛书《老子》乙本卷前古佚书"，认为这应就是成书于战国中期或更早时期的《黄帝四经》，且为越国人所作。

本书考辨精详，引用资料颇多，较全面地研究了与《老子》有关的各种问题，属于从历史考证观点全面讨论老学的特色之作。（赖慧玲）

老学验证

《老学验证》，张扬明著。台北：新文丰出版股份有限公司，1994年3月初版，精装，25开。

张扬明简介详见《老子斠证译释》提要。

本书正文包括19篇文章，前18篇收录著者在1974年10月至1993年12月间，曾针对老学中重要问题所作专题讲论之讲辞论文；第19篇则为帛书《老子》出土后，著者发现旧著《老子斠证译释》中某些章句解释，将因一字之差而义理别有天壤，故于1988年6月特作《老子斠释补证》一文。

本书是著者老学系列研究之最后一本，选辑著者历年讲演论文之精粹。因原属演讲稿形式，故虽均为较严肃之论题，但文章结构相对松散易读。并演主题大抵有几个方向：一是以泛论老子之思想内容为主，或从科学观点来论，或论研究老子之方法，或论老子与《易经》之关系等等；二则常谈道家、道教对中华文化之影响或与儒家会通等相关主题；三则因著者为杨氏太极拳传人，故专谈太极拳理论与老子关系之类主题。尤其著者认为道之体用及其与宇宙万有关系，为老学中之重大问题，故从个人修身到化成天下，究应如何守静、如何致虚、如何养气、如何研参、如何验证实践等问题，常藉演讲时抒发个人体会。其在诠释老学时，实可归为丹道致虚的气论进路，常援引内丹学和太极拳的原理，以论证老子的"抱一"即是"以心守气于丹田"，最终可达忘意忘息之恍惚境地，故此书研究方法并非属哲学纯思的路子，而更近于藉老学诠释己修的方式。（赖慧玲）

老子的文化解读——性与神话学之研究

《老子的文化解读——性与神话学之研究》，萧兵、叶舒宪著。武汉：湖北人民出版社，1994年5月第1版，精装，32开，905千字，系"中国文化的人类学破译"之一种。

萧兵，1933年生，原名邵宜健，福建福州人。任淮阴师范学院中文系教授、东南大学东方文化研究所及华中师范大学中文系兼职教授。主要著作有《楚辞研究》系列、《中国文化的人类学破译》系列等。

叶舒宪简介详见《庄子的文化解析》提要。

著者采用文化人类学资料、理论和方法，对《老子》中蕴藏的"哲学史前史"的秘密作了耳目一新的诠释。包括：上篇老子与神话、中篇道的原型意象、下篇《老子》与性、余篇从人类学看老子生平与心态。

本书从词语的训诂考释入手，对若干中国传统文化典籍和上古文化关于性的神话说法做了破译和阐释，书中还配有罕见彩版、插图多幅。可供哲学、史学、美学、文学、人类学和文化学者批判阅读、参考。现代科学发展神速，仅仅用传统的观点和方法很难取得突破。以民俗学、神话学为骨干的文化人类学，冲击着许多正统的学科。而著者以一个文化人类学者的眼光，发现《老子》里某些素称神妙莫测的"符码"蕴藏着原始文化的秘密，只有用文化人类学的办法才可能破译。并希望通过一系列专题研究，吸引严肃而又权威的知识界前辈和新进对"本体文化"与"精英文化"关系的注意。著者认为，一般的哲学史、思想史著作，就理论而言，可以说都是一种"向上"的省察，力求从思辨的高度概括其逻辑发展的规律，评述著者、作品的历史地位，功过是非或价值。这可以说是"顺向"的研究。而本书则尝试一种"向下"的讨溯，力求从概念范畴的深层或背后，发掘其原型意象或象征系统的"背景"，把握作家、作品与"本体文化"、群体心态（或所谓集体无意识）的潜在联系。这或许正是一种"逆向"的追寻。

本书信息容量极大，结构恢宏，妙想天成。每章皆新意层现。对现代生活中的人们富于思想启迪。（江峰）

易老子与王弼注辨义

《易老子与王弼注辨义》，苏东天著。北京：文化艺术出版社，1996年3月第1版，32开，172千字。

苏东天，原名苏伟堂，1941年生，浙江宁海人。曾任职于中国艺术研究院、深圳大学。主要著作有《诗经辨义》《徐渭书画艺术》等及《苏东天画集》。

本书主要由论老子道学、论王弼玄学两部分构成。正如著者在前言中所说，本书的重心在于论述王弼的认识论与方法论哲学，王弼的"《老子注》《周易注》和《论语释疑》，并不是立足在研究《老子》《周易》和《论语》的微言大义，而是立足于创立并运用他的正确的认识论和方法论哲学，来研究、剖析和解决时代社会的各种政治难题"。尽管如此，由于王弼通过注释《老子》《周易》和《论语》的形式来表达他的哲学思想，故而需要首先论述以《老子》为核心的道学体系。

在"论老子道学"中，著者简要介绍了老子生活的时代，追溯其思想的源流，认为乃是扬弃《周易》巫术文化而继承其理性思想精神而来，但是重于天道而忽略了人道，故而有孔子的儒学来补充。

在"论王弼玄学"中，通过考察王弼的《老子指略》《道德经注》《论语释疑》《周易略例》和《周易注》，著者认为王弼玄学的实质"就是我国古代的认识论和方法论哲学"，"是从先秦以来第一次自觉地把认识论和方法论提高到哲学的高度来研究"，"建构了我国古代哲学体系的认识论和方法论"。"宋明理学体系的完成和成熟，不能不与王弼玄学的贡献有所联系"，"我国文艺理论体系能在魏晋南北朝建构起来，也不能不与他的玄学相联系"。

总体而言，本书通过考察王弼对《周易》《老子》的重新阐释而重点探讨了王弼的玄学，分析其在中国哲学史上的贡献和地位，具有一定的学术意义。（张永宏）

老子的人生艺术

《老子的人生艺术》，张金光著。济南：济南出版社，1996年7月第1版，32开，80千字，系"圣人的艺术世界"之一种。

张金光（1936—2013），山东阳谷人。山东大学历史文化学院教授。主要从事中国古代史和中国社会经济史研究，在《历史研究》《汉学研究》《中华文史论丛》《中国史研究》《史学月刊》《文史哲》等刊物发表论文数十篇，专著有《秦制研究》等。

本书由"困顿的人生""宇宙论""辩证智慧""'无为而无不为'的'自然'人生论"及"'无为'的社会政治论"五部分组成。第一部分"困顿的人生"介绍老子的身世、时代背景以及老子作为隐者的盛德。第二部分"宇宙论"阐述老子哲学的本体论、本源论以及道法自然的天道观。第三部分"辩证智慧"阐述老子哲学的辩证思想，即构成事物的阴阳属性相反相成，且相互转化以及求反思维的效应。第四部分"'无为而无不为'的'自然'人生论"突出人在宇宙中的地位，分析老子以道救世的忧患意识与圣人情怀。第五部分"无为的社会政治论"阐述老子的政治哲学，突出老子对社会现实批判意识以及对理想社会的追求。

本书第三、四部分澄清了众人对老子辩证法及人生观断章取义、望文生义误解，还老子本来面目，具有正本清源的醒世价值。

"辩证智慧"揭示了老子辩证法所隐含的唯物辩证法三大规律，即"对立统一""质量互变""否定之否定"规律，纠正了一般论者所谓老子辩证法无视转化条件的说法。著者认为老子辩证法所主张的物极必反中的"极、度"就是转化的条件，如"祸莫大于不知足，咎莫大于欲得"（第46章），"富贵而骄，自遗其咎"（第9章），其中"不知足""欲得""而骄"就是招咎惹祸的条件；如"物壮则老"（第55章）就是物极必反的思想，其中"壮"就是转化的条件。著者还揭示了老子逆反思维具有"反传统、反权威的开创意义"，"这也是一种突破精神"，"这无疑为中国哲学理性思维开辟了另一个广阔天地"。

"'无为而无不为'的'自然'人生论"，力驳一般论者所谓老子哲学观消极的庸俗之见。著者首先肯定"域中四大，人居其一"（第25章）突破有神论，将人在宇宙中的地位与价值予以突出。著者指出"道生之"以后的"器成之"（第51章）就是人为制造机器，"辅万物之自然"，这也是后来"参天地，赞化育"天人互益思想的来源之一；同时，著者将道提升为人生终极价值，"就是永恒价值的标尺"，"以人生终极价值和永恒价值理论来规范现实的具体的人生，以改变现实人生诸般丑恶事实"，凸显了老子对人类文明异化的批判力度。

然而，著者引用《庄子》中的相关篇章对圣人批判的内容，佐证老子，却忽视老庄对圣人态度的差异。在"道我合一""贵身"两节论述如何得道养生时，著者介绍《老子》书中的一些修道养生方法，如"归根""复命""致虚极，守静笃""涤除玄览""损欲""啬""抟气致柔""无私"等等，都有一种意犹未尽之感，对《老子》书中蕴含的内丹养生思想没有深入系统的挖掘。（李永）

老子他说

《老子他说》，南怀瑾著。上海：复旦大学出版社，1996年8月第1版，32开，250千字。

南怀瑾简介详见《中国道教发展史略述》提要。

本书是著者关于《老子》的讲记。自1980年问世以来，著者又根据自己的体会做了多次修订。由于《老子他说》仅讲到第26章，后来东方出版社遂将其后部分汇录出版。

著者以深厚的文史功底、敏锐的社会洞察力，对《老子》的内涵作了充分的阐解，具有深入浅出、明白通畅的特点。在普及中国传统文化，使深奥的古籍通俗化、专门的学术大众化方面，作了有益探索。

著者认为，《老子》一书，原著不过五千言，但几乎是一个字就涵盖一个观念，一句话就涵盖了三玄三要的妙义。老子往往把道的体、相、用，混合在一起讨论，其中既有出世的修道，又有入世的行道，相互掺杂，应用无方，妙用无穷，真是"应用之妙，存乎一心"。这个述评可以说是著者研究《老子》几十年的深刻领悟。

著者指出，向来研究老子大概可分为三个路线：第一，纯粹哲学思想学术研究；第二，个人修养、神仙丹药角度的研究；第三，谋略学角度的研究。第三种角度的研究有个严重的错误，那就是认为《老子》讲的是阴谋术，故而是很阴险的学问。著者认为其实老子是主张用阴、用柔；但阴与阳是一体两面，无论用阴用阳，都要活用，用阴柔即不用刚强，不是勉强而为，而是顺势而为。他举汉代的陈平为例，指出陈平多用阴谋，其实犯了道家的禁忌。著者指出这个问题，真可谓一针见血，对于当今研究《老子》的学人无疑具有独到的启示。（张芳山）

道法自然——老子的智慧

《道法自然——老子的智慧》，邱进之著。成都：四川教育出版社，1996年11月第1版，32开，160千字，系"诸子百家智慧宝库"之一种。

邱进之，中共四川省委党校、四川行政学院教授，硕士生导师。著有《中国历代名道》《易玄释老——精微的哲思》等，参与编纂《廖平全集》。

此书包括卷首赘言、九章正文、结束语及附录《老子》（校订文）四部分。第一部分卷首赘言，简要说明老子作为道家鼻祖在历史上深远的影响力及其神秘身世。第二部分正文，第一章"老子其犹龙乎"，介绍老子哲人的风采；第二章"道可道，非常道"，鸟瞰老子自然哲学；第三章"人法自然"，阐述老子的人生观；第四章"圣人抱一为天下式"，论述老子"无为而无不为"的政治哲学；第五章"以奇用兵"，说明有道者的无奈；第六章"绝学无忧"，阐述老子论道谈学；第七章"天之道与人之道"，解剖社会现实；第八章"含德之厚，比于赤子"，论述老子别具一格的处世艺术；第九章"来龙去脉管窥"，分析老子学术的渊源及其对中华文化的影响。第三部分结束语，总结老子学术的巨大贡献以及存在的不足、消极作用。最后附录《老子》（校订文），"今取通行的王弼本为底本，参以帛书本、碑本及诸古本，并历代学者的有关训解，勉为校订"。

本书最大的特色在于抓住了老子天道观的核心，以"道法自然"为中心谋篇布局，论述老子自然哲学特征及其运用。本书最有价值的部分在于第九章，通过既追根溯源老子哲学，分析其"来龙"，又阐明其"去脉"，宏观概述老子对中国文化的深远影响，展现了著者的历史意识与纵览历史的功力。

本书最大的不足，是没有运用郭店竹简本，该本保存了老子思想的古义。如今本"绝圣弃智"（第19章），郭店本为"绝智弃辩"，更符合老子思想原意。在《老子》一书，老子不仅没有弃绝圣人，而且还常常引用圣人言佐证自己的观念，今本"绝圣弃智"乃庄子后学窜改所致。（李永）

老子思想体系探索

《老子思想体系探索》，魏元珪著。台北：新文丰出版股份有限公司，1997年8月初版，2册，精装、平装。

魏元珪，1927年生，福建福州人。曾任辅仁大学副教授，东海大学教授、哲学系主任及哲研所所长等。除本书外，还著有《当代文明的危机》《孟荀道德哲学》《中西方古典美学》等。

本书规格分量庞大，主分绪论、本论、结论三大单元。绪论前有著者序言及凡例，全书最后有附录一篇为"米契尔劝雷根勤读老子"及跋、参考书目。而绪论分为2篇共15章：第1篇老子的时代背景及其人其书、第2篇对老子《道德经》释义与文体问题的商榷；本论则分7篇共18章：第1篇老子道论的辩证、第2篇老子对知识问题之探讨、第3篇老子论美与生活教育、第4篇老子论经世治国、第5篇老子论道德修养与生命体证、第6篇老子的历史智慧与人生境界观、第7篇老子思想之兵学原理；结论也有2章为：道家中心思想与哲学精神、道家之发展暨对中国文化之贡献。

本书完成于著者70岁之时，花了6年的时间，将《老子》五千言演绎成50多万字之长论。著者因认为老子之说实弥纶宇宙天地人间之至理，历代名儒硕杰莫不奉为圭臬，又历来诠释者也何止百千，故不欲在众多诠释中再插其足，只在本乎义理，以发挥其哲理，并以现代之观点，去撷取老子的智慧，更以西洋哲学之智慧与老子相互观照，以收相互辉映之效果。因此至少参考引用了191册古今中外之相关资料来完成此大作，这在一般专论理论体系之纯哲学著作中是较为少见的。

本书形式纲举目张、结构庞大，内容引经据典但处处节外生枝，并以哲学散文之笔调行文，文字饱满丰沛又常以感性叹惋之语调发挥，对老学之热爱可见。但也因极力探索、特意深广，除标题纲目令人会意，各章论证逻辑与焦点结论，却难以理出脉络并掌握。（赖慧玲）

老子的智慧

《老子的智慧》，周立升著。石家庄：河北人民出版社，1997年12月第1版，32开，154千字，系"中国古代哲人智慧书系"之一种。

周立升，1936年生，山东庆云人。曾任山东大学哲学系教授、中国哲学教研室主任、哲学系主任，山东哲学会副会长、山东周易学会副会长、国际易学联合会顾问等。享受国务院特殊津贴。著有《稷下七子捃逸》《两汉易学与道家思想》等，发表论文百余篇。

全书包括前言、十章正文、主要参考书目三部分。前言介绍《老子》作为早期道家经典在中国哲学、中国文化形成和发展中不可低估的作用，以及对中华民族心理素质、中华民族精神的构成具有深远的影响。正文第一章，考证老子身世及《道德经》的阶级立场；第二章，论述老子对道的提升与道的品格；第三章，论述老子的自然哲学；第四章，论述老子的人生哲学；第五章，论述老子的政治哲学；第六章，论述老子的知识观；第七章，论述老子的辩证观；第八章，论述老子的价值观；第九、十章，论述老子与中国文化的关系以及老子的现代价值。

本书突出历史视角与文化视野，其学术创新体现在老子"善复为妖"的价值悖论、老子与气功养生学、老子与文学艺术三个方面。

本书注重文献考证与历史分析。如第一章，著者出入经史子三部，通过众多的文献互证，考证老子的身世；对老学传承，著者提出了两系概貌：一为老子、关尹、列子、杨朱、庄子等隐者系统，二为老子、文子、慎到、田骈、接子、环渊等黄老道家系统。

本书注重《老子》的文化内涵及其影响。如第八章，在讲价值悖论时，提及"价值异化"这一具有现代意义的命题，人类现代文明中的科技发展已经给人类社会造成负面影响，值得现代人深思。

本书视野开阔，史论结合、提炼出老子智慧的不朽性。（李永）

郭店竹简老子释析与研究

《郭店竹简老子释析与研究》，丁原植著。台北：万卷楼图书有限公司，1998年9月初版。1999年4月出增修版。

丁原植简介详见《文子新论》提要。

本书先录郭店竹简《老子》影印文字，而后字字对应，在竹简文字旁附以繁体字，对于一些通假字与异体字，著者以括号标明。此外，著者还依据竹简《老子》的相关段落与文字，将对应的多种《老子》版本的相关段落附于后，以便读者参考与查阅。

著者在参阅多种《老子》版本的基础上，将"老子"、老子与《老子》三者不同的意涵，加以明确的分辨。"老子"代表一种思潮的发展，它与《老子》资料的产生有关。老子是形成《老子》思想的一个关键人物，他确有其人。而《老子》却指对此种思潮资料编辑的思想文献。因此进一步提出六点见解：

一、"老子"这种思潮起自于周室东迁之后，由于王权的衰微，诸侯势力的崛起，地域文化逐渐对士人独立的思想产生了根本的影响。在这种运动的巅峰时期，于周文化的边陲地带的陈国，形成了一种标显人文导源与始源观念的新思想建构。

二、《老子》指这种思潮探索下一种思想的成果，传说中的老子应当对早期《老子》资料的编辑与撰写，起着重要的作用。老子可能是李耳或老聃，这与《老子》资料早期形成之事的传述有关。

三、《老子》的原始资料，应当接受汉人的说法，产生于春秋末叶。但它却是以不定型的方式流传于战国初期。其中包括生命真实体验的格言、哲人的隽语或精要的语录，与思辨观念探悉的解说。其资料的内容似较今日《老子》文本为多。

四、《老子》一书当为战国时代所编辑，并明确定为《老子》。其写定年代，或许在战国初期之中段。今遍行本《老子》与帛书《老子》的抄本关系很大。此种文本至少在公元前第四世纪，已经流传甚广，而且出现不同的抄本。

五、战国时代对于《老子》一书的认知与后世不同。他们并不是就学派意义的"某家"或强调为"某人"的作品来看待这些资料。而是将它视为一种人文探索与建构的观念根基。因此，在传抄或注释的时候，时常将各种地域思想的阐发与衍生的观念掺杂其中。

六、以"老子"所标显的事情，是我们反思中国古典哲学的重要线索。这就需要首先克服种种加诸《老子》之上的误导。"老子"之事是哲学的问题，而不仅是老子其人或《老子》其书。或许本着这种要求，我们更可面对竹简《老子》对今日哲学探索所显示的意义。（林翠凤）

老子思想新释

《老子思想新释》，王柯平著。北京：外文出版社，1998年第1版，32开。另有同一出版社，2010年9月第1版，精装，16开，系"学术中国丛书"之一种。

王柯平，1955年生，陕西长安人。北京第二外国语学院英语系教授。主要著作有《旅游审美活动论》《〈法礼篇〉的道德诗学》《中国人的思维》等。

本书语言为英文，内容包括前言、四章正文、三个附录、参考文献及注释。前言概述老子其人其书以及阐述写作本书的六点理由。正文之前由一篇长文论证老子生于孔子之前，并将老子的"道"具体分成八种，即宇宙之道、辩证法之道、人类生活之道、天与人之道、个人修行之道、统治之道、战争之道、和平之道。这八种道分四个部分展开阐述。第一部分，本源之道，分析作为万物本源的道的本质特征。第二部分，道的体现——德，分析从道到德的生成过程，以及德的特性。第三部分，透视人的状况，用一对对范畴，如"有无""有为无为""强弱""美丑""福祸""生死"等分析老子的道在人类生活中的作用。第四部分，个人修行之道，分析对道与德的态度、体验、运用以及如何修道成德。附录一：《老子》英文译本；附录二：《老子》最新版本，根据帛书《老子》、陈鼓应《老子注译及评介》及古棣、周英《老子通》合校而成；附录三：1997年在德国波恩召开"道家传统与现代专题研讨会"上发表的论文。

本书最大的特色在于对《老子》思想的新校释：1.新版本。本书不仅根据帛书《老子》古义进行修订，同时参照陈鼓应、古棣、周英的老子研究成果，对原书内容进行多处校正。有多处内容因错简，根据语义与逻辑关系进行新的编排。如第81章，将"圣人不积"以下内容移至第77章尾部。2.新版本又以新的表现形式——诗性分行结构，展开《老子》81章的内容，可参阅附录一。
3.英语翻译，也是一种再创造。如"有"译为"Being within–form"，"无"译为
"Being without–form"，中国传统哲学范畴通过英文中介获得新的生命力，也方
便英语世界的接受、理解。4.新视角。（1）用西方哲学的范畴、观念对比解释
老子哲学。从古希腊巴门尼德的"存在"，中世纪的"上帝"到近代康德的"物
自体"、黑格尔的"三段论"，再到现代尼采、海德格尔、阿多诺等人哲学观，
中西互照、相得益彰。（2）用艺术思维解释老子思想。作为诗化哲学家，老子
善于用隐喻性的语言来说道。如"玄牝之门"这一意象，著者用原始岩画雕刻
中的性器官崇拜来解释，将哲学、宗教、艺术三位一体，这种学科交叉性研究
体现了著者学养的丰富性。至于其他的新方法，如中国哲学内部儒、道、释、
墨等各家互证，现代接受美学视野的运用等等，不一一细说。

　　正如著者在序言中所言，本书是根据1973年出土的马王堆汉墓帛书《老
子》最新修订的英语阐释本，填补了改革开放以来《老子》研究领域里的空
白。欣慰之余，也有遗憾。如对道的八种分类，虽然细致，但从逻辑上讲不够
严谨，有的可以合并，如辩证法之道与人类生活之道有重叠的地方等。（李永）

老子哲学考察

　　《老子哲学考察》，李全华著。广州：暨南大学出版社，2001年1月第1版，
32开，285千字。

　　李全华，1930年生，湖南桂阳人。湖南大学教授。早年从事无线电专业。
从1982年开始发表文史方面的论著，曾校点《红楼梦》和《史记》，著有《史
记疑案》等。

　　本书除前言外，共分三篇12章。前言择要介绍本书的逻辑思路，说明
引文的规范及各种符号的意指。上篇为"老子哲学原理考察"，探索《老子》
"言"之"君"、"事"之"宗"，从而把"道"的元素、原理和自然基础揭示
出来。该部分共分为6章，著者首先探讨"道"的元素和原理，继而探讨"道"
的自然基础，即二进制，是《老子》书"事"之"宗"。接着著者给予论证，
首先论证春秋时期中国数学家已掌握二进制计数和运算的方法，其次论证春
秋时代社会上出现文字改革的要求，再论证该时代确实有人在尝试用数字对

事物进行编码。最后著者论证"德"是"道"的运行轨迹，并考证老子时代流行的"德"字字义。下篇题为"老子哲学应用考察"，探索"老子哲学"的应用问题。该部分共分为六章。著者首先论述老子哲学的应用理论，即老子哲学的宇宙观、认识论和方法论，继则论证黄帝老子之术的核心或基础乃是"老子之术"，战国时期诸子对"老子之术"的研究和应用可分为四个时期（分别是申不害时期；宋钘、尹文、慎到、田骈、接予、环渊时期；荀卿、韩非时期；《吕氏春秋》时期），进而系统论述百年间黄老之术从诞生、传播，经过高潮，走向衰亡的历史过程。补篇以"竹书《老子》所见《老子》书及老子哲学本来面目"为题，著者从竹册的形制和内容分析，认为竹书《老子》是《老子》书的三种选读本，非《老子》书的完整本，其次论证《大一生水》是竹书《老子》丙卷后古逸书，成书于楚地哲学家之手；第三，他通过比较竹书本、帛书本、今本，证明《老子》书有后人附益、改易。最后，他列举《老子》书中若干重大误译、误注。

著者对《老子》及其所代表的黄老之术有特别的解读。首先，著者认为"道""德""名""物"是老子哲学的四大术语或四大专有名词。老子的"道"是由二进制及用二进数对事物进行编码表示所产生的数理哲学，即二进制是万物的本原，进而得出"道生万物"的宇宙起源论。所谓"道生万物"，从其基本原理来说是用二进制数对事物编码，同时也能用来解释万物发生。其次，著者认为秦汉时期，春秋战国文化（即黄老之术）由于特殊的历史原因没有得到继承与发展，堪称"一场夭折的文艺复兴运动"，使得儒家文化统治中国两千年，使中国的科学技术长期处于蹒跚慢步，甚至停步不前的状态，产生中华文化的一个大断层，是中华民族的悲剧。

本书也存在不足之处。该书以1972年出土的长沙马王堆帛书《老子》甲、乙本为底本。著者并未解释为何不以1993年出土的郭店楚简《老子》甲、乙、丙本为底本，这个文本是迄今最为接近老子生存时代的版本。著者同样也没有解释为何不以流传最广、影响最大的王弼本为底本。（寇凤凯）

老子评传

《老子评传》，陈鼓应、白奚著。南京：南京大学出版社，2001年7月第1

版，精装，32开，273千字，系"中国思想家评传丛书"之一种。

陈鼓应简介详见《老子今注今译及评介》提要。

白奚，1953年生，籍贯山西太谷，北京人。曾受聘于兰州大学哲学系、首都师范大学东方文化研究所。著有《稷下学研究》等。

本书共分12章，第一章引论，对老子其人其书论争进行检讨，回顾与展望了20世纪中叶以来关于老子研究的时代特色和方法论问题。第二章老子学说的思想文化渊源，阐释了老子思想与"古之道术"、老子思想与原始宗教文化之关联以及老子的怀古情结。第三章老子思想的历史文化背景，着重分析了春秋时期的社会状况和隐士群体的社会批判意识，论及孔老相会及其历史意义。第四章老子的自然主义，对《老子》之"自然"与"无为""道法自然"等范畴及命题展开诠释。第五章老子的"道"论，主要讲述了老子"道"论思想。第六章老子的认识论，分析了老子"为学"与"为道"、"智"与"愚"、"涤除"与"玄鉴"等观念。第七章老子的辩证思维，重点谈及"反者道之动""弱者道之用"等命题，着力澄清人们对老子辩证思维方法的误解。第八章老子的社会政治学说，分析了老子"大道废，有仁义""治大国若烹小鲜""小国寡民"等命题思想。第九章老子的人生哲学，重点阐述了老子的养生之道、修身之道及处世之道。第十章老子思想与道家学说的历史演进，历史地叙述了从庄子之学、黄老之学、魏晋新道家、后期道家到道家思想在现当代复兴的演进历程。第十一章老子思想与道教，从神仙方术到"太上老君"、从老子思想与道教的教理教义等多维度论述了老子思想与道教之关联。第十二章老子思想在中国文化中的地位，认为老子实现了中国"哲学的突破"，且以老子与孔子代表中国文化的两种路向，强调儒道互补奠定了中国文化的基本格局。

本书充分利用郭店楚简等新出土文献，努力澄清古往今来对老子思想的种种误解，充分揭示老子思想对中国文化乃至世界文化的重要贡献，对老子思想重新进行定位，此为本书的三个主要特点。（张韶宇）

听老子讲道　《道德经》旁说

《听老子讲道》，邹牧仑著。深圳：海天出版社，2002年5月第1版，16开，340千字。《〈道德经〉旁说》，邹牧仑著。深圳：海天出版社，2003年5月笫

1版，16开，380千字。2013年4月，该出版社将两书纳入"邹牧仑文化系列"丛书重新出版。

邹牧仑，黑龙江哈尔滨人。南开大学历史系毕业，获硕士学位。曾任职于中央党校，从事历史文化及中国当代社会研究，后来移居海外。著作有《伴孔子周游》《向释尊问佛》等。

著者于2000年11月至2001年1月间完成《听老子讲道》的初稿。其初衷是"从《道德经》古本的白话注解到老子本人的口语表述，再到我个人的引申发挥，庶几使读者对老子隐晦曲折的道学能够有一个由浅入深、由表及里的理解过程"。后来在出版过程中，因为初稿篇幅太长，所以一分为二，《听老子讲道》（简称《讲道》）先面世，《〈道德经〉旁说》（简称《旁说》）后面世。二书实质是一本书。且由于是同时完成，从白话注解到著者的思想观点均无显著差异，惟有体例不同。实际上，二书在内容上可以相互补充，原因是《讲道》重在"老子本人的口语表述"，《旁说》重在著者的引申发挥，也就是说，前者偏重于忠实翻译与解读老子思想，后者偏重于评述老子思想，二书是一脉相承的关系。所以，二书的内容提要合在一起。

二书之创作，大致依据汉代以来广为流行的河上公《老子章句》本及魏晋以来广为流传的王弼《老子注》，个别字词参考1976年编辑出版的《马王堆汉墓帛书老子》而有所订正。

《听老子讲道》除引言外，全部按照《老子》的章节，分为上篇道经，下篇德经，共计81章。每章先是一句对一句的白话注解，排列整齐，后为授课实录，里面详细记述授课的各种情况，老子的言谈举止、讲稿讲纲悉数在内。该书是一部小说体的老学著作，这是很独特的。这种做法有很多好处：引言以小说的形式，在诙谐幽默中介绍老子在世时世界学术大势，主要是印度的佛教、西方的基督教等等，从老子的立场对二者进行对比性的评价，佛、道与基督教的异同等问题亦在不知不觉间和盘托出。正文中设想的讲座中，提问与解答的环节里，该书实现了孔与老的及时互动，道与儒的异同亦同时明了。至于百十余人的听众中的关尹子、鹖冠子等，亦展示出老学之发展演变的情形。通过这一全新的形式，不仅解读了老子思想，而且揭示出老学流承，更重要的是实现儒、释、道的比较，一举多得。兼之，该书文笔生动，情节引人入胜，在宣传老子思想，弘扬中华文化思想精神方面，效果远远好于其他通俗类作品。

《〈道德经〉旁说》旨在申述《老子》的精义。前言介绍老子生平及《道德经》的影响，重点叙述著者对老子的认识，指出老子只是一位思想奇特的高明智者。正文部分不再分上下篇，而是遵照《老子》的原本顺序依次撰述。每章均重新命名。每章于照录原文后，进行注释，注释不仅是对字句的解释，而是罗列很多老学作品的相关观点，最后在"谨按"中提出自己的认识。其中"谨按"基本上是对《听老子讲道》中的思想主旨的概括和凝练。"旁说"是该书的主体，里面不只是对《老子》文句的解读，在相当大程度上是著者的引申发挥，如果说《讲道》是著者文学想象力的驰骋，那么《旁说》则是著者哲学想象力的驰骋。

二书在很多方面提出自己独到的见解。如对《老子》第5章"天地之间，其犹橐龠与"，著者认为，古今注家多以橐龠相连而解释为风箱，这是不对的。最直接的理由是老子时代可能还没有风箱，现今最早证明有风箱的是《淮南子·本经训》，晚于老子在世约300多年。橐和龠可以分别解释为鼓风袋和排气筒，仍不能构成风箱，因为风箱的主体是木头箱子。所以，他认为橐即口袋，龠即笛子。对于《老子》第14章，老子在此展示了一幅虚无缥缈的自然图画，这是一段意义极其隐晦抽象的文字，令古今学者百思不得其解。许多对生命抱有长生不死痴愚念头的人，以此为根据，构筑起道家信仰的最高理想境界。著者认为，理解这段话，需要结合其独特的思想方式，老子所指出的自然界存在着一种混沌恍惚的状态，是对自然的客观描述。人类所生活的这个星球本来就被包裹在重重叠叠的宇宙星云之中，这使得地球上的一切自然物象，也都处于模糊朦胧之状态，难以从中寻找出清晰的透明度。因此，老子的"夷""希""微""恍惚"都是道的一种自然状态，不必与神仙术或长生不死等牵连在一起。（寇凤凯）

老子思想新释

《老子思想新释》，郑鸿著。上海：上海文艺出版社，2002年10月第1版，32开，151千字。

郑鸿，博士，供职于美国交通部研究所、纽约市交通局。退休后，他用五年时间，潜心钻研《老子》，著成此书。

本书首先归纳总结《老子》各章之主题，分别予以命名。依据主题之异同，予以重新分类，然后汇集成篇，共有九篇。每篇内各章之次序又依《老子》各章之先后不予改动，篇末一般有相应的总结。每章均先录《老子》文本，继之以"新译"，其后为"新释"。

本书最为鲜明的特色是从现代科学的角度释读老子思想。它将"道可道，非常道；名可名，非常名"释读为："道，可说明的，不是普遍和永恒的道。名，可定名的，不是普遍和永恒的名。"不普遍暗示与空间有关，不永恒暗示与时间有关。因此，道和名是跟空间和时间转换的。"欲"被释读为"客观"，从无名到有名被释读成寻找真理的过程，正确的态度是除去私欲和成见，保持客观。因此，老子不仅是哲学家，又兼职成为科学家。本书从一个新的观点和编排来解释老子，用现代科学的观点，将老子五千言打散了，重行组合，再来一套科学理论的"新释"，获得认识上的突破。

本书也有一些不足。本书以新观念释读《老子》，但新观念的阐释局限在零星的章节内，没有得到充足的解释，缺乏充分的说服力。如果本书著者能够用新观念来分析《老子》中的关键术语，厘清其内涵和外延，然后选定几个主题，予以撰述成文，效果会更好。（寇凤凯）

老子我说

《老子我说》，董子竹著。武汉：长江文艺出版社，2002年10月第1版，32开，290千字，系"中国文化原典重解丛书"之一种。另有同一出版社2007年6月第1版，16开，320千字。

董子竹，精通儒、道、释文化和希伯来文化、希腊文化等世界五大文化，被人称为学贯中西的国际文化大师。

本书旨在批判南怀瑾对于道家、老庄学说、《老子》的观点。南怀瑾之《老子他说》只讨论到《老子》第26章，全书几乎未涉及《德经》部分。所以，《老子我说》在前二十六章，以南怀瑾为主要商榷对象，占全书三分之二的篇幅；在第27至28章，则把矛头转向以陈鼓应为代表的众多老学研究专家。著者认为，南怀瑾的《老子他说》只是借《老子》的文字名相说了一些浮皮潦草的理学禅话而已，根本不是《老子》的主旨，许多地方甚至连原文的本意都解错了。他认为《老子》是老子答尹喜问，并由尹喜整理而成。尹喜整理时，抽去了自己的提问，只录老子的回答。这是该书立论的重要基础，整本书在此基础上展开。正文部分依照《老子》的顺序，每章依据其主旨重新予以命名，以点明其要旨所在。末尾以《暂时的结语》收尾，归纳总结该书解读老子思想的理论。

本书解读老子的指导性思想是以生命的整体性原则为核心的"宇宙—生命"系统。其要点如下：

首先，"道"指生命活动本身，是一切生命力之源。著者选取道教内部的秘传手本，重新标注句读："道可，道非，常道；名可，名非，常名。无，名天地之始；有，名万物之母。故常，无欲以观其妙；常，有欲以观其徼。此两者同，出而异名，同谓之玄。玄之又玄，众妙之门。"这个新断句是道教正一教太乙道内部代代相承、口传心授的版本。他认为《老子》第一章揭开"宇宙—生命"系统的亘古之谜。"道可，道非，常道"作为一个体验整体生命运动的过程，即体验"宇宙—生命"系统存在着、运动着的过程。整体还是整体，不可分割。生命个体只是假象、幻想，是整体的"点缀"。"道"根本不是什么规律、法则之类，"道"是一切生命力之源，是活生生的东西，它无时无刻不转化为万相，这种转化，只是为了证明"道"自身的生命活力。

其次，"通""塞"平衡。一切生命体都是"道"的生命力量的显示，必定要分化出善恶美丑的判断，有判断必有知见，无知见不为判断。要打破其束缚，只有在"宇宙—生命"系统中形成另外一种与众生心不同的力量，即"塞"与"通"的交替运动，使"宇宙—生命"系统有节奏地显示着自己无尽的生命活力。在老子看来，"宇宙—生命"系统自身的"通""塞"平衡是第一位的事。

再次，"业力身"与"愿力身"的因果互相酬。正是一"通"一"塞"构成"宇宙—生命"系统的矛盾运动、变化，乃至平衡，所以我们用"因果互相酬"来界定。"愿力身"与"业力身"都是生命的存在形式。"业力身"指个体的生命，有生有死的有限的生命，可等同于肉体的生命。"愿力身"是无相无念无想的生命，是不生不灭、不垢不净、不增不减的生命，是"后其身而身先，外其身而身存"的生命存在方式。

根据生命运动的整体性原则，"生命"是一个整体，"宇宙—生命"系统是一个不可分割的整体，在表现力量时，只能转化成"天地万物"以及与之相对的"有无欲之心"。由此，生命的存在方式就不只是生物性一种（即"业力身"），还可以以其他方式存在。根据老子所讲"有生于无"的意思，一切"天地万物""有无欲之心"皆是因缘和合的产物，当我们把一切因缘都还给其本源之时，就会发现可以生一切有的"无"，这就是"愿力身"。

从"业力身"向"愿力身"转化，遵循因果互相酬的法则。以老子为例，肉身的生物状态的老子的确已经逝世两千多年，但生命不只有这样一类存在方式。老子作为"堕肢体，吐聪明，伦与物忘"，大同于一切众生百姓，无心无神且无魂，只以愿力的存在为存在，在"宇宙—生命"系统中与众生因果互相酬，众生每个念中皆有老子的"一气化三清"，皆是老子的成就。这个老子是不死的，亦可称为"愿力身的救度"（即"愿力身"要引导"业力身"了道）。所以，从"业力身"向"愿力身"转化是个体生命化归整体生命的过程，也就是合于"道"。

因此，本书认为老子之所以会在千古之中称为圣人，就在于他永远注目于如何证"道"，生命如何充分展现自己的活力。《道德经》不是一部政治哲学，不是一部功法书。它应该是一部关于生命、关于"宇宙—生命"系统的"大学"，阐述的是积极进取的生命学说。"道"本身就是生命，或曰生命的总源，道只有显化为生命，才能真正显示自己无穷、无限、无尽、无比的活力。（寇凤凯）

老子形上思想研究

《老子形上思想研究》，马德邻著。上海：学林出版社，2003年4月第1版，32开，150千字。

马德邻，1949年生，哲学博士。主要研究方向为中国古代哲学，兼及中外比较哲学、艺术哲学。

本书于《导论》之后分为四章。《导论》重点分析《老子》之形上学观点的历史继承和批判性。第一章阐述《老子》形上思想的主题，著者从《老子》的批判精神入手，指出"无"是《老子》形而上思想的基础，是老子形而上思维的核心问题。第二章分析《老子》的"道"形而上学，即《老子》以"无"为核心的"道"构建起来的宇宙论和本体论。著者认为《老子》主要从最一般的意义或世界原初原因的意义上使用"道"。"道"作为世界之全体、统一的原理，作为宇宙生成、发展的法则，既是"有"又是"无"，从根本意义上来说，是与"无"联系在一起。第三章论析道德形而上学。《老子》的"道"形而上学合乎逻辑的展开就是道德形而上学。《老子》以"无"为核心的道德形而上学提倡以返归本己的超越或曰人性复归的理念，在其指导下的道德行为是"无为""不争"与"知足"。第四章分析言语形而上学，思考如何通过"言说"将"道"作为我们的"思"的对象。著者指出《老子》的形而上学以"不言"为特征，通过比较海德格尔1950年关于《语言》的讲演中所论述的"四大"与老子的"四大"思想，揭示出老子为了解决"无"与"名"的矛盾，同时也使"道"成为最高哲学范畴，而在语言学上所作出的努力。

本书最大的贡献在于全面揭示《老子》的形而上学思想，将其理论体系系统地展示出来，即《老子》从"道"出发，构建起一个包含"道"形上学、道德形上学和言语形上学的思想体系。历来的研究都把"道"作为《老子》的最高哲学范畴，忽视"无"在老子哲学中具有更重要的地位。著者注意到"道"因"无"而具有意义，"无"才是《老子》形而上思想的基础；"无"涉及老子的全部思想，"无"是老子形而上思维的核心问题。通过中西哲学的比较，著者认为《老子》哲学形而上学展示的是一种不同于希腊形而上学的视域，成功地揭示出中国形而上学的精神。

本书在研究方法上较为突出的特点是：其一，注重中西哲学的比较，尤其是在与早期希腊形而上学思想的比较中探寻《老子》形而上学思想的核心问题及解决方法，并且吸收西方语言学、解释学、现象学的理论，大量参照海德格尔、德里达、伽达默尔、索绪尔等人的思想。其二，本书在以王弼本为主的同时，辅以马王堆帛书甲乙本和郭店楚简本《老子》，形成较为正确的文本，其间又不失时机地阐述其义理，从而做到考据与义理的结合，尤其是对词源学和语义学的运用，更强化了二者的结合。（寇凤凯）

老子，你在说什么

《老子，你在说什么》，王心慈编著。宁波：宁波出版社，2003年11月第1版，32开，90千字。

王心慈，编著出版了一系列"你在说什么"的著作，有《庄子，你在说什么？》《李后主，你在说什么？》《曹操，你在说什么？》《李白，你在说什么？》

《孙子，你在说什么？》《苏东坡，你在说什么？》《诸葛亮，你在说什么？》等。

《老子》蕴含着丰富的人生智慧，充满着启迪人生的精辟道理，可是它毕竟诞生在两千多年前，用的是现代人难以准确理解的古文。纵然有很多各种各样的现代文翻译（姑且不考虑其准确性），仍旧难以为平常人所理解。如何让《老子》的思想走出象牙塔，走进平常人的精神世界，为其忙碌的人生提供更多的帮助？本书做到了。

本书一改哲学思想类著作严谨古板的章节体例，不分章节，将66个故事依次编订，每个故事不按逻辑条理渐进排序，每篇文末皆附有一个绿色的边框，左上角上绘着一个"灯泡"图形，是为"生活智慧"，里面寥寥数语，既是对故事内容的总结和升华，又能极大方便读者快速了解故事里的智慧；每个故事皆自成一理，整部书好比是一部散文集。每页均配有鲜活的漫画，真正做到了图文并茂：单看漫画，读者能够琢磨出文字的意思；看完文字，读者能够更深地品味漫画的意思。

这些故事都蕴含《老子》中的一点智慧，如《你的快乐被金钱买走了吗？》讲述《老子》第44章："身与货，孰多？"《你是在享乐还是堕落》讲述《老子》第12章："五色令人目盲；五音令人耳聋；五味令人口爽；驰骋畋猎，令人心发狂；难得之货，令人行妨。"《你是衣冠楚楚的强盗头子吗？》讲述《老子》第53章："朝甚除，田甚芜，仓甚虚；服文采，带利剑，厌饮食，财货有余，是谓盗竽。盗竽非盗也哉！"

正如著者在前言中所说："先人的智慧，因为有您的省思，不再是死的信息；先人的智慧，因为有您的学习和效法，才能活在您人生的每一分每一秒中。"这也正是本书最为重要的价值所在。（寇凤凯）

老子处世真经

《老子处世真经》，王少农著。北京：中国国际广播出版社，2004年1月第1版，16开，250千字。另有香港：中华书局，2005年5月初版。

王少农简介详见《老子、庄子的做人绝学》提要。

本书除序言外，不分章节，一共29篇，每篇均以《老子》中某一章为核心观念，讲述相应的处世智慧。附录《老子处世真经活用》总结了21条处世经验。全书为了便于阐述道理，绘制113幅图示，且行文简洁，达意即止，图文双解，实在是通俗类老学著作中难得的佳作。

本书也存在一些不足，如第15、24篇错标《老子》的章节。又如将《老子》第19章"绝学"解释为最高学问，是值得商榷的。（寇凤凯）

老子解读：老子与宇宙物理学及其哲学思想

《老子解读：老子与宇宙物理学及其哲学思想》，于永昌著。北京：中国社会科学出版社，2004年7月第1版，32开，200千字。

于永昌，1945年生，北京人。

本书逐章解读《老子》。序论介绍著者对于老子的认识，据此整理老子的哲学体系，包括老子哲学的根本思想、老子哲学的辩证法、伦理哲学，归纳出《老子》给予人类的19个启迪与贡献。该书按照每章之主旨相应地拟定一个标题。每章首先照录原文，然后介绍本章主旨，逐句进行语释、解读。

本书试图从宇宙物理学、气功学等全新的角度解读《老子》，揭开蕴藏在古雅文字中的重大科学发现与医学奇迹。它认为老子长年修习气功，已经开启其超越的直感力、直观力、遥视遥听及洞察纤微的能力。由此他观察到物质的"道"的存在及道与天地（宇宙）、万物的运动变化、不变的法则、规律（抽象的自然的道），将其全部写入《老子》一书。老子把道分为恒常的道与非恒常的道两种。恒常的道指具有物质性与法则、规律性的混合体，是一个实际存在的物，是创生天地的母体。恒常的道具有象（场、现象）、物、精（素粒子、超微细粒子）、信（波动、信息、力）的同时，具有无为而无不为的行为、恒常不变的自然法则，并且不停息地旋转、循环、运行着。

著者运用气功的理论来解释《老子》，如第3章"是以圣人之治也，虚其心，实其腹，弱其志，强其骨"，著者认为这是老子在论述性命双修；第5章"多言数穷，不如守中"，著者认为这是老子在论述气守丹田的重要性；第28章"知其白，守其黑，为天下式。为天下式，恒德不忒，复归于无极"，是老子在描述气功的最高境界。由此，本书得出一些惊人的认识，如对于第4章"吾不知谁之子，象帝之先"，著者认为，老子指的是创生我们的宇宙之外的物体，即现代物理学家所推测的我们的宇宙之外还有众多的宇宙，并且推论这些宇宙有子、母之分。

人们思考《老子》，注解《老子》，其思维往往纵横不过几万里，上下不过数千年，相比此书，显得过于渺小。本书能够纵横上千万光年，上下几百亿年的视野来解读《老子》，是真正的无限意义上的"大"，其想象力、胆识、气魄真令人赞叹！（寇凤凯）

老子为道

《老子为道》，殷旵著。兰州：甘肃文化出版社，2005年1月第1版，16开，320千字。另有北京：当代世界出版社，2006年4月修订版，16开，310千字；西安：陕西师范大学出版总社有限公司，2013年1月增订版，作者增加第28讲《老子为道与和谐社会》、第29讲《老子为道与中和之道》、第30讲《老子为道与天人和谐》，16开，293千字。

殷旵，安徽太湖人，16岁开始业余文学创作，之后发表各类作品。因其精通易理，被聘为国际易学联合会特邀培训教授、中华老子研究会学术委员。

本书是著者的录音整理稿，全书除引子外，共为30讲。全书围绕"为道"为中心，讲述"三段论"（为学、为道、无为）、"损益法"（日益、日损、无不为）、"三重景"（知、智、慧）、"三人行"（借鉴"他"、碰撞"你"、形成"我"）、"三过程"（迷、疑、悟）、"三要素"（才、学、识）、"三度"（博、渊、神）、"三心"（好奇心、分别心、平常心）、"三反省"（是什么、为什么、不二法门）、"三念"、"三性"、"三境界"（独上高楼、衣带渐宽、蓦然回首）、"三不朽"（立功——济于时、立德——济众生、立言——传后世）、"三不亦"（为道的潜力——"不亦说乎"、为道的引力——"不亦乐乎"、为道的魅力——"不亦君子乎"）、"三观"（观色、观心、观静）、"三相"（假相、实相、无相之相）、"三处"（入处、出处、了处）、"三见"、"三易"（变易是事物的现象、不易是事物的规律、简易是事物的本体）、"与时俱进"（与时偕行、损益时间观、天行健）等。

本书围绕《老子》第48章"为学者日益，为道者日损。损之又损之，以至于无为，无为则无不为"展开，讲述如何在日常生活中"为道"，是著者长期思考老子的成果。所谓"为道"实质是如何才能使生活幸福快乐，使人生有意义、不虚度年华。他有三点心得，归纳成三句话：1.《老子》第18章是涵盖《老子》全书的'经中之经，道中之道"；2.《老子》的"道中之道"是人之常道；《老子》的"上德"是如何"为道"；3.是道，非道，非非道；不立文字，道外别传。著者反对"呆"在文字里，主张对于古典圣人的文字，要用心去体验，到生活中去感受，尤其不能以词解辞；对于传统文化，要摆脱"照着讲"的恶习，而"接着讲"，体现出有因有革、推陈出新、继往开来的态度。

本书涉及生活的各个方面，所讲述各故事来源颇广，都是十分有意思、富有启发性的故事，不仅有名人、伟人的事迹，还有各种传说、童话等，显示出著者极为广泛的阅读面。同时本书内容纵横古今，包含老子倡导的无为无不为，孔子《论语》的中庸，《周易》的简易、变易、不易，禅宗的公案、顿悟、参禅，乃至西方哲学的思维论证等等内容，容纳儒、释、道等诸说，统而化一，兼顾端末。天马行空般的想象力如同涓涓细流，洗涤人的身心，给人以极大启发。（寇凤凯）

老子的智慧

《老子的智慧》，叶舟编著。北京：中国物资出版社，2005年2月第1版，16开，250千字，系"中华大智慧丛书"之一种。

叶舟简介详见《道家智慧活学活用》提要。

本书除序外，不分章节，共有61个标题，每个标题内都是以一句或一段《老子》原文开始，随即配以著者的解读，正文予以充分的讲述。每个标题篇幅长短不一。附录为《老子智慧活学活用》，共总结21条。

这61个标题依据内容来分，大概可分为四个方面：

一、处世心态方面，如：1.求新求变求突破；2.福祸相依，万法自然；3.世界的变化与我们如影随形；4.以柔克刚，决胜之道；12.人贵有自知之明；23.抓不住的东西就让它去吧。

二、处世经验方面，如：7.不居功者会成大功；8.满招损，谦受益；13.凡事兴起后不可太过；15.不要卖弄自己；16.不妨和光同尘，大家玩玩；17.沉默是金，寡言是福；18.要以无私实现私心；50.做人要低调，做事要高调。

三、处世技术方面，如：19.善借用他人之力者为人上人；26.难事从简易的地方做起，大事从微细的部分开端；27.留足空间才能发展；29.于微妙处获利；31.做大事要像神龙一样，不见首尾；32.深藏不露容易成功；40.说话办事有分寸的人可做领头人。

四、为人要有良好的道德修养，如：51.有志之人坚持力行、努力不懈；52.大丈夫为人厚道，朴实无华；53.坚强的意志是在小事的锻炼中培育起来的；54.做一个诚实守信的人；56.君子以厚德载物；60.要维护自己的本性而不虚假造作。

著者认为，老子的智慧在于老子能够看穿人世间的是非，避开现实烦恼，为自己的自在而做喜欢的事，也就是"无为"。通过"无为"能够超然物外，享受安宁与恬适的生命方式，保持身心的自由自在。

本书不同于其他通俗类著作之处在于，它在讲道理，而不是在讲故事。其他通俗类著作通过讲故事来说明某一道理，而本书在讲道理时顺便插入小故事。这得益于著者对于老子处世之道的深刻领悟。著者能够纵横古今中外、三教九流，上至深奥难懂之维特根斯坦，下至浅显明了之寓言童话，能够随手拈出，举凡基督教、佛教、伊斯兰教等之智慧亦能恰当提及，展现出非同一般的博学多知。此外，本书文字通畅，浅显易懂，将《老子》古雅难懂的韵文诗演绎成趣味盎然的通俗道理，让人读来全然不费功夫，读后又能获得很大启迪，为寻求"心灵休息"的人提供了一份美味的"心灵鸡汤"。（寇凤凯）

老子管理学

《老子管理学》，杨先举著。北京：中国人民大学出版社，2005年4月第1版，32开，250千字，系"中国古代管理思想集粹"之一种。

杨先举，1930年生，原名杨先燨，浙江鄞县人。中国人民大学教授，精通管理学，出版相关著述多种。主要有《经营战胜策》《工商企业管理案例》等。

本书导论分3个标题，讲述全书对老子、《老子》及"老子与管理"的基本认识，是全书立论的基点。

全书依据《老子》所蕴含的"道""德""柔""无""反""水"等六大法则，相对应地分为哲文篇、政事篇、智谋篇、创造篇、辩证篇、修身篇等六部分，每部分又包含若干子标题，共同构成一个完整的理论体系。

哲文篇共有11个子标题，分别探讨与"道"相关联的有关哲学、文化、价值观、企业文化等问题。

政事篇共有12个子标题，分别探讨与"德"相关联的有关政事方面的话题。

智谋篇共有13个子标题，分别探讨与"柔"相关联的有关管理、竞争中"柔弱胜刚强"的问题。

创造篇共有13个子标题，分别探讨与"无"相关联的有关管理学中的种种创造问题。

辩证篇共有11个子标题，分别运用"反"的原则，用矛盾分析的方法解决管理学中的种种悖论现象、二律背反现象。

修身篇共有8个子标题，运用"水"的法则，分别讨论管理者如何修身养性的问题。

本书用71个小标题，展现了著者在10余年的时间里孜孜不倦地探索老子思想与现代企业管理的嫁接，经过艰辛尝试与努力所取得的成果。如其所言："写好管理书难，写好哲学书难，写好哲学与管理联姻的书更难，写好《老子》与管理结合的书难上加难。"在这本书里，他成功地克服了这些困难，成功地将老子思想与管理学内涵相互贯通、联系，不仅为管理学开辟出一片新领域，也为《老子》研究指引出新方向，更为中国传统文化精髓与现代管理学说的结合提供了有益的借鉴。本书阐发了《老子》中蕴含的丰富而深刻的管理学，打破了长期以来将其认定为哲学思想著作的陈规。（寇凤凯）

老子归真

《老子归真》，左孝彰著。天津：天津社会科学院出版社，2005年5月第1版，32开，280千字。另有天津：天津人民出版社，2012年1月第1版，16开，175千字。

左孝彰，毕业于河北大学哲学系，天津师范大学哲学系副教授，天津市伦理学会副秘书长，2000 年开始专注于老庄思想研究。

本书除前言外，分为上下两编，共五章。"前言"，说明本书解读老子所依据的方法。上编解读《道德经》，首先说明"关于如何正确领悟老子思想的几个问题"，阐述老子的思维方式、思想方法，阐发老子的若干重要观点，明确老子哲学思想的意义和价值，肯定老子的贡献和地位；其次为"真意读解"，分为解词、译文、解说三部分，在哲学形而上的平台上，以全新的视角、观念和方法，逐章逐句注释、重译并解读《道德经》，力图开掘老子深邃的思想真义。下编包含"老子哲学"与"老子处世精要"（附录：庄子处世精要），前者尝试从道论、德论两个方面探讨并建立老子哲学体系；后者从治国管理、用兵为武、为人处事等三个方面梳理老子治人、处世之道。本书以高明所撰《帛书老子校注》为底本。

著者发现了打开老子思想宝库的"钥匙"，将其真面目展露在世人面前，因此命名为"归真"。这个"钥匙"是"理性的思想成果不得不以感性的形式表达"。具体说来，老子发现宇宙万物的抽象存在形式，发现人的认识的抽象思维方法，并且自觉地运用理性思维的方法，实现理性认识、理性思维的内容，但是他不得不以感性形象的方式表达。千百年来，人们之所以难以把握老子思想的真谛，其症结就在于此。

本书的研究思路是，以现代思想成果作参照对比，在哲学形而上的平台上，透过老子形象的表达方式，撷其概念，探索并循其逻辑线索，解读其理性思维成果，并构建老子的逻辑体系。为了客观科学地开掘老子语言背后先哲高深思想的丰富资源，本书透过文字总揽全书，把握逻辑脉络，把握其总体思想，对老子书中的每一概念，每一命题，均予以映照总体，关照前后，仔细体悟，从而领会到老子的思想真谛。

本书除了对于老子的总体性认识、研究思路上有突出的特色之外，在很多方面也提出新的观点，如对于《道德经》第一章"故恒无欲也，以观其妙；恒有欲也，以观其噭"，人们往往把"噭"改为"徼"，这是绝对不可以的。因为"噭"为口，为窍，为吼叫，呼叫，为哭声。老子正是以声之成分不同，种种差异，形容"有"，也即外在现象的杂沓纷乱。这段文字的意思是：坚持且依凭"无欲"而观察，可察万物内在的所遵循的道，知万物有序的根本规律，洞察玄之又玄的奥妙；坚持且依凭"有欲"而观察，人们的认识只能是局限于现象之中，见其形而不知其所为使，知万物之然而不知其所以然，只

能是观万物杂错的乱中之乱。这是老子对其认识论的高度概括。而一旦改为
"徼"，为边界、边际，引申为终极，不仅注释时吃力而又牵强，而且违背老
子本意，使老子的思想更加扑朔迷离。（寇凤凯）

老子人本思想研究

《老子人本思想研究》，田云刚、张元洁著。北京：中国社会科学出版社，
2005年5月第1版，32开，290千字。

田云刚，1970年生，山西晋城人。山西农业大学马克思主义学院教授、
农村文化研究室主任，山西省哲学学会常务理事。著有《历史唯物主义视域
下的宗教与启蒙》等。

张元洁，1975年生，山西太谷人。毕业于山西财经大学法学院，经济法
学硕士。山西农业大学公共管理学院副院长。

本书于导论之后分六章，每章均设三节：前为老子某一方面的人本思想
综述，中为该人本思想的比较特点，末为该人本思想的现代价值。《导论》认
为老子思想的根本关怀是人本思想，从八个方面构建老子人本思想的逻辑体
系，并说明研究老子人本思想的意义和方法。

老子关于人的地位的思想体现在域中有四大而人居其一；圣人无常心，
以百姓心为心；以道莅天下，其鬼不神。其关于人的本性的思想体现在美之
与恶，相去若何；见素抱朴，少私寡欲；柔弱胜刚强。其关于人的组织的思
想体现在小国寡民、不争而善胜；和其光，同其尘。其关于人的使用的思想
体现在我无为，而民自化；善用人者为之下；代大匠斫者，稀有不伤其手者。
其关于人的规制的思想体现在人法地，地法天，天法道，道法自然；天网恢
恢，疏而不失；法令滋彰，盗贼多有。其关于人的培育的思想体现在尊道而
贵德；贵身而爱身；美服而乐俗。

本书贡献在于其对老子人本思想做出明确的界定和富于逻辑系统性的推
衍，认为老子思想是以对人性和人的地位的判断作为基本前提，以人的组织、
使用、激励、规制和保护等作为基本手段，以人的培育作为目标，涉及历史、
经济、政治、科技、教育、军事、交往、伦理、美学、心理学等各方面的一
个内容丰富、有着内在联系的有机整体。它将老子的人本思想创造性地推衍

为8个方面，并就每个方面的内涵、特点、现代价值等等多方面进行详细阐述，这是难能可贵的。尤其是本书能够辩证地看待老子思想，"取其精华，弃其糟粕"，展现出一定程度的学术创新精神。

本书有一些缺点和不足。首先，本书对老子人本思想体系的建构不完善，导论指出的八个方面，尚有两个方面（人的激励、保护）未能阐述。其次，本书在推理方面存在失误，如《老子》中蕴含着以人为本的理念，但不能绝对地讲"老子思想的核心价值观就在于注重以人为本"。第三，本书在引用《老子》文本时，在关键处未能辨析诸文本之细微差异，导致有些推论可商榷。（寇凤凯）

老子解读

《老子解读》，兰喜并著。北京：中华书局，2005年8月第1版，32开，200千字。

兰喜并，山西省委党校哲学教授，中国哲学史研究知名学者。

本书前有张祥龙所作《老子解读议》，后为著者的自序，其中择要介绍全书的思路及体例。正文部分每章先校释，后解读，末尾则点明理解该章之关键点。

本书有两个鲜明的特点：首先，著者颇有学术功力，参酌帛本、简本和通行本，贡献出一个《老子》的新文本。几乎每一章的文字都有不同程度的变动，变动之多、变化之大，足以令我们觉得陌生。幸好著者在校释中都明确说明我们所熟悉的世传本里是何原文，并解释做出改动的理由，且众多的字源、字音与字义的考证也令我们释然。其次，本书重新诠释《老子》，著者在后记中讲明其思路："一日，因思'恒'字之义而有豁然贯通之感，以为《老子》之旨在解决'全'、'偏'关系，而老子思想的关键即在于把握'道'、'德'之间。自认为这是解'老'之新境。"

《老子》中许许多多令人百思不解的疑难，可以迎刃而解，并使我们能够大大加深对《老子》的领悟。如解释"孔德之容，唯道是从"："道"是周遍的，"德"则只是一偏。要克服"德"之"偏"，就必须扩充"德"，使"德"能像"道"那样。这样的"德"便是"孔德"。"孔德"依顺于"道"，"道"没有确定的规定性，"孔德"也"消除"了"德"的确定性；"道"是无所不备，"孔德"则无所不可，这就是"孔德之容，唯道是从"。为何《老子》喋喋不休地讲述不能讲说的"道"，讲了又含含糊糊，说不明白？因为"道"为"全"，不可能用平常的"名"来限定它，只能通过一些含混的形容和模糊的描述来"悟"它。所以老子常常说一些"惚兮恍兮""窈兮冥兮""寂兮寥兮""渊兮、湛兮""似万物之宗""象帝之先""谷神""玄牝"等等在常人看来稀奇古怪的话。（寇凤凯）

老子商学院

《老子商学院》，王再华、王力编著。北京：经济管理出版社，2006年1月第1版，16开，177千字。

王再华，编著出版多部通俗性商学、营销学著作，如《动物商学院：源自丛林地带另类辛辣的管理童话》（与王力合著）、《营销力：构造高效经销商队伍全秘笈》（与李志敏编著）、《乐业——拒绝平庸的33条工作秘笈》等。

本书试图将老子思想的精神实质与现代企业管理的具体实践相结合，用老子思想来指导现代企业管理。全书分为六章，每章分别约有十小节。每节分为照录《老子》某一章原典、释义、商学讲义、企业教案等四部分。"照录《老子》某一章原典"没有按照《老子》原有的章节顺序，而是依据需要，有所摘选，重新组合排列。

第一章为"经济之道，道法自然：企业的发展要遵循自然规律"，包含九小节，讲述企业的发展需要持续创新，要随时掌握世界的变化，依据形势发展，让企业具备水一样的性质，走一条适合自己的成功之路。第二章为"治大国若烹小鲜：人力资源管理其实很简单"，包含11小节，如稳定压倒一切、用最合适的人做最合适的事、过分慷慨不利于管理、充分发挥每个员工的长处、不要让普通员工接触到企业机密、使规章制度深入人心等等。第三章为"执古之道以御今之有：用古代的管理思维来指导现代企业的发展"，包括10小节，讲述老子的管理思想，如过分的荣辱感束缚人的手脚、把自己放到弱者的位置上、问题不要积累到无法处理的地步、不做无所谓的冒险、福祸相依、自骄自满不能长久、好的组织在于能够容纳、韬光养晦委曲求全、能容乃大不破不立等。第四章为"勇于不敢则活：商场即为战场"，包括9小节，讲述商战的策略，如正面进攻不如迂回前进、善用计谋者得天下、先予后取、不冒险是最大的明智、学会忍让才能生存、灾祸莫大于掉以轻心、商战要三思而后行、后发制人、让利不损利等。第五章为"图难于其易，为大于其细：细节管理势在必行"，包括9小节，讲述细节管理的道理，如细节决定企业的命运、把危机消灭在萌芽之中、关注细枝末节、要善于建设并且要保持下去、把每一个环节都做到恰到好处、每一件事都是大事、自以为是会导致对细节的忽视、知道错误才能不犯错误、专注于一个目标等。第六章为"知止可以不殆：领导要有领导的修养"，包括10小节，讲述管理者如何修身养性的问题，如果断而不武断、做一个有智慧的领导、不要和下属争功、始终要保持清醒的头脑、不该得的一定不要去强求、做领导的必须以身作则、对下属的承诺一定要兑现、始终保持内心的谦虚、要听得进忠告、保持一定的神秘感等。

本书纲目严整，条理清晰，案例鲜活生动，表述流畅，可读性十分突出。（寇凤凯）

老子正宗

《老子正宗》，马恒君著。北京：华夏出版社，2006年1月第1版，32开，186千字。

马恒君，1944年生，河北蔚县人。四川师范大学文学硕士。现为河北师范大学教授、河北省周易研究会副会长等。主要从事传统文字学、训诂学与易学研究，迄今已发表论文百余篇，出版著作《周易正宗》《庄子正宗》等多部。

本书完全依照《老子》本身的篇章结构，逐章加以解读。每章分为三部分，先是照录《老子》原文，继而是译文、讲疏。

《老子》中的术语大多意涵丰富，意境绵邈，难以用现代语言予以准确的解读，且理解起来容易出错。本书著者不畏艰难，力图给予它们以确切的含义。他注重从语法分析入手，确定其语法结构、词性归属，继而诠释行文思想内涵。在释读过程中，著者注重《老子》文本的前呼后应，引用其他章节的文句来相互映照，如结合第1、4、14、21章来理解道的本体；同时，又能旁征博引，既通过与《论语》《礼记》《庄子》《左传》《孟子》《周易》《淮南子》《后汉书》《韩非子》《孙子兵法》乃至《心经》等文本相互释证，又能借鉴王弼注本、魏源《老子本义》、林语堂《老子的智慧》等的观点。

本书虽然是一本讲稿，却已有深邃的思想内涵。

首先，对千百年来解读《老子》所存在的争议，提出新的看法。例如"绝学无忧"一句，著者认为不能划归第19章，原因是"绝学无忧"之"学"乃是社会上流行之学问，即趋"名"好"利""俗人那一套"。对于俞樾将"道者同于道，德者同于德，失者同于失"一句之两个"失"字改为"天"变成"天者同其天"，著者认为，虽然现代汉语里没有一个与此"失"相对应的词，只能勉强解释为"缺失"，但通过分析句型结构，"失"与"道""德"并列，乃是默指人身上所缺失的道，实在没有更改的必要。对于王念孙将"夫佳兵者，不祥之器"之"佳"字认定为"隹"，是"唯"字之借，等同于"唯"，著者认为缺乏足够的理由，原因是，上一章说"以道佐人主者，不以兵强天下"（不依赖强大的军事力量在天下逞强），此章开篇即言"能逞强于天下的自然是佳兵"，逻辑联系紧密；《老子》一书中用了很多的"惟"字，同样含有"佳"，按照老子的用字习惯，实在没有必要在此处借用"唯"字。对于魏源将"祸莫大于轻敌，轻敌几丧吾宝"之"轻敌"改成"无敌"，著者认为显然是不对的。《老子》所言之"轻敌"乃是轻易挑起战争，不是今天所理解的"轻视敌人"，这与"不敢为主而为客"的意思相贯通，意思是说，轻易挑起战争，几乎要把我奉为法宝的"不争"丧失殆尽。

其次，著者指出时人对《老子》的注疏存在许多误解，如对于"人之所畏，不可不畏，荒兮其未央哉"一句，很多人解释成"对于人们害怕的事情，不可不心存畏惧"，这是由于他们把这句话拆开，各自当成一个意思造成的，正确的解释应该是俗人害怕的事情，你也不得不跟着害怕，那令你害怕的事情可能就无法穷尽了，可见，其本意根本不是要人们害怕该怕的事情，而是要"无忧""去畏"，所谓"无欲则刚"是也。对于"视之不足见，听之不足闻"两句，有人认为这两句与前文重复，或是批注的窜入，或是后人妄加，主张删除。著者认为，这两句既不重复，也不啰嗦，不能删除，因为从老子行文的内在联系看，它们起到了两种作用：一是它向我们说明了为什么"道之出口，淡乎其无味"；二是回应了第一句的"大象"，暗示大象即大道。对于那些认为《老子》是一部兵书的观点，他予以断然否认。他认为，《老子》虽然也提到用兵的问题，上有些提法与孙吴兵法相近，但不能等之为兵法。

《老子》要说明的是大道，不是兵法。《老子》里面之所以有军事思想是因为它所处的时代崇尚武力，老子要让自己的道切于实用，就不得不适应这个现实。且《老子》的军事思想基本是反战的，是要以道德的力量赢得敌方的悦服。至于那些将《老子》说成是一部阴谋之书，就显是无稽之谈。

　　著者为学生主讲《古文献导读：老子导读》，在讲稿基础上整理成《老子正宗》一书。因此，本书先天性地具有浓厚的课堂教学色彩。其特点主要体现在：第一，表述简明扼要，析理清晰明澈，不拐弯抹角，更不拖泥带水。第二，知识性很强，著者将《老子》由一本深奥难解的哲学著作变成一部蕴丰富知识的读本，将里面的知识点逐一提炼出来，加以串联成线，形成具有内在逻辑性的知识链条。第三，及时辨析千百年来学界对《老子》的各种争议，有理有据地提出自己的观点，具有相当程度的说服力，吹散笼罩在《老子》上面的各种疑云，给人以拨云见日之感。（寇凤凯）

智慧的老子

　　《智慧的老子》，张起钧著。桂林：广西师范大学出版社，2006年1月第1版，16开，90千字。

　　张起钧简介详见《道家智慧与现代文明》提要。

　　本书分为六章，第一章综述对老子的基本认识，第二至四章分别讲述老子的处世之道、幸福真谛及政治原理。这两部分基本使用《老子》的逻辑理路进行叙述。第五章评价老学的利弊功过。第六章从玄学、政治、风习、艺文、道教和方技等五个方面介绍老子的影响。附录为《老子选读》，著者将《老子》按照每章的思想内容，分别依据形而上学、社会哲学、人生哲学、政治哲学、帝王学等五个方面重新分组。这是著者1949年在南岳国立师范学院讲授老学时所做的选辑。

　　著者在前言明确说明"本书不作哲理雕塑，悉就常识常见立言，俾对老氏真正影响后世之处，能有阐述"，表明本书是通俗读物，非哲学专著，目的是揭示老子对后世的影响。著者指出老子的智慧就是能够使人洗脱流俗皮相之见，而洞鉴事物演化的底蕴。老子全部思想的基础就是能够于常识常见之外，提出他自己的一套与众不同的基本认识。在处世哲学方面，老子倡导为人处事要顺应自然规律，遵循社会秩序，是为"顺应自然，勿逞己力"。在政治哲学方面，老子认为为政的目标在于谋求人民的幸福，但幸福不是追逐财货，满足欲望，因而要去华崇实，唯务生理之要求，是为"无为而无不为"。老子在玄学、政治、风习、艺文、道教和方技等方面不同于儒家：在玄学方面，人们尽管接受儒家人生思想，但稍加推敲，便落到形而上的层面，此正是《老子》的重点；在为政处事方面，人们原则上坚定儒家，但实践中，势必求之于道家；在民情风俗习惯、生活艺术方面，人们在理智上奉行儒家，但人生还有情趣的陶冶、品味的艺术等等，只能到道家中寻觅，两者能够在千百年的历史中并行不悖也是因为这个原因。

本书认为老子思想的奥秘在于能够透过一切事物的表象，直探其底蕴，熟谙一切事物在变动中的强弱互易、演化消息，展现出非同一般的睿智。但我们仍不能以之为人生遵奉的正面指针，因为老子过于"厌黜人工"，在社会方面反对建设施为，反对文化进步；在人生方面，反对积极有为，奋发图强；其处世方针，不在于求得问题的解决，而是力图问题的取消。

本书也有些不足之处。本书前四章均顺应老子意旨而言事，第五章突然大变，纯粹从儒家人文主义发论，批判老子思想过于消极，第六章又正面谈论老子的影响，好比是平静的湖面突然兴起一阵惊涛骇浪，转瞬复归平静，令人心生惊悸之余，难免疑惑陡生。（寇凤凯）

老子方圆智慧

《老子方圆智慧》，水成冰著。北京：中央编译出版社，2006年8月第1版，16开，400千字。

本书除前言外，共分为7篇。前言介绍全书的基本思路、思想要点及撰述目的。正文部分的7篇分别从自我修养、做人原则、交际方法、合作竞争、领导艺术、口才魅力、做事技巧等角度讲述老子的处世智慧。每篇均又分为3章，每章下设6或7个小节。每一小节围绕《老子》中的一句或一段原文展开讲述。本书配有优美的书画作品作为插图，高山流水，意境深远。

本书的思路源自于"智欲圆而行欲方"，方圆结合有七种形式，分别是以圆容方、以方制圆、方圆并用、方中有圆、圆中有方、由圆而方、由方而圆。

每种形式中的方、圆均有不同的意指。以圆容方是指老子对于自我修养方面的智慧，根本宗旨在于在浮躁的充满物欲的世界，安置好自己的灵魂，冷静审视自己，检阅自己，不使人性丧失，行为迷失；以方制圆指老子的做人原则，根本宗旨在于遵循博弈原则和游戏规则，以个性与原则的"方"去应对共性与他人的"圆"；方圆并用指老子的交际方法，根本宗旨是用"处下"的姿态和胸怀处世，实现与人友好和谐相处的理想状态，达到"居善地，心善渊"的最佳境界；方中有圆指老子在合作竞争方面的智慧，根本宗旨在于把自己放到被"竞争群"所轻视的位置，故意与对方的参照系错位，信息不对称，达到后发制人而取胜的效果，这是风险最小的一种竞争策略；圆中有方指老子在领导艺术方面的智慧，根本宗旨是领导要"无为而治"，在识人用人管人上，须圆中有方，团结凝聚各类人才；在决策管理上不做无用之功，出入有无，从而达到无往不胜的化境；由圆而方指老子对于口才的见解，根本宗旨是好口才不在于说多说少而在于说得恰如其分、恰到好处；由方而圆指老子对于做事技巧方面的智慧，根本宗旨是善于做事的人，把自己的事变成大家的事，共同来做，这样效率高，效果好。（寇凤凯）

老子秘语

《老子秘语》，尹国兴著。济南：齐鲁书社，2006年8月第1版，32开，230千字。

尹国兴，1972年生，吉林蛟河人。北京军事医学科学院硕士。曾任政府公务员，2005年辞职入京。出版著述有《揭秘雷台汉墓》等，发表论文及报告多篇。

本书除自序外，分为前言和正文。自序分为七部分，前五部分从多个方面论证《老子》一书就是"失传"已经有2200年之久的古《书经》，记载上古圣王的言论和思想，老子本人并未著《老子》。第六部分分析《老子》与《尚书》的关系，指出《老子》来自于史官记载的档案材料，以记言为主；《尚书》以记事为主。二书都是以帝王为中心，记载古代圣王的言论和思想。第七部分重新阐述《老子》的史料价值，指出《老子》以"道"和"德"为主线，记载从轩辕黄帝坐而论"道"开始，到王道微缺、大道废弃乃止的中国历史，从上古到西周中晚期，时间跨越两千年。前言是对本书命名、底本等的介绍，相当于凡例。正文以王弼本为底本，使用华亭张氏原本，按照经文、注释、译文、引述、考订的顺序排列成文。书末附录一为《老子》校定文，该校定文以王弼本为底本，参看楚简文、帛书甲、乙本、严遵《指归》本、河上公本、傅奕本、范应元本等古本，又参见马叙伦、朱谦之、陈鼓应、高明、张松如、黄瑞云、尹振环等诸家解老注老成果为经文正文。附录二为《从出土"马踏飞燕"和"成组车马俑"看甘肃武威雷台汉墓墓主之身份》，其主要观点在正文中得到应用，因而有必要附录于末尾。

本书重新推测《老子》的创作过程、性质及其功用。认为《老子》是帝王言论的总集，其体例是一部语录体史书，其中保存上古至西周时期一批具有重大价值的史料。由此，它对《老子》各章的出处及年代进行一系列推测。比如第1、7、16、21、25章因为涉及大道，且又与轩辕黄帝有关，被认定为三坟五典之《黄帝书》。第6章按照《列子》的说法，出于轩辕黄帝，为《黄帝书》。第2章因为按照管子、孔子、庄子的说法，"无为"是流行于上古的学说体系。该章为褒扬赞美"无为"，是对禅让之君的评价，因此，此章或为《尧典》《舜典》之一。第10、51章从"玄德"的用法来判断，应出于帝舜，为古《舜典》。第9章讲禅让，是史官记载帝尧的言论，为古《尧典》。其他如第28、29、60等6章为古《商书》。第13、26、27等25章，都出自古《周书》。

综上所计，属于三坟五典者有18章，属于古《商书》者有6章，属于古《周书》者为25章，释文窜入正文者4章，共计53章，约占《老子》一书的60%。本书重新论定《老子》一书的首末，认为《老子》第1章记载了大道发生时的情况，应为《黄帝书》，按照时间排序应在最先，三坟、五典的年代最古，地位突出，相应排在靠前的位置；而《德经》年代为近，故而位置相应靠后。第53章记载大道废缺乃止的最后一次呐喊，从此以后大道废缺，帝德不存，故而是最后一章。也就是说，其余28章也应该出于上古到西周中晚期。（寇凤凯）

老子绎读

《老子绎读》，任继愈著。北京：北京图书馆出版社，2006年12月第1版，16开，150千字。该社于2015年4月再版本书。

任继愈简介详见《中国道教史》提要。

本书是著者90岁高龄时的作品，是他生平第四次翻译《老子》，也是他人生中最后一次。前三次分别为《老子今译》（古籍出版社，1956年）、《老子新译》（上海古籍出版社，1978年；1985年又出修订本）、《老子全译》（巴蜀书社，1992年）。他之所以决定在如此高龄不顾辛劳，重新翻译《老子》，是因为1993年在湖北省荆门市郭店村郭店一号楚墓发掘出一批竹简，其中有《老子》甲组、乙组与丙组，写成于公元前300年左右，比1972年在马王堆汉墓出土的《老子》早了整整100多年，体现出战国时期的《老子》面貌，也是迄今最为接近老子生存时代的版本。

可能是有鉴于前三次的命名经历，此次他不便再用"今""新""全"，而以"绎"来命名。"绎"，既表示"继续"，又含有寻绎义理、理其端绪之意，用他自己的话解释，即"'绎'有阐发、注解、引申的涵义，每一次关于《老子》的翻译都伴着我的理解和阐释"。

本书前有前言、译例、中文译文、索引，末有五个附录。前言概括老子对中华文化的贡献，如在哲学上，老子提出"天道观"，阐释"无"的概念，提倡柔弱辩证法等。索引部分包括重要名词索引和内容分类索引，是为了便于读者剖析《老子》的哲学思想，查检相关内容。为了适应不同读者的需要，书中《老子》原文和注释采用繁体字，每章的内容提要和译文则采用简体字。附录全文收录马王堆汉墓帛书《老子》与郭店楚简《老子》，另收录著者的三篇短文，分别是《老学源流》《我对〈老子〉认识的转变》《寿命最短的黄老学派、效应长久的黄老思想》。

相比于前三次《老子》译本，本书的特点在于：

第一，在诠释思想方面，本书基本上沿袭了任继愈先生一贯的思路和主张。

第二，充分尊重学术规范。虽然楚简本更接近真实的《老子》，但其影响力远不及通行本。即便在极大程度上怀疑通行本的个别字句时，本书在文本上仍旧遵循通行本。如第四十一章"大器晚成"，马王堆本作"免成"。按《老子》原义及上下文，"免成"更符合《老子》原义。但考虑到千百年来，"大器晚成"已被用作成语，故译文仍照通行本。

第三，增收了郭店楚简本《老子》，由此形成著者所考订出来的最为完善的《老子》文本。

第四，修正了绝大部分章节的译文，使其更加贴近古文原意。（寇凤凯）

老子走近青年

《老子走近青年》，沈善增著。上海：上海人民出版社，2007年5月第1版，32开，405千字，系"善增读经系列"之一种。

沈善增，1950年生，浙江鄞县人。中国作家协会会员、上海市作家协会理事、小说专业委员会副主任。著有《正常人》《我的气功记实》《还吾老子》等。

本书分为综论、分论、附录三个部分。综论包含《为什么写这本书》《〈老子〉是本怎样的书》《〈老子〉民本立场的由来》《〈老子〉不是〈道德经〉》《〈老子〉哲学体系简介》《〈老子〉正本清源的意义》《现代社会文化消长与〈老子〉哲学》7篇文章，介绍了写作缘由以及著者对老子及其思想的整体认识。宗论首先指出写作该书的原因是著者看到古今注本乃至权威注释都存在对原著的严重曲解和误读，因此写一本主要以青年读者为对象，正面介绍其研究心得的普及读物。关于老子及其思想，著者认为《老子》是站在民本立场上的专对侯王说的政治哲学书。而《老子》不是《道德经》，《德经》是老子从周王室图书馆所藏文献典籍中摘抄出来的44段有关政治的论述。《道经》则是老子对44段摘录中的37段所作的注。并指出著者将用"以道注德"的形式注释《老子》。对于《老子》的哲学体系，著者指出，《老子》哲学以"恒"为基本范畴，以"自然"为基础公理，是一个建立在本体论基础上的完满的哲学体系。但本书中并没有对《老子》不是《道德经》这一观点的论述，仅指出在《还吾老子》中已详说。关于《老子》为何貌及其与《道德经》的关系也没有明说。著者也没对"以道注德"这一注释形式进行具体解释。

分论部分由44篇81节组成。即著者把《老子》81章分为44篇，每篇有小标题。其篇章划分中有的篇含德章、道章，有的篇只有德章。另外，每一篇都列出与王弼注本的对应关系。例如：第一篇德章（王弼本第三十八章）：为什么要以德治国。第一篇道章（王弼本第一章）：恒道把德政提升到哲学高度。而第三篇即只有德章没有道章。对于这样的篇章划分著者没作明确说明，姑且认为是其以《道经》注释《德经》的"以道注德"注释形式。分论中每章的写作体例为：先录出该章所对应王弼本的原文；其次是著者对该篇原文的解读，其解读中贯穿着以"恒"为基本范畴，以"自然"为基础公理的政治哲学思路；最后是对该章原文的白话译文。在分论的最后一章，著者对《老子》全书做出总结，指出《老子》就是给历史上"圣人"的"德"以形而上的"道"的解释，给民本的政治话语以一个不可动摇的哲学的基础。

附录部分是《善增博客日志：我与王家佑先生通了电话》《王家佑先生摸书信》两篇文章以及索引，文章记录的是著者与王家佑的往来缘起及经过。索引则是以拼音为序，对《老子》中关键字词所属章节的标注。（胡瀚霆）

生命的大智慧——老子

《生命的大智慧——老子》，余培林编撰。北京：东方出版社，2007年5月第1版，16开，160千字。另有石家庄：河北人民出版社，1988年8月第1版，32开，181千字，系"中国历代经典宝库"之一种。

余培林，1931年生，江苏淮安人。台湾师范大学教授、玄奘大学讲座教授。著有《诗经正诂》《吕氏春秋虚字集释》等。

本书前面有致读者书，正文包括四部分：老子人与老子书简介、老子思想综述、竹简《老子》概述、原文解析。致读者书，介绍了老子强调柔弱、愚鲁的原因，体现了老子的大智慧。第一部分，老子人与老子书简介。简要介绍了老子其人其书。第二部分，老子思想综述。包括五个问题：（一）老子思想形成的原因。著者认为影响老子思想的客观原因是地和时，地指的是老子的家乡楚国，时指的是老子所生活的年代，春秋晚期。影响老子思想的主观原因是学养和年寿，在周室柱下史的位置，可以博览群书，活的年岁比较长，能够洞悉世事物理。（二）老子思想体系。1.宇宙论，包括宇宙的本源、宇宙的生成。2.人生哲学，具体有抱朴守真、轻利寡欲、绝巧弃智、致虚守静、无私不争、无为不矜。3.政治思想，具体有守道抱一、无为自化、无智守朴、谦下退让。（三）老子思想的精神。著者认为老子思想以"自然"为本，"自然"就是老子思想的精神。（四）老子思想的价值。著者认为老子思想的价值，至少有两端：一是思想幽深，境界高远；一是正言若反，进道若退。前者属于道体，后者属于道用。（五）老子思想的影响。分学术、政治、文学三方面。1.学术思想。分析了对先秦诸子、魏晋玄学、佛学、理学的影响。2.政治。著者认为老子思想对政治的影响，具体表现于汉朝初惠帝、文帝、景帝三朝，形成盛世，国富民殷。武帝之后，道家思想在政治方面由明入暗，易主为辅，与儒家思想配合，形成了两千年来儒表道里的政治。3.文学。著者认为老子思想影响了很多文人，他们的作品中表现出闲适的心情、恬淡的胸怀、隐逸的情操、高雅的意境。第三部分，竹简《老子》概述。包括竹简《老子》简介、与今本《老子》的比较、竹简《老子》的价值，认为竹简《老子》的真正价值，在于显示出《老子》成熟的年代，不会晚于战国早期。第四部分，原文解析。按照《老子》章节逐节解读，包括译意、解析和说明。

本书简要介绍了老子其人其书及其思想，主要篇幅是老子原文解析，解析中对老子思想的把握比较准确，是一本较好的具有学术思维的通俗读物。（刘恒）

跟老子学推销

《跟老子学推销》，乔峰主编。北京：中国纺织出版社，2007年6月第1版，16开，186千字。

本书除前言外，分为六章。前言概括老子的学说对推销的指导作用。正文部分从六个方面予以介绍，即推销的规律、推销哲学的辩证思维、推销员的素质修养、推销方法、推销策略、推销的语言准则。

前言指出，老子的学说对推销的指导作用体现在四个方面：第一，《老子》中所谓"天长地久"，指导我们要树立正确的推销价值观；第二，老子所说祸福相倚的道理，告诉我们要辩证地看问题；第三，《老子》所载"慈""俭""上德若谷""上善若水"等，要求推销员要有好的品格修养；第四，老子的"无为而治""柔弱胜刚强"等，告诉我们做事要讲究方法和谋略。

第一章讲述推销的规律，包含四个方面：首先，要明白推销的本质是为帮助顾客而进行的销售活动，而非单纯的销售活动。其次，要借鉴老子的人本主义思想和人文关怀，提倡服务的人文之道。第三，要借鉴《老子》对人性的高扬和对人的力量的肯定，把握好推销中"人"的因素。第四，作为一个推销员，应当在工作中学会结合不断发展变化的客观实际做出相应的改变，并在变化中谋求发展。

第二章谈论推销哲学的辩证思维，包含四个方面：首先，从《老子》所谓"有之为利，无之为用"来看，推销中要做到零失误，不要在看似无关的小事上摔跟头，要懂得感觉比产品的有用性更能打动顾客，还要注意从失败中吸取经验教训，把每次推销失败都视为改善的契机。其次，《老子》所谓"福兮祸所伏"的辩证思维，告诉推销员要有长远的目光，不要斤斤计较，在推销服务中同样适用，要注意察觉拒绝中的成交信号。第三，《老子》所谓"反者道之动"告诉我们，推销员在日常的工作中观察、认识和处理问题时，运用逆向思维方法，从事物的反面向其正面追根溯源，能达到对事物的全面认识和把握。同时也要懂得"大巧若拙""物极必反"等道理。第四，《老子》所谓"天下万物生于有，有生于无"提醒我们，要有创新思维，懂得顾客总是从无到有的、创新才能制胜。

第三章从"去甚、去奢、去泰"的角度谈论推销者的素质修养，包含三个方面：首先，《老子》所谓"孔德之容，唯道是从"讲述的是品德素质问题，要懂得良好的品德是推销成功的基础、诚恳是成功之道、要保持谦虚和拥有宽容厚道的品质。其次，《老子》所提倡的法"自然"的心态素质，包括自知，然后战胜自己、弃"躁"守"静"、严禁患得患失、执着当可贵，勉强亦枉然、精力充沛的积极推销。再次，《老子》所提倡的"不出户，知天下"的知识素质，要求推销员要懂得"为学日益"是成功的基础，要善于思考总结，学会制胜的集中力、锻炼自己的观察力。

第四章讲述"无为无不为"的推销方法，即以无为的态度去作为，做任何事情都不要太过功利。一切会随事情合规律地发展，不要强作规定，要淡然平静处之。当然，做事也要讲求方法。首先，推销前的准备要"啬"，即每一次销售前都必须有充分的准备、推销前要详尽地了解准客户，同时也要了解自己、了解竞争对手的产品。其次，《老子》所云"五色使人目盲"，启迪推销员要指定目标，找准目标，为推销目标制定有效的行动计划。再次，"千里之行，始于足下"，推销活动要把握循序渐进的原则，切忌虎头蛇尾。

第五章从"守柔执中"的角度谈论推销谋略，即一切从实际出发，柔韧、灵活地处理问题，使自己的力量从小到大，由弱变强，不断发展壮大。首先，

"柔弱胜刚强"可以成为与客户打交道的外交原则。其次，"音声相和"的道理，告诉我们要谋求和谐双赢，在对立中求得和谐。再次，"曲则全，枉则直"的道理启迪我们如此进行"曲折推销"。

第六章从《老子》"信言"的角度，谈论推销的语言准则，要求人们的语言要"中和""自然"。首先，"言有宗，事有君"道理告诉我们推销活动中要重视语言的正确有力，打动顾客应确保语言的正确及有力性，证实推销的产品符合顾客的需求。其次，"信言不美，美言不信"的道理启迪我们要恰当地把握美言，可以通过聊天拉近客户与你的关系。再次，"多言数穷，不如守中"的道理，说的是要掌握倾听的艺术。

总之，本书成功地从《老子》中汲取了大量的智慧，这些智慧可以对推销的智慧与活动提供相应的指导。当然，本书在解释某些《老子》文句时，也出现断章取义、望文生义的情况。（寇凤凯）

仿佛汲老子：道可道

《仿佛汲老子：道可道》，仿佛著，程栋整理。北京：团结出版社，2007年7月第1版，16开，180千字。

仿佛，1940年生，本名陆锦川。1997年2月17日至20日，他用4个下午与1个晚上的时间，与一些学者专门谈论《老子》。其谈话录音整理成文字，是为本书。

本书除三则序言之外，不分章节，按照谈话时间分为五个部分，每部分依据每次谈话所论之重要问题单独命名成篇。"1997年2月17日下午"共有42篇；"1997年2月18日下午"共有57篇；"1997年2月19日下午"共有15篇；"1997年2月20日下午"共有11篇；"1997年2月20日晚上"共有26篇，合计151篇。全书最大限度地记录当时谈话的情况，在体例上显然有别于其他老学著作。

著者没有刻意准备系统、完整的讲纲，整个谈话表面上是随机、随境、随意的，但全部文字都围绕他对"道"的认识进行，即"道是需要亲自体行、体会的，要真正的实践修为的，不然，就不能成其为道"。他将话题定在老子的第1章，目的是启发和引导大家"慢慢走进老子所说的那个道的境界"。

著者认为，研析老子，要把"道"作为核心思想来研究。对道的理解，无关乎文字，只注重个人的觉悟。他将老子所言，分成"道理"与"学理"。如"道可道，非常道；名可名，非常名"属于"道理"，其后面的，属于"学理"。老子崇尚自然，这是能否理解老子之道的关键。人必须摆脱人身境、知感界，才能与自然融为一体，即只有"进入自然，体会自然，认识自然"。修行大道的要诀是：无为，必须自然返本；返本，同时无为自然；自然，定当返本无为；一而三，三而一，是即为道！

著者提出一个编纂《老子藏》的构想，就是把前人注解《老子》的成果予以系统的总结，比较各自的优劣得失。然后，"再立新义，出一本《老子句存经》及其有关的释说发挥"。《老子藏》继承总结，《老子句存经》发挥创建。这是任何人研读《老子》都必须采取的步骤。（寇凤凯）

听南怀瑾讲《老子》

《听南怀瑾讲〈老子〉》，许庆元、宿春礼编著。北京：民主与建设出版社，2007年8月第1版，195千字。

本书分为序言、正文、附录三部分。序言有两篇：《一骑青牛，归去不知红尘事》《老子思想一面观》，序中内容主要是对南怀瑾和老子思想的简单介绍以及对本书的情况说明。正文十讲，分别为：《成王败寇的权术历程》《图难于易的成功要诀》《传世"三件宝"的历代演绎》《功成身退天之道》《只身存天下的最佳安排》《人生剧场宠辱观》《孝子贤臣相对论》《人生一局棋，输赢终无定》《人生艺术，道家精髓：曲全、枉直、洼盈、敝新》《莫以身轻失天下》。每一讲又分为6个小节，每小节大体都是先引述南怀瑾讲解《老子》的某句话或某一观点，然后附上一或两则故事予以说明，最后则是著者的点评或是串语。附录部分是《老子》81章原文的排印。

如序中所言，该书是一本读书笔记。全书提炼南怀瑾在《老子他说》中对道家思想进行阐述的核心观点，结合南怀瑾对道家学说、历史文化的讲解，配以历史故事进行说明。以读书心得的方式讲述著者从《老子他说》中的所感所悟。（胡瀚霆）

老子心解

《老子心解》，［印度］奥修著，谦达那译。西安：陕西师范大学出版社，2007年9月第1版，16开，228千字。

奥修（1931—1990），印度杰波普大学哲学教授，一生周游各地进行演讲，整理出版650多部著作，并被译成32种语言畅销全球。

本书除引言外，共有10章。引言部分，讲述奥修对老子的认识及理解老子思想的关键点。正文是奥修5次讲演《老子》的记录，每两章为一部分，前一章是讲演稿，后一章为奥修回答听众的提问。每次讲演，奥修先拿出"译文"，后列出"原文"，接下来是正式的演讲。几乎每次讲演，奥修都有长长的"引论"，如第一次讲演，开场用了很大篇幅讲述他对于"死亡"的认识，话锋一转，进入经文，逐句解释《老子》原文；第二次讲演，首先讲述老子思维中的矛盾；第四次首先讲述托钵僧修行的故事。只有第三次讲演，奥修直接讲解经文。每部分的后一章都是奥修回答听众提问的记录，提问多则10个，少则5个，奥修并不局限于解答问题，而是作了很多的引申和发挥。或者说，一个个问题相当于话题的"引子"，引发奥修讲述更多内容，这些内容往往是对前一章讲演稿的重要补充。

本书是一部很有特点的书，它不谈论《老子》，而是"老子"在讲述自己——奥修自称"老子"，因为他实现了与老子的心灵沟通，他懂得老子的所思所想。他认为，要了解老子的思想，必须要懂得老子的思维逻辑。表面上看，它是荒谬的，在深处却活着一个非常伟大的一致性。这种生命逻辑的一致性在于老子只是真实地反映生命，他不加任何东西在它上面，他不从它里面选择，不论事实是怎么样，他只是接受。

第一次讲演中，奥修讲解《老子》第16章，主题是"了解永恒的道"。在他看来，老子所讲的道理就是用静心融化掉死亡，回归到生命本身。回到根部（即生命）就是静止，就是回到一个人的命，就找到了永恒的道。第二次讲演中，奥修讲解《老子》第22章，主题是"争胜是没有用的"。奥修认为，老子是一个伟大的生命关照者、旁观者。他睁开他的眼睛——没有任何逻辑的污染，只是单纯地去看事实，然后他发现生命是一个矛盾的现象。你必须听命于生命，生命不会听命于你的逻辑，它不会管你的逻辑。第三次讲演中，奥修讲解《老子》第41章，主题是"道家的品质"。奥修按照《老子》所分"上士""中士""下士"，将人类分为三种：沙特瓦（satwa）、拉加斯（rajas）和塔马斯（tamas），分别讲述他们对于修道的态度和表现。他鼓励人们要成为一个修行的人，要积极探索自己的世界。第四次讲演，奥修讲解《老子》第43章，主题是"最柔软的东西"。奥修认为道就是对二分性的超越。生命是一种平衡，一个良好的生命就是一个平衡的人，在活跃和不活跃之间平衡，在主动和被动之间平衡，在所有的两极之间平衡。最后一次讲演，奥修讲解《老子》第45章，主题是"清静"。奥修开篇讲述了解生命是多么的重要。生命的完美是一个过程，是在不断地追求中实现的。这也正是对第一次讲演的回应。

印度前总理钱德拉·谢卡尔说："奥修给这个国家和这个世界带来一种眼光，任何人都可以为此感到骄傲。"对于《老子》而言，他的确是提供了一种全新的解读视角。从《老子心解》可以看出，他博学多知，熟悉佛教、基督教、伊斯兰教、耆那教等多种宗教，熟谙世界上多个国家的历史与传说，是一位典型的国际学者。他能够在多种宗教的比照中审视《老子》，能够从人类文明的高度定位《老子》，这是国内很多学者做不到的。（寇凤凯）

老子智慧讲堂：道家无为、无不为

《老子智慧讲堂：道家无为、无不为》，上官一线编著。北京：中国长安出版社，2007年9月第1版，16开，335千字，系"国学诸子百家讲坛"之一种。

本书除两则序之外，共分13章86个标题，每章为4—10个标题不等。每个标题均以征引《老子》中的一句原文开篇，全篇围绕该原文进行讲解。全书涵盖为人处事的方方面面，是对《老子》思想的全方位的通俗解读，目的是将《老子》的智慧运用于人们的日常生活、职场交往、商业经营、身体保健等活动中，主旨是宣讲《老子》中所蕴含的睿智与豁达，即"无为而无不为"的精神。本书86个小标题中，《道经》占30个，《德经》占56个。本书征引《老子》共计60章，共有21章未出现（其中《道经》14章，《德经》7章）。

著者认为：老子在生前是孤独的，因为他曾自言："我愚人之心也哉！众人昭昭，我独昏昏。众人察察，我独闷闷。"（《老子》第20章）经过此书的

解读，揭示出《老子》蕴含着丰富的人生哲理、处世妙法，《老子》在教导世人变得通达人情世故。（寇凤凯）

话说老子：中国人的圣经

《话说老子：中国人的圣经》，马睿著，刘庸图。成都：四川人民出版社，2007年10月第1版，170千字、系"话说国学"之一种。该出版社于2011年再版。

本书共有十八话：第一、二话为开场白；第三至六话的主要内容是讲述老子的代表性思想；第七至十话讲述老子的处世哲学；第十一至十七话讲述老子与现当代社会，颇富时代气息；第十八话为收场，讲述老子的告别辞。本书图文并茂，生动形象。

本书认为老子从多层面深刻影响着世界。老子的代表性思想包括神秘莫测的"道"、反智识思想（即'绝圣弃智'）、处事原则（即"和光同尘"）、生命无价的伦理学思想（即"天地不仁，以万物为刍狗"）。老子的处世哲学首先是为人处世要低调，学会谦让，成全他人，也就成全了自己；其次要通晓世间常理，并要洗涤心胸，在沉思中体悟世间万物的常理；第三要正视现实，认清自己，然后做自己能做到的事——能独立始能宽容；能自恃始能博大。著者设想出老子与弗洛伊德的一场超越时空对话，指出老子学说的启示意义，在于对文明的反思和调整，而不在于对文明的拒绝和抛弃。

本书也存在一些缺点和不足。比如，在解读方面存在一些望文生义的情况，如第六话《效率与人情——天地不仁，以万物为刍狗》中对于"刍狗"的理解是错误的，配图是两只正在搏斗的狗，"刍狗"的本义不是活蹦乱跳、能够打架的狗，而是古代祭祀时用草扎成的狗。（寇凤凯）

老子的政治蕴意

《老子的政治蕴意》，高专诚著。太原：书海出版社，2007年12月第1版，32开，650千字，系"圣贤的叮咛"之一种。

高专诚，1963年生，1985年毕业于北京大学哲学系，哲学学士。任山西省社会科学院社会学所所长、研究员。研究方向：早期儒家思想及先秦、两汉思想史和文献研究、三晋文化研究。已出版论著多种。

本书共分六章。第一章介绍老子的生平、孔老之间的关系及《道德经》的传播及影响。第二章从六个方面讲述老子哲学，分别是"道"的哲学思想、辩证法、政治哲学、自然政治观、无中生有的生存哲学、物极必反的宇宙观和人生观。这两章是全书的铺垫。第三章从八个方面讲述老子的政治思想、主张等，是全书的主要部分。第四章讲述老子的知识论。第五章讲述老子的忧乐观、养生观等。第六章讲述为人处事的原则及技巧。可见，本书名为"政治蕴意"，但并未局限于政治方面，而是从整体上系统地讲述老子思想。

本书的主要内容是讲述《老子》的政治蕴意。著者认为，《老子》的政治思想以"三不主义"为原则，以谦让处下为手段；功遂身退是一种战略性的撤退，目的是积蓄新的力量；治理国家不是要为百姓想什么，而是不为百姓想什么；老子竭力倡导的政治无为之道，背后潜伏着一个无形的政治专制的有为之道。其思想，从理论上讲是独断的，运作机理是专制式。在知识论方面，老子哲学最主要的特色是反对经验主义，主张理性主义。体现在多个方面，如他主张要认识自己和战胜自己，而不是低估自己，科学地调整自己的力量，以便选择最佳时机，戒除自以为是的毛病；判断言语的信与不信，不在于它是否动听，而在于实际行动的效果；不要企图在忙忙碌碌的外在活动中得到大道，不要企图在对外探求中明白世界的真谛，要反观内心，在纯粹的内在体会中把握；不要在对外在事物的追逐中，迷失心灵的方向；由学习而引发许多负面作用，特别是政治上的麻烦，所以要"绝学无忧"。在忧乐观方面，老子的重点不在于肉体的长存，而是在于精神的安宁和长存。如对待享乐，要始终保持着谨慎；要懂得安贫知足去祸根、祸福无常莫执着的道理，时刻保持清醒的头脑和警惕的状态，以便避免无谓的忽上忽下的人生颠簸。在养生方面，老子劝告人们清心寡欲，返璞归真，过一种自然而然的生活，达到精神修养的高层次。在为人处事的原则及技巧方面，著者总结出以静制动、后发制人、柔弱胜刚强、慎终如始等原则。

本书以通畅的文字系统讲述老子的思想，并加入很多有趣的故事、传说、寓言等，使得该书在阐释义理时格外灵活生动。本书仍有一些欠妥当处。如著者认为无为代表专制，而没有考虑到无为也很可能为原始民主制；对于老子的知识论，著者倾向于认为老子是反智识主义者，"绝学无忧"是其体现，一般认为"绝学无忧"所反对的只是社会流行的俗学，而非真知。当然，诸如此类的争论一直是老学研究持续不断的话题。仁者见仁、智者见智，只要言之成理，亦无不可。（寇凤凯）

老子博客

《老子博客》，曹鸿涛编著。西安：陕西人民出版社，2008年1月第1版，16开，150千字，系"复活的元哲系列"之一种。

曹鸿涛，1980年生，安徽无为人。曾任职于《工人日报》《竞报》等多家媒体。著有长篇历史笔记《大玥风物志》《也曾笑看吴钩》等。

本书篇章结构分为三个部分：编者的话、全部文章列表、正文。"编者的话"是丛书主编对丛书的介绍。"全部文章列表"即是目录。"正文"部分是由49篇博文组成。以老子为博主，每篇博文大概1500字左右，博文前附《道德经》原文或其他古籍中与老子相关的文字。博文后附有"相关评论""相关链接"两个栏目，"相关评论"是模拟历代名人学者针对该篇博文进行评论；"相关链接"是对评论者的介绍，以作相关知识的补充说明。

由于信史资料的缺乏，本书只选取了老子的生活片段进行描写，以景王变法、辞官归隐、孔子问礼、老子出关等几个史书中有据可考的事件为线索，以自述形式表达老子对周朝末年各种历史事件的看法，揭示老子的思想。本书的"回帖"颇有新意，其中既有当时先贤思想与其他诸家思想的碰撞，也有古今中外名人的著名论述观点，以及虚拟的网友在目前形势下对先贤的理解认识，既扩大了信息量，也增强了可读性和活泼性。总之，全书以博客文体阐述老子思想，使得一般读者能轻松切入文本从而了解老子其人其事。另外，本书定位也较明确，仅是期望能引起读者的兴趣，从而希望读者进而阅读原著。（胡瀚霆）

老子大道思想指要

《老子大道思想指要》，谢清果著。北京：宗教文化出版社，2008年2月第1版，32开，120千字，系"石竹山道院文丛"之一种。

谢清果简介详见《中国道家之精神》提要。

本书先有总序、序，其次为正文，正文后附《道德经》全文以及后记。正文于导言之后分为七章。导言部分以"老子大道思想光耀千秋"为题，简要介绍了老子其人其书以及老子思想的深远影响，并认为在当今和谐社会的建设中，学习老子，可以做和谐社会的真人。七章内容分别为，第一章老子构建大道思想的思维方法。此章分析了老子的思维方法，认为老子运用形象思维成功地塑造了许多丰富、生动的形象使抽象的道论既通俗易懂又深刻隽永，且于当今社会有重要的现实意义。第二章老子大道思想的自然主义情怀。此章认为老子大道思想的自然主义情怀，即李约瑟所谓"科学人文主义"。著者阐述了道与科学的关系，认为"自然无为"彰显了科学与人文的交融，并从科学精神意蕴、科学方法效能、科学思想内涵三方面着重阐释了老子之道的科学气质。第三章老子的修身、齐家、治国、平天下思想。此章指出老子及其《道德经》开创了中华道统，并以"道"为核心观念，以"道法自然"为原则，贯彻于修身、持家、治国、平天下的实践中。著者认为在老子大道思想中，"尊道贵德"为修身养生之要旨；"积善""以家观家"等为老子的修道持家思想；"治大邦，若烹小鲜"为老子的修道治国思想；"清净""柔弱胜刚强""见素抱朴""不争"为平定天下之要。第四章老子之"愚"与人生道德境界。此章从道德境界入手剖析老子关于"愚"的思想，认为"愚"是人们道德境界修养的思想资源、是人们提升人生智慧的指导思想、是人们成就自我的有效方法。第五章老子的学习思想管窥。此章从《道德经》中"为学日益"与"绝学无忧"的观点入手，探讨了老子学习观的思想脉络，并从哲学底蕴、教育价值、科技创新等方面考量老子学习观的现代价值，以期启迪人们的学习实践。第六章老子之道：青年成才指南。此章指出青年人是大道行世的希望，"体道"是青年人成长之路，"老子之道"是青年成才之路的明灯。章末，著者介绍了其自身学习《道德经》的心得体会以供青年朋友学习借鉴。第七章老子的修行思想探幽。此章以《道德经》为诠释的理论资源，剖析"老子试徐甲"传说中所承载的道学信息，从修炼学的角度诠释了这一传说产生与流布的原因，并分析总结了这一传说对修行的启示。

本书是著者钻研《道德经》13年学习心得的整理，其特点在于着重发掘老子大道思想的时代价值，并结合著者的亲身体会为青年人提供成长指南。

本书语言通畅、文辞易懂，雅俗共赏，能为读者开启一扇参悟老子大道智慧的窗口。（胡瀚霆）

王弼《老子注》研究

《王弼〈老子注〉研究》，［德国］瓦格纳著，杨立华译。南京：江苏人民出版社，2008年4月第1版，2册，32开，785千字，系"凤凰文库·海外中国研究系列"之一种。

鲁道夫·瓦格纳（Rudolf G. Wagner），（1941—2019），曾任德国海德堡大学汉学系教授、柏林·勃兰登堡科学院会员，当代最具影响的欧洲汉学家之一。著有《现代中国历史剧研究》（*The Contemporary Chinese Historical Drama: Four Studies*）、《现代中国在全球服务业中的崛起之研究》（*Inside a Service Trade: Studies in Contemporary Chinese Prose*）、《重构天命：太平天国运动中的宗教角色》（*Reenacting the Heavenly Vision: The Role of Religion in the Taiping Rebellion*）等。

杨立华，1971年生，黑龙江七台河人。北京大学哲学系教授。主要研究中国哲学史、儒学、道家与道教，尤其着力于宋明哲学及魏晋哲学的研究。著有《气本与神化：张载哲学述论》《匿名的拼接——内丹观念下道教长生技术的开展》等，译注《近代中国之种族观念》等。

本书共三编，分别就王弼在其注释中所运用的解释学方法和技巧、王弼《老子》本及注释的批判性版本和"推论性"翻译以及对作为王弼《老子注》核心的哲学问题等话题予以细致深入的考察和分析。

在《中文自序》中，瓦格纳追溯了西方汉学的学术成果和贡献，坦白自己的方法论背景在于解释学传统，但是同时也说明了重视中国固有注疏传统的重要性。对于本书的期许，瓦格纳介绍说："我的梦想是涵盖从文本的版本到翻译、从注释策略的分析到哲学和政治意涵的研究的整个过程。我试图保持三个部分的特质，并把他们设计在一种使之独立停下的方式中。"

第一编注释的艺术，分五章予以展开。著者主要从王弼《老子注》的链体风格、王弼对《老子》文本意义的解构与重构、王弼《老子注》对于汉语训诂、语法、修辞的娴熟运用等角度，相当深入地探讨了王弼的注释技艺，既接受了《老子》文本的内在约束，同时致力于消除文本的多义性，由此将《老子》文本所蕴含的哲学思想阐发到一个相当的高度。

第二编文本的批判性重构与翻译，分四章予以展开。分别考察了王弼对《老子》的校订，王弼《老子微旨略例》的真实性、文体及其翻译，以及王弼所用《老子》的重构及批判性版本。

第三编语言哲学、本体论和政治哲学，分三章予以展开。在考察过程中，著者将王弼《老子注》与其他竞争性注释进行了比较（主要集中在关于"所以"的讨论中），由此呈示了理解《老子》的众多路径，并进而分析王弼的本体论思想及其政治哲学，确证王弼哲学达到了很高的理论高度和境界。
（张永宏）

老子九观正义

《老子九观正义》，柯可著。广州：广东经济出版社，2008年5月第1版，16开，399千字，系"老子与中国新文化丛书"之一种。

柯可，1952年生，安徽庐江人。广西师范大学本科毕业，华南师范大学文学硕士。研究员，硕士生导师。先后任广东省社会科学院文学所副所长、哲学所副所长、国学中心主任、佛学研究中心常务副主任，广东华文国学院院长等。兼任中华老子研究会副会长、广东省文化传播学会副会长、广东省传记学会会长等。著有《新珠江文化论》《周易大典：从入门到行家一本通》《周易宝典》等。

本书篇章结构可分为三部分：第一部分是《〈老子与中国新文化〉丛书总序》和《编者导读》各1篇，第二部分为正文，第三部分是附录与后记。正文由"老子圣人风采说""老子九观正义论""老子恒道美学谈""老子九观正义表"4个章节组成。"老子圣人风采说"为全书的绪论，其目的在于说明老子是创立中国纯粹哲学的第一人。同时也提出了著者对《老子》思想的理解，列出老子九观哲学逻辑结构图，并在《易经》中寻找老子思想的源流。最后还谈及老子与企业文化的关系以及《老子》一书版本问题。"老子九观正义论"为全书总论，是著者对其所理解的《老子》思想的系统阐释。其将《老子》81章分为恒道、玄德、真知、察世、无为、贵身、安民、用兵、治国九个部分，即称之为"九观"，每个部分包含9章《老子》原文。其每一"观"的写作方法是：先拟一主旨总论此"观"，其次将此"观"中所包含的《老子》原文列出并作注释及翻译，最后将此"观"所涉及的问题进行一系列的探索。总体上认为："老子以效法自然的恒道观作为立论总纲，以其人格化的尊道贵德的玄德观作为最高规范，统领信言不美的真知观，有欲不居的察世观，不争无忧的无为观，守柔知常的贵身观，谨终若始的安民观，柔弱胜强的用兵观以及重为轻根的治国观。""老子恒道美学谈"则论述老子开创了道家美学思想，"认为其虚以致静的审美心态、涵纳万物的审美态度及'和光同尘'的审美理想，是老子倡恒道，消争分，求至美的大和玄同理想在美学领域里的表现"。附录部分包含《老子九观八十一章对应表》和《老子诗韵》，《对应表》列出著者的"九观"分章与《老子》81章原章的对应关系。《诗韵》则是著者对《老子》每章思想用五言或七言诗句的表达。

本书语言流畅，通俗易懂。所谈内容涉及广泛，包括传统东方文化、企业文化、美学思想等，又颇具新意地将《老子》81章分为9个部分，统其思想为九观正义。书末还附有诗韵以阐明《老子》每章要义。（胡瀚霆）

老子论执政观

《老子论执政观》，樊建平著。郑州：中州古籍出版社，2008年9月第1版，16开。

樊建平，1956年生，河南漯河人。本书序中称"其人平凡而才奇，富有创造性思维能力。自幼酷爱古典名著，尤其对《道德经》能倒背如流、信手拈来"，"不拘成说，大胆探索，言人所未言，发人所未发，善于发现并解决问题。其对《老子》的研究能多侧面、多角度、多层次地辨析论证，整理错简乱章、删除古注衍文，力求复其原貌，为学界开创新路"。

本书内容含序、正文、附录、后记。正文分为两部分。第一部分为：《道德经》原文（整编），此部分内容是著者对通行本《道德经》原文81章次序的重新排列整编。第二部分是著者对整编后的《道德经》的逐章注解与翻译。其中，著者将重新排列次序后的《道德经》分为7篇，包括：大道篇（共10章），无为自然篇（共17章），柔弱、处下不争篇（共21章），无私虚静篇（共

9章），政治修养篇（共17章），警告批评篇（共6章），尾篇（共1章）。附录包含三部分。附一为"关键词索引"，其内容为"道·德""政·国·社稷·天下·邦""圣人·主·王·天子·三公·上""民·百姓""无为·自然"5个部分，是将《老子》中包含以上词语的句子标出章节，并分类列出。附二为两篇论文，其一为《无为乃大为》，主要阐述著者对"无为"概念的论述。其二为《"象帝之先"辨析》，论述"象帝之先"应译作"万象缔造之前"。附三为参考书目。后记讲述著者研读《老子》以来所发现的几个问题，并指出《老子》是"一部论述为政之道、为政之德的经典。故本书著者拟其为《老子论执政观》"。

本书的特点是将《老子》确定为一本论述为政之道的书，并将通行本《老子》的81章按照这一思路进行调整。著者还将原文中的某些字词、语句进行删除与调整，欲以此恢复《老子》原貌，"立志改写老学史"。但著者毕竟没有专业的学术素养，而且主观意识浓厚，对"老学"的认识也存在很大局限，很多地方论述不严谨不充分，对原文的删减与调整也缺乏足够的依据，因此，对于恢复《老子》原貌并无多大意义。（胡瀚霆）

老子管理思想研究

《老子管理思想研究》，柳振群著。天津：天津古籍出版社，2008年12月第1版，32开，170千字，系"学者文丛"之一种。

柳振群，1965年生，湖北黄梅人。历史学学士、社会学硕士、管理学博士，现为江西财经大学工商管理学院企业管理系教师。

本书是著者的博士论文。全书篇章结构分为序、正文、后记三部分。序为其导师江西财经大学副校长吴照云所作。正文分为六章。第一章是导论，主要讲述选题理由及其研究方法。第二章论述老子有关"道"与"德"的思想，在此基础上推衍出尊道管理思想、贵德管理思想，并认为"尊道贵德、无为而治"是老子的管理思想体系。第三章是老子的辩证管理思想，论述老子辩证思想在管理领域中的运用。第四章是老子人的假设思想，用管理学的基础理论——人的假设来分析老子思想中的相关内容。第五章是老子管理思想职能篇，分为老子的计划思想、老子的组织思想、老子的领导思想、老子的控制思想，主要研究尊道贵德、无为而治管理思想在计划、组织、领导、控制管理中的运用。第六章为研究结论与创新不足，总结出该书研究的四个基本结论、四个创新点。其总结的结论为：1.老子管理思想是老子道德思想在管理领域的运用。2.老子管理思想自成体系。3.老子管理思想有其独特的内在逻辑。4.老子管理思想理解起来不容易，必须静下心来才可能了解。创新点为：1.对老子管理思想的内在逻辑进行了总结，提炼出了老子的管理思想核心理念。2.对老子人的假设思想进行了较全面的研究。3.以管理职能论为平台，对老子管理思想在当代管理的应用进行了系统研究。4.在研究方法上，重点应用案例分析法，章末附针对性案例以支持研究。

本书将老子思想与现代管理学结合，提出老子的管理思想，并用管理学理论加以分析论述，又加上现实案例予以佐证。这为读者提供了认识与运用老子思想的新角度，对老子思想的拓展研究也提供了相应基础。（胡瀚霆）

老子人法地思想揭秘

《老子人法地思想揭秘》，熊春锦著。北京：团结出版社，2008年12月第1版，16开，335千字。

熊春锦，1948年生，字厚金，号空净，湖北麻城人。曾任武汉市硚口区第一人民医院院长、《湖北中医》杂志社编委、北京中医药大学国学院客座教授等职。主要从事道家道教医学、传统中医学、国学教育等研究和实践。代表著作有《中华国学道德根》《国学道德经典导读》《道德复兴论修身》等。

本书是著者论文与演讲稿的汇编，又称"熊春锦演讲文集"。全书分为序、正文、编者后记三个部分。正文包含5个主题，共13大节，依次为："人法地是修身的基石"（4大节）、"人法地实证答疑释惑"（1大节）、"老子《道德经》第十三章'生死'释义"（3大节）、"老子《道德经》第五十二章'治水'释义"（2大节）、"论太极黑中的魂魄神"（3大节）。其内容主要是著者以其实证体会为基础对《道德经》"人法地，地法天，天法道，道法自然"中"人法地"思想的阐述，认为老子所提出的"人法地"，就是人类要效法地球母亲的慈爱、无私、宽恕、奉献的精神品格；就是人类要效法地球母亲的三元场性（书中指出三元为：物元、质元、体元），构建上德无私的品格，获得地球母亲的无形乳汁——大地之气的能量，从而升华自己的精神灵魂。书中阐释了老子"人法地"的相关生理学理论，阐释了人们和地球母亲的对应关系。认为人体的"天"就在胸部心区以上，人体的"地"泛指小腹区，而地球的场性在人身体内的具体位置，就浓缩在包括会阴在内的三角肌（昔肌）内。而"人法地"的奥秘就在这块肌肉的锻炼再造上，并专门开辟一节为实修答疑。书中还以老子"人法地"思想对《道德经》"生死章"和"治水章"进行了解释，借此论述"人法地"的意义。最后又以《黄帝内经》为理论来源，对三魂七魄的概念及特性进行介绍，阐释魂与魄的转归。

本书是著者自身实践其所述"人法地"思想及"调训白虎""水中求金"等逆修方法的体会总述。文中附有大量示意图、象意图，试图帮助读者理解文意。至于此书所介绍的这条所谓的达到人类生命与自然之道的天人合一的捷径的真实有效性，且在于丹家读者见仁见智了。（胡瀚霆）

老子的帮助

《老子的帮助》，王蒙著。北京：华夏出版社，2009年1月第1版，16开，358千字。另有贵阳：贵州人民出版社，2013年2月修订版，16开，327千字；北京：人民文学出版社，2014年4月第1版，32开，328千字，系"王蒙文集"之一种。

王蒙，1934年生，河北南皮人，祖籍河北沧州。中国当代著名作家，中国作家协会名誉主席。曾任国家文化部部长，中共第十二届、十三届中央委员，第八、九、十届全国政协常委。所著小说近百部，曾获意大利蒙德罗国际文学奖、日本创价学会和平与文化奖等。

本书分为前言与正文两部分。在前言中，著者讲述了自己学习《老子》的经过、写作本书的缘由和全书的内容，并总结出老子对于今人的六点帮助：第一，他带来了大部分哲学思辨、小部分宗教情怀的对于大道的追求与皈依；第二，他带来了一种逆向思维、另类思维乃至颠覆性思维的方法；第三，他带来了"无为"这样一个命题、一个法宝；第四，他带来的是逻辑思维与形象思维的结合；第五，他带来了真正的处世奇术、做人奇境；第六，他带来的是汉字所特有的表述的方法、修辞的方法、取喻的方法、绕口令而又蕴含着深刻内容的为文方法。正文分81章，即是对通行本《老子》81章的翻译与解读，文中还插有漫画数幅。每一章的写作方法是：首先列出《老子》本章的原文。其次，参考借鉴诸多注家的成果将文言文翻译成现代白话文，著者称此部分为"意译"。最后，是著者依据自己的人生经历与思考体悟对《老子》文本的阐释与解读，著者称此部分为"证词"。"意译"的重点不在于训诂，而追求的是文本大意及其整体含义，追求其前后文句中的内在联系与逻辑关系。"证词"则是著者以其"亲见、亲闻、亲历与认真的推敲思忖为老子的'玄之又玄''众妙之门'的理论提供一个当代中国的人证、见证、事证、论证，也许还有反证"。

本书作为一本解读《老子》思想的通俗读物，是著者以其人生体验对老子其人其书做出的解读。这种解读也因著者生活的背景与工作的经历而打下了具有著者自身个性的烙印。此外，本书还收录了著者近年来写过的一些谈老子诗词杂文，从德性方面、老子与宗教、老子与数学、老子与审美、老子的方法论等方面阐释著者对老子的独特理解和感悟。（胡瀚霆）

名家品老子

《名家品老子》，梁启超等著，丁玲选编。北京：中国华侨出版社，2009年1月第1版，16开，330千字，系"名家品读系列"之一种。

梁启超简介详见《论〈老子〉书作于战国之末》提要。

本书是20世纪名家关于老子思想研究文章的综合汇编。全书分为前言、正文、出版说明三个部分。前言部分对《老子》一书对于国内外的价值及其基本情况作了简要介绍，并梳理了20世纪学界对老子思想研究的基本情况，最后介绍了本书的编选原则及目的。正文为6卷27篇文章，每卷皆有其主旨。

现将其所选文章录下：

卷一老子通读。选文：梁启超《老子哲学》、胡适《老子思想概观》、冯友兰《道家的第二阶段：老子》、林语堂《老子的智慧漫谈》、宗白华《老子书的哲学思想》、任继愈《关于〈道德经〉》、葛兆光《老子论天道、世道与人道》。

卷二政治学说。选文：萧公权《无为而无不为》、侯外庐等《老子的国家学说》、余英时《道家的反智论》。

卷三处世智慧。选文：许地山《老子的人生论》、萧公权《反者道之动》、张起钧《处世正道》、葛荣晋《人生旋律与处世奥秘》、陈鼓应《处世之道》等。

卷四修养之方。选文：南怀瑾《水的人生艺术》、詹剑峰《老子的人生哲学》、汤一介《老子对人生境界的追求》、陈鼓应《修身之道》等。

卷五道德思想。选文：蔡元培《老子的伦理学》、许地山《老子的论敌》、徐复观《文化新理念的开创——老子的道德思想之成立》、侯外庐等《老子的人性论及其伦理教育学说》、陈鼓应《"大道废，有仁义"》等。

卷六老学流泽。选文：任继愈《老学源流》、张起钧《老子的影响》、叶秀山《道家哲学与现代"生"、"死"观》。

正文中每篇格式为首先附上该文著者的简介，并对该文的主要内容、中心思想进行简要叙述。然后是原文。文末则是该文出处的标识。正文中还有一些关于老子的插图，每一副图都标明出处。

本书选文全面，编排合理，从六大方面向读者展示了老子的思想，也增加了读者对学界名人的认识。该书作为一本论文汇编，既是对20世纪老子研究成果的展示，更是为读者提供一份认识老子思想的套餐。而名家们的精彩言论，着实有助于读者亲近和理解老子。（胡瀚霆）

老子新说

《老子新说》，牟钟鉴著。北京：金城出版社，2009年7月第1版，16开，280千字。

牟钟鉴，1939年生，山东烟台人。北京大学哲学系中国哲学史专业研究生毕业。曾在中国社会科学院世界宗教研究所工作多年，现为中央民族大学哲学与宗教学学院教授、博士生导师。兼任中国宗教学会副会长、国家社科基金项目学科评审组专家、国际儒学联合会理事等。主要著作有《探索宗教》《中国宗教与文化》《走近中国精神》等。

本书的篇章结构分为代序、正篇、辅篇三个部分。代序是著者于2007年2月为国际道德经论坛所作的一篇文章，题为《道——通往和谐之路》。文中概括了《道德经》的最大贡献，指出了《道德经》的最高目标，并分析了老子提出的于现实中解纷致和的理念和方法。正篇题为"老子新说"，分为81章，即是对《老子》每章思想内容的阐述，是著者根据其多年讲解《老子》积累的心得加工整理而成。每一章首页列出《老子》本章原文，然后另起一页，讲述著者对此章的理解与心得。每章都有一个标题作为著者讲述的思想主旨，大部分章末附有古今名人对老子其人或其书的评语，或添加插图和相关知识。辅篇题为"老子评说"，是著者将其曾经撰写的《老子的学说》进行部分的修改和补充后附入。辅篇包含《主阴贵柔的生命哲学》《论道》《道是不息的生命活力》《老子学说的魅力》《老子其人其书》《跋》六篇文章，前三篇文章从整体层面概括和论证了老子哲学的特性、阐述了"道"的概念及其之于宇宙人生的意义。《老子学说的魅力》则从老子与先秦诸子、汉代道家与魏晋玄学、道教、政治、文学艺术、现代社会等方面阐述了老子学说的魅力。《老子其人其书》则从司马迁的《老子列传》开始，详细论证了老子其人其书的相关问题，并介绍了《老子》的主要版本和注家及帛书《老子》的价值。

本书的重点在内容解读，不作细琐的版本考证，其所使用的《老子》文本并没有照搬通行本文本，而是以王弼本为基础，参考了河上公本、傅奕本和陈鼓应《老子译注及评介》对《老子》文本的考订，又根据帛书《老子》在重要词语上加以改正。例如第一章所列出的《老子》原文即为"道可道，非恒道；名可名，非恒名"。该书内容新颖，能够联系社会生活解说《老子》；图文并茂，又增加了阅读的趣味性和知识的关联性。正篇解读和辅篇评说并举，确是积淀了著者多年讲解《老子》的心得，用著者的话说，"包含着自己大半生的生命实践的体验，它是不完美的，却是真实的"。（胡瀚霆）

听傅老师讲《老子》

《听傅老师讲〈老子〉》，傅佩荣著。北京：中华书局，2009年7月第1版，32开，60千字，系"经典私塾班"之一种。

傅佩荣简介详见《细说老子》提要。

本书于前言之后分为上下两篇，上篇分46节讲解《道德经》之《道篇》，下篇分51节讲解《道德经》之《德篇》。每节都有标题以概况本节主旨，每节字数大约300字左右。本书正文与《道德经》81章之对应关系或为一节对应一章，或为两节对应一章，并在节末附有相对应的《道德经》原文，原文中生僻字加注拼音。例如：上篇第一节《无名有名》阐释《道德经》第1章，上篇第二节《无欲有欲》、第三节《美与丑相对》阐释《道德经》第2章。另外，书中讲述精彩、于读者有启发的语句文字还以绿色粗体标出。

　　本书是一本适合初学者学习《老子》的通俗读物。其特点在于著者不去探讨老子其人其书，而是直接着眼于文本，选取日常生活中的材料，用浅显的语言对《老子》进行通俗易懂的解读，并在此基础上回归生活，指导读者将《老子》中的智慧运用到自身的生活实践当中。例如，著者以《神奇的德》一节解释《老子》第10章时说："我们要如何学习道的这种玄德呢？……父母生养子女，而不据为己有；老师教育学生，而不仗恃己力；老板引导员工，而不加以控制。这么做，是因为'子女、学生、员工'是独立的个体，将来要展开他们自己的人生，要发挥他们自己的潜能。"总之，本书内容符合其写作初衷，在初学者与经典之间扮演桥梁的角色，对《老子》的思想作浅显又中肯的介绍。（胡瀚霆）

老子他说续集

　　《老子他说续集》，南怀瑾著。台北：老古文化事业股份有限公司，2009年10月初版。另有北京：东方出版社，2010年6月版，16开。

　　南怀瑾简介详见《中国道教发展史略述》提要。

　　本书正文即著者针对《道德经》第27章至81章之分章讲述记录。1987年台湾的老古出版社即已出版《老子他说》的上集，当时已收录了著者针对《道德经》前26章之讲记。

　　本书主要接续《老子他说》上集讲述，针对《老子》27章至81章以其"经史相参、以经注经"的个人方式讲解，并有深入浅出的各种评说。主要目的是教导学生"知人论世"的方法，并旁征博引释、道、儒三家之学，尤其以佛教故事或禅宗公案来举例诠释其中章句的比例最高，可引发读者对国学古籍及老子思想之向往与好奇。（赖慧玲）

学校没教过的老子智慧

《学校没教过的老子智慧》，凌永放著。南京：江苏文艺出版社，2010年1月第1版，16开，300千字，系"国学系列"之一种。

凌永放，毕业于北京师范大学中文系。长期从事图书策划与编辑工作，现为外资媒体在华公关部门主管。作品有《网络爱情九步曲》《职场怪兽》等多部。

本书分为前言、老子其人、正文、老子生平事迹简介四部分，前言部分简单介绍了老子与《道德经》的基本情况，以及本书的写作意图。《老子其人》介绍老子的传奇故事、《道德经》的思想大要及其对后世的影响，认为："老子为春秋末期的楚人，受楚文化影响，而楚多隐者，隐逸之风乃是楚文化特质之一，老子的思想学说《道德经》亦在这种环境下产生。""《道德经》的思想大要便是：曰道，曰常，曰反。"正文由81章构成，是对《道德经》81章的分析解读。每章分为两个部分，其一是《道德经》原文及提要，其二是事例列举及评述。每章事例皆包含一个古代的名人故事和一个现代的商业案例，以此佐证《道德经》的相关思想。例如，第一章，首先列出原文，提要中则指出"道"的概念和意义，并分析老子为什么提出"道"的概念。其次列举古代"张兴世'无中生有'袭击钱溪"和当代"'香港金王'的成功秘诀"两则故事予以说明。全书最后部分为《老子生平事迹简介》，简单介绍孔子、关尹、隐阳山与老子的故事。

本书以古代"智谋故事"和当代"赢家策略"为主要内容对《老子》进行佐证。其提要简明通俗，故事案例内容丰富，适合一般读者对老子其人其书进行初浅了解。（胡瀚霆）

半部《老子》治天下
——西方文化反思与美国价值批判

《半部〈老子〉治天下——西方文化反思与美国价值批判》，孙昌育著。广州：花城出版社，2010年2月第1版，16开，440千字。

孙昌育，1956年生，自号"三无先生"，为华南理工大学政治与公共管理学院教师，主要从事文化哲学研究。编著有《现代西方主要哲学流派述评》等。

本书主要针对美国学者福山《历史的终结》一书而作。首有目录，末附参考书目。正文除导言及结论外，凡3篇，分别为：《慈》《俭》《不敢为天下先》。其中第一篇包括北方和南方、从母系到父系、夸父逐日、西北的乾卦、让第二性成为第一性、否极泰来六章；第二篇分为阴极生阳、阳极生阴，无的意义，两种时间，普遍的精神病，无产者五章；第三篇包含混沌和有序、禁果的文化意义、消除雅利安人的原罪、游戏与解放四章。

福山之书宣扬美国价值与美国文化，认为其"自由与民主的理念已无可匹敌，历史的演进过程已走向完成"，并断言人类社会的历史运动及形式将终结于美国。基于对福山的《历史的终结》的批判，本书三篇详细解读老子的"慈""俭""不敢为天下先"三宝，就"慈"的南方价值观念特征及其效用、"俭"对欧美消费方式的克制作用、"不敢为天下先"对解决当今世界难题的价值分别进行了论析，并进而论述了历史如何终结的问题。

著者认为"自由源于战争，战争会崇尚勇敢的品质，民主源于贪婪，贪婪需要树立勤劳的品质"，福山所谓的民主制度加上自由制度，"进一步放大了人类的劣根性"。而"文明起源于阳动，人类的拯救在于回归阴静"，"老子哲学的中心思想是反者道之动，反者，返也。既然人类的文明偏离了大道，那么它必然导致对生命的戕害，只有返回本原才能获救"。著者指出"人类社会有三个基本领域：政治、经济、文化。老子与之配套也有三个法宝，'一曰慈，二曰俭，三曰不敢为天下先'，这是老子的救世之道"，"这'三宝'若能成为人类的总宪章，美国就终结了，历史就终结了，罪恶就消除了，一切就都自然了"。

作为一本阐发著作，本书以易理、文字解析为切入点，结合政治与哲学，立足现实阐释《老子》智慧。虽为一家之言，但亦深思力索，发人深省。在论述上，不仅注意与古代哲学流派、西方古典哲学家及代表性哲学流派的思想、观点作比较，对中西文学作品、宗教及史学典籍等也有丰富引述、评述，视野宏阔。论说亦平实有趣。（程敏华）

中国思想地图——老子

《中国思想地图——老子》，熊逸著。太原：山西人民出版社，2010年5

月第1版，16开，198千字，系"中国思想地图系列"之一种。

熊逸，著有《道可道：〈老子〉的要义与诘难》《思辨的禅趣：〈坛经〉视野下的世界秩序》《逍遥游：当〈庄子〉遭遇现实》等。

本书首附宋代法常《老子图》、明代张路《老子骑牛图》及著者解说文字。次自序，次目录，次引言，末附后记《对于不可言说者的言说》。目录中每章章题下设有导言。正文凡11章，分别为：一、关于老子的传闻；二、《老子》的版本与误读；三、先秦道家与黄老之学；四、《老子》之学的政治实战：无为而无不为；五、作为一种社会主张的"道可道，非常道"；六、普罗米修斯的"恶行"；七、天地不仁，以万物为刍狗；八、《老子》的思维方式；九、《老子》辨证法的三种解读：客观规律、处事操守、权谋机变；十、理想的人生是退步：回归婴儿；十一、玄牝与大地母亲。

每章分小点阐述，主要分析了《老子》若干重要议题的来龙去脉，又着眼于《老子》在政治学和社会学上的意义，在形而下的层面上对之作了辨析。同时，考察了《老子》的特殊论证方式及部分理论的自洽性。并以《老子》文本为线索，在历史上复杂的阐释与实践当中，勾勒出了道家学说的文化版图。

著者认为，《老子》这部书难懂。在超验层面上，是因为"道"无法用语言表达，"语言属于辨别力和知识领域的一部分，而'道'是超越它们的；语言是现实世界的一个产物，'道'则是超越现实世界的"；在形而下的层面，则是因为"凡有描述，必有遗漏"，且《老子》"年代久远，材料匮乏"。但同时又指出，"《老子》并不是一部严格意义上的哲学著作，它重点关心的并不是宇宙生成论或者本体论之类的问题，而是政治哲学的问题"，核心内容为政治方略，"既然有特定的对象，有特定的内容针对性"，因此，《老子》可以理解。

本书结合最新考古材料及海内外前沿研究成果，以严密的推理及分析去理解《老子》。视野广阔，陈说通俗。对前人成说也有相应辩驳，新见迭出。对于我们认识老子及其著作皆具有启发意义。（程敏华）

《老子》看破没说破的潜智慧

《〈老子〉看破没说破的潜智慧》，麦迪编著。北京：中国画报出版社，2010年7月第1版，16开，200千字，系"处世经典系列丛书"之一种。

麦迪，另编著有《雍正谋略》《西点军校公开课》《哈佛大学公开课》等。

本书首有丛书主编吴凤龙所作丛书总序。次前言，次目录。正文凡81章，章题择《老子》各章要旨并发挥说明而成。每章体例统一，分为"原文""译文""潜智慧解读"三部分。

"原文"采用《老子》通行本。"译文"对原文各章进行了直译，对个别难懂字句，则做了随文注释。"潜智慧解读"以对《老子》处世哲学的阐发为重点，择其要者引述古今中外史事、典籍做出了发挥性说明，并对个别重要和歧义较大的章节做了逐句解读。

著者认为，老子的处世态度"并非一般人印象中的消极、避世。相反，它是最积极，同时也是最高明的处世哲学"。并指出，"《道德经》其核心思想是道，但老子宣扬道德目的，是教人以德。德是人们效法道的精神，立身处事的自然显现。'德者得也'，在古代德字与得相通。所以德也有两层含义，在意识层面为道德、品德，这不仅是我们为人处世的基本修养，也是一个成功者的必备素质；在事功方面为取得、获得，就是我们要明白该不该得，怎样得，怎样保住这个得不失掉。在老子看来，依道而得，才能够保持长久"。

作为《老子》文化读本，本书主要从处世哲学角度解读《老子》中所蕴涵的潜智慧，引述丰富，阐发通俗。（程敏华）

道德经与科学思索

《道德经与科学思索》，王凤宝、邹德文著。北京：中国农业科学技术出版社，2010年9月第1版，16开，379千字。

王凤宝，1951年生，河北遵化人。教授，硕士生导师。河北省科技创新先进分子，河北省农学会理事，秦皇岛市第五届、第六届科技拔尖人才，河北科技师范学院学术带头人等。

本书首有前言，次目录，后附结语及参考书目。正文按《道德经》体例分"道经""德经"两篇，凡81章。章题由《道德经》各章旨意与现实问题衔接而成。

每章首引通行本《道德经》原文，并逐条对照翻译，然后结合历史事实及现实问题详细阐发章题立意。整体上，从为人、为学、为政三个方面，表达了著者对《道德经》科学价值的认识，即"《道德经》对当今自然科学、社会科学领域的研究指导意义是巨大的"。

作为学习体会之作，本书能紧密联系实际，特色鲜明。然整体略显疏略，译文及阐述亦有不通达之处。（程敏华）

老子环境伦理思想

《老子环境伦理思想》，沈春木著。新北：花木兰文化出版社，2010年9月初版，精装，系"中国学术思想研究辑刊"之一种。

沈春木，曾任小学校长、主任、教师等。

本书研究老子《道德经》，文本上采用王弼注《老子》之通行本为依据，帛书《老子》及郭店竹简本为辅。研究方法上，依据牟宗三的诠释三标准——"文字""逻辑""见"。本书在环境伦理思想上，以西方环境伦理思想中的三大思想——"人类中心伦理""生命中心伦理""生态中心伦理"为研究范围与材料，作为理解环境伦理思想的基础。

在老子"道"的形上学义理诠释上，以牟宗三《中国哲学十九讲》《才性与玄理》《现象与物自身》等著述中展开出"主观境界型态"的诠释系统为依归。了解到老子的"道"是以"无"为本的哲理。老子"境界形态形上学"可说是透过"无"的实践功夫所表现出来的，而"无"的功夫彻底修证实践出来时，所蕴含的存有论可称为"实践的存有论"，这也就是老子的"境界形态形上学"。

著者探讨老子"道"的环境伦理思想，认为"道生之"，道是以"不生之生""不塞其原，不禁其性"的方式实现了天下万物，继而"德畜之"，以"德"来润泽涵养万物。因为天地万物都是"道生之，德畜之"，所以万物莫不"尊道贵德"，道所以受尊崇，德所以被珍贵，是因为它们无施无为、顺物自然的生长化育。人们应通彻"水善利万物而不生"的启发，公平无私地对待大地，顺应"无为自然"的天道，才能使生态环境实现自我与整体的和谐发展。

论述"老子环境伦理思想之实践工夫"时，著者谓中国哲学是重生命、著实践的学问，异于西方哲学重思辨、著知解的学问。老子的文本中也蕴含了丰富的环境伦理实践工夫，偏重于向内修炼，强调通过体现"守道修德""吾有三宝""知足知止""简朴生活""知常知和""致虚极、守静笃"及"静观美学"等实践工夫，让"道"和"德"内化为生命理想实践的主体特征，面对环境问题时能自然而然从内在心灵寻求解答，而非一直向外在寻求更多的物质满足。

相对而言，西方环境伦理思想较注重对环境问题的实在关切。本书主张遵守环境伦理规范原则、改变现有的环境相关政策、通过实践解决环境问题。今日应以西方环境伦理思想与伦理原则的基础，再加上老子环境伦理思想重视"心灵治疗"的环境伦理实践功夫，才能建构更全面、更整体的环境伦理思想学说。

著者推崇老子"静观美学"的环境伦理实践功夫，重要且有独特见地，从静观玄览中，天地万物各得其位，朗现出虚一而静、自然和谐的境界，值得终身追求。（林翠凤）

老子天下第一

《老子天下第一》，赵启光著。北京：北京大学出版社，2010年9月第1版，16开，176千字。

赵启光（1948—2015），北京人。比较文学博士。曾任美国卡尔顿学院讲席教授、亚洲语言文学系主任，同济大学中华文化传播中心主任、特聘教授，清华大学客座研究员，南开大学客座教授。著有《天下之龙：东西方龙的比较研究》《古道新理：赵启光画讲老子》《21世纪是中国世纪吗？》等。

本书首有目录，末附《道德经》全文。正文凡七讲，包括：一、老子何许人也；二、老子的教导：要懂女人——尊重的涵义；三、老子的教导：要懂女人——和谐的婚姻；四、老子的告诫：挣脱名缰利锁；五、老子的开示：幸福其实很简单——知足常乐；六、老子的开示：想长寿吗？简单；七、老子的老底儿：无为而无不为。每一讲都附有赵氏所绘插图及说明文字，另有《道德经》各章引文及其他介绍文字附正文之侧。

第一讲对老子其人做了简要介绍，重点从十个方面论述了何以"老子天下第一"的问题。第二讲对"老子是第一个女权主义者"的观点进行了阐述。第三讲论析了老子"不自见、不自是、不自伐、不自矜"的和谐婚姻秘诀。第四讲阐释了老子关于挣脱名缰利锁"涤除玄览"的告诫。第五讲探讨了老子所开示的"知足之足"幸福法宝。第六讲对老子养气、仿效自然的养生之术进行了讲解。第七讲对老子"无为而无不为"的智慧做出了诠释。

著者认为，老子的道为"无状之状，无象之象"，"先天地而生"，"是世界第一"。而且，"老子对宇宙的本体提出了一个深刻的，至今还有科学意义的见解，就是在我们人之外，存在一个深远的宇宙"。不仅如此，"老子对人类社会状态进行了分析，揭示它的过去、现在和未来"，并"在2500年前，已经提出了环境保护的思想"。而作为"第一个女权主义者"，老子同时也是"世界上第一个和平主义者""第一个诗化哲学家"及"跨时代、跨文化、跨地域的大哲学家"。并且，"老子的哲学普适性可以说是世界第一"，《道德经》"单位文字的信息承载量可以说世界第一"。因此，"老子天下第一"。

作为讲演的整理本，本书将老子学说引进日常生活并从不同方面进行阐发，汇通古今中外，浅显易懂，又充满趣味。但在一定程度上也缺乏论述的严谨性。（程敏华）

《老子》自然思想的考察

《〈老子〉自然思想的考察》，黄裕宜著。新北：花木兰文化出版社，2010年9月初版，系"中国学术思想研究辑刊"之一种。

黄裕宜，台湾大学哲学研究所博士，曾任世新大学通识教育中心兼任讲师。

本书考察老子的自然思想，分为"自然思想的界定""基础理论的阐释"与"应用层面的强调"三方向。全文采取"道术合一"之立场，即天道与人事并重的观点。结论归纳为四大面向：

一、背景视域。即史官视域的提出，解释关于道的描述可能来自于史官特有的天道观。《老子》以遍察经验之细密出发，故主张"见小曰明"。所以对于天道、人性观察透彻，主张不论修身或治国，应本着合乎自然无为之天道，方可长治久安。若仅仅认识到天道的规律意义，在文本上的解读易流于轻率。唯有自然化的认识进路，才能凸显中国哲学的特殊性与优越性。

二、思想内容。（一）"自然"应属"本性"一义，"本性"是人认识能力的产物，而非指超越感官而有的实体认定。（二）道的意义，可分为天道运行的描述性意义以及据天道而成的规范性意义两层面，后者其实即指天道的应用层面而言。（三）规范性意义的道，其线索在老学中最丰富也最重要。老学被误以为缺乏"人道"思想，其实《老子》注重自然现象的观察，因此充斥着"描述性"的语言，然后从中汲取自然思想为君所用，因而形成"规范性"语言。（四）著者在史官视域下，认为道的概念根本上是观察天的运行轨迹而形成的"呈现性"活动，似乎并无现象背后的实体假定意义。因而其论述的旨意在于由天之道扩及人之道，强调规范性的道可供人取效，并导引行为至理想的正途。（五）"与其用'道'来概括老子的哲学，还不如用'自然'来概括老子的哲学"，可见老学思想应以自然思想为基础，且《老子》文本中自然思想应具有最全面与最深刻的影响力。

三、道论的一致性。实体论的观点虽赋予《老子》更深层的哲学意义，而由设计论来解释老子的道，却能与历史发展的事实契合。这两种理论并不对立，都可被尊重接受。

四、中心旨趣。古人畅言天道之旨趣，意在"务为治者也"。在"道术合一"，而道论依托在天道的背景视域下，《老子》由天道而主君人南面之术，大抵无疑。《老子》所示之道，虽以五千言传世，但后人只能知其中心旨趣，却未必能落实于具体实践。但若以自然原则为准，依人之"自然需求"行事，如此则可谓易行。

书后附录四篇论文，篇幅约占全书之半。依序为：《〈公孙龙子〉的名实区辨原则》《〈孟子〉的人性论研究——以认识论为进路》《〈春秋公羊传〉中的战争概念考察》《〈淮南子〉的认识论思想探究》。（林翠凤）

老子的商道

《老子的商道》，葛荣晋著。沈阳：辽宁人民出版社，2011年1月第1版，16开，220千字。

葛荣晋，1935年生，河南济源人。1960年毕业于中国人民大学哲学系，留校从事中国哲学史教学与研究工作。现为中国人民大学哲学系教授、博士生导师，中国人民大学东方文化研究所所长。著有《王廷相生平学术编年》《中国哲学范畴史》《儒道智慧与当代社会》等。

本书首有自序，次目录。正文凡14部分，分别为：一、"上善若水"与商人的理想人格；二、"逍遥游"与商人的人生境界；三、"身重于物"与商人的潇洒人生；四、"为而不争"与商人的"舍得之道"；五、"光而不耀"与商人的"低调做人"；六、"上德若谷"与商人的和谐人生；七、"道法自然"与商人的生态智慧；八、"柔弱胜刚强"与商人的人生谋略；九、"方而不割"与商人的"方圆之道"；十、"大智若愚"与商人的糊涂哲学；十一、"自胜者强"与商人的"无为"品格；十二、"无为而治"与商人的现代管理；十三、"不知有之"与商人的管理境界；十四、"有无相生"与商人的创新精神。

各部分先解题，阐明论述主旨。次从传统道学文本中引申现代文化因子，论述"道商"的人文精神。总体上从商人的人格、精神及境界、价值观、人生观、人生智慧等几个方面阐明了《老子》蕴含的商道。

著者认为，中外企业家之所以青睐《道德经》，是"因为它是人类历史上第一部系统揭示和阐述辩证法思想和'无为而治'管理哲学的世界名著"，而"老子的辩证法思想和逆向思维方式，是成功商人解密市场经济和构建和谐人生的一把金钥匙"。同时指出，"构建现代商人的经商之道，必须走会通中国'古今哲学'之路"。

本书采用现代诠释学方法阐发老子的商道，视野开阔，引述材料丰富。并将"极高明"与"道中庸"结合，采用通俗方式阐释，达到了其使道学"走近实际、走近生活、走近群众"的撰述主旨。（程敏华）

老子的智慧微博

《老子的智慧微博》，秋实编著。沈阳：沈阳出版社，2011年1月第1版，16开，200千字。

秋实，另编著有《卡耐基的智慧微博》《中学生情绪心理调控》《唐诗·宋词·元曲大全集》等。

本书首有简介《老子开微博传递百年智慧》，次目录。正文凡60章，章题自《道德经》各章原文中概括而出。每章由"原文""译文""智慧全解""感悟留言"四部分组成。

"原文"以《道德经》通行本为底本，并校以他本。"译文"以直译为主，同时辅以意译。"智慧全解"，先申明各章旨意，后紧密结合现代社会的实际情况、把握文本并引述古今中外事例详细阐释。总体上，主要对《道德经》中所蕴含的生存智慧、管理智慧进行了阐发。"感悟留言"采用网络页面形式，是所附读者留言版块。

著者认为，"《道德经》是我国古老文明智慧的奇葩，也是一个包罗万象的知识宝库"，之所以被誉为"道家最精要之书"，则源于"老子通过对世态人情的深彻洞察和深刻思索，点点滴滴积淀成了关于人性修持、处世哲学、治国之道、军事哲学、养生之道等的智慧之学"。并强调"读懂《道德经》，听懂老子的言外之意"，即有望"成为一个柔中带刚，刚中存柔，刚柔相济的智者"。

作为通俗读本，本书阐发老子智慧，既采用现代文化因子"微博"之名及其页面形式，又大量引述中外史实，内容形式丰富，亦浅显易懂。（程敏华）

老子还原

《老子还原》，杨义著。北京：中华书局，2011年3月第1版，32开，250千字，系"先秦诸子还原"之一种。

杨义，1946年生，广东电白人。1998—2009年任中国社会科学院文学研究所、少数民族文学研究所所长，兼两所学术委员会主任。著有《中国现代小说史》《中国古典小说史论》《中国叙事学》等。

本书首有目录，次序言，末附后记。正文凡上、下两编。上编为《老子还原》，包括：一、史官身份与宇宙本体论的突破；二、孔子问礼与礼的失落；三、老子的氏族与地缘文化基因；四、破解老子身世与谱系之谜；五、追踪老子从原始赖乡到文化洛阳；六、洛阳老子在《老子》书中留下的模糊面影；七、郭店楚墓竹简本与《老子》传播方式；八、马王堆帛书本与《老子》经典化过程。并附其2007年所撰《老子还原初探》于后。下编为《老子还原研究资料长编》，前有编者前识及凡例，其后以上编《老子还原》为基点，分老子其人、《老子》其书、《老子》评骘、老子脉络四辑，据时序胪列了与之相关的研究资料。所录文献前有概述，后有按语。概述部分简要说明文献分类原因以及此命题前人研究情况，并梳理出了重要脉络。按语部分，或略述称引缘由，或简介相关背景、考辨文字异同。其中第一辑包括老子其人真伪、关于姓氏、人名考异、籍贯故里、孔老先后、身世行年、出关著书、孔子问礼、世系谱牒、身份地位十点。第二辑分著者之争、成书时间、成书过程、典籍称引、版本著录五部分。第三辑涵盖思想渊源、道家始祖、哲学思想、文辞艺术四个方面。第四辑纵列了秦汉、六朝、隋唐、宋元及明清之老学。

　　关于老子其人，著者认为：一、老子乃老聃，即李耳。《史记·老子列传》关于"老子之子名宗，宗为魏将，封于段干"之记载，是出于名为"宗"的老子三、四代孙的苦心编造。二、出生地苦县赖乡的山貌水文、原始风俗信仰及母系氏族状态为老子思想提供了独特多样的潜在因素，或氏族的与文化的基因。三、老子"能够到洛阳当守藏室史官，与向常枞学天文，察吉凶，知祸福，有着深刻的关系"，而洛阳为老子的文化故乡，为其提供了开阔而丰厚的文化对话空间。四、鲁昭公三十一年（前511），孔子曾适周问礼于老子。而老子的精通礼制对其思想创造有着重要的渊源关系。五、作为周王朝史官，老子政治学理排除了鬼神干涉，在上古宗、祝、巫、史并称中把史对天道的观念剥离出来，由此突破了正式史官观象、占卜而论道的模式，进入属于宇宙本体论、发生论以及无为政治哲学的思考。

　　关于《老子》一书，著者认为：一、其形成非一朝一夕，且"老聃主要在洛阳著述，思考、探索和陆续撰写的时间约在公元前516—前509年左右"，因之书中有其留居洛阳时期精神状态及思想探索的生命痕迹。二、写于周、秦之地的《老子》是"通过民间由秦国辗转传播到齐国，再通过士人阶层传入楚国"，郭店楚墓出土的竹简《老子》甲、乙、丙三种皆为摘录本。三、长沙马王堆出土的帛书《老子》甲本、乙本，"隐含着《老子》的文化价值认知"，既体现了"《老子》被经典化的过程"，又"揭示了汉初社会文化思潮的实际进程"。

　　整体而言，本书基于先秦两汉文献及相关考古资料，对有关老子其人其书的疑难问题进行了逐一清理，为学界研究《老子》提供了一种新的参照。全书采用全息研究方法，又以正文和资料互动互释，不仅增加了考证和阐释问题的维度，也形成了新的学术表达方式，极具启发意义。（程敏华）

老子密码

《老子密码》，古敏编著。北京：中国城市出版社，2011年10月第1版，16开，268千字。

古敏，原名张敏鹏，湖北武汉人，祖籍广东蕉岭。编著有《英雄的悲喜》《帝王的手段》《图解人间词话》等。

本书首有老子图及老子简介，次《道德经》书影，次福建泉州老君造像及简介，次序言，次目录，末依次附录《楼观派与全真教》《预见自己"非帝即仙"的陈抟》《典故传说异迹》《仙道人物小传》《老子本传小传》《〈老子〉全译》。正文凡47条，条目为与《老子》相关的诸种密码。

正文每条分小点展开论述，并附插图及介绍文字以补充说明。各小点先申明旨意，次详细诠释。一方面致力于对《老子》文本的解读，一方面致力于通过后人对《老子》思想的体用来注解。中间又参以佛道儒典籍及中西文学、史学、哲学著作进行阐释。整体上，从不同角度对《老子》蕴含的处世、治国、军事、养生及人性修持智慧等做出了阐发。附录在逐章翻译《老子》之外，也梳理了《老子》在道教当中应用发展的部分情况。同时，对与道家、道教相关的典故异迹、神话传说进行了辑录，并编撰了秦朝至明代部分仙道人物及老子小传。与正文47条老子密码的解读相得益彰。

著者认为，"老子和庄子的道家思想是重返自然、不信礼法与教育的田野哲学"，而"人具有隐藏的情愫，老子以他卓越的直觉发现了"。《老子》一书，"蕴涵着人生命运造化突围的密码，兼容着人性自利利他的隐藏密码，寄托着人道和天道交感的修炼密码"，"'其道甚精甚湛'，具有双刃剑三玄学的态势"。强调关注千古一道的秘密，可期"叩开老子关于大道之行与大道之隐的玄奥之门"。

本书解读老子密码，重点阐发了《老子》智慧之精髓。论述上，不以理论思辨见长，而以引述资料丰富为特色。力图通过古今圣贤的体悟，在历史哲学视域与经验层面上把握老子密码的真实本义。深入浅出，通俗易懂。（程敏华）

老子的玄妙

《老子的玄妙》，唐汉著。西安：陕西师范大学出版总社有限公司，2011年12月第1版，16开，350千字，系"大道楼观系列丛书"之一种。

唐汉，1945年生，原名李洪琪，陕西西安人。自由学者。现为西安交通大学客座教授、陕西省社会科学院汉字研究所特聘研究员。著有《中国汉字学批判》《汉字密码》《唐汉解字》等。

本书首有导读一《老子其人其事其学说》，次导读二《道之先验自在及玄之又玄》，次目录，末附后记《我注老子与老子注我》。正文凡上、下两编，上为《德部》，下为《道部》。全书体例统一，各章节分《老子》原文、"帛书译文""解字""句读""评述"五部分。

原文部分以《老子》帛书校勘本为据，又侧引传世王弼本原文左右对照。"帛书译文"基于古人生活及观域翻译帛书校勘本原文。"解字"除文字解读以外，更以文字学为根基，重新勘定了每个古文字、每个词语背后的生活场景，知其然知其所以然以注释。"句读"逐句翻译、解读原文，申发己意，并对前人之说多有引述与辨析。"评述"既论述了各章主旨及其内容的变化发展，又对各版本优劣、以往研究情况进行了评论。

著者认为，"《老子》非一人所作，非一时之作"，"其内容可能来自不同的文本传统"，其中包括"兵家老子""楚辞老子""太一老子""章句老子""黜儒老子"等，"在向郭店楚简本、马王堆帛书本以及各种世传本演变的过程中，不同的传抄者对之实施了续貂、汇纂和整合"。而"《老子》的道由华夏文化的'天之道'与荆楚文化的'太一神祇'拼凑而出"。同时指出，正是在"充满生活味和形象化的认识和比附下，《老子》将其学说提升为'道经'和'德经'"一对范畴，并强调"《老子》在人类文化史上的意义，便在于其高举反文明、反进步、反仁爱三面大旗，言他人不敢言"。

本书详解《老子》之玄妙，以古文字勘定作为研究切入点。注重古文字音、形、义的剖析及其后物象场景的还原，别开生面，为学界研究《老子》提供了一种新的参照。亦多有前人未发之论。（程敏华）

老子做人大智慧

《老子做人大智慧》，禹贡编著。北京：中国三峡出版社，2011年12月第1版，16开，160千字。

本书首有前言，次目录。正文凡81章，章题自《老子》各章原文引申而来。体例上，每章由"原文""译文""老眼看红尘"三部分组成。

"原文"参照多个版本甄别字句篇章，点校完善。"译文"抓住各章经纬，通俗翻译。"老眼看红尘"立足原文精神，既阐释了《老子》各章的"微言大义"，又结合历史、现实解读人情世故，对于如何按照"道"的法则为人处世做出了深入浅出的诠释。

著者认为，"《老子》的见解不但精辟独到，而且能与时俱进，2500多年以来，不但没有因为时代的变迁而显得落伍、不合时宜，相反，随着时间的推移，越来越体现出其哲理的光辉和恒久的生命力"。并指出，"它不仅是治国者的案头必备读物，更是社会各阶层人士立身处世的智慧宝典。它对社会、人生、宇宙等方面的博大精深见解，更使它的影响涉及了社会、文化、政治、经济、自然科学、社会科学、权谋、外交、人生修养、立身处世等方方面面"。

作为《老子》文化读本，本书整体上紧扣《老子》原文精义，结合历史、现实诠释《老子》中所蕴含的立身处世智慧，平实通俗，充满机趣。

（程敏华）

老子的再生：正本清源《道德经》

《老子的再生：正本清源〈道德经〉》，麦小舟编著。北京：学苑出版社，2012年1月第1版，32开，210千字。

麦小舟，1943年生，广东高明人。1968年毕业于中山大学哲学系，曾任中共广东省斗门县县委书记。著有《诗词三部曲》《再生的老子》等。

本书为著者《再生的老子》一书的姊妹篇。首有目录，次萧鸣书评《老子研究的历史性突破》，次宿富连书评《南国奇人让老子重生——〈再生的老子〉与〈老子的再生〉读后》，末有附录一：麦小舟编《中外名家评老子》、附录二：金玲《读〈道德经〉不能望文生义》、附录三：金玲《〈道德经〉中有"道经"与"德经"之分吗？》。正文分"《道德经》详解"与"《道德经》通译"两部分，每部分81章。

"《道德经》详解"，每章首引《道德经》原文，次逐句通过"词析""译文"解析，末为章旨解读。其中原文参阅诸多《道德经》版本，择优而从。"词析"及"译文"部分，立足各类史书，推敲各章主旨，然后围绕每章旨意破解难字、难句，进而做出文理连贯的翻译。章旨解读则系统揭示了《道德经》的科学体系及丰富时代内涵。"《道德经》通译"，每章首引《道德经》原文，次通章翻译，致力于从宏观上把握《道德经》，并作诗意解读。

著者认为："在人类历史上，老子是提出民本思想、公仆意识、民主文化的第一人，是高举反战大旗的第一人，是提出和谐共处国际关系准则的第一人，是提出环保生态观的第一人，是提出空间理论的第一人。"并指出："老子文化不仅体系完整，内涵丰富，而且是具有恒久价值的真理。它不会随着时间的推移、时代的变迁、历史的发展有所减弱或改变，而是历久弥新。"因之，具有毋庸置疑的时代内涵及普世价值。

本书详细解读《道德经》词、句、章意，不仅视其为"一部浑然一体之作"，而且坚持独立思考精神，不囿成说，表达了著者对《道德经》的感悟和认知。总体而言，既精准全面，又深入浅出、通俗平实，更具有时代性及前瞻性。（程敏华）

老子的智慧

《老子的智慧》，赵一鸣主编。乌鲁木齐：新疆美术摄影出版社，2012年1月第1版，16开，120千字，系"励志文库"之一种。

赵一鸣，编有《孔子的智慧》《庄子的智慧》《选择比努力更重要》等。

本书首有前言，次目录。正文由自成系统的62章组成。章题自《道德经》各章引文归纳而出，表达了著者对老子智慧的认识。每章体例统一，由"原典""注释""释义""人生智慧"四部分组成。

"原典"引述通行本《道德经》文句，并标明章节出处。"注释"就引文中难解词句做了明确注解。"释义"浅显易懂地解释了引文文义。"人生智慧"则引述古今中外事例详细阐述了章题立意。

著者认为，《道德经》这部书"《道经》言宇宙本根，含天地变化之机，蕴阴阳变化之妙；《德经》言处世之方，含人事进退之术，蕴长生久视之道"，学习老子的智慧，则可使读者于喧嚣中获得安宁与休憩。

作为《道德经》文化读本，本书基本上体现了其励志主旨，但对老子智慧的阐发欠深入，且存在牵强之处。（程敏华）

《老子》解读

《〈老子〉解读》，李俊岭著。北京：高等教育出版社，2012年4月第1版，16开，670千字。

李俊岭，1955年生，河南夏邑人。1983年毕业于陕西师范大学中文系。

本书首有目录，次序言，次凡例，末附重要参考文献。正文分《道经》《德经》两篇，凡81章。每章以《老子》各章首句为标题，分为"章旨""原文""译文""注释""讲疏"五部分。

"章旨"重点说明各章主旨，并对每章思想内容、表述方法、艺术特色、历史影响、当代价值、阅读误区诸多方面进行了择要点评。"原文"以浙江书局据华亭张氏校刻的王弼注本为底本，参照他本进行勘校。遇有确足订正王本之误的，因据改之，争议难定夺者，则在注释按语中列举新说、指明争议所在。"译文"以订文为据，以直译为主，并辅以意译。"注释"诠释《老子》词义，对于难解或有争议的字词和语句，不仅解释字词意义，又采用意指、明喻、暗喻、反喻、隐喻、隐含等多种形式，从正反合多维角度立体地予以解读，对于字词和语句字面意义背后的微言大义则以"按"的形式，具体分析论证或提供背景资料。"讲疏"在注释的基础上探讨各章义理，又在经验层面和历史哲学视域中阐发己意。本书主要从自然社会人生、灵魂心性身体内外两个方面阐述了老子的无上精神和人格魅力。

著者认为，"《老子》大体上是格言、语录、哲思札记的汇编，分篇分章仅有大致的考虑，并无精心的一贯的安排"，其中"不仅有关于'道'的系统论说，有关于'德'的系统论说，而且还有关于'政治'的系统论说。这三个部分相互关联，合成一个有机整体——老子学说"。在这个学说当中，"《老子》不仅提出了一套博大精深的哲学思想体系，而且也深入地研究了人的行为准则，展现了一个理论与实践相结合的高级思维模式和充满智慧的治国方略"。

本书解读《老子》，旁征博引俗话谚语、名言警句、成语典故、箴言谏语、经典诗句，多方设喻，并大量引用历代思想家、道家真人、佛家大德的语录，以融会贯通《老子》一书的微言大义和精神实质，由浅入深、深入浅出，角度新颖，特色独具。为读者提供了一种理解《老子》的新途径，有一定参考价值。（程敏华）

老子哲学解读

《老子哲学解读》，杨进禄著。北京：文物出版社，2012年4月第1版，16开。

杨进禄，1936年生，内蒙古鄂尔多斯人。曾担任伊克昭盟电视大学文科教研室副主任，教务处副主任，讲授古典文学、汉语言文学、行政管理等多门课程。退休后，潜心研读中国古代经典。

本书首有著者《写在前面的话》，次苏士澍序言，次目录，末附参考文献。正文凡81章，每章包括通行本《老子》解译、帛书《老子》解译、文言词法及句法简述、解读四部分。

通行本《老子》解译，由"原文""章旨""解译"三部分构成。"原文"以王弼注本为据。"章旨"由通行本《老子》每章内容概括而成。"解译"用图解之法解词译句，既随文上下解释词意词性、翻译文句，又侧附河上公、王弼注解之文以对照。帛书《老子》解译，分为"原文""注解""译文"三部分。"原文"据1976年3月中国文物出版社刊行的湖南长沙马王堆三号汉墓出土的帛书《老子》为底本，下附出土的帛书《老子》甲、乙本残文，郭店《老子》本残文以参照。"注解"参考、征引他注，并抒己见。"译文"大体上与通行本《老子》译文保持一致，原文确有差异者，另据文意译出。文言词法及句法简述部分，将文言虚词及特殊文言词法、句法与《老子》章句联系予以简析。解读部分，则主要从哲学、政治学、社会学、伦理学角度对《老子》进行解读，与西方哲学、社会学、政治学、管理学等亦进行了比较。

著者认为，《老子》一书"不仅为道家学派的形成奠定了理论基础，同时也开创了我国哲学思想的先河"。对于此书，"读者尽可以有不同的理解，而它本身所包含的思想内涵却是唯一不二的，作为校订、诠释和译注，要尽力引导读者索解《老子》文本的本义，而不能任由自解"，而对于其哲学、政治学、伦理学、军事等方面内容，也应予以解读。

本书解读《老子》哲学思想，通篇采用图解法解译《老子》章句，并依章随文析理，清晰明了、多有新见。又将通行本《老子》、帛书《老子》甲、乙本及郭店《老子》对比研究，可使读者看出《老子》一书在结构、文字上的发展变化，从而准确把握老子思想真义。文言词法及句法概述，亦通俗详尽，颇便初学。同时，其解读既旁涉西方哲学、社会学、政治学等诸多领域的学问，又对古今诸家的《老子》注解予以关注，涉及领域广博，为读者留下了理解文意的广阔空间。概言之，是一本极具参考价值的《老子》研究著作。（程敏华）

人类生存之正道
——老子《道德经》哲学解读

《人类生存之正道——老子〈道德经〉哲学解读》，冯靖雯、冯光星著。西安：陕西人民出版社，2012年7月第1版，16开，330千字。

冯靖雯，1971年生，山西翼城人。毕业于山西财经大学法学院，获硕士学位。现为山西财经大学法学院教师。

冯光星，1939年生，山西翼城人。1960年毕业于西安石油学院机械系，同年9月至1961年进修于中国人民大学哲学讲习班。曾任西安石油学院马列主义教研室哲学教师、西北政法学院法学研究所教授、硕士生导师。编有《社会主义在中国——从毛泽东的中国式到邓小平的中国特色》等。

本书首有前言，次目录，末为附录《老子〈道德经〉原文与译文》、参考书目及后记。正文除绪论之外凡三编，第一编为老子《道德经》哲学导论；第二编为老子《道德经》的宇宙观；第三编为老子《道德经》的社会历史观。

绪论介绍了老子哲学思想的主要内容、特点及优点，第一编阐述了老子哲学中"道""道和德""无为"三个核心概念，第二编通过辨证自然观、哲学路线、社会基础、辩证法、认识论、价值观六点论述了老子《道德经》的哲学宇宙观，第三编分唯物历史观、天下观、国家观、战争观、人生观五个方面对老子《道德经》的社会历史观进行了解读。总体上，绪论及各编的专题解读与论证，主要侧重于体悟与发掘老子《道德经》原文的本意、本真，阐明老子本来的思想及意图。

关于老子哲学的基本范畴，著者认为，"道"是老子哲学的最高范畴，"德"与"道"在万物生化中，既相互依存、相互转化，又相互区别，而"无为"是道德的根本属性和价值观念，"无为而治是治事、治政的最佳方略"。关于《道德经》的宇宙观与社会历史观，著者认为，"老子《道德经》的核心与精髓是'道法自然'的宇宙观"，"包括'天下观''国家观'与'人生观'等社会历史观"，而"老子社会历史观与他的总宇宙观或自然观一样，力求避免作为认识主体的主观欲望的蒙蔽，达到对客观世界包括自然与社会本质与规律的全面认识，即'与道同体'，顺应自然的演变与发展"。进而，指出解读《道德经》等"优秀中华文化传统经典"，对于"继承并弘扬中华优秀文化传统"，"振兴我国经济、社会"，"推进我国与国际社会交流、交往、友好合作具有不可估量的重大现实意义与深远的历史意义"。

本书研究《道德经》哲学，将阐幽发微与通俗解读相结合，对其学术地位与科学价值做出了具有时代意义的体认。绪论及每编各章以单篇论文形式行文，首有内容提要及关键词，别具特色。译文亦时有新见。（程敏华）

道可道——《道德经》的哲学解读

《道可道——〈道德经〉的哲学解读》，党连文著。北京：华夏出版社，2012年8月第1版，16开，180千字。

党连文，1955年生，吉林人。毕业于大连工学院（现大连理工大学）水利系，曾任水利部松辽水利委员会党组书记、主任，高级工程师。著有《天人合———领悟老子心中的自然神和人的灵魂》等。

本书首有前言，次目录，末有《附录一：老子的大千世界原理及大同社会原理》（《道德经》重组今译）、《附录二：古今中外名人评老子》。正文除"绪论"（《道德之理》）及"结语"外，凡三部分，分别为：老子的大千世界原理、老子的大同社会原理、《道德经》研读体会和疑难探讨。

第一部分将《道经》各章原序打乱，分别按"本体论和认识论""自然观""人生观""价值观"及"老子自述"五个主题重新排序组合，将《德经》中第40章、41章、42章纳入《道经》之中，并做出了与《道经》含义及逻辑上相连贯的解读。第二部分将《德经》各章以"大同社会基本原理""安邦治国原理""文明发展原理""社会管理原理""国家统一和战争原理"及"最后寄语"六个主题重新排列，对其中所描述的行为准则进行了深入阐述。第三部分探讨了《道德经》以阴阳理论谋篇布局、以赋比兴作为修辞技巧的特征，对《道德经》中的辩证法亦有详细论述。

著者认为，《道德经》"是一部哲学和行为学原理巨著"，其《道经》中"老子关于宇宙诞生的论述，表明了他的本体论观点；对自然演化和进化的认识，表明了他的自然观和人生观；对人们行为方式的论述，表明了他的价值取向"。而"《德经》是老子对心中的理想社会（大同社会）的原理阐述"，"是对《道经》理论的详细展开"，"所提主张多是在实现理想社会过程中的行为准则"。同时指出，《道德经》"也是一部充满艺术魅力、极具感染力的散文体绝世经典"。认为其不仅"道中有德，德中隐道，符合太极阴阳理论"，"比喻带有浓厚感情色彩，以诗歌体裁成文"，又将"辩证法的基本原理推向耗散结构理论的高度，系统论观念贯穿整个论证过程"。并强调对于《道德经》"创作中所用的词汇与语言表述，必须理解深层含义，否则就会不知所言何意，所说何指"。

本书解读《道德经》哲学，注重整体审视，将各章重新组合编排，并以辩证法思维通过主题逐章阐释，可谓创格，为《道德经》的研究做出了新的尝试与探索。重组今译译文亦通达顺畅。（程敏华）

王弼《老子注》研究

《王弼〈老子注〉研究》，蒋丽梅著。北京：中国社会科学出版社，2012年9月第1版，16开，288千字，系"哲学与文化丛书"之一种。

蒋丽梅简介详见《老子》提要。

本书序言介绍了对王弼《老子注》的研究主要分为：考察其玄学思想、

专门研究其作品及以王弼《老子注》为直接对象研究等几个方面。认为随着近人对王弼思想的研究论著增多、角度方法创新，涉及王弼《老子注》的多个层面，但对王弼注在老学史中的作用、儒道合流的思想视域下的研究还不够深入，本书即以此为基本视角。

正文分五章。第一章略述王弼生平与学术渊源，分析其家世藏书、生平及交友交游情况，指出王弼的黄门侍郎的遗憾对于其政治、为学态度有重要的影响。王弼在24岁时能写出《老子注》是与他的家世、经历息息相关的。第二章梳理了王弼《老子注》流传、版本及历代著录，并从文献学的角度指出各家在分章、数字、结构上的差异，试图探究王注的本来面貌。第三章将王弼的老学思想分为"道与元""本与末""心与知情欲"及"无为与有为"四个层次。指出王弼《老子注》不等于《老子》思想，王注深得老子思想精髓，在忠于原文的基础上深化了老子的原义、进行思想创新，同时弱化了儒道在政治观点上的差异，对魏晋玄学、宋明理学均产生了重要影响。第四章探讨王弼之庄学精神，汉末魏初庄学复兴，正始名士与竹林名士有着对庄学的共同爱好，王弼作为正始名士的代表，其对于庄学的思考也贯穿在《老子注》中。第五章阐述了王弼《老子注》的评价及影响，从其思辨性、体系性、工夫论的缺失三个方面，将王弼《老子注》的特色与王弼前注进行比较研究，肯定王弼开创的经注方法，总结王弼的历史形象，说明其在中国哲学中的重要作用。前两章从背景上进行铺垫，后三章从义理层面展开分析。后有附录两篇：正始年谱、王弼《老子注》经文校勘。

本书是在前人对王弼注研究基础上，以王弼注在老学史中的作用、儒道合流的思想为基本视角，对王注展开深入研究，有重要的学术价值。全书论述了王注的流传版本、老学思想、庄学精神及评价影响，将文献与义理有机结合起来，指出了王弼注的主要特征与方法创新。本书考据严谨、资料翔实，体现了作者的扎实功力与严谨学风。（杨琳）

老子玄参——《道德经》道德体系研究

《老子玄参——〈道德经〉道德体系研究》，李安纲、赵晓鹏著，北京：中国社会出版社，2012年12月第1版，16开，300千字。

　　李安纲，1959年生，山西芮城人。陕西师范大学文学博士。山西运城学院中文系教授。著有《圆照法师与金刚心法》《苦海与极乐——〈西游记〉奥义》《李安纲批评西游记》等。

　　赵晓鹏，1959年生，山西芮城人。山西运城学院图书馆馆员。合著有《三教九经丛书》《东方人生智慧珍品丛书》《三教妙语漫话》等。

　　本书首有序言，次目录，末附跋语及参考文献。正文凡上、中、下三编。上编为《老子说》，包括四章：一、父亲老子　认祖归宗；二、智慧老子　中华传统；三、老子为孝　薪火相传；四、老子其人　道德济世。中编为《尊道说》，分三章：一、尊道；二、知道；三、贯道。下编为《贵德说》，含三章：一、贵德；二、识德；三、修德。《老子说》论述了中国的"老子文化"及历史上真实的老子。《尊道说》与《贵德说》两编则分别从古文字角度探讨了老子对于"道"和"德"的体认。

　　著者认为，在中国文化中，老子是我们对父辈、祖辈的尊称，是一个民族的文明载体，而历史上的老子则"是五老星精的化身"，降生于楚苦。"为了追寻自己学问的根源，所以涉流沙，拜轩辕之丘；登昆仑之山，见西王母；缅怀轩辕黄帝，传下黄老之道。老子回到天然巫祝图与内经图（同位于山西）中，与黄帝、岐伯、广成子心灵冥合，撰著五千言之《道德经》，交给关令尹喜，然后自己便隐居在天然内经图九峰山山腰的李家山"，且曾"追寻帝颛顼负责观天象之大臣'高阳氏'的足迹，来到了函谷关北边芮城的段干村来凭吊先祖"。并指出，在《道德经》道德体系中，"道为世界观，是人在世界和宇宙里的位置；德为人生观，是人在社会和生活中态度。二者结合是人类最完美的道德体系"，"'尊道贵德'之后，人便与天合一而自然"。同时强调，"汉字承载觉悟思维"，"用老子所熟悉的甲骨文、金文、古籀文、篆书来解读的话，可能从中领悟出他所想传达并期望我们所觉悟的道理来"。

　　作为一部玄参著作，本书虚实相间。论述老子及其《道德经》道德体系，必从对古文字的考察入手，独特的角度与方法，为《道德经》研究拓宽了思路。但其中又大量引用后世佛道典籍及小说进行论说，因之部分观点近于臆说，属于《道德经》研究著作中较有特色的一种。（程敏华）

老子思想研究

《老子思想研究》，萧登福著。香港：青松出版社，2013年6月版。

萧登福简介详见《周秦两汉早期道教》提要。

本书计10篇，分两部分。前一部论述老子与道家道教之关系，后一部论述老子对佛教译经及对佛教般若学、第一义谛之影响。在老子与道家道教部分，先论述今日所见之《老子》版本，次述老子思想意涵，次述老子对战争的看法及对孙武的影响，再论述老子与道家及神仙道教之关系，最后论述《老子》道体论之推衍及道教万物生化说之建立。

老子是道家的创始人，下起文子、关尹子、列子、庄子等道家思想家，也是汉魏六朝道教的代表人物。著者考察老子的思想，衍成道家，也影响了法家，《韩非子》有《喻老》《解老》，《史记》将老子、庄子、申不害、韩非同列一传，以其同源于道德，只是，ヨ、韩将《道德经》之意运用在刑名上，以致于惨礉少恩，而汉代则有杂黄老刊名以治国的黄老之治。著者认为老子同时是一个军事家，老子的"以正治国，以奇用兵，以无事取天下""正复为奇，善复为妖"之说，对兵学权威孙武有所启发，而撰成《孙子兵法》。

在老子对佛教的影响上，著者先辨明老子化胡出自汉代，可能为初期方便佛教传教而立。本书说明了老子对佛教译经师安世高、支娄迦谶、支谦、竺法护、鸠摩罗什等人的影响。由于这些译经师大量引用老子的有、无、无为、自然、恬淡、寡欲及道体论、本体论等，下启玄学与般若的合流，使原无本体论的佛教，也有真如体及万物化生之说，使得佛教成为具有中国思维与特色的中国佛教，而有别于印度佛教。如吕澄《中国佛学源流略讲·序论》所说："中国佛学的根子在中国，而不在印度。"道出了老子对佛教的影响力既深且远。

著者从文献上指出老子其人，《史记》本传中孔子称老子为"犹龙"，难以网纶，变幻莫测。司马迁说老子著书五千言，以赠关尹喜，出关"而去，莫知所终"。此为汉魏六朝老子化胡说所本，佛教初期因而有所依附，得以"黄老浮屠"而传教。北齐魏收《魏书·释老志》说老子"上处玉京，为神三之宗；下在紫微，为飞仙之主。千变万化，有德不德，随感应物，厥迹无常"。

老子在文献上来看，具有仙凡二格，既为哲学道家的老子，也是神仙道教的老子。

老子其书，今日所见最早的本子是郭店楚简本，系战国中期的殉葬物。注解此书最早者，据《隋书·经籍志·道家类》记载，为战国时的河上丈人，历代以来有梁武帝、唐明皇、宋徽宗等九帝为之作注，而学者注释论述至今不绝。《老子》不仅流传中国，也广被翻译为外文，是今日除《圣经》外，译述最多的书籍。（林翠凤）

老子十八讲

《老子十八讲》，王蒙著。北京：人民文学出版社，2014年4月第1版，32开，280千字，系"王蒙文集"之一种。

王蒙简介详见《老子的帮助》提要。

本书是著者在北京电视台"中华文明大讲堂"专题讲座的文字版本。全书的篇章结构分为说明、正文、附录三个部分。说明部分主要是讲述本书的写作缘起与经历。正文部分分为18讲，即是从18个方面讲述著者从《老子》中所领悟到的思想，文中还穿插了著者在北京电视台"中华文明大讲堂"专题讲座时与观众的互动问答内容。全书思想大概可分为三大部分：其一，论"道"，解释"道"的概念、分析"道"的特性。认为"道"是世界与人生的主心骨，寻"道"可以增智慧，"道"是哲学，也包含着信仰。其二，范畴解读。诠释《老子》中"无为""有""无""虚""静"等范畴，又从著者自身的角度阐述了《老子》中"上善若水""宠辱无惊""小国寡民"等命题。认为"上善若水有一种文学的情怀在里边"；关于"宠辱"则应以尊严和信心对待；而"小国寡民"则体现了"老子的非大国主义"与"非发展观"，指出其"虽没有太足够的可操作性，但是有思辨的价值、有补充的价值"。其三，分析"道"的应用。分析老子思想在政治、军事、养生等方面的应用，即《老子》中所表达的治国思想、用兵思想、养生思想。关于治国思想，著者主要论述《老子》中"治大国若烹小鲜"的命题，认为治大国若烹小鲜首先就应放松心态、与大道同在，把治国的事情看得举重若轻，并用"力挽狂澜"四个字来形容，其次还阐释了老子对不良政治的抨击以及民本思想等。关于用兵思想，著者从"将欲歙之，必固张之"切入分析，认为这是老子的神奇兵法，又谈及以弱胜强以及老子的反战思想，还指出"哀兵必胜"是"中国特有的一种弱者的军事思想，就是我们在军事上不要当强者，我们是弱者，这样能够有一种道义的优势"。关于养生思想，著者认为养生的目标是要达到"生命与大道合一"，总结出"生"的三个因素：其一是自然，即"日月之精华"；其二是大道，要"循大道而养生"；其三是生命，因为"生命自己就能调整自己的问题、就能解决自己的问题"。并提出"养生的诀窍在于不养生"。附录部分为《读〈道德经〉让我心平气和》《老子的魅力》两篇短文，前一篇为记者与王蒙的采访问答录，后一篇表达了著者对老子的讴歌和赞美。

　　本书讲说深入浅出，语言生动且贴近生活现实，案例详实且囊括中外古今，能让普通读者清晰明了地读懂书中的思想，从而对《老子》思想有较为深入的了解。全书的思想内容也正如著者在第一讲中所说："用我们今人的经历、经验、思想、知识、观念来证明一下老子的哪些观点是对人特别有帮助的；哪些是仅供参考的，还有哪些是需要有所调整的。同时我们也用老子的学说来分析、对比一下我们自己的那些经验、经历，看我们自己的那些想法，有哪些是值得通过对老子的阅读与验证，争取一个进一步的更高的认识的。"（胡瀚霆）

老子演义

　　《老子演义》，止庵著。济南：山东画报出版社，2017年4月第1版，32开，200千字。另有南昌：江西教育出版社，2001年12月第1版，20开，120千字；北京：中华书局，2007年3月第1版，32开，130千字。

　　止庵，1959年生，原名王进文，北京人。中国作家协会会员，著作有《樗下随笔》《如面谈》《樗下读庄——关于庄子哲学体系的文本研究》等。

　　本书命名为"演义"，并非历史长篇小说《三国演义》之"演义"，而是"敷陈义理而加以引申"之意。著者认为，《老子》非一时一人之作，《老子》的形成经历为时不短的过程，其间未必不曾取材于其他文本，甚至包括《庄子》。因此，他试图无限接近《老子》的著者，挖掘那个将自己深深埋藏在文字背后的人，与他直接面对面地交谈，以便品味他创作《老子》时的良苦用心，寻觅其当时的心境。本书认为历史上并非只有一个老子，老子或许当初曾有此一人，孔子可能曾问礼于他，也可能没有这事；以后逐渐成为传说人物，他人立论，往往依托老子。

本书所录《老子》原文极为特殊。首先，对于《老子》的章节顺序，它没有墨守王弼注本，而是依据1973年马王堆出土帛书《老子》甲本、乙本做出很多调整，或将原来位置前列者调之于后，或将原来位置后列者置之于前，如一般认可《老子》之最后一章为《信言不美》，而此书则代之以王弼本第79章《和大怨必有余怨》，而将该章重新编为第67章；一般认可《老子》之80章为《小国寡民》，此书则代之以王弼本第78章《天下莫柔弱于水》，此等调整还有很多。其次，本书对很多章节的字句做出调整，或增添、改正、校补、删除个别字词，或删削、移动、调整个别语句。总之，著者对《老子》原文进行了大幅度的调整，其幅度之大在《老子》注本中是为数不多的。当然，他的依据也不只是帛书甲、乙本，还包括古代之《淮南子·道应训》《淮南子·人间训》《韩非子·喻老》、顾欢《道德真经注疏》、唐景龙二年（708）易州龙兴观《道德经》碑、唐开元二十六年（738）易州龙兴观《御注道德经》、吴澄《道德真经注》、范应元《老子道德经古本集注》、傅奕《道德经古本篇》、遂州《道德经》碑、焦竑《老子翼》、高延第《老子证义》、奚侗《老子集解》、司马光《道德真经论》、俞樾《老子平议》、宋徽宗《御解道德真经》、邵若愚《道德真经直解》、敦煌唐人写本《老子道德经》，再加上现当代学者的注疏本，如马叙伦《老子校诂》、高亨《老子正诂》、蒋锡昌《老子校诂》、刘师培《老子斠补》、易顺鼎《读老札记》等，这些注疏一般只出现一两次，极少数出现多次。著者称此为"择善而从"。实则表明著者的创作心态，其心目中的《老子》不是一部圣经，而是一部普通的书；他自己与《老子》的作者平起平坐，无智慧高低之分，无贵贱亲疏之别，甚或是称兄道弟。姑且不论著者是否狂狷，亦应佩服他"师古而不泥古"。

本书的研究方法有两个鲜明的特点：首先，本书在解读《老子》时，所采用的方法是以《老子》中的文字相同、语义相近的字句前后互证，从而进行详细的比较，指明其前后文字或记载的异同，这是著者长期细细体会的结果。其次，著者读了郭店楚简、帛书甲乙本，王弼《老子道德经注》以及历代的几十种《老子》注本，他非常熟悉这些注本，知晓各注本之优劣异同，在敷陈义理时能够看似轻松地信手拈出他认为言之有理的相关注本。（寇凤凯）

5.庄子思想研究

庄子哲学

《庄子哲学》，苏甶荣著。台中：文听阁图书有限公司，2010年初版，16开，系"民国时期哲学思想丛书"之一种，据1930年铅印本影印。

苏甲荣（1895—1946），广西藤县人。国立北京大学毕业，著名地理学家。曾任北京大学秘书及助教、武汉大学地理系教授等。另著有《史学概要》《三万里海程见闻录》《最新世界现势地图》等书。

本书分为：一、导言；二、宇宙观；三、生死观；四、命定观；五、本真论；六、智识论；七、养生；八、处世；九、治道；十、结论，共十部分。本书特点有下列二项：首先，研究范式的转变，即近代学者普遍运用西方学术分科的方法研究老庄思想，本书则从宇宙观、生死观、智识论等方面揭示庄子的思想；其次，化消极为积极，蔡元培先生称赞本书，"证明其为积极的而非消极的"。本书企图将老庄思想之传统消极印象，转化为积极的面向，此为本书一大特色。（郭正宜）

庄子研究

《庄子研究》，叶国庆著。上海：商务印书馆，1936年8月初版，系"国学小丛书"之一种。

叶国庆（1901—2001），别名谷馨，福建漳州人。1921年考入厦门大学教育系，1930考入燕京大学冒学院历史研究部攻读中国古代史，1932年获硕士学位后返回厦门大学，曾任历史系教授、人类博物馆馆长等职。在先秦史、史学史、福建地方史等领域多有建树，撰有《试论西周宗法制封建关系的本质》等。

在体例安排上，著者分庄子事略，《庄子》版本、篇章、体裁与各篇著作时代，该书读法、渊源及时代背景，《庄子》一书主要思想学说及对后人的影响，《庄》注的派别，《庄子》中的古史，《庄子》之文学与结论等14章进行探讨。可见本书兼顾哲学、文学要素，而又体现了鲜明的史学特点，反映了著者的研究专长。

就历史文献研究而言，在首章庄子事略中，著者综合前人考证，据相关史料，对庄周故里、时代及事迹进行考证。著者特别据《史记》、文本内证及《战国策》载惠施事迹旁证，确定庄周的生卒年代为"约生于纪元前360年左右，卒于290年左右"。又认为庄周事迹信可考者，唯《史记》所载楚威王聘庄子一事，至于《韩诗外传》载楚顷襄王聘庄子，因此时庄子已老，则事当是传说之转变。

受疑古思潮影响，著者进一步研究了《庄子》各篇章作者问题，并大胆断言外、杂篇乃至内篇《人间世》均为伪作。就外篇、杂篇而言，著者的理由主要有文势不类、神态不类、思想不类、事实或时代不符。并认为《达生》《山木》《知北游》《秋水》《则阳》《田子方》《庚桑楚》为"学庄者"所作，《至乐》《徐无鬼》《外物》《列御寇》等为"衍庄学者"所作，《骈拇》《马蹄》《胠箧》《缮性》《刻意》等为秦汉间作品，《在宥》《天地》《天道》《天运》《盗跖》《渔父》《说剑》《让王》等为汉代作品，《寓言》《天下》亦均为后人所作。而内篇《人间世》之疑点则在于体裁不类、意义不连贯、思想不类并有抄袭《论语》之处，著者更称"其实在《应帝王》里，已可看出庄子的人间世，不用再有这一篇"。

著者还讨论了《庄子》中所编造的古帝王系统成为信史的问题，并认为其原因在于儒者调和儒道二派的古史，以为推广儒家学说服务。著者这一考证，是疑古思潮在庄子研究中的具体表现。

就思想研究而论，著者首先研究了阅读《庄子》的方法及庄子思想来源、时代背景一类的问题。就阅读方法来说，著者推崇宋汤汉提倡的"须以《庄子》解《庄子》，上绝攀援，下无拖带"的态度，反对以仙道、佛学、理学附会前人。而就庄子思想的来源而言，著者受其师顾颉刚等人考证影响，认为老聃《道德经》非出于《庄子》之前，庄子非接承老聃学说，但认为一个人的思想决不会凭空生来，故老聃的学说和"杨朱、列御寇、关尹等一样，开启庄子学说的一角"。具体而言，著者据内六篇（不包括《人间世》）认为庄子批判的人物和思想包括：儒墨、惠施与公孙龙、大言与强梁、重死生察利害、舍己适人、有为、仁义、逐物与求知。

著者进一步将内六篇所反映的庄子思想分为宇宙论、物观、知识观、人生观和政治观诸方面。根据第九章的诠释，庄子思想具体如下：1.宇宙论。庄子主张天地万物不可究竟，世所称空间、时间之差别亦妄，统一这大小、是非、死生差别的便是道。而道原来是无本无根，自本自根的，并齐一万物，生天生地。2.物观。宇宙万物既不可穷诘，于是物的彼此是非之境界，亦泯然无存。懂得物性自足，应物而动，则于物无大小贵贱之视，吾心豁然无蔽，而物亦各效其用了。3.知识观。宇宙万物既不可穷诘，则智的量便无穷无尽，而吾人所谓"知识"便有些不可靠。4.人生观。待事物态度是不逐物不强求，待人我则反对重生为我而顺其自然，安命说则既叫人安命也叫人乐天，并没有消极的意味。5.政治观。提倡无为而治，实质是倡应时顺物而为。著者进一步分"道与政""种种的无为观""神仙说""纯素说""儒家的思想""《让王》等四篇"六方面，论述内篇与外杂篇思想的区别。著者还讨论了庄子学说对道教、禅宗、理学及后世文学的影响。

总的来说，本书略于思想辨析，而偏重历史文献研究，考证细致，讲求实证，结论大胆，特色鲜明。尽管随着出土文献的大量出现，相关历史研究具体结论需要具体分析，但这无损于本书在学术史上的价值。（杨子路）

庄子哲学

《庄子哲学》，蒋锡昌著。上海：商务印书馆，1937年5月初版。另有成都：成都古籍书店，1988年8月第1版，32开；上海：上海书店，1992年10月第1版，32开。

蒋锡昌简介详见《老子校诂》提要。

本书包括《庄子哲学》《逍遥游校释》《齐物论校释》《天下校释》四篇。著者在自序中谈到："《哲学》一篇，叙述《庄子》全部之思想，而其根据则为训诂；校释三篇，理其训诂，而其根据则为哲学。务使哲学与训诂合而为一。"著者为避免传统庄学研究偏于一门的弊病，求"庄意之真与全"，而合哲学研究与训诂校释方法为一炉，既有传统学术根底，又有世界哲学视野，是为本书研究方法上之鲜明特点。

就庄子哲学研究而言，著者时处西方哲学东渐之际，故首要进行了概念界定的工作，认为"《庄子》一书，言道之书也，故道实为其书最要之名"，故详尽地探讨了道之意义、道之分类，进而兼论庄子思想与其他之关系。著者据文本将庄子之道的意义概括为："凡事之是或不是，物之然或不然，皆彼天然自成，而不知其理者，即道也。"著者此处实际上是参照西方哲学的是论（存在论），认为道即事物自身存在或不存在、生存或不生存的根据，其不能简单地还原为人主观的先验法则，无法全然为人的知性所把握。故著者称："事之是也，自有其是之故；其不是也，亦自有其不是之故。物之然也，自有其然之故；其不然也，亦自有其不然之故。"当然，此种意义上的道还停留在最抽象的阶段，尚需进一步辨析。著者遂进一步从"天道""帝道与臣道""圣道"三个层次进行了阐释，其中"天道"与"道"的内涵完全重合。

一、天道。天道即自然之道或称宇宙之道，著者又分本体、作用及特点三方面对天道进行辨析。其中，后两方面均属现象界，著者吸收柏拉图、康德等哲学家观念认为，感觉只及于现象界而不及于本体，仅可认识道之作用及特点。

二、帝道与臣道。此两者"互明"，故可合并讨论，以阐述庄子之政治哲学。著者认为政治有三个原则：君臣分工、顺民常性、应时而变，同以天道为根据。后两者互为表里，而前者指君无为而臣有为，析言之，臣道又有十事，即德、教、治、乐、哀、仁义、分守、因任、原省、是非。

三、圣道。圣道本与帝道相同，其区别在于圣道在野，为圣人处下之道。庄子眼中的历史乃是"无动而不变，无时而不移"，个人不过急流中之一滴，故而在处世上应随世，生死上应随化，人事上应安命，事变上应无情，最后归宿则安顿于内心之最高修养。

就庄子思想与其他之关系。著者认为庄子思想归本于老子，唯《老子》详于帝道，而庄子详于天道。又认为庄子臣道盖源于孔子，"固未尝绌儒学，且与以相当之地位"，讽刺儒家的言论"是乃寓言"。著者还探讨了庄子与宋子、彭蒙、田骈、慎到、政治及辩派间关系。就三篇校释而言，著者结合义理，广泛参究《庄子》文本内证及他书进行校勘、训诂，提出了一系列的新观点，如认为"罔两"为山川之精物，可备一说。

　　总的来说，本书综合哲学与训诂研究，以《庄子》重要篇章为基础进行讨论，具有重要的学术价值；著者又吸收了机械宇宙观、进化论等观念解庄，虽未必合于庄子哲学的主旨，却反映了鲜明的时代背景，故而亦具有特殊的思想史价值。（杨子路）

庄子哲学

　　《庄子哲学》，佚名撰。北京：国家图书馆出版社，2011年12月第1版，系方勇主编《子藏·道家部·主子卷》之一种，据手稿本收录。

　　本书由著者用行书写成。细致阅读可知，《庄子哲学》这部手稿是作者多年研究之所得，其中很多观点充分体现出著者对庄子思想的精深理解。例如，在第一章节中，著者高屋建瓴地指出，《庄子》是言道之书，故"道"实为其书最要之名。

　　从文章结构来看，《庄子哲学》共有三章。甲：道之意义；乙：道之分类；丙：庄子思想与其他之关系。其中，甲章的篇幅较小，仅有两页。乙章的篇幅最长，共有59页，包含三小节。丙章的篇幅也不少，共有33页，包含五小节。

　　就内容而言，本书从内涵、外延、社会影响等层面，对"道"这个哲学范畴进行了全面而深入的探讨，并充分勾勒出《庄子》所含道家哲学的思想样态。在第一章里，著者指出天道运而万物成，他认为"道"非常重要，是安危相易、祸福相生、聚散以成的根源。在第二章里，著者将"道"划分为天道、帝道、圣道与人道。由于著者认为"臣者，人道也"，因此第二章三小节为：第一节阐述天道，第二节分析帝道与臣道，第三节讲解圣道。在第三章里，第一节对比庄子与老子，第二节研讨庄子与孔子，第三节分析庄子与宋子，第四节比较庄子与彭蒙、田骈与慎到，第五节探究了庄子与政治。

　　在这部手稿的后面，著者还附有《庄子字义》一卷。细致检视可知，在《庄子字义》中，著者结合自己的哲学思想，对"道""化""知""物""逍遥游""至人、神人、圣人""地籁、天籁、人籁"等多组字词，进行了深入的分析解读。对于每组字词，著者都根据《庄子》文本进行了整理归类。可以说，这部名为《庄子字义》的附录提纲挈领、结构明晰，对人们理解《庄子哲学》的相关内容有促进之功。

总而言之，虽然著者目前不详，但这部手稿的价值相当明显。它不光紧密围绕"道"这个关键词深入解析了庄子的思想精义，而且以客观的视角，全面探讨了庄子与其他思想家的关系，既能帮助后人正确理解庄子的思想，又能指导人们更好地推进研究工作。（祝涛、马姣）

庄子要义

《庄子要义》，周绍贤著。台北：文景出版社，1965年1月初版。1973年9月修订2版。另有台北：台湾"中华书局"，1983年、2015年版，16开。

周绍贤简介详见《道家与神仙》提要。

本书是以"主题式"的研究方式，针对庄子之宇宙观、空观、生死观、政治思想、道德境界、自然、性命、养生、内圣外王等各种观念加以析论，并阐述道家式之人格型态为何。《庄子》考证部分，主要针对庄子生平及其游历、交友状况来做查考。书末附录"拟庄"七篇，则为著者精研庄学之心得，以内七篇之原标题来从事个人之发抒、理解并再创作。全书可见著者对庄子颇有文学感性式之欣赏态度，又其曾师从梁漱溟、熊十力等儒家学者，故几乎赴台期间均大力从事诸子及国学方面之相关著述。但在著者最后之回忆录中显示，其反复自道一生坎坷跌宕及身心病痛，心志倾向实更偏于佛教。尤其在本书之第二章《空观》文中，直接就说道庄子之"破除我执"，即为实证佛教之"空观"；又认为庄子之"慧通"，岂非"已登佛地"？故此书可视为"以佛解老"之代表作，并不作哲学逻辑式的论证分析，而是以文言书写作家心中所认为"与佛教相通的庄子"之类哲学散文。（赖慧玲）

庄子诠言

《庄子诠言》，封思毅著。台北：台北商务印书馆，1971年10月初版。1997年5月2版。另有合肥：安徽人民出版社，2012年8月第1版，32开，100千字。

封思毅，1923年生，四川綦江人。曾任编审、教授等职。主要著作有《士礼居黄氏学》《天放楼书录》等。

书分七章，第一章前言，介绍庄子处世的时代背景及其思想之渊源；第二章道与德，论道的解释与德的中心观念；第三章天与人，论天人的关系及其调整；第四章物与我，论物与我的关系，评论物我四种关系的四种说法：物我同源说、物我矛盾说、物我变化说、物我分际说等；第五章群与己，讨论群与己的关系如何齐是非、物我相忘；第六章神与形，讨论神形消长与养生之道；第七章为结论。

著者认为战国时代诸子百家思想以救世为要，《庄子》一书虽以寓言假说立论，文章别具一格，看似出世，实为落实而面向人生正道，因此与诸子百家救世思想实无二致。书中主旨有五，以一身为主，推而与人、与天、与物及道之关系，这是由内而外，最后又回归浑融一体之意。

细而论之，道为自然之道，为宇宙万物之本源，德谓无为之德，为人生百行所必具，每个人所努力的重点即在于如何由德而入道。天则自然无为，而人则泛指个人的妄自造作，陷溺堕落的根源。因之，天人的关系，即在于如何由人向天寻求反省。物为客体，我为主体，世人唯见主客对立，遂致兵刃相加，因此应当体物而不为物所物，由我向物以求解脱。己为以自我为中心之个体，群为个体之外的众人，群己相处的道理在于各安其分，各遂其生，因此应当使己向群以寻求分际。形为外，神为内，常人每患逐外而忘内，遂致以形为重，以神为轻，因此应当寻求使形向神冥合之道。

归纳言之，我与己为每一应当努力之人的代称，德与人为对主观要求应作之努力，物与群为对客观条件应作之努力，神与形为努力之基本起点，道与天为努力之最高境界。

又尚待说明者，近代诠释道家哲学者，常不喜出世之说，所以有不少的诠解老庄之作认为与诸子百家的救世思想无异，这是本时代诠释的特色所在。

（蓝日昌）

庄子发微

《庄子发微》，刘光义著。台北：正大书局，1972年版。

刘光义简介详见《庄子内七篇类析语释》提要。

本书由两篇文章构成，即《庄子死生观念的剖析》与《庄子的应世哲学及其所达之人生境界》，后附录一篇文章《从子书考辨战国赵将军廉颇食量》。

著者认为庄子生死观念即在于视生死变迁不过如春夏秋冬四季的运作，一切只能顺从依随。达观地视生死与天地为一体，生不可悦，死亦不可恶。这是由于庄子生于战国乱世，由痛苦的生活中磨炼而出。

书中以七点论庄子的生死观，庄子的爱生、幻想、恶生、爱恶不由己、悟死生乃自然之道、顺天安命、外生死等。总论庄子的生死观初无异于常人，只是生逢乱世而无所逃，因生幻想脱离现实的理想世界，但理想世界终究是不存在的，因此在乱世之能抑己保身，苟活隐忍，悟生之无乐，起恶生之念，由生命的煎熬中悟生死乃自然运化之妙，我们只能顺从而已，死生同为自然变化的一个环节，因此而悟心斋坐忘之理。

《庄子的应世哲学及其所达之人生境界》一文则以散文的笔调随着庄子文章抒发其意，文章分成十个大段落，随兴而无体系，大概与著者身世的感怀相关。著者认为庄子身逢乱世，但仍能尘垢不足污其洁，卑秽不足辱其志，抱璞完贞，洁身自好，实为强者巨人。庄周之智，可称迈越古今，而涉世之年，守身如玉，超然物外。虽不然振起乱世，震颓俗而有积极的作为，实不为也，非不能也。

本书虽称《庄子发微》，实藉庄子以浇心中块垒，寓身世飘零之叹。（蓝日昌）

庄子学说体系阐微

《庄子学说体系阐微》，袁宙宗著。台北：黎明文化事业股份有限公司，1974年1月初版。

袁宙宗简介详见《老子身世及其兵学思想探赜》提要。

本书的撰作，据卷首序言所载，系著者在文藻女子外语专科学校毕业班开设《庄子》课程时，与修习课程学生对谈，见学生多有"读《庄子》书，可消除人生无谓之烦恼"的感受，著者遂有感而发，认为当时科学昌明，造成物质生活享受已臻极致，但社会大众在精神生活层面却日渐空虚的现象，乃提出"研究庄子哲学"如同"服清凉剂"的观点，遂援笔撰作此书。

本书分为《庄子身世考证》《庄子学说体系阐微》与《庄子著作考订》三大部分，《庄子身世考证》对庄子的姓名、籍里、时代、生卒年代与生活环境加以讨论，《庄子著作考订》则就著成传说、现存篇次、文体分类、写作笔法与历代诸家辨伪等面向进行梳理，认为《庄子》33篇中，内篇的《人间世》与外、杂篇的《至乐》《胠箧》《外物》《田子方》《徐无鬼》《天运》《天道》《天地》《骈拇》《马蹄》《刻意》《缮性》《让王》《盗跖》《说剑》《渔父》等17篇，或与庄子思想不符，或时间、史实、文章体例不合，应非庄子所撰。

至于《庄子学说体系阐微》，系本书之主干，共分《庄子的宇宙观》《庄子的人生观》《庄子的政治观》《庄子的知识论》与《庄子的论理学》等五章。兹举第四章《庄子的知识论》为例。一般而言，"知识论"传统为古希腊哲学之范畴，而中国思想则是一种必须躬行实践的"生命的学问"，故西哲黑格尔（1770—1831）在《哲学史讲演录》书中，遂以其前理解立场提出"中国没有哲学"观点，而著者将该章析为三节，援引《庄子》原典及郭象《注》、成玄英《疏》及章太炎《齐物论释》，认为庄子反对公孙龙"循名责质"的立场，具有怀疑主义的精神，并脱离纯粹经验层次的讨论，不以名言作外在分别的作用，达到"天地与我并生，万物与我为一"这种庄子"知识论"的最高点。

要之，本书作为20世纪70年代的大专学校用书，对于庄子学说体系的梳理及其生平、著作辨证，具有一定之价值，应给予肯定。（李建德）

庄学管窥

《庄学管窥》，赵金章著。台北：弘道文化事业有限公司，1975年版，25开。

赵金章，主要著作有《老子臆解》《朱子大学章句之研究》等。

本书分六章以讨论《庄子》书中的本体论、人生观、宇宙论及伦理观。第一章为前言；第二章为庄子论道——本体论，下分三节为论道、环中之说及修道程序；第三章为庄子之人生观，下分三节讨论宿命论、养生及生死观；第四章为庄子之宇宙论，下分三节论天、论物、齐万物以不齐之齐；第五章庄子之伦理观，下分四节论德、论和、论人及论接物；第六章结论，下分两节论述庄子之最终目的与成就及总结。

书中认为个人与群体之间的关系向来甚难尽如人意，因此大都有尊古贱今的思想，庄子也是如此。面对战国末年的乱世之局，诸子百家有两种做法，一者积极入世改造这个世界，一者任其自然，各遂其生，由其自化。庄子即属于后者，主张游心于万物之上而不着力强改这个世界。

著者认为身处战国乱世，想要以一人之力力挽狂澜，实是力有未逮，因此在拓展群己关系之前，应当先为个人身心寻一出路，以修己之法，从浊世之中拔擢而出一条道路，进而影响他人，以至于群体，复返于古之理想世界。

《庄子》一书分内、外及杂篇，何者为庄子所作，何者为庄子弟子所作，至今仍无定论，因此，解庄者贵在心之所得，得其所得，发人之所未得即可，如欲强作庄子千年后唯一解人，实为不可。因此本书即是著者个人读庄后的心得。

书中虽是论庄子之道，但在行文中是杂引庄子文章再加以解说，间引老子之言，又引熊十力对于《易经》本体论的解说来诠释庄子的本体论，熊十力杂糅儒佛之说，引熊十力本体论之学论庄子，恐怕是掺杂了佛教之说而不自知。又引浑天之说来解释庄子环中之说，再引修道之言述庄子修道次序，这都有杂学之感。（蓝日昌）

庄子内圣外王之道及其八大学说诠证

《庄子内圣外王之道及其八大学说诠证》，梁冰枏著。台湾：友宁出版社，1977年版，25开。

梁冰枏，苏州人，父亲梁小鸿，是刘海粟学生，跟传字辈老师姚传芗、方传芸学过。耳濡目染，她自小就会唱昆曲。她在成功大学教中文，也唱昆曲。专长词曲、古典戏剧、《诗经》、《庄子》，自成功大学中文系退休，目前仍活跃于昆曲艺术界。

本书上篇论庄子内圣外王之道之理及其阐释：明道、内圣之道、外王之道。著者以"内圣外王之道"为庄学玄旨所在，开章便以此入手开宗明义析论道之理，庄子的道实即存在万物之间的自然之理而无所不在，所以庄子之道便不是消极避世之道，庄子一书颇多论及君臣治国之道，其文尤多散在人间世篇。内圣之道在于忘己、忘物，如此才能心无所企求，顺应自然而可游于无穷之境，忘物才能不分物我，与天地同流。外王之道在于能自然无为，顺人而化人，即顺应自然而各安其分，如此则人与万物才能同游于自由平等的世界。

下篇则讨论庄子学说中的三要思想：无为无不为、无名无不名、无生死、无情无不情、无言无不言、无知无不知、无用无不用。

本书认为庄子生于战国末年的乱世之局，虽不求为世人所用，但其匡时济世之心实与孔孟一般无二，同时就正本清源之道，自本根匡救人心，则其用心显非孔孟所能及。只是标旨过高，一时不易达到，所以看起来不如孔孟儒家之说切实可行，因此可以从儒家起步，亲亲而仁民，仁民而爱物，进而忘彼此、和世非、平贵贱以至于万物齐一的理想社会。此所以由内圣而达外王之境，而能够内圣外王的得道高人才是庄子心目中的理想人物。

八大学说则是综合《庄子》全书提出八大纲领来论述，虽然这里是内篇、外篇及杂篇杂糅在一起，似乎将庄子与非庄子之言混为一谈，但著者认为庄子一书虽有真伪之辨，但皆庄子及其后学所作，只要无违道旨，合于庄意者，皆在所不舍弃，因此这是著者以庄子注己之作。（蓝日昌）

庄子宇宙论试探

《庄子宇宙论试探》，叶海烟著。台北：嘉新水泥公司文化基金会，1979年6月初版，16开。

叶海烟，1951年生，台湾嘉义人。曾任台湾高雄文藻外语专校讲师及副教授、辅仁大学中西文化研究中心研究员、东吴大学哲学系教授及系主任、长荣大学哲学与宗教学系主任。主要著作有《庄子宇宙论试探》《道德、理性与人文的向度》《老庄哲学新论》等。

在本书中，著者首先认为庄子思想乃依循老子之道，两哲所要达到的理想可说完全一致，虽在思想方法与精神修养方面，老庄的方向并不是一致的。其次因宇宙论在庄子思想中占有极其重要之地位，可说庄子是透过宇宙观的看法，来分析厘清人的每一个思想方向，并重新处理看待人事问题。故在本研究中，著者专论其对庄子宇宙论的理解，可归纳为以下几个主要论点：一、庄子不承认有一有意志的创造者，他所谓的"造物者"是内在于宇宙的自然演化之精神，而不是在自然生化之外别立一物。二、庄子的宇宙论是有机的、绝非机械的，万物均可在此大化中相安无事而各自荣长，因此如果人能透入宇宙最深邃之底层，便能和宇宙万物合而为一。三、庄子的"道"有其独立性、绝对性和实存性，但不是独立存在于宇宙外的另一绝对实体，故离开了宇宙万物，"道"也就失去了它的真实内涵。四、庄子的宇宙即客观之自然世界，而能够被转化为精神活动的境界。故庄子的心灵是绝对客观的，能根本消除外在自然世界和内在心灵之任何矛盾冲突，而达到内外合一、主客合一的道的境界。五、庄子的认识论和宇宙论是不可分的，其认识论，目的即为认识宇宙真相；而宇宙真相，也必经由庄子自己所发明的独特认识论才能了解。基本上著者认为，庄子的精神很难在西方哲学中找到可相比拟的，故其研究方法，并未在中西思想的比较上作功夫，而仅以庄子自己的语言作内证，认定庄子的本体论与宇宙论根本密不可分。本书为著者29岁时完成，应与其约十年后另在台北东大图书公司出版的《庄子的生命哲学》一书合观，代表著者对庄子哲学之整体思考。（赖慧玲）

庄子处世的内外观

《庄子处世的内外观》，刘光义著。台北：台湾学生书局，1980年1月初版，25开。

刘光义简介详见《庄子内七篇类析语释》提要。

本书最前有著者自序，正文分章为绪论、本论、结论。其中绪论有三节，主谈庄子所处乱世之年代背景，以及同时代之哲人匡救世乱之分别路向；本论为六节，主要偏重论析庄子在乱世中仍无出世之想，故内在精神如何解脱、外在实践应如何面对等之方法；结论仅有简短三页，主在一一论述群圣诸哲救人处世之言行后，肯定庄生在乱世中所教"上与造物者游、不谴是非与世俗处"之方法，是为在世乱中的宝谟明训。

本书篇幅不大，讨论重点明确，乃著者在辅仁大学教大一国文时，因得学生教学相长之刺激后，为配合以往所教国文教材，进一步书写给学生看的庄学讨论专题。主要以为世人多目庄子之学为玄学，大有认为庄子是逃避现实、不亲世务的，但著者肯定庄子虽不如儒墨两家那样积极，但认为其以命中注定、了无推脱逃避之态度面对乱世，虽较消极，但仍安然任之，此乃庄生生于衰世藉以应世之手段。故全书实属发挥钱穆先生"庄子是衰世之学"之观念，来分析庄子内在修养及外在处世之方法，较适合初学初读庄子者。（赖慧玲）

庄周思想研究

《庄周思想研究》，陆钦著。郑州：河南人民出版社，1983年12月第1版，32开，65千字。

陆钦，1938年生，辽宁西丰人。1960年毕业于辽宁大学中文系后到中国科学院语言研究所工作。1961年调到中共中央党校，后任文史教研部教授，中国民权庄子研究会顾问。另著有《庄子通义》等书，参与编纂《现代汉语词典》。

本书特点在于，著者认定《庄子》一书是庄周本人著作，由于年代久远，混入学庄者的个别言论。故著者以《庄子》33篇为文献依据，将庄周一生分为早、中、晚三个时期，分段研究其思想发展历程。此外，著者在开篇简要地介绍了庄周所处的时代，在附录中略述庄周在我国文学史上的影响。总的来说，本书的解读受马克思主义影响明显。

据著者自述，庄周生平划分为三个时期。一是42岁以前，为早期。代表作为《养生主》《山木》《胠箧》。此时期其思想特点是：一、对丑恶现实进行猛烈抨击，提出"织而衣、耕而食"的理想社会。著者以此句概括庄子之理想国，实以唯物史观而代其自然之论。二、剟剥儒墨，独树一帜，以相对主义反对儒家独断论，著者认为这在某种意义上是批判那种维护专制的宗法制度。三、在老子思想基础上，进一步在认识论、辩证法、政治思想及历史观方面丰富了道家学说。四是提倡"缘督以为经"的信条，即是要以走不为善不为恶的中道为宗旨，著者认为这既有积极因素，亦有消极因素。

二是43岁至59岁，为中期。其代表作是《秋水》《徐无鬼》。这是庄周哲学思想发展的极盛阶段，其特点是形成了博大精深的客观唯心主义思想体系（"道→物→无"），从相对主义走向虚无主义，著者不同意将庄周之道解读为人的主观精神，忽视了庄子之道的双重内涵。著者认为，此一时期庄周还形成了较为完整的形式逻辑表现方法，本书研究了《庄子》部分篇章中反映出的归纳、演绎、类比法则及选言推理、不矛盾律等逻辑规律。著者又据相关文字学论据，认为庄周在中期还提出了生物进化的观点。而庄周愤世嫉俗、蔑视权贵、鄙视利禄、多智多谋、孤傲不群的品格在这一时期更为明显，并追求乌托邦式的理想国。

三是60岁以后，为晚期。代表作为《人间世》《列御寇》《说剑》等。此时期其特点是进一步丰富了道论，并形成更为完整的"无为而治"的政治论、"顺其自然"的处世哲学。还提倡"至人"至高无上论，宣扬唯心史观，又提出了一定的经济思想，重视农业，造成手工业发展，表现出某些重视生产生活实践的观点。著者认为这些都反映出他晚年思想的矛盾复杂性，然而本书借《庄子》中某些寓言的字面意义为据，恐为失当。本书限于某一种现成的理论，对庄周至人思想与尼采超人思想的比较研究，虽眼光独到，惜反致两位哲学家本身思想深度之遮蔽。

附录中，著者就庄周在中国文学史上的影响展开了讨论，认为受庄周文学思想影响的，汉代有贾谊、司马迁，魏晋南北朝有阮籍、嵇康、陆机、陶渊明、刘勰，唐代有李白、韩愈、柳宗元、司空图，宋代有王安石、苏轼、陆游，明代有吴承恩、冯梦龙，清代有曹雪芹、刘熙载、龚自珍，现当代有鲁迅、郭沫若、闻一多乃至王蒙等等。著者总结到，其一，庄周与屈原二人是并驾齐驱的浪漫主义文艺大师；其二，凡是接受庄周某些影响的作家，他们在经历、遭遇、为人、情操、品格等方面，总有某些相似之处；其三，文学思想的历史渊源，创作手法的继承关系，是不能割裂的。

作为"文革"结束后不久出版的一部庄子研究专著，本书的相关解读，批判了那种将庄子一棍子打死的极"左"态度，为营造正常、自由的学术氛围，做出了积极的贡献，某些考证性工作亦不失可资之处，故具有特殊的学术史价值。当然，著者简单套用"客观唯心主义""相对主义"等西方近代哲学观念以解读《庄子》，亦具有不可避免的时代局限。著者认为《庄子》一书（包括《说剑》篇在内）基本为庄周自著的观点，其立论基础也存在疑问。（杨子路）

庄子哲学及其演变

《庄子哲学及其演变》，刘笑敢著。北京：中国社会科学出版社，1988年2月第1版，精装，32开，299千字，系"中国社会科学博士论文文库"之一种。另有北京：中国人民大学出版社，2010年12月修订版，16开，430千字，系"当代中国人文大系"之一种。

刘笑敢，1947年生，河南人。北京大学哲学博士。曾赴美国，于密歇根大学、哈佛大学、普林斯顿大学等任访问学者、讲师、研究员。后赴新加坡国立大学中文系任高级讲师、副教授。2001年起担任香港中文大学哲学系教授，组建中国哲学与文化研究中心，并担任主任。另著有《老子：年代新考与思想新诠》《老子古今——五种对勘与析评引论》《诠释与定向——中国哲学研究方法之探究》等。

本书分为三编，前编为文献疏证，中编论庄子哲学，后编谈庄学演变，初版附录《庄子与萨特的自由观》一文，修订版增加了题为"关于考据方法的问题"的一则引论以及专名与术语索引，并增加附录五篇文章：《学术自述》《郭象之自足逍遥与庄子之超越逍遥》《两种逍遥与两种自由》《庄子之苦乐观及其现代启示》《关于庄子研究的回顾与反思》。本书的学术贡献如下：

第一，在前编考证部分，著者认为传统考证方法乃是以某种大家公认的史料为基础的"支点法"或'举例说明法'等，难免以偏概全，达不到定量分析的精确水平。著者则从《庄子》文本出发，采用全面统计的方法准确计算词语和内容的出现情况，得出如下结论：一、《庄子》内篇早于外杂篇，应大体肯定内篇是战国中期庄子的作品，外杂篇是庄子后学的作品；二、《庄子》内七篇同中有异，同大于异，有争议的《人间世》也是庄子作品；三、内篇与外杂篇之间虽可能有某些错杂，但王叔岷认为内篇与外杂篇之分毫无道理则属夸大，他主张《秋水》是庄子自作也不可信；四、《庄子》外杂篇完成于战国末年以前，即吕不韦卒年（前235）与韩非子卒年（前233）之前，而"汉初说"则多见失误，不能成立；五、外杂篇可分为阐发内篇的一类、兼容儒法的一类及抨击儒墨的一类，著者谓其分别为述庄派、黄老派及无君派作品。以上结论，多有相关统计数据支撑，较为可靠。

第二，中编对庄子哲学的阐释，有以下几点值得注意：

一、道。著者批判那种将庄子之道解释为"物质力量"或"绝对精神"的观点，也反对仅仅将道理解为主观境界，认为庄子之道在宇宙论或本体论意义上是中国哲学特有的关于世界本根的设想，是超越物质世界的抽象的绝对的思想观念，是绝对化的观念性实体，这一思想源于老子；在认识论意义上，是最高的认识，或曰是对真理的认识。

二、安命论与自由论（逍遥论）。著者认为，庄子所说的命不同于宗教的前定论和天命论，而是不知所以然而然的抽象的必然性，具有假设的意义。由于道和天都是无意志、无目的的，所以庄子所说的命也没有惩罚或恩赐的含义。庄子认为，安命无为才能"悬解"，达到精神解脱的境地。这种安命论是殷周以来的命定论与道家的无为论相结合的产物。著者又强调，虽然从庄子追求的无拘无束的精神自由中可以引申出"无待"这一哲学概念，但这是郭象的贡献，庄子本身并未把"有待""无待"当作哲学范畴加以使用。

三、真知论与齐物论。庄子的真识论包括怀疑主义、直觉主义两个方面，后者以前者为基础。著者强调，庄子反复讲到体道的方法、步骤和感受，比老子的直觉法更为成熟；庄子的直觉体验中包含着自由的精神享受，这是老子哲学中所没有的。齐物论中则既有辩证法，而又有诡辩论因素。

著者总结到，道和安命论是庄子哲学的起点和基础，逍遥论或体道是庄子哲学的归宿和完成，真知论和齐物论则是庄子哲学从起点到归宿的桥梁。这是著者对庄子哲学体系的概括。

第三，在后编中，著者对庄子后学述庄、无君、黄老三派之思想进行了详尽研究。修订版附录二《郭象之自足逍遥与庄子之超越逍遥——兼论诠释方向之转折及其评价标准问题》，提出了"跨文本诠释""融贯性诠释""文本之异质性"等概念，丰富了对中国传统诠释学理论的研究。《学术自述》中谈到"反向格义"与中国哲学或中国思想研究中的"两种定向"问题，值得深思。

限于诠释者自身的历史性，著者在诠释庄子哲学的过程中，虽运用统计分析等量化研究方法，力求客观，但仍不可避免地带入了著者自身的成见，譬如认为庄子哲学归根到底代表了城乡小生产者的阶级利益与思想要求等。本书认为庄子及其后学没有形成"无待"的观念亦值得商榷。但总体上，本书无论是在文献考证还是思想诠释方面，都具有重要的价值，是研究庄子哲学的经典之作。（杨子路）

庄子的生命哲学

《庄子的生命哲学》，叶海烟著。台北：东大图书股份有限公司，1990年4月初版，精装、平装，系"沧海丛刊"之一种。

叶海烟简介详见《庄子宇宙论试探》提要。

本书是著者在博士论文之基础上加以扩充完成，共分11章。第一章导论，界定庄子哲学是一种独特的生命哲学，其主要意义在于对生命本体的贞定、真实认识及解决生命之问题；第二章庄子生命哲学的奠基与型塑，认为庄子生命哲学奠基于老子的道论，认为庄子哲学造就中国人两千多年以来的一种生命典型；第三章庄子生命的主要内涵，探讨庄子的生命型态、存在感受与心灵世界；第四章庄子生命哲学的形上进路，归纳庄子直指人世的批判进路、直指人性的自觉进路、直指道德的实践进路，并提出庄子生命哲学的超升进路；第五章庄子生命哲学的形上课题，认为庄子生命哲学由动而静、即体显用，是认知与行动的相即相应，也是方法与目的的相互涵摄，更可称得上是实相与表象的互相融贯，故透过价值辩证以对生命之价值重新否定、肯定，上达生命之本体；第六章庄子生命的特质，归纳庄子具备自然自主的生命论、有机体主义的生命论、复通为一的生命发展论、平等自由的生命论，并探讨生命的整体性、相连性与一致性；第七章生命的道论与宇宙论，认为道是生命实现的原理，而宇宙亦为一有机体；第八章齐物的生命认知论，说明《齐物论》系为解决《逍遥游》引发的生命问题而来，不能离道而独自存在；第九章逍遥的生命境界论，旨在消解生命的有限性，发现生命的独立性，进而实现生命的绝对性；第十章生命伦理与超越人格论，归纳庄子的道德合一、生命主宰、精神专一、生命升华、人格超越、天人分合等观点；第十一章结论，指出庄子之生命哲学，即是"道的生命哲学"，其生命的形上学，亦即超越的形上学。

综观本书，吾人当可发现，庄子之哲学，是属于天地至真之人的哲学，兼摄各种思维向度的不凡成就。著者透过诠释学的视角，将庄子的哲学系统整理起来，进而使理性与生命本体紧密绾合，使读者可因书而窥见庄子的生命风度，极具启发价值。（李建德）

庄学研究
——中国哲学一个观念渊源的历史考察

《庄学研究——中国哲学一个观念渊源的历史考察》，崔大华著。北京：人民出版社，1992年7月第1版，32开，443千字。

崔大华简介详见《庄子歧解》提要。

本书研究分上中下三编，分别为《庄子其人其书考论》《庄子思想述评》《庄子思想与中国历代思潮》。

上编首章论庄周其人，著者认为以《庄子》为线索所做的判定更为充实可信，其故里以汉代学者之言为是，即庄子为战国时宋之蒙人。著者又从《庄子》一书钩沉庄子之事迹，并据以断定庄子是一个处于逆境中、具有高深文化和深刻精神危机的人，故能比较清醒地反省到个人在自然和社会历史中的地位。著者又对庄子和楚国的亲缘关系、庄子和孟子不相知这两个问题进行了研究，并批判了庄周即杨朱、庄周即子莫的观点。就《庄子》一书而言，著者经细致考证，认为今本33篇《庄子》是郭象在古本52篇中，删裁去十分之三而成。著者据《经典释文》《文选》等材料，作《庄子》佚篇钩索及佚文辑录。著者又据内篇篇名具有的纬书篇名面貌和内蕴的符应、王权观念认为，内篇篇名最有可能是刘向在校理《庄子》时拟制的。《庄子》篇目划分则经历了两个阶段：汉代刘向先分为内、外篇，魏晋司马彪至郭象则由外篇分出杂篇。内篇基本为庄子自著，外、杂篇是后学所作，其中《天下》篇是庄子后学中受儒家思想影响较多的人所作，写成于《庄子》诸篇之后，而《说剑》篇可推断为战国末期策士托庄周之口而作，或庄子后学模拟策士之文。这些考证材料详实，与刘笑敢简择材料相佐证，具有说服力。

在中编，著者从自然哲学、人生哲学、社会思想、认识结构及其文学特质和古代科学背景等方面，对庄子思想进行了详尽述评，内容系统全面。与一般庄子哲学研究相对突出人生哲学、认识论不同，著者从万物基始"气"、万物生存和存在的形式"化"、宇宙的最后根源"道"三个方面探讨了庄子的自然哲学；又从无君论、无为论、返朴论等维度研究了庄子的社会批判思想，分析了庄子"至德之世""建德之国"的理想社会；此外，著者同意波普尔关于哲学植根于哲学以外的科学认识之中的论断，故而特别注意到《庄子》文本中广泛的经验知识，包括对天体的描述（天学）、对万物的记述（博物学）、对人的揭示（生理学、心理学）等。

在下编，著者又研究了庄子思想的影响，即庄子思想在历代思潮中发生的作用。具体包含庄子思想与先秦子学、庄子思想与儒学的三个理论形态（汉代经学、魏晋玄学、宋明理学）、庄子思想与道教佛学、庄子思想与中国近现代思潮等四个方面。就最后一点而论，本书详尽讨论了庄子思想与晚清至

1949年的中国重要思想家及思想潮流之间的关系。著者认为，中国现代思想潮流中的新哲学体系，只要涉入中国传统思想，在它的体系中就不能不留下庄子思想的痕迹。从本编研究，我们可以更清晰地看到从先秦以至当代，庄子思想产生的深远影响。

本书从史实文献、思想和历史影响等三个层次展开论述，对庄学进行了系统完整的研究，具有重要的学术价值。当然，著者的个别观点有值得探讨之处。如本书著者认为神巫季咸寓言是为了批判巫术，属于理性主义的认识问题，这是否符合《庄子》文本的体道工夫——境界论语境；将气解释为古希腊自然哲学意义上的万物始基，这与传统道家神气合一的现象学观念是否吻合，均值得深思。（汤子路）

庄子思维模式新论

《庄子思维模式新论》，顾文炳著。上海：上海社会科学院出版社，1993年5月第1版，32开，130千字，系"华夏思维研究系列（老庄）"之一种。

顾文炳（1936—2008），浙江上虞人。复旦大学历史系毕业，曾任上海社会科学研究院哲学研究所副研究员。主要从事中国哲学史研究，著有《绝世奇珍》《阴阳新论》《易道新论》等书。

著者谈到，本书研究目的在于探索《庄子》一书的思维模式，而《庄子》内、外、杂篇的思维特征具有一致性，故将《庄子》一书作为一个完整的思想体系来看待，并试图从中提炼出先秦道家思维方式中规律性的东西，作为滋育今人的养分。

本书第一章概论庄子思维方式的起源与特点。著者强调，擅长辩证思维的道家，是先秦科学方法论的奠基者。道家提出"道"为本源，"道""精""物"一元两体，为道家体认物质结构的三要素。老子"为道日损""为学日益"双重认识法和庄子"接""谋""冥"三重认识法，合理说明了认识方法及其由浅入深的结构层次性。惜乎道家重点在于论道，对其他认识层次及认识总体之间关联性缺乏透彻而贯通的说明，由此造成后世学者的误解。著者在略微介绍了道家思维产生之汉楚文化合流之背景后，进一步对老庄思维方式异同和庄子援儒入道、以儒补道的特点进行了说明。著者进一步强调道家更重视对智（能知，认识能力）而非知（所知）的探讨。

著者在第二章进一步研究了庄子的整体性思维，具体包括"六合"——全方位思维、"六气"——全流程思维、"观同"——"道通为一"、"得道"——意识功能的进化，对道家修道的方法提供了一定的心理学解释。第三章进一步辨析了庄子观道的方法，如"齐物"之共相体道法、"指一"之殊相体道法，两者完整体现了双向"体道"方法的严密性，并认为庄子之"道观"四论乃是古代形象直觉思维的实例，最后著者讨论了庄子"体道"论之智、境交融的境界。

第四章和第五章分别对庄子观"物"、观"人"之方法进行了综述。前者包括静态与动态方法，殊器、殊性、殊技、殊用之内容，以及循本之目的，是与其他流派侧重名实之辩有所不同；后者除讨论庄子之处世之道外，具体讨论其"化""分""全""合"四种观人之法，分别指一种主客互为参变的思维方法、人的殊性与自然性之辩证关系，以及内向性与外向性的体悟方法。

第六章研究了庄子创造性的思辨理论，分别讨论了恃其不知而知之的直觉性思维方式、体道与气功的关系、"三言"之体道形式，以及《庄子》中"知"、阴阳、动静、德波、"天人感通"、"处环中、守道枢"等思想。第七章对《庄子》的价值观念进行了分析，一是整体性的价值裁定法式，如因时而异、因地而异、因材而用、因技而使等重视境域之内容，乃至唯德是准是价值原则；二是价值之类分、选择、转换及创造价值论。

第八章对庄子之自然学说进行了探讨。著者认为中国古代气化学说在《庄子》书中已初具规模，庄子学派更在先秦整体性思维范式建树上做出了卓越贡献，《庄子》书中还包涵了丰富的宇宙论、生物学说、人体科学理论。著者不同意将《庄子》解读为一种反科学技术的哲学，认为书中"掊斗折衡""毁钩绳""弃规矩"之类的过激言论，并不是针对科学技术与社会文明本身而发，而是对社会不公平现象的抗议。最后，著者在现代科学背景下，借由庄子之气一元论自然观，对西方传统的原子论自然观进行了批判。

与一般研究注重辨析庄子之哲学、文学思想不同，本书研究受其时人体科学研究流行影响明显，其对庄子思维方法的详尽而扎实的研究，更多表明了先秦道家思想作为中国传统科学（特别是医学养生学）方法论的地位，由此我们也可以看到先秦道家与后世道教的某些共通之处。当然，著者从社会

公平角度诠释庄子之科学技术批判，这大概也以某种政治哲学观念而遮蔽了道家更深刻的技术哲学与生存论意蕴。（杨子路）

庄子的人生哲学

《庄子的人生哲学》，扬帆著。新北：扬智文化事业股份有限公司，1993年12月初版，32开，系"扬智文库"之一种。另有武汉：武汉出版社，1992年10月第1版，名为《庄子的处世哲学》。

扬帆，本名田扬帆，1956年生，湖北广济人。毕业于华中师范大学中文系，曾于《文学评论》《中国出版》《芳草》等刊物发表文章数十篇，并多次获奖。除撰有诗集、长篇小说之外，另撰有文化哲学著作《庄子：逍遥人生》《曹操的人生哲学——枭雄人生》《竞争成败学》等书。

本书分为《话说〈庄子〉》《修养与待人》《智者处世》《明智与解惑》《智慧的运用》《人，必有所凭借》《领导艺术》《立身恒言》八部分，除《话说〈庄子〉》系对庄子其人其书、思想重心、论述的辩证视角、贵真全性的生命目的、潇洒的人生风格等略作论述之外，每篇另分为五至六节，各节先立一简单标目，摘引《庄子》或《老子》篇章加以语译，并运用文化散文的笔法，略举古今事例或日常生活的案例展开论述，以证成己说。例如《智者处世》所收"有用与无用"一目，先对《骈拇》略作选译，而后引用《齐物论》匠石与栎树的对话、《人间世》南郭子綦见大木所作的评论，归结出"无用自保，有用早夭"，并持论"人必有为。庄子讲无为，实在不可能。历史讲文明，社会讲功利，人生要创造，如何无为？有用总是人生的必要。然而，知道人必有用，又知道庄子的无用之道，到底是人生实现的一大艺术"的自我观点。然而，著者此处论述或有可啇榷处，倘若吾人用同其情的理解角度来加以诠解，或可窥知"无用之用"为庄子就当时社会现象提出的讥刺，其理趣殆与后世苏东坡《洗儿戏作》"惟愿孩儿愚且鲁，无灾无难到公卿"相近。毕竟庄子"以天下为沉浊，不可与庄语"，故将其对当时"有才能者为达成理想而身死，无才能者反而尸居余气，收致无用之用"的社会现象之谴责，透过寓言、卮言等方式加以呈现，但却又无力改变这种现况，遂仅能追求心灵层面的自我悬解，在理身治国之道中走出另一条道路。

总的来说，本书透过浅近的语译与古今事例的选用，可以使读者初步了解庄子的基本精神，当可见其价值所在。（李建德）

自事其心——重读庄子

《自事其心——重读庄子》，李牧恒、郭道荣著。成都：四川人民出版社，1996年3月第1版，32开，224千字，系"思想大师重读系列"之一种。

李牧恒，1968年生，本名李远杰。哲学博士，副编审。先后毕业于西南师范大学（现西南大学）、南开大学哲学系、四川大学宗教学研究所，现任四川人民出版社副编审，编著有《近现代以佛摄儒研究》《王恩洋先生论著集》等。

郭道荣，1963年生。1988年毕业于西南师范大学，现任成都大学影视与动画学院执行院长、四川省文艺评论家协会会员、成都市文化馆理事会理事。主要从事现当代艺术研究，主编教材《艺术美学》。

本书把《庄子》内、外、杂篇中倾向一致的思想融为一个整体，以进行诠释，分序论及上下两篇。在序论部分，著者认为庄子哲学主要具有以下特色：一是重在解精神之桎梏，其最高目标是绝对自由，围绕其目标提出了顺其自然、于世无用、与物俱化的处世方略；二是谋求处世俗而不被世俗染，"外化而内不化"；三是追求顺其自然以保身全性，在精神上注重"忘"字；四是对文明持怀疑和批判态度，猛烈批判儒家仁义礼乐及物质技术；五是举重若轻、化悲苦为消遣，推崇精神自由独立；六是以文学写哲学，自然天成、含蓄悠远；七是力透玄禅，成为东方思维一大特色，即强调一种个体主义的内修自省。

本书上篇为《庄子哲学现代阐述》。在现代阐述部分，著者分别探讨了庄子的生命哲学、自由观、人生价值观、怀疑论，以及庄子与玄学、禅宗的关系，庄子的文学成就。

第一章研究庄子之生命哲学，著者首先从自然之道到人文之道、"游乎天地之一气"之天人合一境界、万物皆化之生命变化观三个方面讨论了庄子的道论，既而又总结了庄子理想人格之境界、层次与特征，最后讨论庄子的养生思想。第二章辨析庄子的自由观，著者详细讨论了庄子"飘风振海而不惊的自由境界"，人何以不自由的原因，以及庄子式自然的基础、前提、途径、现代意义，并对庄子与萨特自由观进行了比较，此较刘笑敢之比较研究为略。

第三章研究庄子的人生价值观，探讨了庄子"劳我以生，息我以死"的悲观情调到"独与天地精神往来"的乐观色彩，至于化悲苦为消遣的价值观，并认为阿Q精神是混世主义，而庄子思想是遁世主义，不可同日而语。第四章对庄子怀疑论思想进行了分析，并就其"绝圣弃知"与尼采"重估一切价值"之批判精神进行了比较。

第五章研究庄子思想与玄学、禅宗的关系。著者认为庄子提到的自然并非作为我们认识和改造对象的自然实体，而是指天道自然以及顺应万物本然，乃至于一种天人合一式的自然境界。故而玄学越名教而任自然的观点，禅宗亲自然、寻超脱、重自悟、空物我、泯主客、反认知等都与庄子思想有相通之处。第六章总结了庄子的文学成就，认为《庄子》一书乃是文笔精美的散文集、寄寓深远的寓言集、绝妙的哲理诗，而庄子文章中的美学思想则包括自然本色之美、不可言说的审美体验、自然悠远的审美情趣，庄子思想对后世文学产生了巨大影响。

本书下篇为原著选译，对内篇全文及外、杂篇部分章节进行了白话翻译，适于大众阅读。正如该丛书出版的目的：一是为重建精神家园输送可供参考的理论素材；二是为每一个追求精神生活的朋友，提供丰富多彩的精神食粮。本书的选译部分基本完成了这一目标。

总的来说，本书结构清晰，文笔朴实，可读性强，并略与萨特、尼采等西方哲学家思想进行了比较，虽非具有原创性的精深研究，然不失为一部较为全面的阐释之作。（杨子路）

生存与智慧——庄子哲学的现代阐释

《生存与智慧——庄子哲学的现代阐释》，崔宜明著。上海：上海人民出版社，1996年12月第1版，32开，175千字，系"当代中国哲学丛书"之一种。

崔宜明，1955年生。华东师范大学哲学博士，先后在华东师范大学、上海大学、上海师范大学等高校哲学系担任教授，主要研究伦理学与先秦道家哲学。著有《道德哲学引论》、《中国伦理十二讲》（第一著者）、《伦理学大辞典》（第二著者）等。

本书分为"逻辑的知与诗意地说""真知论""坐忘论""齐物论""逍遥论"五章，主要有如下特点：

首先，本书既体现了诠释学精神与回应时代的问题意识，又注意吸收传统考据学研究的成果。著者谈到，如何进一步借鉴西方哲学中有价值的东西，立足于自家传统的智慧，在新的高度上达到古今中西的"视域融合"，以把握今天的时代问题，应当是今天庄子研究所追求并为之奋斗的根本目标。

其次，著者善于从庄子思想中的内在矛盾，来揭示庄子哲学的深刻性与存在的问题：

一、庄子的言说悖论。著者谈到《天下》篇漠视庄子的"不可说"主张，实际上用"庄语"和"三言"的区分取消了这一主张，而仅仅着眼于正在说的事实，取消了庄子"正在说不可说"之悖论，这是《天下》释庄的根本缺陷。与《天下》篇分别以曼衍、真、广释卮言、重言、寓言不同，《寓言》篇把"卮言"当作庄子言说方式的基本概念，强调庄子言说方式与其思想内涵的一致性，并正面解释了"说不可说"悖论，故优于《天下》篇。著者又指出，庄子的寓言不是对象性的语言，它不谈论任何对象，也无所谓寄寓在谈论某个对象中的意旨，也就无所谓"同异是非"。庄子实迫使读者从说什么转移到怎样说，从而领悟到现实的言说过程中展示出的对那不可说的"道"的生存意向。著者实际上借助现象学方法解决庄子的这一悖论。

二、庄子对知识自相矛盾的态度。一方面，庄子认识论具有否定知识作用、功能的倾向，另一方面其学说又成为中国古代科学技术发展的思想观念基础。著者认为，庄子的真知说是建立在生命的意义和价值问题这一基础之上的，亦即所谓"认识论的意义转向"。著者据文本分析到，庄子之真知虽有对知的弃绝之因素，但又不是空寂的无知，而是"物"之理的综合，并表现为实践中的智慧，离开了万物之"成理"就没有对道的真知。当然，从有限的知识转为真知，只有根据那不可知的东西，并通过与认识过程不可分离的工夫践履过程——"坐忘"才能实现。

三、存有论（"道"）和价值论（"天"）的对峙。根据其存有论，道通为一，"道"是超越了是非彼此、主客能所诸种对待关系的概念，是一个绝对超越性的概念；根据其价值论，天与人必须本来就断为两截，然后才去合而为

"一"，"天"则是与"人"相对待、相规定的一对范畴中的一个概念。著者谈到，庄子通过建立"自然"这一价值原则，把"道通为一"转换成"天人合一"，从而对人如何获得自由这一问题给出了以天为师的回答，但自由作为价值理想不可能遵循自然这一价值原则而得以通达；故而在"逍遥"这一价值理想中，庄子又重新肯定了创造性品格的价值，只不过是在精神层面上肯定的，这就在某种程度上化解了"天"与"道"的矛盾，并进而提出了"无为"的生活方式。

最后，著者对庄子的研究体现了批判精神。著者强调肯定庄子哲学思辨的深刻性，并不等于认同其内容的真理性。例如，著者认为庄子哲学中人要成就其存在的个体性，必须放弃他的个体性存在，庄子哲学在这一根本点上违背其初衷。而庄子的自由学说的理论基础并不牢靠，问题出在庄子先把人的社会历史生活排除在哲思之外，排除在"世界之在"之外，他的存有论就成为对人和自然的关系的抽象、片面的考察，其学说体系无法摆脱悖论的纠缠。著者从马克思实践哲学的角度谈到，在现实性上，个体获得自由人格的践履无非是人类通过物质实践活动把自然界建立为自身对象的产物。

总之，本书是一部具有鲜明特点的庄子哲学研究专著。当然，著者从肯定人类社会历史文明和感性实践的角度对庄子哲学提出的批判，或忽视了庄子哲学之超越性向度。而著者所揭示的庄子存有论与价值论的矛盾，实预设了德国古典哲学意义上的先验自由理念，这与庄子的安命论思想是否协调，均值得进一步探讨。（杨子路）

庄子考辨

《庄子考辨》，张松辉著。长沙：岳麓书社，1997年5月第1版，230千字。系"古文献研究丛书"之一和。

张松辉简介详见《老子译注与解析》提要。

本书分为上、中、下三编，分别为《庄子》考证研究、思想研究，及对庄子与中国文化关系的研究。附录另收录了《庄子处世思想新探》一文。上编《庄子考》首先对庄子故里进行了研究，通过庄子是宋人这一事实、庄子活动地区、古代记载旁证以及地名沿革史，以证明庄子故里在商丘。著者又认为《庄子》一书是在庄子的主持下，由庄子师徒共同完成的。其理由一是《庄子》对庄子生平的记述是有次序而完整的；二是《天下》是《庄子》最后一篇，完成于庄子去世前后，因本篇介绍先秦思想家时，庄子列在最后，且其描述、记载的政治、学术情况与战国时相似；三是"战国末年说"和"汉初说"论据缺乏可靠性；最后，著者列出《庄子》为庄子师生集体创作的理由，如从先秦子书多是师徒共同编著而成、本书对庄子的称谓、思想与文风的差异、庄子师生经常在一起讨论道术及其他证据等。

本书进一步认为，道家文化并非如学术界普遍认为的那样属于楚文化，无论从地理位置还是学术渊源上讲，都应属中原文化。著者也指出，道家文化是各地文化相互撞击、融合的结晶，并研究了庄子与各地文化的关系。

中编《庄子辨》是对庄子思想的研究。在研究方法上，著者认为过去研究庄子思想时，往往先认定庄子属于某种思想，然后排除甚至删除《庄子》中不符合这种思想的论述。著者不同意这种简单的做法，而是从矛盾入手，首先把庄子看作一位活生生的、充满思想矛盾的人，进而分析这些矛盾产生的原因。比如他既热爱生命，又主张生死齐一，甚至认为死优于生，著者认为这一看似矛盾的思想却有着内在的统一。另外，庄子一面反对仁义，一面又提倡大仁大义，看似矛盾，实际上他反对的是儒家以笼络人心为目的的仁义，而提倡一种不带任何功利目的的仁义。

本书下编对庄子与中国文化之关系进行了研究。著者分别对庄子与玄学、道教、中国佛教和文学艺术之关系进行了综述。就庄子与玄学关系而言，著者分四个时期进行了讨论，即以现实政治为目的的重老时期，以超越现实为目的的重庄时期，以庄子"内圣外王"思想为基础、以调和出世入世矛盾为目的的玄学时期，以庄学为主要内容的学术清谈时期。就庄子与道教关系而论，著者发现道教中许多重要概念术语来自庄子，庄子对道教养生思想、成仙思想均产生重要影响，等等。而庄子与中国佛教的关系除禅宗外，还表现为魏晋南北朝时期的三宗、僧肇和慧远。就庄子与文学艺术的关系而言，除一些具体影响外，著者重点讨论了《庄子》之浪漫主义、重神轻形和重意轻言、重视自然、重生、贵真等思想对古代文学艺术产生的深远影响。

总的来说，本书以文献研究为基础，在考证和思想研究方面均得出了一系列新的观点和看法。著者对庄子与中国文化关系的研究也颇为全面，特别注意到过去学术界所忽视之庄子与道教的关系问题。当然，本书对庄子思想

的解读多从庄子本人心理、情感和生活经历立论，而稍略于抽象的哲学思辨与诠释。（杨子路）

庄子哲学本旨论稿

《庄子哲学本旨论稿》，刘坤生著。汕头：汕头大学出版社，1998年6月第1版，32开，174千字。

刘坤生简介详见《〈庄子〉九章》提要。

本书重点以内七篇及《天下》篇为研究范围，末章为《天下》篇全文疏释，并附录《于实事求是中创新——试论宋师祚胤先生的治学方法》一文。根据著者自述及其书论述，本书研究取向有如下几个方面：

其一，本书主要追求是力图疏导出《庄子》主要篇章的哲学主旨，因没有对文章创作主旨的理解和贯通，对庄子哲学价值的显发就只能是无源之水、无根之木。

其二，书中就《庄子》主要篇章所涉及的问题，均是著者认为在庄学领域尚未得到解决的疑问。换言之，著者研究紧紧抓住了庄学研究中的一些疑难问题，而提出一家之言。如就《逍遥游》中大鹏有待还是无待的问题，著者认为大鹏"莫之夭阏"的九万里高飞，因风是自己培育而成，所以完全是一种圆满自足的运动，这正是道自足而又无限的性格的体现，故而大鹏实为无待之道的象征。《逍遥游》全篇虽最终归结为"游"的境界，但全文却重在论述"游"的必要性，即由小大之辨（道物对立）而体现出的道的存在的必要性。又认为无为的关键是不自以为有功，这正是道家最为重视的德行。

而《齐物论》"齐"各家理论的时候，并非从各家理论内涵上否定各家观点，如庄子并不反对仁义本身，而是反对儒家提倡仁义的方法。他所建立的"无限的相对系统"是在承认各家理论价值上超越他们，此所谓"莫若以明"的含义。天道与人道之不相胜，并非泯灭天道与人道的差异，而是一种并存的状态，此即《齐物论》"两行"的真实含义。《养生主》主旨谈的是在现实中为道功夫的修养，庖丁解牛即是对为道功夫过程的一种譬喻。而庄子在《人间世》中表现的无奈并非对人类生活的绝望和虚化，而是对君主制的无奈和绝望。其话语批判的直接目标即是君主制，著者从政治哲学角度进行的这一阐释与一般从人生哲学进行的解释有所不同。而《人间世》《大宗师》篇提出的"心斋""坐忘"等概念，则是庄子在心灵领域进行的重要探究。"心斋"的价值乃是由生活的无为而归终呈现艺术化的生命形态。著者又以本证认为《天下》篇乃庄子自作，为开创中国学术批评史的空前之作。

其三，就具体研究方法而言，著者谈到，前人注庄或限于繁琐考评，或阐述义理归于空疏，为避免此病，本书从疏释《庄子》中基本概念和结构入手，然后阐发其文章主旨和篇章间关系，必要的考证和义理阐释合而行之，其间再进一步阐发其思想价值。其中，著者的着力重点是对庄子哲学概念的疏释。此书与著者另一著作《周易老子新证》还注重探究《周易》与老庄思想之源流关系。

其四，著者认为庄子是老子真正的传人。对老子理论而言，庄子最大的贡献是把其无为的理论引入到学术史的范畴和心灵修养的领域，从而具备了超越各家理论的基础和通过养生达到艺术化的生命形态，由此对中国文化产生了久远而深刻的影响。著者在疏释《庄子》时遇到的疑难之处，认为与其以己意骋辞，不如顺着老子的理论来做尝试性的解释，当不会离题太远。譬如《齐物论》中，庄子何以能超越各家各派，"齐"各家之"物论"？如果从宏观上把握，庄子正是以"因"而继承老子"顺"的观念，他是顺从各家理论进行评说而不自立新论，所以才能不陷入"彼出于是，是亦因彼"的是非之中，避免了"言恶乎隐而有是非"的问题。

最后要补充的是，除了把握核心主旨和疑难问题的学术意识外，著者在研究过程中，既吸收了方东美、牟宗三、宗白华、徐复观等现代中国哲学大家的研究成果，也适当从康德、萨特、海德格尔等哲学家思想对庄子的美学及生存论思想进行诠释。总之，本书研究特点鲜明，条理明晰，视野开阔，可读性强。（杨子路）

樗下读庄——关于庄子哲学体系的文本研究

《樗下读庄——关于庄子哲学体系的文本研究》，止庵著。北京：东方出版社，1999年1月第1版，32开，278千字。该社2007年8月重印本，32开，280千字。重印本对正文、序言有所订正，并以"体系"形容庄子哲学有欠确当，故删除原副标题，并在行文中将"体系"改为"框架"一词。另有济南：

山东画报出版社，2016年1月第1版，精装，280千字。

止庵简介详见《老子演义》提要。

本书并非研究庄子哲学的专门论著，而是依循传统注疏体系，参考了郭象、成玄英直至刘文典等古今60余家《庄子》注释版本，对《庄子》内、外、杂篇分章进行疏解、评点、阐释之作。值得注意的是，著者所谈及的"庄子哲学"或"庄学"，是指体现在《庄子》内篇主要部分和外杂篇相关部分中的作为一个基本思想框架的哲学，著者认为《庄子》内篇等文本中也存在一些羼杂之处，不能成为构筑庄子哲学框架的有效材料。此外，著者认同某些古史辨派学者的考证，认为老子与《老子》一书的著者是不同的两个人，《庄子》大部分内容完成于《老子》之前。著者认为，现存《老子》一书的主要倾向与构成庄子哲学框架的《庄子》内篇的主要部分和外杂篇的相应部分根本就是不一致的。这些都构成著者阅读《庄子》和体认庄子哲学框架的主要基础。

在提要部分，著者认为，庄子哲学不是关于如何统治或如何参与统治的理论，而是一种仅仅与个人有关的思想。从根本上讲它不关心"做什么"的问题，"吾丧我"就是"逍遥游"。庄子哲学没有改变世界的想法，而是提出了一套新的价值尺度，故而是一种关于人的精神如何超越的哲学，并通过"小大之辩"和"有待无待"两个既递进又平行的思路，使这一超越具有一种无限性。

著者在提要中进一步认为庄子哲学具有三个层次：第一个层次解决个人与社会的关系，也就是所谓"无功"和"无名"的问题。它把社会视点变为个人视点，使人最大程度从社会脱离出来，摒弃人的全部社会意识和社会价值观念。它所要求于社会的仅仅是最基本的生存而已，只有在这里才有一个处世的成分，即"不用之用"。第二个层次上解决的是精神与存在的关系，也就是所谓"无己"的问题。这首先是对于"社会的自我"的超越，继而超越自己的生存状态和对生死的意识，这包括：第一，把存在中一切人所不能改变的成分作为前提（"命"）接受下来；第二，不以精神作为对存在的反映而认为它是对存在的无限超越，从而达到内心的自由，此即"德有所长而形有所忘"。第三个层次解决的是理性和悟性的问题。著者认为庄子哲学是一种关于悟性思维的哲学：首先从"辩"开始，理性地否定现有的理性意识，继而通过进一步的"辩"把这种否定当作一种现有意识予以否定，同时标出向着悟性发展的方向。最后阶段则强调"意"对于"言"的超越，即最重要的是没有说出而且是不能说出的，但通过所说的可以悟到。著者这段较为通俗的解读，实际上看到了庄子哲学对后世重玄学的影响。著者总结到，经过以上三个层次的超越，庄子哲学达到一种无限的境界，这就是"道"。

在文本注释部分，著者广泛吸收前人成果，对《庄子》各篇分段进行了注解、阐释，间有新见。如注"道未始有封，言未始有常"一段，称道不是一般所谓共性，一般所谓共性是对或大或小范围内的个性的归纳，所以还是有限的；而道没有范围，也不是归纳。这一解释较准确地把握了老庄道论的特点，与限格道为一物之流俗的阐释不同。个别篇章如《说剑》篇则仅加按语为"纵横家言，与庄学无关"，安排得当。

作为一名作家，著者并非专业学术研究者，本书主要依循传统的注疏体例，也并非更强调创造性的研究专著，语言平易，故犹有未竟之处。然而在注释文本的过程中，著者博采群说，逻辑连贯，仍显示了较高的学术修养。（杨子路）

庄子哲学辨析

《庄子哲学辨析》，张京华著。沈阳：辽宁教育出版社，1999年4月第1版，32开，270千字，系"国学丛书"之一种。

张京华简介详见《庄子雪》提要。

本书所说"庄子"，即以《庄子》为文献、庄子为中心人物的基本上统一的哲学学说，本书目的是系统研究庄子的哲学学说，附录略涉及版本考证问题。

首先，本书先列三章，对庄子哲学之认识论、本体论、社会观进行探讨。就认识论部分而言，本书认为对事物数和量的讨论，是庄子哲学内在逻辑和概念的开端，故《逍遥游》提出了种种事物间数量的差别，并提出"小大之辩"的问题，以对事物有所区分、取舍，引导人类突破既有眼界，把目光转向天地之间。故庄子进而引申出"逍遥"的概念，即超越了量的关系的无条件的绝对的自由。既然数量上的大小不能作为衡量事物存在的根据和意义的标准，事物（包括人类）的个性和各自遵循的原则就更不能作为衡量事物自身以及其他事物的标准，"彼亦一是非，此亦一是非"，庄子遂走向了相对主义。而庄子认为事物间彼此相互因依而存在的"彼是方生之说"，又包含对事物个性和各自原则之肯定的因素。著者认为，个性以其自身的存在为根据，恰恰就正是天地万物的普遍原则，此即庄子"齐物"之说。著者指出，庄子由此留下了一个逻辑上的自我矛盾，即以自说之是以非儒非墨。庄子解决的方案是通过摒弃其形式逻辑和相对主义，转向了认识论的直觉（"知之濠上"）和抽象思辨以建立道论。

在本体论部分，著者对庄子之宇宙论及形而上学进行了研究，详尽辨析了混沌、宇宙、有无、复根、道、玄、自化等概念的内涵及逻辑关系。著者认为，"有""无"二概念的含义和相互关系在宇宙论和形而上学中是有所区别。在宇宙论中，说"道"之"无"生成了万物之"有"，是合于老庄哲学的内在逻辑。但在形而上学中，"道"与"有""无"是同一的。

就其社会观而论，本书认为庄子的政治观、人生观、历史观、现实观和他的本体论是一致的，其社会现实观从属于庄子的哲学体系，由其所推导、引申。著者首先总结了庄子的养生观及方法，继而认为庄子用更高层次的"生"即"生死如一""天地与我并生"以否定养形养身之"生"，以至于真人境界，以应于世即为圣人，圣人之治及至德之世，而人类社会"性"（道所赋予）、"情"（后天具有）的分离则产生了倒置之世。于是庄子退而求其次，从有无同一中推导出"与世同波"的现实观。

其次，著者又认为，庄子的道家思想与孔孟荀儒家思想是互补的。后者以人为中心、出发点和根据，承认存在，立足现实，注重人生和社会实践，以相对现象为绝对依据，务求建立完备、封闭、多元支撑的秩序体系；而前者则是以自然为中心、出发点和根据，关于人生和社会的思想是从其本体论核心中逻辑推导出来的。庄子与孔孟荀以其相互对立的思想体系各自沿着天人的两极发展，同时又共同构成天人关系的完整体系。故而著者又立四章，着眼于儒家思想发展、转变的历时性线索，分别探讨了孔孟（奠基）、《礼记》《中庸》（发展）、荀韩（转变）之思想，以及汉代儒家学说的政治实践。庄子研究专著中花大篇幅探讨儒家学说，亦是本书一大特色，表明了著者所持儒道互补之观念。

复次，著者比较庄子与老子哲学之同异，认为两者虽道论、认识论和逻辑推理极为相同，但在社会实践方面却有着相反的哲学目的和社会观，一者消极处世，一者致世致用，二者均引申自道论的不同层次——大象无形与相反相成。著者还简略讨论了庄子哲学的后世影响和后世对庄子哲学的改造。

最后，著者对庄子哲学的思想体系进行了总结，认为其道论体系具有封闭性与开放性的双重特点，而儒家与庄子学说既对立平行、又共同构成一个完整的天—人关系的坐标体系，在中国的现代化进程中又各有长短，著者还从现代物理学角度对庄子宇宙论进行了诠释。总之，著者的研究对庄子哲学思想的诠释逻辑清晰，持论公允，解读从《逍遥游》开始，亦符合《庄子》文本本身的顺序，可成一家之言。（杨子路）

《齐物论》及其影响

《〈齐物论〉及其影响》，陈少明著。北京：北京大学出版社，2004年2月第1版，200千字，系"学术史丛书"之一种。北京大学出版社2005年9月第2次印刷，16开，245千字。

陈少明，1958年生，广东汕头人。先后获历史学学士、哲学硕士、哲学博士。现任中山大学哲学系教授，兼任中山大学中国哲学研究所所长。著有《儒学的现代转折》《汉宋学术与现代思想》《等待刺猬》等，在《中国社会科学》《哲学研究》上发表论文多篇。

本书基本线索如下：首章为导论，阐述《齐物论》乃庄子之代表作，是庄子学派及后世庄学发展的主要思想资源，并论述了纯粹的哲学问题，堪为中国哲学经典。第二章阐释"齐物"三义，在传统齐"物论"和齐万物两种解读基础上，著者进一步揭示齐物我一义。第三章，以《齐物论》为中心，借庄子同老子、公孙龙及孟子分别比较，揭示《齐物论》的思想背景，并从一个特定角度观察"百家争鸣"时代的某种斗争态势。第四至六章进一步阐释齐物三义，并说明囿于西方认识论传统的所谓哲学"基本问题"，是不适应于《庄子》的。

第七至九章分别以诸家对《齐物论》的阐释为视角，探讨了魏晋时期的竹林玄学、郭象庄学及僧肇思想。第七章特别论及嵇康、阮籍之异；第八章谈到与嵇康在齐是非悖论中保持了强烈的抗争精神不同，郭象在实践上则选择了与现实利益相适应的一面，并且用"自然"把它包装了起来。第九章指出《肇论》特别是《不真空论》系针对魏晋时期在玄学影响下各种佛教理论而作，它以般若中观哲学作为分析的工具和判别的基准。但从思想史角度观察，僧肇仍然没有摆脱玄学。第十章讨论了林希逸、释德清从儒、释两端所作《庄子》诠释。

第十一章对章太炎《齐物论释》进行了研究，认为此篇从表达形式上是经典解释传统中注疏之学的一种现代延伸，遣词造句刻意保留了一种古雅的风格；就思想方式而言，是以辨名析理方式发掘子学哲学尝试的典范之作，借佛学名相分析，为原作各种隐喻式的陈述提供了巧妙而内涵的解说；而其思想视野，则具有把东（道家、佛学）西（科学、哲学、宗教）方形上学融为一体，表达对人类生存状态普遍关切的情怀。第十二章对现代庄学进行了分析，著者认为物质、进步、理性、斗争诸观念成为重构传统学术的思想背景中的要素。在这种背景下，中国哲学史研究并非探寻古典的思想智慧的途径，而是借对思想史的重新解释，来证明现代科学观念和意识形态的优越和正确。传统庄子哲学所关心的个人幸福或精神境界问题，便被遮蔽了，这导致现代文化中对同情心、精神价值等教养问题的有意忽视。著者强调，对现代庄学思想背景的反思，也并不是笼统反对现代性包括现代意识形态中的各种原则，而是对这些原则的功能和界限要有自觉的检讨，以便为现代文化的发展开辟更多资源及空间。

在第十三章，著者探讨了《齐物论》注疏传统中的解释学问题，认为郭象、王夫之、章太炎等注家对相同章节的不同诠释，给我们留下可与现代解释理论中隐喻、文本等论说相参校的经验。最后一章为"六经注我"式的论庄之作，著者将齐物三义诠释为自我、他人与世界三个现象学式的问题，目的是要突出前科学的"意义"的本体论性质。本书另外附录了《由"鱼之乐"说及"知"之问题》及《从庄子看心学》两篇论文。

总之，本书结合知识考古学方法，对庄子经典作品《齐物论》篇及其历史影响——亦即经典及其解释史进行了专题研究，并以现象学态度对此篇进行了创造性的诠释。故而，著者强调经典依然存在打开进一步的哲学思考门径。著者对待经典的这一态度与本书已经做出的学术贡献同样是值得赞赏的。（杨子路）

庄子哲学

《庄子哲学》，王博著。北京：北京大学出版社，2004年3月第1版，16开，230千字。该社于2013年8月再版本书。

王博简介详见《老子思想的史官特色》提要。

因在本书中，著者讨论的是庄子哲学，而非《庄子》哲学，故而本书主要以《庄子》内七篇为研究范围，并附录《庄子重要概念简释》《隐士的哲学》《心之逍遥与形之委蛇》《庄子哲学中的心与形》等四篇相关论文。本书有如下特点：

首先，著者采用了陈寅恪先生"同情的了解"之方法，并没有采取一种客观主义的立场。又没有从一般哲学研究的方式，以概念范畴出发来诠释庄子哲学，而是采取了"同条共贯"式的做法，以免陷入凿破"混沌"的困境。语言深入浅出，具有较强的可读性。

其次，本书对《庄子》内篇的解读顺序（《人间世》《养生主》《德充符》《齐物论》《大宗师》《逍遥游》《应帝王》）具有新意。著者认为，生命问题是庄子哲学中最重要的问题，而关于生命的哲学必来自于生存的切实的感觉，而这只有在人间世中才可以获得。一般读者往往把庄子看得太洒脱，而著者认为更重要的是洒脱背后沉重而又无奈的东西，故而本书以《人间世》入手理解庄子思想。著者认为，由于人间世的险恶，欲救世而不可行，故庄子在《养生主》篇转入思考养生（全生）的问题。然而，对于生存而言，更重要的是对生命本身的理解，以及伴随着这些理解及其实践所体现的人的心灵所达到的高度或境界，也即"德"，故而著者进一步对《德充符》篇进行了探讨。而要达到德性充满，则须通过对成心的破除，摆脱物的限制，故而本书继而对《齐物论》进行了研究。然后，著者通过对《大宗师》和《逍遥游》的讲解，分析了道（大宗师）及体道境界（逍遥）的意蕴。最后著者认为，《应帝王》篇乃是在生命主题下对治道的探讨。总之，本书所诠释的《庄子》内七篇次第确有独到之处。

复次，著者对庄子哲学核心范畴的阐释亦有独立的见解。如认为"道"主要不是和秩序有关，而是和人的生命相关。"养生"是如何处理自己与他人及社会的关系，如何在错综复杂、荆棘遍地的环境中找到一个安全的存身之地，真正的养生最后总是要自己融入到宇宙大化之中。"齐物论"宜断为"齐物一论"，因为物论是可以逃避而物却是无法逃避的，所谓"齐物"主要地并不是知识，而是指对万物等量齐观的态度。广义的"帝王"，就是让自己成为生命和世界的主宰而不是奴役。而"忘"有工夫、境界两层含义。

最后，本书在研究过程中，除系统地利用了传世文献外，亦注重参照《黄老帛书·经法》等出土材料，加深了论证的效力。譬如著者认为《经法》中突出了道"虚无形"和无名的特点，"道生法"的命题则表明价值判断不能由人而出。这些思想，可与庄子哲学相互印证。

在附录论文《庄子重要概念简释》中，著者对"道""德""天""命""心""齐物""逍遥""无情""无用与寓诸庸""忘"十个核心概念进行了扼要诠释。《隐士的哲学》原为讲稿，讨论了与庄子思想的背景——隐士文化。《心之逍遥与形之委蛇》一文认为庄子思想全生的主题在于不可分的两个方面：形因顺世俗而不与之同流合污，而心不执著于万物而至于无待。《庄子哲学中的心与形》则系统地对《庄子》内七篇中无形之心、有形的形体两个概念及其关系进行了论述。

本书扎实而又生动地呈现了庄子思想的主旨，故而产生了广泛影响，受到普遍好评。当然，著者的研究因限于其生命哲学视域，对内七篇中的政治、语言等问题等不够重视。附录在探讨心、形问题时，存在着心身二元的形而上学倾向，这与庄子思想是否契合，也值得进一步讨论。（杨子路）

庄子正宗

《庄子正宗》，马恒君译著。北京：华夏出版社，2005年1月第1版，32开，600千字。同一出版社又于2007年5月、2014年3月两次重印，16开，600千字，前者属"华夏国学经典正宗文库"，后者属"华夏国学经典文库"。

马恒君简介详见《老子正宗》提要。

本书是一本力求尊重原意、通俗易懂解读《庄子》的精品读本。本书以清代郭庆藩的《庄子集释》为底本，参考他书进行译注，著者"试图把《庄子》的原意说清楚，尽量利用旧的说法，对一些明显的误解，也只好以《庄子》来证《庄子》"。在充分尊重古注的前提下，著者也在充分考证的基础上进行修正。著者认为《庄子》古注中存在不应通假时通假了，应当通假时又不通假；不应求深时求深了，该求深时又不求深这类的误解。比如《天道》篇里的"此之谓辩士，一曲之人也"。辩通办（辦），办士指具体去做事的人，而旧注则以为是"苟饰华辞浮游之士"，这是本为通假而不讲通假。《天运》篇里批评大禹为家天下始作俑，说"自为种而天下"，"种"指子孙，而旧注却说是"人人自别"，这是本来浅近的道理讲深了。在《天下》篇里，提到"数度"，本指古人计算天地运行的数据，数是大数，度是零数。比如周年的大数是360天，零数是五又四分之一日。原文里就有"本数""末度"的说法，甚至还有一二三四，而旧注却说数度是仁义名法。古人用观测到的数据计算天地运行的周期，按周期确定运数，与"仁义名法"没有关系，这又是本来深的道理讲浅了。本书对于这些问题予以纠正，为读者提供了借鉴与参考。

本书除前言外，就是对《庄子》逐篇解读，每篇开始首先有对该篇思想主旨的解读，然后逐段翻译为白话文，并有关键字词的注释。字词注释是著者认可的含义，没有比较其他人不同的解释。第一篇《逍遥游》，著者认为逍遥是得道后无所依赖，进入自由王国的一种境界。第二篇《齐物论》，著者认为就是统一论，庄子主张人们应当抛弃对万物暂时的、有所依赖的相对性认识，去把握对道的永恒的、无所依赖的绝对性真知。第三篇《养生主》，著者认为本篇主旨是讲养生之道，"主"指的是道。把"缘督以为经"解释为坚持中间路线，不要走极端。人要维持自己的生命就应当顺其自然，遵道而行。第四篇《人间世》，著者认为人间世就是人世间，也就是人间社会，意在探讨一种正确的处事方法，应该坚持两条原则，一是"虚己"，二是"顺物"，这升华为一种处世哲学。第五篇《德充符》，著者认为德充符的意思是道德充实的凭据。真正的道德，是保全天所赋予的天性，精神不外泄，进入道通为一的境界。第六篇《大宗师》，意为人应当奉为师法的最伟大的宗主，实际上指的是天道自然。第七篇《应帝王》，是应对帝王治国的需要做出的回答，讲治国之道的基本思想是治国者要顺应人的天性，以完善的道德去潜移默化，不要搞人为的心治。（刘恒）

庄子哲学新探——道·言·自由与美

《庄子哲学新探——道·言·自由与美》，徐克谦著。北京：中华书局，2005年8月第1版，32开，184千字。

徐克谦，1956年生，江苏扬州人。复旦大学哲学博士，南京师范大学文学院教授，南京师范大学图书馆馆长。主要从事先秦诸子学研究。著有《轴心时代的中国思想》《中国传统思想与文化》《先秦儒学及其现代阐释》等。

除少数确有证据的文句和段落外，本书将《庄子》一书整体上作为庄子的思想材料进行研究。共分为九章。第一章对庄子哲学的产生背景进行了考察，以说明庄子的思想渊源及其与其他各家学说之间的联系。后八章通过对庄子哲学中的"道""真""命""美"等基本哲学范畴的分析，对庄子之道论、语言观及语言怀疑论、道言悖论与言说方式、人生困境与自由理想、个人主义、美学价值等问题进行了专门研究。故而在研究内容上，本书具有强烈的问题意识。

在研究方法上，本书又有如下特点：

第一，本书的研究既贯彻了哲学阐释学的态度与方法，又无任意比附之弊，坚持了返本与开新的统一。本书在诠释庄子哲学的过程中，既注重对《庄子》文本的深入理解，亦强调在解读文本的过程即是今人与古人就人类共同面临的哲学问题进行对话的过程，就是今人与古人之间进行思想交往和主体间建构的过程。但著者又并没有生搬硬套，更对前人诠释的失当之处进行了指正。譬如著者谈到，过去常常将"道"解释为世界的本原、万物的本质、物自体、物质、绝对精神、客观规律等西方哲学意义上的含义，而忽略乃至遗忘了"道"是道路、途径、方法等意义。著者认为，这种遮蔽还影响其对庄子哲学体系性质的理解，如庄子乃至整个中国哲学的"道论"与西方哲学中本体论的基本区别是，西方哲学本体论主要是追问"是什么？"（What is?）的问题，而中国哲学的"道论"主要是探讨"如何？"（How to?）的问题。

第二，著者又注重运用当代语言哲学思想解读庄子哲学。除采用严谨的分析方法对庄子哲学范畴进行解析外，著者又根据约翰·塞尔关于"句子的字面意义"和"说话者的话语意义"的思想，以解读《庄子》文本中虚构、隐喻、讽刺等情况中的话语意义；根据卡尔纳普的语言分层理论中的"元语言"思想，认为《齐物论》所欲"齐"的主要不是"物"，而是"论"；又以奥斯丁语言即行为的论断，解读《人间世》中关于言行关系的思想。

第三，著者注重比较研究，将庄子哲学与语言哲学、存在主义等西方哲学流派进行了比较。如比较了庄子与海德格尔的语言哲学，又认为庄子哲学中的"是非"问题与西方哲学中的"存在"问题相关。而在自由问题上，庄子主张一种离开个人自由意识的无主体的自由，这与萨特、海德格尔存在主义哲学有本质区别。

此外，本书还具有其他重要的具体结论，例如：一、庄子的言说方式。

著者将庄子创造的言说方式的概括为"言而无待"（名而无其实）、"不谴是非"、"正言若反"以及"两行""以明"。进而认为，庄子借卮言表现其心志，而寓言、重言是配合卮言的具体表现手法。

二、庄子的自由观。著者认为这涉及两种不同意义上的自由：即心灵上的自由和获取自己生存、发展权利的自由。进而认为庄子自由观在存在论意义上是深刻的，但在现实社会层面却并不成功，甚至走向自由的反面。

三、庄子的美学观。著者认为，庄子的美学方法和审美态度具体表现为：物我两忘的审美观照，非功利、非实用的审美价值取向，"游"的审美趣味，"至美至乐"的审美境界。

本书以哲学问题为导向，运用诠释学、语言哲学和比较方法对庄子哲学进行了深入的批判性解读，具有较高的学术价值。当然，本书部分观念值得商榷。如著者对庄子自由观的批判，过于忽视其思想的政治伦理意义。（杨子路）

逍遥的庄子

《逍遥的庄子》，吴怡著。桂林：广西师范大学出版社，2006年1月第1版，16开，80千字，系"东方思想与智慧丛书"之一种。

吴怡简介详见《新译老子解义》提要。

本书分为六章，文末附有《庄子》内篇中的一些重要术语，解释了《庄子》内篇中出现的一些重要术语。第一章结合史料，刻画出了庄子逍遥的形象。第二章指出了后世学者向秀、郭象对于庄子逍遥的误解，解释了这一误解产生的原因以及对后世的影响。第三章从《逍遥游》这一具体篇章入手，来看待庄子逍遥的具体境界以及达至逍遥所需的具体功夫修养。第四章论述从"知"的方面入手去达至逍遥，以《庄子》中"知"的考据为立论依据，将"知"与"德"联系起来，使之更加地靠近逍遥的境界。第五章论述从"德"的方面入手去达至逍遥，表达了在达至逍遥境界的过程中，"知"与"德"是相互作用的，小知转化为大知，最终达至逍遥之境。第六章为总结性的内容，将庄子逍遥的思想境界的本质总结为体现真我。

本书以庄子的逍遥为论题，以整部《庄子》为文本依据，从"知"与

"德"两个方面解释庄子的逍遥. 在分析了前人理论成果的基础上提出了自身的观点，将庄子的逍遥形象比较清晰地展现了出来。（李梓亭）

虚己以游世——《庄子》哲学研究

《虚己以游世——〈庄子〉哲学研究》，韩林合著。北京：北京大学出版社，2006年1月第1版，16开，343千字，系"爱智文丛"之一种。另有北京：商务印书馆，2014年12月修订版，32开。

韩林合，1965年生，内蒙古赤峰人。北京大学哲学博士，北京大学哲学系教授，教育部长江学者特聘教授。主要研究分析哲学、老庄哲学。著有《维特根斯坦〈哲学研究〉解读》《〈逻辑哲学论〉研究》《分析的形而上学》等。

著者认为，庄子所要解决的主要哲学问题是人生意义问题和如何治世的问题，而前一问题更为根本。故而本书第一章首先谈论人生问题。进而，通过"人生问题之解决（上）：体道过程""人生问题之解决（下）：体道境界""体道境界之进一步描述""社会问题之解决"等诸环节，进一步阐释庄子之哲学思想。并于结语"理想与现实之间"，对庄子哲学进行了简要的总结和反思。附录中又比较了老庄思想之异同。本书主要有三个主要的优点：

第一，采用了诠释学的态度，以"庄子"为著者所诠释之思想体系的承载者。在方法上，对庄子哲学的解读强调文本与逻辑的统一。既注重从文本出发进行解读和诠释，而又没有拘泥于内、外、杂篇的区别，强调庄子哲学思想的逻辑一贯性。

著者所诠释之庄子哲学的基本思路如下：首先，世界是由不计其数、千差万别的事物组成的整体。但庄子认为，人作为经验主体并不能从经验世界中获得人生的意义，故而经验主体只有通过体道或与道同而为一，才能真正解决或消解这些问题，才能使其人生具有终极意义。

著者认为，道即作为整体的现实世界，具有无形无声、窈冥昏默、绝待绝对、独往独来的性质；道在时间和空间上，均无穷无尽；道永不间断地连续地生育万物，但自身不可能由其内的任何事物生成或毁灭，或更准确地说，生成、毁灭的说法根本不适用于它；生成万物之后，道作为它们的本质和命运继续支配着它们；道无所不包，无所不在；道严格地按照虚、静、淡、无为的原则生成和支配万物，完全不能用仁、义、巧、戾等词汇形容它。

著者进一步解读称，作为世界整体的道构成了人的本性和命运。但只是在人类之初和人生之初，人才是与其同体或同一的。尔后，随着成心（完成了的或成熟了的心，即有认识、感受、意欲等完整心理官能的心，非特指成见之心）之形成，人们逐渐背离了道，丧失了其本然之性，即脱离开了其与道或世界整体同体或同一的状态，而最终沦落成为道或世界整体之内的一个对象。于是，人们开始争名夺利，人生便最终失去了意义，社会也失去了应有的秩序。故而，要回归于道，则需要通过安命（无条件地接受发生于世界之内的任何事物）、齐物（世界中根本不存在任何形式的区分）、心斋（停止感觉、思考、感受、意欲等心灵活动）诸途径，最终与道同而为一，获得绝对的自由、安全与幸福。应当说，著者对庄子哲学的诠释在逻辑上是自洽的。

第二，著者的诠释坚持了哲学的批判性精神。既看到庄子哲学的永恒价值，同时对文本论证中存在的逻辑问题进行了批判。例如《齐物论》假定甲乙双方（吾与若）就一事进行辩论，而为了确定孰是孰非则需要找到第三者丙进行判断，而丙的意见有如下几种可能情况：同于甲，异于乙；异于甲，同于乙；同于甲和乙；异于甲和乙。由于丙可以是任何一种情况，故庄子断言丙不能充当甲乙辩论的裁判者，甲乙的真假无法确定。因此根本不存在绝对的真理——至真。著者认为，如果我们承认存在着独立于所有人的绝对的真理，而且假定丙掌握了相关的真理，那么他当然可以最终确定甲和乙的断言的真和假。而如果庄子不接受这个前提，那么他就陷入了循环论证，仍是无效的。

最后，在解读庄子哲学的过程中，注重吸收当代分析哲学的成果。譬如从语言哲学视角，对庄子"言者所以在意，得意而忘言"的思想进行了反思。

本书结合当代分析哲学，逻辑连贯地诠释了庄子哲学，具有较高的思想价值。当然，本书也存在着一些值得商榷之处。譬如认为庄子乃至老子之道可释为世界整体，然而世界整体这一范畴仍属于理性可以认识把握的对象（可道、可名），仍是一现成的存在者（万物的整体仍是物，而不是道）。其次，《庄子》一书中的政治哲学是否仅为人生哲学的补充，也值得反思。（杨子路）

庄子的思想世界

　　《庄子的思想世界》，杨国荣著。北京：北京大学出版社，2006年10月第1版，16开，259千字，系"未名中青年学者文库"之一种。另有台北：台湾水牛出版社，2007年版；上海：华东师范大学出版社，2009年6月版，16开，268千字，系"杨国荣著作集"之一种，订正了引文方面的若干讹误，增加了新版后记，未作其他修改。

　　杨国荣，1957年生，浙江诸暨人。华东师范大学紫江特聘教授、思勉人文高等研究院院长、中国现代思想文化研究所所长。研究领域包括中国哲学、中西比较哲学、伦理学、形而上学等。在先秦哲学、宋明理学、中国近代哲学、道德哲学、形而上学等领域出版学术著作多部，其中主要部分收入"杨国荣著作集"。

　　本书在导论后有十章，后面还有三个附录。导论首先考察了庄子其人与《庄子》其书，认为不宜简单地将内篇与外、杂篇截然分别划归庄子与后人，"对《庄子》一书更合理的理解，是将其视为一个整体"，并分析了《庄子》一书的影响及理论特点。第一章，天人之辩。著者从物与人、本真之"在"、"天"的二重涵义、自然原则的双向展开、天人之行本乎天五个维度讨论了《庄子》中对人内在价值的理解以及对人之本性的追寻。第二章，道通为一。著者从未始有封与分而齐之、以道观之：存在的图景与存在的视域、齐是非及其本体论意义三个方面讨论了《庄子》中对存在的界限、视域及差异性的思考。第三章，道与存在之序。著者从道不欲杂、天地之序的审美之维、自发与自然、"和"与精神世界四个角度探究《庄子》关于道的存在之序及其与精神世界的关系。第四章，真知：向道而思。道是存在原理与形上智慧的统一，得道体道是庄子关注的重要问题。著者从体道与极物、真知与真人、坐忘与心斋、反观内通：逻辑之外的进路四个方面，分析了《庄子》中对于得道、真知、真人的思索以及达成的路径。第五章，名与言。"知"的获得与表达都与名与言有关系，著者从名止于实、言意之辩、道与言三方面分析了《庄子》关于名言与人之"在"、"言"与所言、言说与道等关系的辨析，展示了庄子多方面的哲学立场。第六章，濠梁之辩。关注的问题是不同主体之间的交往、理解与沟通是否可能以及如何可能，包含问题的提出、理解的形上之维、理解与沟通三个问题。第七章，个体与自我。从"德"与个体原理、不以物易己、守其一、无"己"与有"我"、人我之间五个方面讨论了庄子对于个体及个体性原理的多方面关注。第八章，时·历史·境遇。著者从变迁与"时势"、时与命、与时俱化三个视角分析了庄子对于存在的时间性与历史性、个体存在境遇独特性的思考。第九章，存在境遇中的生与死。个体的存在具体展开为从生到死的过程，生与死是难以回避的问题，著者从"生"的意义、齐生死、"死"的理想化及其内蕴三个方面分析了庄子对于生与死的思索。第十章，逍遥之境。以如何在现实中达到合乎人性的存在为关切点，庄子以逍遥作为人理想的存在方式，著者从人性与天道、自由与自然、逍遥于天地之间三个方面展开讨论。

　　附录一，道与人——《老子》哲学中的若干问题。本文内容是根据著者在华东师范大学哲学系研究生讨论班的讲课整理而成，包括道与名、有与无、"为无为"、本然之在、"天地不仁"、美与善六个问题。附录二，面向存在之思——《老子》哲学的内在意蕴。包括道天地人、尊道贵德、自然无为：二重内涵、为学与为道、回归本然与守护可能五个问题。附录三，《逍遥游》释义。本文侧重于《庄子》哲学意蕴的诠释和阐发，关于具体字词的注解从略。著者在附录中收入关于《老子》哲学的两篇文稿，主要意在为庄子思想的理解提供更广阔的背景；以《逍遥游》的哲学释义为附录，则试图通过特定文本的解读，从一个侧面更具体地把握庄子哲学的原始形态。（刘恒）

感悟庄子——"象思维"视野下的《庄子》

　　《感悟庄子——"象思维"视野下的〈庄子〉》，王树人、李明珠著。南京：江苏人民出版社，2006年12月第1版，32开，432千字。

　　王树人，1936年生，笔名老树，吉林东丰人，祖籍山东莒县。中国科学院哲学社会科学部哲学所研究生毕业。曾任中国社会科学院哲学所研究员、研究生院教授，中华全国外国哲学史学会名誉理事长。从事西方哲学、中西思想文化比较研究。著有《思辨哲学新探：关于黑格尔体系的研究》《历史的哲学反思——关于〈精神现象学〉的研究》《回归原创之思："象思维"视野下的中国智慧》等，译有《黑格尔与哲学史——古代、近代的本体论与辨证法》，与叶秀山共同担任《西方哲学史》（学术版）八卷本总主编。

李明珠，1955年生，北京师范大学中文系毕业，学士学位。合肥师范学院（原安徽教育学院）中文系教授，院学术带头人。主要从事中国古典文学与《庄子》的教学和研究，著有《庄子寓言新解》等。

本书有如下特点：

其一，与一般《庄子》研究主要区别在于，本书突出的特点是从《庄子》本有之"象思维"出发，去把握庄子的道境道域、道思道论。故而，本书较注意打破概念思维的僵化模式，强调"道""无"等道家核心称谓的非对象性特征，而将《庄子》的语言方式概括为"文以筑象""象以筑境""境以蓄意"和"境以扬神"等方式，只有通过这种悟性的"象思维"通道，才能真正进入《庄子》文本，领会其本真意蕴。著者认为概念思维与象思维各有长短、可以互补，但不能互相取代。

从这种象思维出发，著者还认为《庄子》充满了从有限到无限飞跃的想象，庄子及其学派所描绘的"神人""圣人""至人""真人""大人"都是经过这种精神飞跃创造出来的带有宗教、哲学韵味的艺术形象。本书谈到，庄子的"无古今""不死不生""天地与我并生，万物与我为一"，也就是得道而"道通为一"，更是把这种超越人的生命有限性之境界推向极致，故而隐藏着某种宗教意识。应当说，本书的这一看法较之那种将《庄子》仅仅视为哲学、文学文本的观点，更具有合理性。

其二，为了更深入地解读《庄子》之象思维，著者的视野并没有局限于中国本土，而是以西方传统形而上学、海德格尔哲学为参照，并得出具有启发性的结论。譬如本书借西方柏拉图至黑格尔以来的Ideal（理念）范畴，认为庄子及其学派之核心理念为"道通为一"，游、逍遥等都是"道通为一"种种精神的具体表现。当然"道通为一"不是概念思维意义下的范畴，而是"象思维"意义下的"原象"（无物之象）。著者又参照了晚期海德格尔哲学的运思方式，从克服现代性异化、克服唯理性主义、唯科学主义和唯技术主义的角度，肯定了《庄子》象思维的重要意义。

其三，本书编排依内、外、杂三篇顺序，逐一对《庄子》各篇（公认被杂入的《说剑》篇除外）进行述评。由于两位著者分别从事西方哲学和中国古典文学研究，在本书定稿前又反复修订，故本书既具有较高可读性，又不失思想性。

本书是一部较有特色的庄学研究著作。（杨子路）

于丹《庄子》心得

《于丹〈庄子〉心得》，于丹著。北京：中国民主法制出版社，2007年2月第1版，16开，183千字。

于丹，1965年生，北京人。北京师范大学教授，兼任首都文化创新与文化传播工程研究院院长等。教授中国古典文献、影视学概论、电视理论思潮等课程。出版著作多部。2006至2007年两次登上"百家讲坛"栏目，解读《论语》《庄子》心得。

本书前有自序：我们的心可以遨游到多远。正文10篇，插图18幅。后附有《庄子》原文。

第一篇，庄子何其人。引用《外物》《山木》《列御寇》《秋水》篇中的寓言故事，以示庄子看破并超越名、利与生死，从容清贫，耻于为官，看破内心重重的樊篱障碍，得到宇宙静观天地辽阔之中人生的定位。

第二篇，境界有大小。人生格局有大小，境界有高低。境界的大小决定了对事物的判断，站在大境界上，就会看到天生我材必有用，而站在小境界上，只能一生碌碌无为。

第三篇，感悟与超越。庄子的人生哲学是淡泊为大。只有超越了功名利禄之心，才能感悟到人生的高境界。

第四篇，认识你自己。只有真正清醒认知了自己，才可能获得成功的人生。而认识自己，却是一件非常难做到的事。

第五篇，总有路可走。善讲寓言的庄子，借用了一个个外表丑陋近乎狰狞的怪人来表达自己的观点：无论人生遇到什么情况，世界上总有路可走。"上帝给你关上一扇门，同时也给你打开了一扇窗"。

第六篇，谈笑论生死。庄子之所以能够笑谈生死，是因为他悟出了生死的真谛，那就是：生和死，不过是一个形态的变化。

第七篇，坚持与顺应。庄子认为，在人的内心应该坚持自己的秉性而不要随波逐流，而面对外在的世界，则应该通达和顺应。

第八篇，本性与物性。人的本性是无羁无绊的，但由于太多的物质利益使我们迷失了人的本性，才会被功名利禄所累，丧失了快乐的人生。

第九篇，心态与状态。庄子用他的许多寓言故事告诉我们：一个人做事时，如果患得患失，如果心有顾虑，那他所有的经验和技巧，都不可能得到最好的发挥。

第十篇，大道与自然。《庄子》中讲了许多寓言故事，这些寓言故事无论是尖酸刻薄，还是讽刺挖苦，其中的奥秘只有一个，那就是"大道合乎自然"。

本书是《庄子》哲学思想的普及本，内容丰富，深入浅出。著者讲述庄子寓言，并引用很多古今中外的故事及生活中的事例插入其中，从十个方面讲述了一己心得，让读者感受主子，接近庄子，在一定程度上起到了激活经典、传播经典的作用。（刘恒）

听大师讲庄子

《听大师讲庄子》，马志明、吴建雄著。南京：江苏文艺出版社，2007年4月第1版，16开，140千字。

本书评述了11位近现代文化名人对庄子的阐述与发挥，以每位文化名人的评述为一章节，每章节解读《庄子》之前，附有这位文化名人的生平与成就简介，并简要评价其对于庄子的态度，然后从一些话题展开探讨该名人对《庄子》的解读。

鲁迅解《庄子》——掐捏"人世间"的七寸。鲁迅对待《庄子》具有两面性，一是在《汉文学史纲要》中高度评价《庄子》，二是在与施蛰存的著名论战中极力反对人们读《庄子》。著者认为，鲁迅对待《庄子》或者说传统文化的两面性，正是理解鲁迅心中《庄子》的切入点。具体从以下话题评述鲁迅对《庄子》的理解："人学家"的本性生活；孤独是智者的福；身在现世，怎么离去；出世必为天良，入世便为人心；阿Q精神胜利法的脆败。

胡适解《庄子》——飞得更高，迎着狂风舞蹈。著者评述认为胡适偏爱《庄子》，在研究中国古代哲学的著作中不乏对庄子的论述，同时对庄子哲学中消极方面的批判也是毫不留情。具体话题有：进化是世间生命的响亮旋律；从是非中挣脱出来；不能停止生命翅膀的拍打。

林语堂解《庄子》——尘世是唯一的天堂。著者评述林语堂以幽默、性灵、散淡的小品文著称，是《庄子》的隔代知音，甚至被称为"庄子的灵魂转世"。具体话题有：在动摇的关头找盲点；或变脸，或当乐天派，取法自然，克服人生的悲怆；不妨像动物那样得快乐。

冯友兰解《庄子》——清静无为，达致"无用之用"。冯友兰对《庄子》的解读，主要集中在他的名著《中国哲学史》中，其中关于庄子的论述，著者认为是"精品"课程。具体话题：减除私欲，则至福常留；瓶颈恰恰是转机；"倒退"才是真进步；抹平心中的坎坷。

章太炎解《庄子》——齐物是最好的因果。章太炎著有《齐物论释》一书，力图通过一篇《齐物论》来统领解读庄子的哲学思想，把佛学与《庄子》全面贯通。章太炎还把自己的读经体会以及西方的自然科学、社会政治学融汇到其中。分两个话题：众生平等，时时要有慈爱之心；消解虚名的妄诋，方能接近真相。

闻一多解《庄子》——惆怅中再生感知的心。闻一多对《庄子》的研究与证疏很重视，著有《庄子内篇校释》《庄子章句》《庄子校补》和《庄子义疏》等研究专著，并发表长篇论文《庄子》。著者从三个话题展开讨论：对人类原生态的诗意畅想；破除鬼神迷信的皮相之见；对失意者贴心抚慰。

钱钟书解《庄子》——洞达世情而不染一尘。著者评论钱钟书有"闹市中的隐者"之美名，其幽默、洒脱的性格也颇有庄子的神韵。其名著《围城》的主人公方鸿渐被人们称为"中国道家文化孕育的模特"。钱钟书的《管锥编》中的"管锥"二字，就是出自《庄子·秋水》中的"以管窥天，以锥指地，不亦小乎"。具体有两个话题：人生虽不快乐，但不悲观；那么好的钟点，猪哪里晓得。

李泽厚解《庄子》——健全人格，不迷失于物性。李泽厚说："中国文人的外表是儒家，但内心永远是庄子。"他认为庄子哲学本身是一种美学，其伟大之处在于破天荒地提出了精神信仰对人格塑造的强大作用。具体话题有：反"异化"，反不良的改造；生活是场挣扎；人格升华，与大道合一；超然入世，千秋归于一梦；潜心感悟，瞬间即永恒；善待生活，处处用心。

南怀瑾解《庄子》——独立不可拔，冲破命运的樊笼。南怀瑾写过《庄子讲记》，对《庄子·内篇》的七篇文章进行了深入解读，笔法细腻，古今中外的故事在南怀瑾那里都能融入庄子的智慧进行解读，可领略其妙语生花及人间关怀。具体话题有：鼠目寸光照不彻自由的宽阔；从宇宙的"空"中获得"满"；保持头脑像刚出炉的刀；先求自渡，然后渡他；葆赤子之心，以身作则；用精神管理身体，祛贪欲；推己及人，做自己的"王"。

陈鼓应解《庄子》——揭开画皮，避纷乱以自处。陈鼓应是现代学界公认的庄子研究权威。具体话题有：诡辩是无意义的杂音；信息爆炸年代忌患"知识厌食症"；勿强行妄为硬碰硬；"圣人"该死，"仁义"当废；信仰母亲，投向自然的怀抱。

张中行解《庄子》——随心顺性，无愧而达观。季羡林曾称赞张中行是"高人、逸人、至人、超人，淡泊宁静、不慕荣利，淳朴无华、待人以诚"。张中行平生最得意的著作《顺生论》中，提到庄子多达41处，其观点与庄子颇为契合，深得其意。著者从三个话题展开讨论：灵魂出窍，冷眼旁观识真知；死亡不是最可畏惧的；坐忘得失谐我心。

本书评述的是11位文化名人对《庄子》的解读，从中可以领略这些文化大师对《庄子》的基本解读与思想上的吸纳，既可以从不同的视角增强对庄子的理解，也可以了解庄子思想对近现代文化的影响。（刘恒）

无奈与逍遥：庄子的心灵世界

《无奈与逍遥：庄子的心灵世界》，王博著。北京：华夏出版社，2007年4月第1版，16开，304千字，系"北京大学乾元国学教室丛书"之一种。

王博简介详见《老子思想的史官特色》提要。

本书是由讲课的录音整理而成，讲课的对象是北大乾元堂国学教室的学员。全书共有10讲，附有序言与后记。序言中著者探讨了"哲学是个什么东西"，提出了自己的思考。第一讲，读书有法。一般的读书之法，从大、中、小三个层面讲。读《庄子》之法，一个是"庄谐之间"，一个是"哲学的生活方式"。第二讲，隐士与寓言。用隐士来讲庄子的生活方式，认为寓言、重言、卮言就是庄子的语言。第三讲，从生活世界开始。是《庄子》第四篇《人间世》的解读，结合了《红楼梦》的事例，强调要无心、顺应这个世界，不能固执、强硬地处事。第四讲，行路难。继续在《人间世》探寻庄子对世界的感觉，认为庄子感受到的是一个很无奈、很残酷、很无道的世界，人既要顺应世事，又要内心释放和解脱。第五讲，游刃有余的可能性。主题是解读《养生主》，结合《齐物论》部分内容。著者认为《庄子》养生的纲要不在于辨别是非，而在于寻找生存空间，在于处理自己和环境之间的关系。第六讲，无我与无知。是解读《齐物论》，认为《齐物论》讲的主要道理就是"要想摆平世界，先摆平自己"，通过无分别地看待事物，达到"无待"的逍遥境地。第七讲，残疾与分裂。主要是解读《德充符》，讲解了其中的各个寓言。第八讲，无奈与达观。解读《大宗师》。著者认为，当庄子把大宗师解释成"天"或者"道"的时候，就是面对自己，面对自己内心最深处的一种存在，是在孤独里才可能发现的真实的存在。人需要顺应天道的大化流行，无心、达观，安顿内心。第九讲，逍遥之路。解读《庄子》第一篇《逍遥游》。著者把《逍遥游》放在后面讲，是为了突出庄子的无奈，在无奈世界里的自由自在的世界。通向自由的一条大道、坦途，就是放大心胸，化掉障碍，打通边界达到"无待"。第十讲，顺应与勉强。解读《应帝王》，讨论了对于"勉强"的思考。著者认为"应帝王"的"应"就是顺应，只有顺应了，才能做帝王，才能有帝王的感觉，就是自己可以做主的真正的人的感觉。顺应还是勉强，就是帝王还是奴隶的感觉。顺应不是对任何事情都顺应，是顺应世界最根本的法则，顺应大化流行。

本书由于是讲稿整理而成，语言近于口语化，深入浅出，平白易读，活泼而具有现代感，是一本《庄子》研究的佳作。著者认为庄子的哲学很显然就是他给自己的生活提供的理由，就是他所塑造的一种心情。这个其学无所不窥的天下第一才子为什么会选择学而优则不仕的路呢？整个的《庄子》内七篇就是给出的答案。说到心情，庄子的心情可以说是始于无奈而终于逍遥，但终于还是没有摆脱开无奈。看不到无奈是肤浅的，而看不到逍遥是庸俗的。只看到无奈的人是沉重的，只看到逍遥的人是没心没肺的。正是在无奈和逍遥之间，在不得已和自在之间，生活的真相才向我们呈现，庄子哲学才体现出它的厚重和深刻。（刘恒）

庄子看人生

《庄子看人生》，刘冬颖著。北京：东方出版社，2007年4月第1版，16开，200千字。

刘冬颖，1972年生，黑龙江大庆人。先后在浙江大学古籍所及黑龙江大学哲学院从事博士后研究工作。出版《诗经"变风变雅"考论》《与圣人对话——孔孟精髓》等专著，译著《放纵时刻》，在《文艺研究》《光明日报》等报刊发表学术论文多篇。

全书除前言外，分为六章。

第一章，漆园中的"真人"：庄周的故事。分析了庄子的几个小故事，认为庄子是一个随性散淡的人，开创了与儒家精神互补的另一种生活方式，让中国人的灵魂在刚健有为的进取和社会责任心的重压之下，还能适度地调节与平衡。

第二章，破茧成蝶：自我超越的向往。从庄周梦蝴蝶、井蛙问海、河伯与海神等寓言故事开始，讨论了世界的相对性，认为庄子启示我们不论身处何境，都应守住自己的心灵之月，认识自我，顺应自然。

第三章，逍遥游：走出心灵的樊笼。主要有三部分：北冥有鱼：跳出三界看人生；鼓盆而歌；得意忘言：妙处不可言说。认为逍遥游只是一种境界，境由心生，需要摆脱名缰利锁，超越现实局限，有一个淡泊的心态。

第四章，大智若愚：简单幸福的生活。分三部分：弱水三千：放得下的快乐；多余的六指：功名利禄也淡然；蜗角之争：走出超重的生活。认为庄子心目中的理想人物是"真人"，泰然自处、无拘无束、顺应自然。

第五章，相忘于江湖——平常心看世事。从三个方面分析平常心：关于"爱"，要顺应自然，真正的爱"相濡以沫，不如相忘于江湖"；关于美，自然而然是最高层次的美，美重在内涵而不是外表，要注重内在精神的圆满；关于友谊，君子之交淡如水。

第六章，薪火相传——智者的生存之道。分析了庖丁解牛、秦佚吊唁、彭祖等寓言故事，认为智者生存之道在于平易恬淡、顺应自然，教育上要顺应教育对象的天性，循序渐进，因材施教，培养具有个人魅力的、踏实的"人中人"。

本书是一部普及读物，同时也是一部严谨的学术作品，它引用的每一个小故事，都力求忠实原典宗旨。以《庄子》为主线，广泛取材于《道德经》《诗经》《论语》《孟子》《韩非子》《列子》《史记》《淮南子》《世说新语》等书中的经典语录和故事，使得该书可读性强，是优秀严谨的普及读物。（刘恒）

庄子心悟

《庄子心悟》，寒江雪编著。北京：企业管理出版社，2007年4月第1版，16开，120千字。

本书先有序言：《庄子》有毒，后有正文四辑，最后有参考文献。

第一辑，快乐人生之道。有八篇文章：自由的阴阳；只有一条腿也要享受心灵的自由；不要让身外之物成为心灵的枷锁；没有对手的人生是寂寞的；各花入各眼；尊严比钱财重要得多；千里马为什么恨伯乐；人生的三种境界。

著者认为快乐人生的前提是自由。自由的阴与阳就是外物与思想。快乐与否，全在人的心态，只要心态够好，快乐无须找！重内轻外，活得自在；"宠辱不惊，去留无意"，活得轻松。要感恩自己的搭档，自己的对手，甚至是敌人，是他们支撑了你，或者是他们激发了你的斗志，让你变得智慧与坚强。"各花入各眼"，做好真正的自己。对于钱财，需要时是宝，超过这个范围就是草，但做人的尊严，在什么时候都不可以少。千里马恨伯乐，因为万物都希望自由、快乐地活着，本性使然。人生最高境界是万缘放下，活在当下。无名、无功、无己，放达率真、逍遥、快乐而坦荡地活着。

第二辑，为人处世之道。有13篇文章：做事情要有"呆若木鸡"的定力；带着满脑子的想法不利于学习；与其朝三暮四不如朝四暮三；不要以小人之心度君子之腹；闭门造车是行不通的；"成者英雄败者寇"，能成为判断成败的标准吗；东施效颦需要非凡的勇气；盗亦有道；子非鱼焉知鱼之乐；巨大的收益来自惊人的投入；锦上添花不如雪中送炭等等。

著者纵论为人处事之道，要收放自如，既要定得住，又要放得开。"呆若木鸡"，"形如槁木，心如死灰"，就是定得住的最好写照。放下万缘，倒空杯子，就是"放得开"，"放下包袱，轻装上阵"才能飞得高，跑得远。"朝三暮四"与"朝四暮三"本质没变，方式不同，结果迥然不同，顺势而为最好。在重大挫折、失败面前，重新站起来，不改初心，从头再来，才是真正的强者。自己就是自己，独一无二，认真做好自己，整个世界都会喜欢你。"盗亦有道"，何况人乎！守住自然大道，"道通为一"，"通于一而万事毕，无心得而鬼神服"。"天道损有余而补不足"，雪中送炭，补人不足，弥合天道，才是真正的好心，好心必得好报，自古如此，永远如是。

第三辑，养生养心之道。有九篇文章：养生在顺不在反；摸索适合自己的养生方法；平静地接受身体的变化；不是所有的人都需要开七窍；非常境遇下需要随波逐流；好音乐大有妙处；有用无用的转变等等。

著者认为养生如庖丁解牛，形神合一，顺其自然而已。以无厚入有间，巧妙地避开一切矛盾、对立、冲突，一顺百顺，自然天成。

第四辑，生死达观之道。有四篇文章：不知死焉知生；相濡以沫不如相忘于江湖；恬于生静于死；庄子与骷髅的一次深度对话。

认为生命是一个圆，从无生有，由有归无，死亡是自然的事，如日升日落、春夏秋冬的交替一样自然。死是生命的花落，是最好的休息，最大的解脱，也是个体最后悟道的良机，机不可失，由此进入无限的虚无，与自然大道合二为一，这才是真正意义上的安息。

书中每辑包含多篇文章，每篇文章的范式基本上都是以《庄子》中的一个故事或寓言为主线展开，文中许多地方结合佛家、儒家或者西方思想学说进行讨论，也辅以其他历史、文学或现代故事来佐证著者观点。本书论述有理有据，深入浅出，通俗易懂，贴近生活，适合多个层面的人阅读。（刘恒）

宗思《庄子》心得

《宗思〈庄子〉心得》，何宗思著。北京：中国国际广播出版社，2007年4月第1版，16开，302千字。

何宗思，1962年生。毕业于北京师范大学哲学系，哲学硕士。中国国际广播电台编审，高级编辑。研究领域是先秦古典哲学，出版专著《老子·庄子》《旷达经：增广醒世语》《庄子洗心》等。

本书有前言"像庄子一样活着"；正文9讲98篇；后记"像庄子一样快乐着"。

第一讲，庄子是个啥样的人。根据《庄子》中的寓言故事，精心构思展示庄子的生活，以示庄子其人是出类拔萃的哲学家、文学家、美学家、思想家。

从第二讲至第八讲，讲述从困惑到超越的内在逻辑。要点如下：

第二讲，庄子为何讨厌聪明。引用《应帝王》《徐无鬼》《达生》中三则寓言，以示庄子讨厌聪明、自以为是，崇尚无为、反对人为。

第三讲，庄子为何向往自然。引用《秋水》《马蹄》《至乐》《徐无鬼》中四则寓言，以示庄子崇尚自然，向往自然。

第四讲，庄子为何淡泊情欲。引用《人间世》《大宗师》中三则故事，以示庄子淡泊情欲，洒脱于世。

第五讲，庄子为何看破名利。引用《养生主》《山木》中两则寓言，以示庄子看破名利，做好自己。

第六讲，庄子如何笑对贵贱。引用《秋水》海神与河伯的对话，以示庄子笑对贵贱、忘掉自己，"同一"无别，"自然"无己。

第七讲，庄子如何快意生死。引用《大宗师》《齐物论》《养生主》中四则寓言，以示庄子追求生命的自然完成、快乐完成而快意生死，置之度外。

第八讲，庄子如何修身养性。引用《达生》《天地》《逍遥游》中五则寓言，以示庄子如何修身养性，而达消融苦闷、自得其乐的逍遥境界。

第九讲，读懂《庄子》精华。对《庄子》内七篇做了详尽又简明的注释，方法独特，方便读者阅读原文，理解其义，旨在让读者感受庄子思想精髓。

本书是《庄子》哲学思想的普及本，文字通俗易懂，著者希望初中以上的读者即可阅读。全书由浅入深，层次分明，递相展开，以示全貌，读后会有豁然开朗之感。本书在吸收众家成果的基础上，对庄子的人生哲学的理解又有所深化与拓展，理论分析更加细微和合理，并且倾注了著者的人生体验，读后使人觉得亲切而有启发。著者有较强的理论思维能力，善于把观点与资料统一起来，言之成理，持之有据，文字表达亦畅快明达。书中的一些说法，包含着新意和人文睿智，有助于深入发掘庄子哲学的正面价值以丰富今人的智慧。（刘恒）

庄子的生存哲学

《庄子的生存哲学》，刁生虎著。北京：中国传媒大学出版社，2007年5月第1版，32开，系"文史博士文库"之一种。

刁生虎，1975年生，河南南阳人。中国传媒大学人文学院教授，主要从事先秦两汉文学、道家与古代文学论研究与讲学。出版专著《庄子文学新探——生命哲思与诗意言说》《诸子言诠》等。

全书先有序、导言，有正文九篇。著者认为庄子生存哲学的根本宗旨就是实现对构成生命困境的必然性因素的超越，达到个体生命心灵的绝对自由。庄子将人生所面临的生死、时势、情欲等困境概括为一种必然性范畴——"命"。而作为"逍遥哲学"的元创者，庄子找到了三种超越生命困境、实现心灵自由的途径：安命、齐物、体道。就其现实形态而言，个体的存在具体表现为一个生命从开始到终结的过程，这一本体论事实上使生与死成为难以回避的问题。而庄子的生死哲学主要涵盖了贵生乐死、生死命定、生死气化、生死齐同和不死不生等系列理论，其中流贯着庄子对个体生命的理性执著和对死亡困境的精神解脱。庄子的这种生死哲学对现代人建立系统的生死哲学和科学的生死观念具有重大理论意义和实践价值。

可持续发展作为一个人类共同关注的现代生存战略，是20世纪下半叶才形成的，但它的某些思想成分和渊源却可以在我国古代传统文化中找到。其中庄子所倡导的天人对举、天人高度和谐一致的思想，能够启示现代人自觉放弃人类中心主义的错误主张，以平等态度充分尊重和爱护自然，更加理性地利用自然，使人类的可持续发展战略得以顺利实施。人的生存和宇宙密切相关，故宇宙问题是古今中外科学和哲学深切关注的主题。庄子更是不仅提出了远较其他诸子科学的宇宙概念，而且深入探讨了宇宙的无限性、统一性、运动性、连续性和无始无终性等特性，为中国哲学史和科学史做出了卓越贡献。

物化论是庄子生存哲学中极为重要而又富有特色的思想理论。其具有三重内涵：一是自然层面上的"物理之变"；二是精神层面上的"心与物化"；三是实践层面上的"指与物化"。这三者共同构成了庄子超越生命困境、达致心灵自由的路径，体现了真、善、美的统一，对中国传统美学和艺术产生了极为重大而又深远的影响。

科技与人的生存和发展密切相关，因而科技论也成为庄子生存哲学的重要组成部分。庄子一方面不断提出并思索科学问题，另一方面又贬斥科学探索的价值；一方面赞叹技术在日常生活中的巨大作用，另一方面又顾忌技术进步会带来人为物役和生态平衡的破坏。庄子科技哲学所彰显出的强烈人文精神，对于克服和遏制当代科技发展过程中所出现的负面效应，解决科学主义的弊病，推动当代科技的健康发展，无疑具有积极而又重大的意义。

庄子生存哲学的意义境域，恰好表达了其对个体生命本性的自觉理解，其所蕴含的生存智慧可以为我们提供诸多有益的参考与借鉴模式，因而有助于今人更好地思考生存困境的解决之道。

本书涉及的问题大多较为前沿。死亡哲学、语言哲学、科技哲学、生态哲学、思维方式等论题都是近几年学术界的新动向和关注的热点问题。其中，庄子的科技观、生态思想、语言哲学、宇宙意识、物化思想等问题都是过去庄学研究中注意较少的问题。著者对这些问题进行了有益的思考与探索。（刘恒）

《庄子》心读

《〈庄子〉心读》，王明强著。北京：经济日报出版社，2007年5月第1版，16开，220千字，系"中国传统文化经典"之一种。

王明强，1973年生，江苏徐州人。任教于南京中医药大学，对中国传统文化情有独钟。编著有《古代亲情散文品味》《中国中医文化传播史》《〈老子〉庄语——从〈庄子〉视角的一种品读》等书。

本书的整体框架是按照《庄子》的篇章顺序来写，正文有：内篇7读，外篇15读，杂篇10读，后有大结语与后记。

内篇一：读《逍遥游》。讨论了智慧的聋与盲、小与大、大用与小用、许由拒天下等话题。内篇二：读《齐物论》。包括从"朝三暮四"看是非的可笑、再谈是非、庄周梦蝶等话题，探讨如何从道的高度超越是非。内篇三：读《养生主》。包括知识与生命、庖丁解牛的启示、泽雉不蓄樊中、生死观等话题，分析了庄子的养生主旨。内篇四：读《人间世》。从如何面对暴政、曲辕社树、商丘大树三个话题讨论了庄子有用与无用思想的辩证关系，认为庄子是典型的个人主义者，维护自身的利益是他的理论基点。内篇五：读《德充符》。指出庄子通过精神健全的残疾人引导人们打破心智对形体的执迷，从而进入精神与心灵的广阔世界。内篇六：读《大宗师》。包括真人与真知、生与死、悟"道"的绝招、勘破生死的修道之士们、颜回谈"坐忘"等话题，认为"道"就是整个宇宙运化不息的自然存在，人要与宇宙相合、与天相合，融入到宇宙的运转流化中，体认宇宙是生生不息的大生命，形成"死生一如"的生命观和"安化"的人生心态。内篇七：读《应帝王》。通过四个寓言故事来分析探讨庄子的帝王观。

外篇也是逐篇解读：读《骈拇》、读《马蹄》、读《胠箧》等15篇。之后逐篇解读杂篇：读《庚桑楚》、读《徐无鬼》、读《则阳》等10篇。

每篇几乎都有四个组成部分：其一，著者读、析、议；其二，《庄子》原文；其三，著者品读心得；其四，结语。本书环环相扣，构成一个完整系统，有益于读者阅读、参考、理解，最终得其要领，升华为一个清晰的概念，给人以启迪。本书是著者精心研读《庄子》的成果，以生动活泼的语言，深入浅出地阐释庄子的思想，故事性强，可读性强，是了解庄子思想的优秀读本。
（刘恒）

幻像与生命——《庄子》的变异书写

《幻像与生命——〈庄子〉的变异书写》，夏可君著。上海：学林出版社，2007年7月第1版，32开，290千字。

夏可君，1969年生，湖北人。任教于中国人民大学文学院，研究方向有西方文论、中国与西方哲学和诗学等。代表著作《无余与感通：源自中国经验的世界哲学》《〈中庸〉的时间解释学》《平淡的哲学》等。

本书按照庄子的三言——重言、寓言、卮言来回应庄子的思想，其内容分三大部分：卮言、寓言和重言。卮言的内容都与鱼有关，引线之外，分四个话题。引线：鱼与庄子——鱼与耶稣。包括两部分内容：一、海子的弥赛亚期待：鱼与庄子；二、《福音书》的生命书写：鱼与耶稣。第一个话题，鱼之眼语：从盈余到剩余的踪迹。包括两部分内容：一、《诗经》中的鱼：生命的丰盈与友善；二、八大山人的画鱼图：枯竭与剩余之书写。第二个话题，鱼之腹语：《庄子》文本中游戏的"鱼—群"。包括七部分内容：一、《逍遥游》：鱼之飞跃；二、《齐物论》：鱼之变象；三、《大宗师》：鱼之唇语；四、《天运篇》：鱼之变异；五、《秋水篇》：鱼之游戏；六、《达生篇》：鱼之渊；七、《外物篇》：鱼之梦。第三个话题，鱼之尾语：渔父与孔子——渔父与屈原。分两部分：一、渔父与孔子的会语：息迹的劝告；二、渔父与屈原的会语：清浊之音。第四个话题，鱼之"变象"：多余的书写——鱼之"得"乎？寓言，包括三个话题。第一个话题，变异：孔子在庄子书中的变象。分三部分：

一、穷——孔子自身形象的时间性疑难；二、时间性的变象；三、三重形象的时间性。第二个话题，游的事件时间性。有三部分：一、风——化；二、息——迹；三、梦——渊。第三个话题，生命形象的生变。有三部分：一、虎——龙；二、刍——狗；三、狙——猴。重言，包括四个话题，第一个话题，骷髅。第二个话题，鼠穴。第三个话题，非马。第四个话题，牛人。

著者力图做到"得鱼而忘筌"，因而其写作有模仿庄子式的虚拟对话，有中国书法绘画的心印，有对柏拉图、《圣经》、维特根斯坦以及海德格尔的戏仿与改写，著者尝试对文学与哲学、文字与图像、经典文本解释与个体生命事件之间交错的双重解构，并自认为是创发的解释和变异的书写。全书的主线是从"余"这个唯一词出发，著者认为这是揭示了汉语思想与中国文化生命的秘密：总是通过留有"余地"以及对"剩余生命"的征用来滋生生活世界的幻像。著者把"余"这个抽象的概念生命化与个体化，"余"即最为善化的"鱼"，也可以变异为任何的可能事物，直到变异为西方唯一神论中被拯救的"剩余者"与"耶稣弥赛亚"的生命。著者对《庄子》思想虚幻式的解读，并与各种文化交互借鉴，为解读《庄子》做了有益的尝试。（刘恒）

和庄子赏鱼去：
一个渔翁思想家的闲适与从容

《和庄子赏鱼去：一个渔翁思想家的闲适与从容》，陈星著。北京：北京邮电大学出版社，2007年8月第1版，16开，153千字。

本书除了前言，有六章。书的得名，是因为著者认为，鱼在中国古代，是常见的生命象征物，鱼水之欢至今仍是天地和谐的形象表达。先秦诸子对鱼的描写，没人可及庄子项背，"子非鱼，安知鱼之乐？"、"相忘于江湖"，这些都是作为庄子哲学的生动标签而被人们津津乐道。鱼的自由灵魂，生机活泼，正象征了庄子哲学追求自由与逍遥思想的精髓。而庄子本身就是一个钓鱼者。钓鱼亦是一项文化活动，象征着远离世俗，寄情山水，从容悠闲，而庄子是中国哲学家中，跟渔翁形象最贴近的一个。

本书包括前言"庄子，一个真正的渔翁"。著者认为，鱼对于庄子，不仅是生命鲜活流动的象征物，在某种程度上已经成了庄子的个人标签和象征，从鱼开始品读庄子是一条捷径。第一章，北冥有鱼，遨游于逍遥之境。有五个话题：一条大鱼的自由；人之境界，由心而生；有用和无用的困惑；是与非的死胡同；蜗牛角上的战争。第二章，濠上赏鱼，人间至乐。有五个话题：子非鱼，安知我不知鱼之乐；谁会去暗算一个乞丐呢；意有所至，爱有所亡；水的淡然，安之若素的快乐；知其不可而安之若命。第三章，独钓濮水，悟透世情。也有五个话题：大梦谁先觉；名与利的根源；世上为什么会有盗贼；沧浪之水浊兮，可以濯吾足；以出世的心做入世的事。第四章，一个渔翁的伤感。也是五个话题：是耶非耶，俱化为蝴蝶；两个人的友谊；真正的"视死如归"；一个骷髅眼中的生与死；无情未必真豪杰。第五章，近水知鱼性，习惯成自然。有四个话题：最重要的事情——认识你自己；为什么鱼儿不能在岸上生活；违背本性，就是背离了天意；心定神闲的神射手。第六章，鱼水相合，天地之大美。有四个话题：最气势磅礴的一次钓鱼；清水出芙蓉，天然去雕饰；唐僧取来的无字真经；花香中的禅意。

本书虽然不是严谨的学术著作，但著者在尽量理解《庄子》思想的基础上，广征博引，探索《庄子》中的智慧，是一本颇有趣味的可读之作。（刘恒）

20世纪庄学研究史稿

《20世纪庄学研究史稿》，刘洪生著。郑州：中原农民出版社，2007年9月第1版，32开，430千字。

刘洪生，1964年生，河南柘城人。毕业于郑州大学汉语言文学专业，现任商丘师范学院人文学院、河南省高校人文社会科学重点研究基地"汉梁文化研究中心"文学艺术研究所所长，兼任国际庄子学研究会理事、中国《史记》研究会理事等。主要论著有《唐代题壁诗》等，发表学术论文60余篇。

本书主体分为绪论、上编、下编三部分，另有附录和后记。绪论部分主要介绍庄学研究的子学复兴背景，同时对20世纪的庄学研究及其新视点加以概述。上下编以中华人民共和国建国为界分期，上编介绍20世纪前半叶庄学研究，下编介绍新中国成立后的庄学研究。上编分为八章，首章总论庄学研究概况，余七章为个案研究，前六章依次讨论章炳麟、罗根泽、胡适、郭沫若、闻一多、冯友兰的庄学研究，最后一章综览郑振铎、鲁迅、陈柱、刘大杰、朱自清、钱基博六家"中国文学史"中对庄子及其学说的评介。下编四章，首章讨论关锋、冯友兰、任继愈等学者的庄学研究，余下三章分别介绍中国大陆庄学、中国港台庄学与海外庄学研究情况。

其中，中国大陆庄学部分除对张恒寿、刘笑敢、崔大华、刘绍瑾、阮忠、颜世安、张默生、黄正雨等学者的专题研究外还单独讨论了庄学研究领域的博士论文与期刊论文若干，另辟单节讨论历届庄子研讨会对庄学研究的贡献。上述内容涉及的学者，其生平与著述情况书中多有简介。此外，著者尤其注重呈现不同学者间就庄学问题进行的学术交锋，使个案研究的讨论更富层次。海外庄学部分除介绍英语世界的庄学研究外，对《庄子》的海外译本情况也有梳理，同时分析了海外庄学研究现象的成因，认为庄学在海外的关注度渐有超越儒墨之势。附录部分为20世纪庄学研究资料索引，收录了部分相关论文与专著书目。（亓尹）

智通庄子

《智通庄子》，王利锁著。北京：九州出版社，2007年9月第1版，16开，190千字。同一出版社于2009年1月重版。

王利锁，1964年生，河南伊川人。1986年毕业于河南大学中文系并留校任教。现为河南大学文学院教授、河南大学国学研究所研究员，主要从事先唐文化与文学研究。出版有《逍遥之祖——〈庄子〉与中国文化》（与白本松合著）、《诗说中国五千年·先秦汉魏晋南北朝卷》（与孔漫春合编）等著作，发表论文多篇。

本书由八章和一个附录组成，基本围绕庄学与中国文化关系展开，深入浅出地介绍了庄学相关知识和庄子思想对中国文化的影响。全书八章由庄学本体向外辐射，旁及思想、宗教、医学、社会心理、艺术精神、文学创作等领域，比较全面地展示了庄学的深远闳肆，博大精深。第一章智海寻踪，介绍庄子其人与其书，简要概括了庄子的文化性格，指出《庄子》是道家庄子学派的著述汇集，是研究庄子学派的重要文献。第二章灵境探幽，分别从人生哲学、社会思想、宇宙观念、言说方式与特色等四方面对《庄子》思想、文学的特质进行总体分析，指出庄子整个思想体系就是一整套关于追求逍遥的逍遥哲学，庄子的自然哲学是他的理论基础，庄子的相对主义是他的认识论根源和走向逍遥境界的思想方法，庄子的社会思想是其学说产生及形成的心理土壤，庄子的文学思想和创作风格是他的具体表现和外化形式。第三章深闳远肆，选取庄学与荀学、庄学与汉晋学术发展、庄学与理学三个视点，具体分析了庄学对中国传统思想的影响。第四章慧通九境，通过分析庄学与道教、禅宗的关系，指出庄学是道教理论信仰体系建立的重要思想基础，也是道教神仙方术的重要思想来源；庄学是佛学中国化的重要中介，是禅宗思想建构的教外"心友"。庄学在中国宗教发展史上具有独特的价值和意义。第五章营魄抱一，论述了庄学与传统医学即中医学的关系，主要分析了庄学对中医学理论形成机制的作用，庄学对传统气功医学的影响，指出庄子的养生思想与医学养生有相通之处，是古代精神医学的重要内涵。第六章世道人心，分析庄学人生观对传统文人人格心理的影响，指出庄子人生观作为儒家人生观的对立与补充，对传统文人的人格心理产生了深远影响，中国传统社会世道人心的发展无处没有庄子的身影，庄子气象是传统文人人格精神的重要表征。第七章法天贵真，探讨庄学艺术精神对传统艺术尤其是书法绘画艺术观念的影响，指出传统书法绘画艺术体现的法天贵真思想来源于庄子，是庄子艺术精神的灵魂蜕变。第八章蝶化文澜，主要讨论《庄子》对中国文学精神和文学创作的影响，指出庄子散文是真正的文学散文，庄子特立独行的认知方法、批判精神、浪漫特色、创作手法、表现风格深刻滋养和影响了中国文学的发展，庄子文学具有无限的生命力和艺术魅力，是文学创作取之不尽的艺术渊薮。附录主要选取《庄子》重要段落的原文，并附有译文，目的是提醒学生通过阅读原著，深刻理解庄子的文义，品味庄子散文的艺术价值，把握庄子散文的审美特色。

本书是为大学本科生选修课编写的教材，取材严谨，是关于庄学知识比较好的普及性读本。（刘恒）

庄子智慧心解

《庄子智慧心解》，扬帆著。北京：中国城市出版社，2008年1月第1版，16开，150千字。

扬帆简介详见《庄子的人生哲学》提要。

本书除前言外有十章。前言，鲲鹏庄子。第一章，逍遥之道。认为庄子说的逍遥实质上是一种精神的逍遥。有四个话题：人之初，从最初与最高、我是谁、何谓自然、道德之门四个方面展开；人生逍遥，从逍遥的条件、见地悬殊无可论长短、依靠就是条件三个方面展开；逍遥与无为，从至人无己神人无功圣人无名、大无即大有两个方面展开；胸怀气度，从糊涂与明白、名利与胸怀两方面论述。第二章，立身之道。包括四个话题：人生的内圣外王、道是什么、天人合一和道是沉默的。道是事物内在的规律，是人们行为的方法，道是与人相交往的技巧，是揭开事物疑难的奥秘。第三章，智慧之道。包括六个话题：智慧和悖论、取得智慧、智慧与读书、智慧与聪明、不教而教的师道、聪明之道。第四章，福祸之道。从四个话题展开：福祸，一根藤上两个瓜；平安是福；化险恶为平安；宠辱不惊。第五章，自然之道。包括四个话题：顺应自然；自然是一种美德；自然调节；明智与糊涂。第六章，功名利禄。从四个话题展开：人生需要；有用与无用；君子之道；哀莫大于心死。第七章，处世之道。包括五个话题：把握自己；区分本末；心理问题；人是人的世界；问题的看法。第八章，养生之道。包括五个话题：养生之道；人之性情；人的毛病；人的好恶；以和为贵。第九章，统驭之道。从五个话题展开：领导者；得与失；论人才；以静制动；成王败寇。第十章，感悟庄子。包括五个话题："无"即无所不在；只有创造，生命才充实；天才和命运；敲打自己；理解幸福。

本书理解《庄子》思想比较充分，语言通俗易懂，虽然在很多问题上未能深入理解分析，但对于一般读者具有较好的可读性。著者试图褪去《庄子》神秘的外衣，还原于人生世事的观照与思考，认为其意义大抵在四个方面：自然一体的认识；辩证等齐的思维方式；贵真全性的人格追求；在做人风格上标举逍遥人生，使人尽量从劳心劳力的重负中解脱出来。（刘恒）

庄子教育学

《庄子教育学》，马周周著。兰州：甘肃文化出版社，2008年3月第1版，16开，574千字。

马周周，1956年生，河北石家庄人。佛山科学技术学院教授，主要研究方向是教育思想与技术。

本书共五章，由绪论、庄子教育观、庄子教育内容、庄子教育方法、教育绩效等内容组成。著者认为，在思想倾向方面，《庄子》是名副其实的教育著作。庄子的教育观是大教育观，内涵比今天的教育宽泛。庄子的课程观是学习的经验，具有生成性与表现性。庄子的知识观是独特、深刻的知识观，尤其是缄默知识尤为精彩。除了科学知识外，庄子的教育内容比今天的涵盖面广泛得多，比如价值观教育（尤其是道、德教育）、自然主义教育、无为教育、生态教育、境界教育等，都是鲜活且适时的内容。庄子的教育方法，比如"体道""游""忘""悟""化""无为"等，是富有建设性、创造性的教育方法。庄子的教育绩效，是追求、实现"大知"（大智慧）、至善至美和内圣外王的深度学习的绩效。

关于《庄子》的研究，在国内外形成一定热潮，但是对于庄子的教育思想研究相对比较少，出版的专著更是寥若晨星，屈指可数。对于当代教育而言，庄子的教育思想像一剂良药，可以弥补、裨益当今伤痕累累的教育，具有较强的教育现实意义。本书是"古为今用的大胆尝试，是教育寻根溯源的一个举措"。由于著者研究的方向是教育学，对于《庄子》本身的理解尚待提高，但本书的出版填补了国内庄子教育研究方面的空白，特色鲜明，有利于促进国内外学术交流，唤起更多的专家学者探索这一新领域。（刘恒）

庄子思想新探

《庄子思想新探》，贾顺先著。成都：巴蜀书社，2008年8月第1版，150千字。

贾顺先（1926—2018），四川南充人。四川大学哲学系中国哲学教授。研究中坚持辩证法，提出了哲学家的三重性和东西方文化交流、互补、融合、创新等问题。出版专著《宋学新探》《论语新编诠释》《儒学与世界》等。

本书是根据著者在20世纪80年代给一位法国留学生讲《庄子》的讲义整理而成，以庄子原文为基础，引申出哲学理论和文学理论。全书除前言外共五章，后附法国学者埃贝拉·玛尔丽丝学习后写的论文。第一章，庄周的生平和事迹。第二章，《庄子》一书的真伪和版本问题。这两章借鉴整理各种观点，并有一些思考。第三章，庄周哲学的矛盾体系。这一章是本书的主要部分，分为四节，第一节"道生万物"的无神论和"通天下一气"的科学观，分析了庄子关于"道"生成万物、"气"构成万事万物的论述，认为庄子的哲学从其主要倾向看，是一种客观唯心主义的体系，而非主观唯心主义。第二节"知东西之相反而不可以相无"与"道通为一"的"齐万物"认识论，认为庄子的认识论主要是以不可知论和相对主义为基础的，但是其中也包含了一些辩证法思想，他具有在思想领域能层层深入提出引人深入思考问题和雄辩天才的能力。第三节追求精神逍遥之乐与实现人生的矛盾和儒、墨献身理想的区别，认为庄子的人生哲学，主要是悲观厌世、强调命运否认人的有为作用，以追求无条件的绝对自由为目的，并认为这种人生观是错误的。第四节歌颂"无为""无私""朴素"的原始社会与批评礼治、德教的儒、墨两家思想，一方面认为庄子反对"举贤才"，反对人类应具有科学文化知识的思想是非常错误的；另一方面，认为庄子主张人应该心如赤子，要素朴、无私、无相害之心，不要从私心出发去追逐名利，是有合理因素的。第四章，庄周"汪洋自恣以适己"的文学思想及其特点，分为三节。第一节文以言志，鹏程万里，分析了庄子中以寓言抒发志趣以及对后世文学的影响。第二节用"空语无事实"的寓言与对话式辩论，巧妙地批评儒、墨两家。第三节是人是神，是梦非梦的庄周化蝴蝶的写作技巧。第五章，庄子学说的影响和争论问题，梳理了庄子思想对汉、魏晋、唐、宋、明以及清代和近代影响的基本线索。关于《庄子》的争论，著者归纳为五个问题：《庄子》书中哪些篇章是庄周的思想或其他人的思想问题；庄子哲学的性质是唯物主义或是唯心主义，是主观唯心主义或是客观唯心主义的问题；庄子哲学的逻辑结构问题；关于相对主义和辩证法思想的问题；庄子哲学的阶级属性和历史作用问题。（刘恒）

庄子的处世智慧

《庄子的处世智慧》，叶海烟著。北京：中国广播电视出版社，2008年10月第1版，16开，113千字。

叶海烟简介详见《庄子宇宙论试探》提要。

本书前有代序：庄子的生命·天然的智慧——"生命智慧"的写真集；前言：宏观与达观——道家的生命智慧。正文43篇、附章7篇，最后附有《庄子》内篇全文。正文43篇主要包括：《人间的哲学家——庄子现真身》《生命的孕育——"海"字有个"母"》《"天籁"谁听见》《人间写真》《人间美色今犹在？》《是"周梦蝶"？还是"蝶梦周"？》《"成功"有那么要紧吗？》《命与义的对话》《谁长得才算"正常"？》《"天鬻"今何在？》《"真人"能够现"真身"吗？》《灌园老丈的坚持》等。附章包括：《"关系"有何关系》《"自知之明"真正妙》《我们为何心不安？》《"客观"就够吗？》《社会与人生是两回事？》《空有无碍的智慧》《学习谦虚，自我超越》。

本书以贴近现代人的认知解说老庄，浅显易懂，却蕴含至理，直指人心深层，追索生命的智慧，让老庄这门探究生命底蕴的生命哲学，能够帮助指引现代人类走出心灵桎梏，寻求生命的自由与解放，是极好的清热解毒剂，值得读者认真品读、体悟。（刘恒）

庄子秘解

《庄子秘解》，毕敦一著。北京：线装书局，2008年12月第1版，32开，450千字，系"社科文献论丛"之一种。

毕敦一，所著除本书外，还有《老子秘解》。发表《阴阳五行实质与传统医学》等文。

本书按照《庄子》章节分内篇、外篇、杂篇，逐节解读，前有绪论，其特点是对照内丹修炼为依据来解读《庄子》。绪论，《庄子》内容性质与解读，谈到老庄的科学性、道及其性质特点等问题。内篇第一章《逍遥游》，按照内丹修炼的思路，把北冥解读为下丹田，把鲲解释为"水中金"，把鹏解释为"先天气生"。又认为庄子以天下比人身，尧比后天识神，许由比先天元神等。第二章《齐物论》，著者认为庄子是以风的流动比喻人身之道，把三籁比作人体内修道的两大类三种状态：人的视听言动，在有意识下的作用是人籁，在无意识下的作用是地籁，这些都是后天之道；当神气宁静进入先天状态时，就如天籁。第三章《养生主》，著者认为视听言动等感官之神皆是后天识神，"神遇""神欲"之神是先天元神。有主观安排，是识神用事；元神用事，则随神而动，完全没有主观意识安排。第四章《人间世》，著者认为庄子在此所讲，是人及人世间万物，都是人身中道运化所造成。这是本篇乃至《庄子》一书所表达的核心问题。第五章《德充符》，泛泛论说所列举残疾人是得道者。第六章《大宗师》，著者运用了一些比喻来解读，如舟比道，壑喻身，泽为良好的保护环境；"藏天下于天下"中，前天下比人身，后天下比为天下万物。第七章《应帝王》，著者讲到治理天下就是为道治身，认为圣人指得道者，而非指治世功高者。关于杂篇、外篇，不再逐章介绍。

著者的思路是以道家内丹修炼来解读《庄子》，常用到先天、后天、识神、元神、道物等词语，认为人及人间万物都是人身中道运化所造成，因此治理天下就是为道治身。其中有些比喻颇有意思，但部分论述有些牵强。（刘恒）

庄子哲学的批判

《庄子哲学的批判》，陈绍燕、孙功进著。济南：山东大学出版社，2009年1月第1版，32开，248千字。

陈绍燕，山东大学教授、《文史哲》编辑部编辑室主任。

孙功进，1975年生。2004年毕业于山东大学，哲学硕士。现为曲阜师范大学副教授，主要研究儒道哲学、易学哲学。

本书共收论文15篇，其中与《庄子》和道家思想相关的论文13篇，包括陈绍燕的论文10篇，孙功进的论文3篇，文末还附有陈绍燕怀念张岱年先生的文章2篇。

《神秘主义是庄子认识论的归宿》系陈绍燕发表于1983年的论文。著者在该文中认为庄子的认识论应分为两个层次：在对"物"的认识层面上表现为相对主义和怀疑主义，在对"道"的认识层面上表现为神秘主义。这对于当时流行的庄子的认识论是相对主义是一种新的认识。陈绍燕发表于1989年和1991年的两篇论文——《庄子不可知论与古希腊罗马怀疑论哲学的比较》与《庄子认识论的神秘主义性质》是著者对上述观点的进一步阐发。

陈绍燕发表于20世纪90年代中后期的两篇论文——《庄子人生哲学中"命"与"天"》和《孟庄命论比较》围绕《庄子》的"命"这一哲学范畴展开论述。著者指出庄子的"天"肯定了事物的自然状态，但在天人关系方面却完全否定了人的主观能动性；孟子的天命思想表现出将天与人相沟通的意向，这在一定程度上削弱了主宰之天的神秘性。孟庄命论的共性在于"命"对于任何万物来说，都是一种不能知晓又无法把握的必然性，但孟子认为人应当正确地适应"命"，他的"立命"说可视为孟子命论的总结。庄子则认为人对于"命"不能有所损益，"命"具有绝对的必然性。

陈绍燕的《庄子与〈庄子〉》一文分为九部分对庄子及其思想做了较为全面的介绍，依次为：一、庄周故里在山东东明；二、庄子艰难而又高洁的一生；三、宇宙的终极根据——庄子论"道"；四、齐国的贵齐传统与庄子的齐物论；五、齐国的神仙传说与庄子的逍遥游；六、庄子安命论的人生哲理；七、遁世与顺世——庄子对世俗生活的态度；八、对儒家的批判与庄子理想中的"至德之世"；九、齐人的长生久视之术与庄子顺乎自然的养生说。

孙功进的《〈庄子〉的三个悖论》从名相的悖论、是非的悖论、仁义的悖论三个方面揭示出《庄子》哲学对相对视野的超越和大道视野的开启；他的《〈庄子〉思想对道教的影响》一文从四个方面阐述了《庄子》思想对道教产生的影响，即《庄子》道论对道教的影响、《庄子》义理对重玄学的影响、《庄子》神鬼思想对道教的影响、《庄子》养生思想对道教的影响。

陈绍燕的《道家的基本精神》《论列御寇》，是庄子思想的延伸性研究。《道家的基本精神》一文认为在"道"论基础上的自然无为精神、柔静精神、超越精神、批判精神和开放精神，是道家精神的主要内容；《论列御寇》主要就列子的贵虚、全生、正名思想做了论述。陈绍燕的《竞争与谦让》《中国竞争思想的演变及其当代思考》，是著者基于老庄道家的"无为"思想而对当今竞争现象的思考。（刘恒）

庄子四讲

《庄子四讲》，〔瑞士〕毕来德著，宋刚译。北京：中华书局，2009年4月第1版，32开，66千字。

毕来德，1939生，瑞士人。中国思想史著名学者，日内瓦大学退休教授。毕来德于1987年创办日内瓦大学的汉学部，并带领该部门达12年。他的研究是多方面的。社会学方面的著作有《论中国的"阶级身份"》，思想史方面的著作有《受非难思想家李贽》，美学方面的著作有《中国书法通论》，哲学方面的著作有《庄子研究》等。其著作和学术论文均用法语写作。

本书是面向西方读者介绍庄子思想的小书，全书有四讲，是根据著者在巴黎法兰西学士院所做的四场讲座整理而成，前有中文本序和原序。第一讲，运作（法文原题含义：事物的运作）。著者分析了许多汉学家研究《庄子》存在的成见，试图开辟新的视野。著者得出两条原则：1.庄子是在谈论具体的经验或是共通经验的哪一个方面，而不是推演概念；2.庄子对这些经验的描述非常精确，非常精彩，是描述"无限亲近"与"几乎当下"的现象。找到的新途径就是"依靠这些描述去理解庄子的一些核心思想，而由此一步一步走进未能理解的区域"。著者分析了庖丁解牛、轮扁斫轮、孔子观于吕梁三个寓言故事，对于"道"这一代表性概念，著者不满足贴标签式的简单直译，而是从上下文的脉络中体会其含义，解读为"事物之运作"，把"故""性""命"解读为本然、自然、必然等等，并给出了自己的理由。第二讲，天人（法文原题含义：活动的不同机制）。著者引进"机制"的概念，借用引擎机不同转速所产生的不同功率来比喻人主体的不同活动方式，认为庄子的心思所在主要是"机制转换"。指出庄子中讲的"天""人"两种不同的活动机制："人"是指故意的、有意识的活动，要低一级；"天"是指必然的、自发的活动，在某种意义上也是非意识的，要高一级。向高级机制转换，有意识控制调节活动的意识，被一种浑整许多的"事物之运作"取代，整合了所有的功能与潜能。第三讲，浑沌（法文原题含义：对混乱的赞颂）。著者分析了颜回坐忘的机制、老子"游心于物之初"的机制，认为与心斋的"唯道集虚"有密切关系，反映了庄子把主体性看作是一个"活性的虚空"。把混沌死的寓言，解读为遗失了我们的主体赖以生存的虚空或浑沦，主体性就必然凋敝，必然干涸。第四讲，主体（法文原题含义：一种主体范式）。首先进一步讨论了三个主题：第一个主题是关于静观，第二个主题是关于机制转换，第三个是通向美学的一些问题。接着著者提出了一种研读《庄子》的方式——复调思考，就是首先对每个单独的段落加以分析、思考，再去与书中其他的与之呈现出某种契合、共鸣的段落来比照研究。在此基础上著者提出了对历来《庄子》注释的一些质疑，认为现代文化情境使得重新解读《庄子》成为可能，并提出《庄子》中凸显了一种与西方文化中迥异的主体以及主体性的概念范式，呈现出在虚空与万物之间回复往来的过程，这就是主体的运作，认为这撼动了西方主体、主体性、精神与躯体的二元对立等等概念范式。

本书跳出了自郭象以降的庄子解释传统，引用了大量的西方学术思想，提出了以"机制""运作"等概念理解庄子的新思路，认为庄子把主体性看作是一个"活性的虚空"，对《庄子》原典做出了独到的阐释。自2002年在法国以法语出版后，印刷多次，在西方汉学界和普通法语读者中引起很大反响。本书中文版的问世有助于中文读者了解一种新颖的庄子思想的西方解读方式，实现真正的双向交流。（刘恒）

老庄学文献及其思想研究

《老庄学文献及其思想研究》，刘固盛著。长沙：岳麓书社，2009年7月第1版，32开，250千字。

刘固盛简介详见《道教老学史》提要。

本书先是自序，后是正文研究。正文收录了著者研究老庄的相关作品，共有23篇。本书主要讲了3个问题。第一、不同时代有不同的"老子"，如"汉老子""晋老子""唐老子""宋老子"。第二、老学研究有三个层面：作注者对《老子》文本的领会与掌握情况；作注者本人的理论建树及其思想特点；老学的时代特色，即老学思想所折射出来的一定历史时期某些哲学思潮的特征以及思想文化的发展规律。第三、老学与儒道释，如何通过老学的研究以丰富三教关系的研究乃至中国思想史的研究，是今后一个值得继续努力的方向。

《〈老子〉版本述要》对历史上流行的各种《老子》版本进行了梳理。传世本，其中最重要的有四种，即汉严遵《道德指归》本、《河上公章句》本、王弼《老子注》本及唐傅奕校定古本《老子》，其中又以王、河二本为盛。此外，南宋理宗时期范应元的《老子道德经古本集注》本也很重要。除了传世本外，20世纪还出土两个重要的本子，即帛书本和竹简本，如长沙马王堆的《老子》帛书，湖北省荆门市博物馆在郭店一号楚墓发掘的《老子》竹简。

《老子哲学思想解释的三次突破》，主要是以玄解《老子》，如王弼注解《老子》；以重玄解《老》，如唐代出现了以成玄英、李荣、杜光庭等为代表；以心性解《老》，以宋代白玉蟾为代表性。

《论〈庄子〉的"三言"笔法》认为《庄子》一书的神奇得益于它的"三言"笔法，即寓言、重言、卮言。"三言"是庄子独创，把握"三言"是理解《庄子》学术体系及其思想特质的关键等。

本书其他文章大多介绍不同历史时期老庄学的发展情况，为读者了解老庄学提供了一个比较全面的认识。（丁希勤）

庄子思想的现代价值

《庄子思想的现代价值》，陈红映著。北京：人民文学出版社，2009年7月第1版，32开，188千字。

陈红映（1930—2013），湖北江陵人。北京师范大学中文系本科，云南大学中文系硕士。曾任云南大学中文系教授，讲授"中国文学史""庄子研究"等课程。点校《南华真经口义》等，发表《庄子平等思想解说》《庄子与自由主义》《庄子是天人合一型思想家》等多篇学术论文。

本书共收入21篇文章：一、庄子《逍遥游》探微。认为逍遥游的诗意人生境界，其关键是顺应自然，无己、无功、无名。二、庄子是天人合一型思想家。认为天人合一是庄子一以贯之的思想，代表了人与自然契合的最高境界，是主体人格遵循规律的自由境界。三、庄子天人合一观的形成与批判。认为庄子继承了前人和同时代人天人合一思想中合理的成分，将自己的天人合一观建立在较为科学的理论基础上。四、庄子与罗丹的艺术观。庄子用寓言，罗丹用雕塑，形成不同，但所及艺术层次，皆达巅峰，实现了审美主体与客体的一致。五、庄子的平等思想解说。万事万物都是道气构成，故本质一样，所差别的知识结构形式不同而已。故无贵贱之说与是非之论，应该平等相处，共同发展。六、庄子的自由观。认为《庄子》的总主题就是自由，肯定了自由是人的本能要求，也肯定了实现自由的可能性。七、庄子的文化渊源新探。从殷商文化、楚国文化、昆仑蓬莱神话、隐士思想以及方术学术五个方面展开讨论。八、庄子思想的现代价值。认为《庄子》中蕴含了自由、平等、民主、和谐、宽容、人权、贵真、不为物役，独立自主、生态平衡等理念，是中国传统文化中最具价值、活力的基因，具有前瞻性、永恒性的理论生长点。九、庄子与自由主义。讨论了《庄子》中关于个人自由、思想自由、政治自由、经济自由等思想。十、庄子浅谈。包括五个话题：应时而变，与时俱化；一生爱作逍遥游；清贫淡泊的哲人；自然无为治天下；鼓盆而歌话死生。十一、老子"无为"小议。十二、我与《南华真经口义》。讲述了为什么选择点校古籍和为什么首选《南华真经口义》。十三、"攻乎异端，斯害也已"解析——兼论中国思想专制主义之源流及危害。十四、"三纲"起源考。十五、原始儒学与现代化。十六、先秦诸子起源新探。十七、论汉赋的主题。十八、试论战国散文繁荣的原因。十九、试论中国传统文化对西方现代化的补救之道。二十、何物个人主义——读书笔记之一。二十一、我所认识的刘文典先生。第十三到二十一篇文章，与《庄子》没有直接关系，不再赘述。

著者对庄子情有独钟，攻读《庄子》颇有心得，并能与当今社会诸多方面紧密联系，学以致用。本书可谓他的一家之说，个性鲜明，独具一格，值得读者去品读、感受，让人有眼前一亮的清爽感。（刘恒）

生命的哲学——《庄子》文本的另一种解读

《生命的哲学——〈庄子〉文本的另一种解读》，李振纲著。北京：中华书局，2009年11月第1版，16开，349千字。

李振纲简介详见《老庄易"三玄"浅解》提要。

本书在现代大生命视域下对《庄子》文本进行了全新解读，所用《庄子》原文为郭庆藩《庄子集释》（王孝鱼点校）。全书采用随文解读，解析与注疏相结合，内篇为纲，外篇杂篇为目，经纬交织，相互参证的解释体例，旨在实现《庄子》哲学研究的范式创新，揭示庄子生命哲学的思想内涵。

本书指出，《庄子》哲学的主旨在于生命哲学。庄子内七篇之首《逍遥游》并非庄子哲学的逻辑起点，而是其生命哲学的终点。"游"是庄子哲学的本质，意味着"心"对"形"的超越，亦即心灵在超越外在存在形态之后对内在生命本性的复归。庄子哲学之"游"是经过一系列艰难苦涩的精神超越完成的。此种"超越"先后经历了"世"的迷茫、"知"的遗忘、"形"的消解、"德"的内充、"道"的复归，最终获得"心"的"逍遥"，成为自己生命世界的"帝"和"王"。

著者创新提出，生态和谐、世态和谐和心态和谐是现代语境"大生命视域"下《庄子》哲学的题中要义。《庄子》中的逍遥无待、化解成心、养生之主、委形人间、精神内充、宗天师道、因应自然，都是要人懂得感受当下生命的真实性，以及人与自然之间的生命整体性关系。著者直言，庄子早就以其生命哲学家的敏锐，洞察到了当今人类对于自然的远离。因此，庄子哲学带给现代人最深刻的启示，即是尊重和敬畏天地自然。（王波）

庄子的享受

《庄子的享受》，王蒙著。合肥：安徽教育出版社，2010年1月第1版，16开，300千字。另有北京：人民文学出版社，2014年4月版；贵阳：贵州人民出版社，2016年1月版；北京：北京联合出版公司，2019年3月版。

王蒙简介详见《老子的帮助》提要。

《庄子的享受》是著者对《庄子·内篇》的解读与阐释。全书除前言外共分七章，前四章分别讨论《逍遥游》、《齐物论》、《养生主》及《人间世》四篇的思想，第五章讨论"永远立于不败之地的自我守持"，第六章讨论"坐忘达通的自信与苦笑"，第七章讨论"主体性、恬淡、深藏、变易与混沌"。

著者对庄子的解读融合了自己的人生体验和现实生活，立足于现代人的视角，以文学家的笔触对庄子思想进行了现代化的阐释与个性化的演绎。本书立意新颖，视野开阔，语言调侃，文风活泼，古今中外信手拈来，纵横捭阖气势非凡，兼具文学之意味和哲理之思考，是一本颇具可读性的传统经典通俗读本。（殷国涵）

郭象《庄子注》研究

《郭象〈庄子注〉研究》，杨立华著。北京：北京大学出版社，2010年2月第1版，16开，217千字。

杨立华简介详见《王弼〈老子注〉研究》提要。

本书先是导论，后是正文，末附录5篇。导论部分通过对以下五个概念的分析，即玄学与魏晋新学、玄风与清谈、玄学名理与谈辩名理、新学风的产生、名教与自然等，得出这样的结论：作为一个极为宽泛的思想潮流，魏晋新学内部也的确有某种松散的对话关系和初步的时代共识，但总体说来，并没有形成什么统一的问题意识和方法。

正文分8章。第1章生平与著述，对郭象《庄子注》成书等问题进行考察。第2章注释的技艺，认为魏晋时期《庄子》注甚多，唐以后独郭象注流传下来，对其流传下来的原因进行详尽的考察。第3章有无之辨，认为魏晋玄学研究者大都以有无之辨作为线索来重构魏晋思想的发展，这一方法值得探讨。事实上，裴頠的《崇有论》是儒家思想对魏晋新学风的反弹，而不是魏晋玄学发展的一个阶段。裴頠时期的玄学是从王弼到郭象的发展，是从"本无论"到"释无论"的演进。第4章自然与独化，认为学术界关于郭象的独化与自然观点的表述是不确切的，本章详细解析其真正内涵。第5章性分与自然，认为郭象对《庄子》全书的整理与注释，通篇是以"性"字作为统领，本章对"性"的内涵作详细的考察。第6章逍遥，第7章齐物，认为郭注中的逍遥与庄子的逍遥、郭注中的齐物与庄子的齐物有着巨大的差别，本章对其进行辨析。第8章治道，阐述郭象的政治理念。

末附录5篇：《在世的眩晕：重提魏晋风度中的药与酒》《物境之开敞：以无为用，或天地之心》《玄学之外的可能：魏晋思想研究中的玄学话语》《时代的献祭》《〈人物志〉与魏晋思想的政治哲学基础》。

本书从《庄子注》的注释技艺着手，着力于对郭象《庄子注》的注释特色的揭示，进一步揭示《庄子注》与《庄子》本文之间充满张力的对话关系。在此基础上，对郭象的重要哲学概念做深细的研究，尽可能地展现其思想的内在理致，减少目前中国哲学界对于郭象思想的各种偏颇、粗率的意见，无疑具有一定的学术价值。（丁希勤）

庄子的大智慧

《庄子的大智慧》，张子维编著。福州：福建人民出版社，2010年2月第1版，16开，279千字。

本书依循通行版《庄子》的篇目标题，以内篇、外篇和杂篇为纲，分别节选，予以阐发。在内篇中共选择了六篇：《逍遥游》《齐物论》《养生主》

《人间世》《大宗师》《应帝王》，在外篇部分则选择了两篇：《秋水》和《达生》，在杂篇中选择了两篇：《外物》和《盗跖》，共选择了富有哲理的十篇文章。对每篇文章都予以划分，例如将《逍遥游》分为《鹏程万里》《越俎代庖》《宋人资章》和《不龟手之药》四个小节，从四个方面阐述了《逍遥游》的智慧，以此方式，或详加区别，或简单勾勒，逐篇分解。最终，内篇中的六篇选文一共被划分为35个小节，外篇中的两篇选文被划分为26个小节，杂篇的两篇选文被划分为13个小节。各篇章的每一节都使用了最贴切的成语或词语作为小标题来暗示文旨，每一节下又分为对原文的注释、翻译、点评以及历史故事四个板块，著者简明扼要地解释一些古汉语方面的字词，并进行了通篇的翻译，在此基础上，还对精选的篇章进行了精辟而独到的点评，并用生动而契合篇章思想的经典故事展示了"庄子的大智慧"的现实应用，让读者轻松地体会到庄子的深邃思想，更好地汲取庄子智慧的营养，从而达到庄子逍遥自在的大境界，于为人处世中实现精神自由，不受外物所累。以实现传递给读者最为精华的庄子智慧这一目的。

　　本书的特点在于节选最有哲理、能够指点人们思想的文章，并通俗易懂地将深刻的道理完美地体现在一些短小的历史故事中，使读者读后有恍然大悟的感觉，使得读者可以借鉴"庄子的大智慧"，最后把"庄子的大智慧"深入到读者的心中，进而指导其生活和行为，在精神上得到超脱与自由，从而获得生活的乐趣。故而，本书既可作为研读《庄子》的参考书目，又可作为阐发《庄子》思想，可以广泛地被大众阅读的人生哲理读本。（文光玲、李海林）

庄子"气"概念思维

　　《庄子"气"概念思维》，陈静美著。新北：花木兰文化出版社，2010年3月初版，2册，精装，16开，系"中国学术思想研究辑刊"之一种。

　　陈静美，历任台北县立板桥国民中学教师、永达技术学院副教授。

　　本书分为上、下2册，共5章。第1章前言，包含问题意识的提出、前人研究成果综述与检讨及研究方法与进路。第2章庄子之前"气"概念析论，说明"气"概念的渊源与特质，老子"气"概念的意涵，以及由老子到庄子

"气"概念的传承。第3章庄子《内篇》"气"概念的解析，阐述庄学之基本义理，庄子《内篇》"气"概念的意涵，以及庄子修养功夫论的境界。第4章庄子《外杂篇》"气"概念的解析，探讨庄学《外杂篇》"气"概念的意涵，以及庄学宇宙生成论的义理架构。第5章结论，解析由《内篇》到《外杂篇》"气"概念之开展与比较，庄子"气"概念在先秦诸子的分位以及庄子"气"概念之现代诠释。

　　本书是一部有系统地介绍庄子"气"概念的研究书籍，书写的策略在于由小见大，企图由"气"概念的解析，探索庄子生命哲学等核心课题，进而凸显庄子"气"概念的哲学思维的价值与洞见。本书的特点在于巨细靡遗，从《庄子》内外杂篇的篇目排列，依次探讨《庄子》之"气"概念的意涵，厘清并归结出庄学气化宇宙观的理论架构与历史地位，思想传承与价值归趋。（郭正宜）

庄子自由思想研究

　　《庄子自由思想研究》，曹智频著。合肥：安徽大学出版社，2010年5月第1版，16开，200千字，系'中国古代哲学文丛'之一种。

　　曹智频，1969年生，湖南益阳人。哲学博士，华南理工大学新闻与传播学院教授。主要研究传统文化和文化传播等领域，而在传统文化方面侧重于道家文化研究。

　　全书先有引论，而后是八个章节的正文，末尾是两个附录和后记。引论部分简明扼要地阐述了"庄子自由思想研究"的重要性，命题的含义、研究对象、基本特点，说明其理论价值、现实意义、研究方法。第一章主要对庄子自由思想产生的背景予以探究，并通过"诸侯争霸"的外在社会背景和"诸子正名"的内在思想背景以及"楚人精神"的文化背景的分析，说明产生庄子自由思想的内外因素。外在因素即社会背景，指周天子一统天下的政治权威丧失，周公制礼作乐的时代已经分崩离析，各诸侯国"尚武治功"，战乱不断，社会价值重心由道德礼乐转移至"有为"和"崇物"。内在因素鉴于人们价值取向的转移迫使诸子百家提出各家救世方案，庄子继承老子的思想进路，把老子对于"无为不争""小国寡民"的思想主张发展至悠游现实，超越社会体制束缚的自由思想，其中楚地原始宗教和巫筮传统是庄子自由思想产生的重要文化背景。第二到六章是全文中心，著者认为庄子自由思想有两个"来源"，一方面是对日常生活的浓缩总结，另一方面是对理想沉思的超验表达。通过现实总结出个人"安命"和"知足"，以及"无为"的行为方式和个人境界修养，通过理性沉思出"本性"并以此作为统摄万物的本质，反过来又将其作为人是万物的途径和依据。如果借由"无为"的方式去认知万物，那么人民就不会刻意，就可以实现"无为"的境界修养。显然这种理想需要有人来承担，庄子认为这需要一种有自由人格的人，而这种自由人格的定位是一个从"无名""无功"到"无己"的实现过程，也是境界层面同步展现的过程，即逐步摆脱人为，趋于本性，达到绝对自由的境界。当然自由人格还需要通过实践功夫才能得以完成，在庄子看来有两个步骤："外物"和"内养"，前者是"由外到内"的回归自我内心的过程，后者是拓展精神空间的过程。认识了自由的理想、自由的人格和实践功夫以后，就有了自由的呈现，然而自由的呈现却受到"自然"和"人为"的因素的限制，也即时间、空间、知识的限制。庄子认为要用"齐万物""一生死""泯是非"来突破限制获得自由。第七章主要探讨庄子自由思想的理论定位，论述了"道"是庄子自由思想的理论根源和天道自由的渊源及其价值指向。第八章分析了庄子自由思想的历史影响：一是庄子道论的文化迁延轨迹，见证其自由人格在历史上分别从思想、政治和制度上对异端思想产生的影响；二则分别以陶渊明和李白为个案说明庄子自由人格境界对后世，特别是人文艺术方面的影响。

本书注重文献史料的收集和使用，不仅旁征了近50年来国内像牟宗三、冯友兰、张岱年、汤一介等学者的专著和论文来证明著者对庄子自由思想的写作思路和内涵的准确性，还博引西方学者，如弗洛伊德、缪斯等人的哲学专著加以全方位的佐证，反映了研究的深度、广度。

本书融汇历史学、社会学、自然科学、神学、语言学等多领域学科专业知识，全面系统地论述了关于庄子"自由"思想的产生原由、形成过程和主要特征；考察了庄子自由思想对道家的传承和再发展以及在中国传统文化中的理论定位；说明其思想内涵对后世的影响以及对当今社会的现实意义。（文光玲、李海林）

成玄英《庄子疏》研究

《成玄英〈庄子疏〉研究》，[韩国]崔珍皙著。成都：巴蜀书社，2010年11月第1版，32开，195千字，系"儒释道博士论文丛书"之一种。

崔珍皙，1959年生，韩国全罗南道咸平郡人。韩国首尔西江大学哲学科学士、硕士，中国黑龙江大学哲学系博士、北京大学哲学系博士。现为西江大学东亚研究所所长、图书馆馆长、哲学科教授。

本书先是丛书缘起，而后是序和正文，末附《重玄学对宋明理学的影响》。序由汤一介作，指出成玄英是唐代重玄学理论的集大成者，创制了自己的理学体系。这一体系后来到了朱熹那里，发生了儒家式的改变，逐渐成为东亚哲学的中心。学界虽然主张朱熹的理学体系受了道教和佛教的影响，但对这一影响的具体路径研究得却并不透彻。在这方面，本书会带给我们新的启发，并发挥积极的作用。学界一直没有出现对庄学主要著述中的《庄子疏》的专门研究。著者通过完成此部著作来填补了这项空白，从而使得我们很清楚地了解到庄学自先秦—玄学—重玄学这一大的发展流势。

正文分4章。第1章绪论，交代本书研究的目的、意义与方法。庄学的研究一般只是偏重研究《庄子》和郭象《庄子注》，成玄英的《庄子疏》一直以来没有成为学界所讨论的中心课题，真正的庄学必须把成玄英放在研究范围之内才能成为一定意义上完整的庄学。《庄子疏》是关于《庄子》最综合性的注释，对此探讨大致上能完成对庄学的系统研究。著者所使用的研究方法是范畴分析法，认为范畴是含有文化、社会、思维、哲学内容变化的综合性概念，哲学史在一定意义上是范畴发展史。通过范畴分析、观点叙述，在庄子、郭象、成玄英三人之间进行比较而得出后者的思想和理论体系。第2章成玄英的生平及其著作。第3章成玄英的哲学思想。第4章结论，指出成玄英的思想是玄学发展脉络之继承、佛教般若思想之融汇、道教理论之建构和儒学思想之位格化转移，其思想核心是"理"，所有范畴都是从"理"演绎出来。

末附《重玄学对宋明理学的影响》，认为成玄英的重玄学和华严宗以及宋明理学之间有着间接的影响或继承关系。著者主要是依靠理论体系之间的比较、范畴或概念的演变过程来证明三者之间互相影响的关系，但重玄学对宋

明理学影响的问题还有进一步可探讨的空间。（丁希勤）

庄子还原

《庄子还原》，杨义著。北京：中华书局，2011年3月第1版，32开，235千字。杨义简介详见《老子还原》提要。

本书先是序言，后是正文上编和下编，最后是结语和后记。序言指出，还原、生命、全息是研究诸子的三个基本原则。在这一原则下，研究庄子需要解决十个问题，必须采用地域文化学、人文地理学、姓氏谱系学、深层心理学、自然生态学、历史编年学、地方志研究等领域的知识和方法。

正文分上、下编。上编庄子还原，先是概说陈述本章的主要内容，认为庄子为宋国蒙地人，但庄子思想上承老子，乃为楚学，多有楚人的文化基因。以下针对10个问题分10节进行论述：宋人楚学与庄子家世之谜；楚国流亡公族苗裔的身份；《庄子》文化基因中的家族记忆密码；"大鹏"意象背后的楚民俗信仰；"鼓盆而歌"与楚人丧俗仪式；家族流亡与地域体验的反差；孤独感与两度放飞思想；浑沌思维·方外思维·梦幻思维；"广寓言"与林野写作风貌；草根人物与言意之辩。

下编庄子还原研究资料长编。先是编者前识，交代长编列举历代对庄子的认识和解读，与本书正文对庄子进行生命还原及文化基因分析形成对话关系。《庄子》文本是庄子的生命痕迹，其中蕴藏着庄子的人生感受、家族记忆、精神焦虑、学术追求、趣味形式，具有高度的精神上的真实。长编表明庄子是楚庄王七八代以后的旁系后裔，其家族在40多年前的一场政治变故中逃亡到宋国的荒野。宋国的蒙泽湿地接纳了庄子，以其蓬勃的自然生态滋润了庄子枯寂的心，他兴致浓郁地观赏着湿地里的鱼、蝴蝶、螳螂、蜗牛，有时还到集市上观看宰猪、屠牛、耍猴，因为独行无伴，便做着白日梦，"独与天地精神往来"。

结语首先揭示本书的价值，认为学界对庄子的研究主要集中在考证、辑佚、订补、校勘等文献领域以及义理性的专题研究，而透过文献"还原"庄子的生命和文化基因并从文学、文化角度对诸子文本进行系统"生命还原"式解读的文章似乎还比较匮乏。其次，概括上编庄子还原的主要内容，围绕10个问题而进行总结。最后是后记，再次提及研究庄子的方法问题。

本书通过对庄子的生命还原，以10个问题的方式自问自答，揭开了庄学研究中存在的诸多谜底，是当前研究《庄子》的一部重要的学术作品。其中一些观点在学术界首次提出，具有一定的参考价值。（丁希勤）

每天学点庄子

《每天学点庄子》，王少农著。北京：九州出版社，2011年4月第1版，16开，144千字。

王少农简介详见《老子、庄子的做人绝学》提要。

本书发挥"庄子喜欢说人生"的专长，以庄子本人的手法讲庄子。本书说人生、讲故事，发挥出"庄子寓言"的魅力，让"庄子哲理"在"庄子故事"中自然呈现。

本书基本结构是庄子寓言加庄子哲理，一个寓言加一个故事，形成完整一篇文字。需要说明的是，庄子寓言有文学加工，庄子哲理有著者自己的人生体悟。

本书共39章，讲了39个庄子寓言故事，总结出39个庄子哲理（人生哲理）。偏重于展示人生内外两个世界，揭示矛盾冲突，提出解决方案是"内修外化"。比如本书开头三篇"救好自己等于拯救世界""认识自己就可以理解别人""以柔的状态过入刚的境界"，就非常明显地显示出全书要解决的问题是"内外世界"问题。

本书采用庄子手法讲庄子，勾勒出《庄子》原著人物群像，故事涵盖人生各方面，使庄子哲理呈现丰富、多元、具有张力的结构。通过这种结构，可以帮助人们在认知复杂世界时找到支点、具有平衡感，从而具有安全感、满足感。

本书通俗易懂，将庄子定位为人生导师，是能够解决人生烦恼这一实际问题的专家，这种定位不是首创，是传承，但对目前的社会大众来说特别需要，因此受到广泛认可与接受，成为同类书的典范，开创了庄子书的新类型，在青年人心中具有一定影响力。（王少农、李海林）

学校没教过的中国哲学家——庄子

《学校没教过的中国哲学家——庄子》，凌永放著。南京：江苏文艺出版社，2011年6月第1版，16开，300千字，系"国学智慧系列"之一种。

凌永放简介详见《学校没教过的老子智慧》提要。

《庄子》共有33章。为契合原书，著者对应地将本书分编为33卷，每一卷都是由提要、经文、译文、智谋故事和赢家策略五个部分组成。提要是对这一卷的简要概述，并大致说明《庄子》一书中所对应的这一章的写作目的及现实意义；经文则是对《庄子》原文的回顾，并标记出在当代仍具有影响力的名言，而且对该名言的古今译法乃至使用的场合都有清晰的说明；译文是著者对《庄子》的原文解读，还原原著中的思想精髓；智谋故事和赢家策略这两个部分则是本书的特色和创新点。《庄子》一书距今历史悠久，虽然象征着中国哲学思想和文化语言的一个历史高潮，但是毕竟年代久远，在今天学习起来确实稍有难度，对其中个别字句的理解也需要斟酌考究，为了更清晰地传达庄子的思想精髓，解读其中的微言大义，本书化繁就简、见微知著，与时俱进地选取了古今中外诸多事例，对《庄子》做全面深入探讨，力证庄子思想在当今时代仍然没有过时。在事例的选取上匠心独运，每篇各有两个事例，角度各有不同，阐发的道理各有侧重，以求深入把握每篇要义。智谋故事主要集中在中国历史上的著名人物及其事迹；赢家策略则以商战事例为主。企图通过这些例子，踏入庄子的至圣之道，领略精深的道家哲学，使读者的人格得到升华，人生和事业进入与道融合的境界。

《庄子》的精髓是追求无欲无求的大境界，与当下这个物欲横流的花花世界似乎有些矛盾，但《庄子》中传达出来的浪漫的自由主义生活偏偏又是绝大多数人所追求的。正是因为如此，《庄子》虽然被视作中国古代典籍中的一块瑰宝，但也时常被诟病过于浪漫、脱离现实，以致现代很多人都认为此书在当下已然没有实际意义。本书的著者应该也是对此有所意会，因此在写作中佐以智谋故事和赢家策略来力证《庄子》的现实意义以及对现代生活精神和物质上所兼具的指导意义。但著者在事例选取时，其实是有目的性、有偏好地选择了与该卷主题内容相符的事迹和人物，有些有牵强之嫌。总的来说，本书所传达的价值观是非常积极向上的，对于《庄子》浪漫主义思想的传播有一定的推动作用，而且书中理论与实际相结合的方式极具鼓动性，能使人感受到一股强大的力量。（刘源源、李海林）

庄子逍遥义演变研究

《庄子逍遥义演变研究》，叶蓓卿著。北京：学苑出版社，2011年10月第1版，精装，32开，200千字，系"诸子研究丛书"之一种。

叶蓓卿简介详见《列子》提要。

本书以庄子逍遥义的历史演变为研究对象，共分七章，并附有相关书目和论文。第一章论述了东晋时期的郭象的思想，他既不赞成以王弼为代表的"贵无派"，也不同意以裴颜为代表的"崇有派"，其在《庄子注》中建立起成熟的"独化"理论体系。郭象以"物各自造而无所待"来揭示"独化"的内涵，万事万物都是"自造""自得"，因此个体与整体都是各自独立而"无所待"的，此"无所待"有别于主子"无所待"，郭象把专属于至人、神人、圣人的"无所待"的至高境界延伸至一种普遍存在的状态。同时就相互关系而言，事物间又是"相因"的，避免陷入万物彻底孤立的理论极端。

第二章，魏晋时期，随着玄学思潮的风起云涌以及人们对佛教经义的不断深入理解，玄、佛合流成为必然趋势，支遁乃是当时佛家般若学的即色宗的代表人物，其以般若性空学说阐释庄子逍遥义最能发掘意旨。著者认为"至人""神人""圣人"等具体阐释了"无待逍遥"的内涵，但本质上是三位一体的，因而支遁假以"至人"来总括《逍遥游》中的几种理想人格。著者将支遁之逍遥义认作是将向秀、郭象混同凡圣的"适性逍遥"说中"无待逍遥"的一面独立出来，还原了庄子的本义。

第三章，著者认为隋唐时期的庄子学在《逍遥游》篇义理方面发展虽无大的建树，但在初盛唐、中晚唐时期大量文人墨客以大鹏形象为创作原型却蔚然成风，尤以诗人李白逍遥观念的巅峰之作《大鹏赋》加以阐释。认为李白"盖以鹏自比"受到郭象的影响，其《大鹏赋》中无限拔高"大鹏"之形象，远离庄子逍遥之本义，展现了盛唐之势，一反魏晋诗文之哀愁、低迷风格。自"安史之乱"后国家由盛转衰，"大鹏"之形象在刘禹锡、白居易、元稹、李商隐等人中得到延续，始终激荡在有志之士心中。

第四章，宋代庄学以王雱、吕惠卿等为代表，主要倾向于以易学阴阳象数理论来解读《逍遥游》，他们多将《逍遥游》中的"九万""六月"分别按照易学思想解释为极阴、极阳之数，认为鲲化鹏、大鹏南徙都是阴阳互化的反映。

第五章，著者认为宋末的罗勉道执一"化"字以释逍遥，在其《南华真经循本》中解释说"漆园之书，化书也。化之云者，形化而后仙，神化而后圣，乃为逍遥之至也"，"神游寥廓，无所拒碍，是谓逍遥游"，然逍遥有优劣之别、层次之差，鲲鹏作为"化之大者"标志着优等逍遥，而蜩、鸠作为"化之小者"就标志着劣等逍遥，由此反映到人间，劣等逍遥有二，优等逍遥有三，尤以"至人"为最上等的逍遥。

第六章，明末清初，在易学方面多有造诣的方以智继承了宋人以易解庄的传统，以"象数取证"的方法，对庄子逍遥义进行解析；吴峻则连通《连山》《归藏》《周易》三易以解逍遥；沈楙真说他的《逍遥游解》"无一字一句非释《易》也"。藏云山房主人则以《老》为宗、以《易》为助释逍遥，并得出"无害无苦，真逍遥也"的结论。黄元炳以《易》"乾"卦释逍遥。

第七章，以吴默、林云铭为代表的明清时期的文士，吸收前人之说，形成一种以"大"来解释庄子逍遥义的风气。

本书特点在于，无论在行文表达上，还是在史料处理和引证上，都非常注意按照规范行事，最大的价值在于著者仔细分析历代文士对庄子《逍遥游》的阐释和发展。著者在"发现至今未有学者对逍遥义的历史演变进行系统的梳理和论证，多停留在对逍遥本义的辨析上而未透彻分析其演变脉络"的问题后，较为全面地研究庄学著作，纵向梳理庄子学历史轨迹，横向把握逍遥义的时代发展趋势，融合相关文献，综合论述其演变规律，得出自郭象"适性逍遥"、支遁"明至人之心"、李白等以"大鹏"为逍遥、王雱和吕惠卿等"无累逍遥"、林希逸执"乐"字以释逍遥、罗勉道"优劣逍遥"、方以智等以"易"释逍遥、林云铭等以"大"为纲、吴世尚等以理学释逍遥的关于逍遥义的历史演变脉络，并有力地论述其核心意旨，让读者对逍遥义在历代哲学家和文学家当中得以继承和发挥的重点有了清晰的了解，为后来的庄学研究者提供了宝贵的参考资料。（文光玲、李海林）

庄子的哲学空筐

《庄子的哲学空筐》，赵鑫珊著。上海：文汇出版社，2011年11月第1版，16开，200千字。

赵鑫珊，1938年生，江西南昌人。毕业于北京大学德国文学语言系。曾工作于中国农业科学院、中国社会科学院哲学所、上海社会科学院欧亚所等。出版《科学艺术哲学断想》《孤独和寂寞》《瓦格纳·尼采·希特勒》等专著。

本书系统介绍了庄子的主要哲学思想及其在当代的现实意义。著者认为作为一个伟大哲学空筐，庄子哲学的神远或远见却有着永恒价值。何谓"远"？冲淡清远的风神韵味，雄浑宏壮的格调，是"远"的核心。庄子行文气盛，故"远"。庄子的哲学空筐弥漫着天地元气，故神远，指向大处、远处、疏淡处和悲壮处。著者同时认为，庄子是善为诗化哲学者，故师法森罗万象，独抒性灵。他跳过了科学实验加上数学定量语言，通过天才直觉、猜测或臆测，直接去明道，取无字之书阅读天地万物，企图统摄它。庄子的哲学空筐尽是含蓄、浓缩，言近旨远，使人咀嚼了两千多年而不尽。他的具有对称诗化结构的哲学是句上有句、句下有句，或句中有句、句外有句。庄子的空筐是说出者少，不说出者多。

著者撰写此书的视野、角度和立脚点，是试图把《庄子》放到"世界哲学"的大框架内做对比、洞观。所以在书中，有许多庄子与西方哲学家的思想碰撞。例如，著者从哲学根源的角度出发，将庄子的"知人之所为"和古希腊哲学家的箴言"认识你自己"进行对比，并认为这是中西方哲学的共鸣之处，但从某些角度来讲，二者又大相径庭：庄子的"知人之所为"是从人类社会行为学的角度出发，研究群体社会的人类行为；古希腊哲学家的"认识你自己"就偏向于个体，范围更加狭隘单一，这是单独的人类个体对自身进行研究和思考的行为，并非庄子的个体对群体的研究思考行为。又如，认为庄子的"以道观之，物无贵贱"和西方哲学的"众生平等"无甚差异。

本书将庄子哲学与西方哲学进行关联，便于读者了解庄子哲学、世界哲学。纵观本书，论证严密性不强，大多是著者的一家之言。（申芮夕、李海林）

庄子十日谈

《庄子十日谈》，方勇著。上海：上海辞书出版社，2011年11月第1版，16开，234千字，系"思想文化十日谈丛书"之一种。

方勇简介详见《庄学史略》提要。

本书共分十章，以讲演化的语言，深入浅出地用十个不同的主题呈现出真实的庄子以及其书的重要内容。第一天，亦即第一主题，主要讲述庄子的身世来历，历史上对《庄子》文本的考证及其历史演变；第二天，亦即第二主题，主讲庄子的逍遥思想，分析《逍遥游》多以"重言""寓言""卮言"的风格，概括历史人物对其逍遥义的发展和演变过程；第三日，亦即第三主题，主讲庄子的齐物思想，介绍了齐物思想的产生背景，历史上诠释"齐物论"的两大派别以及该思想对后世的影响；第四日，亦即第四主题，以《人间世》《大宗师》为核心内容主讲庄子的处世之道当"虚舟常不系，静室自生白"；第五日，亦即第五主题，主讲庄子与老子思想的异同，指明老庄本非师徒关系，二者的共同点在于思想均发端于"无"，秉持"无为而治"的观念。不同点在于老子是以"柔"的思想以退为进，积极入世，但庄子则是反对权谋机心，追求超凡脱俗的个人至高绝妙境界。第六天，亦即第六主题，主讲庄子与儒学的关系，主要分三种，一种是相反，一种是可相通，还有一种是不同但可两行而偕存，以及历代庄子阐释的儒学化倾向；第七天，亦即第七主题，主讲庄子思想与中土佛家的关系，介绍了魏晋时期庄佛的融通，用道安、鸠摩罗什、僧肇等人思想加以佐证，提出禅宗作为完全与中国文化思想交融后产生的中国本土化佛教，庄子的思想有巨大贡献；第八天，亦即第八主题，主讲庄子精神在塑造中国古代士大夫的心灵方面起到的作用并以五类士大夫的特质进行详尽分析。第九天，亦即第九主题，主讲庄子与中国传统艺术的内在联系，指出庄子思想对艺术家创作以及以绘画为主的艺术影响的多面性；第十天，亦即第十主题，就《庄子》文本的内容和形式对比其他先秦诸子古文，细谈《庄子》文章之美。

本书力求做到学术价值与易读性、可读性的兼顾，使《庄子》的当代的价值得以发挥，为读者与《庄子》架一道彩云飞桥，逾古今与玄奥。本书主要由著者的学生根据笔录、录音以及著者平日有关庄子的言谈详细梳理，勒为十谈，最后由孙逊总理众稿，经由著者裁剪、增损、斟酌以成全书。（文光玲、李海林）

宋代庄学思想研究

《宋代庄学思想研究》，肖海燕著。武汉：华中师范大学出版社，2011年12月第1版，32开，245千字，系"道家道教文化研究书系"之一种。

肖海燕简介详见《近代中国老庄学》提要。

刘固盛的序，提出老庄学研究需要注意的两个问题：一是不要囿于老庄学本身，而是通过对各个时期社会历史状况的具体考察，力图探究老庄学衍变发展的政治、文化基础，由此展开老庄学历史进程的深入分析；二是将老庄学与中国思想史研究结合起来，从学术史的角度梳理其发展脉络，再从思想史的高度阐扬其理论价值，当是老庄学研究的应有宗旨。

其次是肖海燕自己的绪论。首先，介绍本书的选题意义，是立足于《中国庄学史》基础上关于宋代庄学的断代史研究。其次，梳理宋代庄学的研究现状，并交代本书的主要研究内容。

正文分五章：宋代庄学发展的思想学术背景；宋代庄学文献及其诠释特点；宋代庄学中的道论；宋代庄学中的心性论；宋代庄学中的治世思想。书中运用文献学与思想史相结合的研究方法，并借鉴诠释学的相关理论，通过对宋代庄学思想主要内容的历史考察，揭示宋代庄学思想发展的主要特征，展现宋代庄学丰富的思想内涵和蕴涵在其中的时代精神。重点在于发掘宋代庄学思想在前代的基础上所取得的突破性的发展，彰显宋人如何通过对《庄子》创造性的诠释，将心性论这一时代课题融入庄学之中，并由此反映儒道释三教合流的时代思潮；揭示宋代学者如何通过吸收庄学思想作为建构宋学的思想资源，尤其注意揭示庄学与宋代理学的相互关联；展现宋代学者如何发挥《庄子》的治世思想为现实政治服务。

最后是结语和后记。结语重申"心性论"是宋代儒道释三教共同关注和探讨的时代课题，也是宋代思想最为突出和新颖的内容。宋代学者借《庄子》

阐发心性之学，在理学思想体系建构和发展过程中发挥了重要的作用，以庄学为中心调和儒释道是宋代庄学发展的基本特点。（丁希勤）

庄子哲学精神的渊源与酿生

《庄子哲学精神的渊源与酿生》，邓联合著。北京：光明日报出版社，2011年12月第1版，16开，270千字。

邓联合简介详见《老庄与现代技术批判》提要。

本书由绪论及四章正文组成，第一章讨论庄子与巫文化，第二章讨论庄子与道家，第三章讨论庄子与作为对话者的儒家、惠施，第四章讨论个体的出走与庄子哲学精神的生成。本书注重考查庄子哲学精神的渊源和酿生，试图揭示以庄学精神为代表的独立的个体意识在早期中国思想的演进过程中究竟是怎样破茧而出的。

本书系统地整理归纳了近世以来关于庄学思想渊源的研究成果，文献丰富，材料翔实。在此基础上，揭示了庄子思想的"巫魅性"及其文化归属。继而通过借鉴法国人类学家马赛尔·莫斯的观点，把莫斯所描述的巫文化的常见特征与《庄子》文本相对照，分析了那些被边缘化的巫者、畸人、巧匠等特殊社会群体，揭示了庄子生命哲学的超越向度正是在巫文化的影响下形成和发展的。除巫文化外，本书还分别对庄子与先秦道家、儒家、名家等的关系做了比较系统的梳理、考证和辨析，有不少亮点和新义。

本书可以为理解庄子思想提供新的视角，开拓新的领域，而且对先秦道家及诸子思想起源的研究，对于中国早期巫文化及神话的研究等，也都具有一定的参考价值。（殷国涵）

庄子还真

《庄子还真》，左孝彰著。天津：天津人民出版社，2012年1月第1版，16开，275千字。

左孝彰简介详见《老子归真》提要。

本书集32篇文章，分内篇7篇，外篇15篇，杂篇10篇。学界多认为，内七篇为庄子真作，其他外、杂各篇为假庄子之名的伪作。外、杂各篇，均意在对庄子思想中的不同命题，从不同角度予以解释、充实、证明。然而由于对庄子思想的本真理解有误，因而外、杂诸篇中除《天道》《天运》《秋水》等篇立论较为接近庄子本意外，绝大部分在某些具有根本性的问题上与庄子有很大差异。本书通过对《庄子》的注、译、疏解，以求透视庄子生动感性语言的背后，以求勘误匡正，达到还庄子之真、光复庄子思想的目的。以尊重古籍为要，以全面沟通读者为义，是故对内、外、杂32篇，全部逐句注解。

本书以现代思想成果做参照对比，在哲学形而上的平台上，牢牢把握庄子关于抽象的理念，透过庄子形象的表达方式，撷其概念，探索并寻其逻辑线索，解读其理性思维成果，这是著者研读《庄子》的方法。

本书展示了庄子哲学思想最重要的宇宙论、方法论和认识论。庄子认为区别的万物其根本乃混沌而通一，万物即一，一即万物，其外在表现则为交互演化、物物相连，万物在相互演生中交织成不可割裂的、不可脱一环节的宇宙整体；万事万物皆处在变化中，只有抽象的规律性的大道是不变的，道寓于万物之中，绝对的不变寓于相对的变化之中。

庄子认为万物齐一的根本在于，一物的实质是两极，而对立两极的本质乃是通一同一，两者同出，异名同谓。在现象界，任何一事物都是二元构成，都无法避免地存在着自己的对立物，对立中的每一方都是由对方所孕育，从另一方中产生，无彼无我，无我无彼，对立是共生的，是无法分割的一体，彼就是是，是就是彼。在本质上，两者是无法断定的、是模糊的。庄子指出两者是既有界限又无界限的，现象中的界限，是根本中的无界限表现出的界限；根本中的无界限，是现象的界限回归根本中的无界限，对立是通一的。著者指出，庄子在阐述万物通一的同时，并不否认事物与事物之间界限的明确性、稳定性，并没有怀疑个别事物其特殊性的独有的不可替代性。

"心斋"是庄子认识论的主旨。庄子认为人的认识对象是外在于人的客观事物，人的认识只能是接受外在事物，人的作为只不过是实现自然所决定的可能或不可能。人犯错误不过是逆其道，所谓逆道，就是对可能或不可能的错误判断；人只有尽可能全面准确的认识所要处理的事物，认清一定预期走势所需的条件，才能达到自己所欲达到的价值目的，而其中最重要的是认识自然的最为根本的大道。这里所说的道是最高抽象的道，是决定具体万物个别之道的道，是借以指导自己对具体事物认识和把握并掌控万物的道。庄子强调正确认识事物的"心斋"方法是清净心灵、涤除主观之见，排除感觉现象干扰、冷峻面对现实、深入事物本质的方法。庄子认为万物处在永不停顿的变化当中，人的认识也必须随其变化而变化，所以心斋也即所谓无思则成，应物处变。庄子认为人的认识的发展运动，正是认识在确定与不确定、真与假、错与对的矛盾中的运动。

本书无论是在行文安排上，还是引证注释上，都非常严谨认真，体现了实事求是、追本溯源的求真精神。（黄部泽、李海林）

宋代福建庄学研究

《宋代福建庄学研究》，杨文娟著。太原：三晋出版社，2012年4月第1版，16开，280千字，系"山西大学建校110周年学术文库"之一种。

杨文娟，1973年生，山西曲沃人。山西大学文学院讲师。

本书前言回顾了学术界庄学研究现状，介绍全书的撰述宗旨和体例。

正文第1章宋代福建的文化背景与《庄》学繁荣。两宋时期，福建道教鼎盛，新儒学向福建传播，出现了"闽中四先生"。这一时期，福建诠释、笺注《庄子》的学者有杨时、林光朝、林亦之、陈藻、林希逸、吕惠卿、陈祥道、林自、朱熹等，庄学一度比较兴盛。

第2章北宋新学思潮下的以儒解《庄》，以吕惠卿、陈祥道、林自为例，分别从"性命之学""道体理论""适时应变""汇通儒道""旁引曲证"五个方面论证了与新儒学之间的关系，指出他们的共同特色都是以儒释《庄》，体现了宋代学者治学著述的新精神。

第3章朱熹对庄子及其相关问题的精辟论说，分别从朱熹"对庄子的理解与评价"、"对庄子相关问题的关注"和"对庄子思想的吸收与改造"三个方面对散存于朱熹语录及文集中的有关庄子及其思想的评说进行了分析，指出朱熹对庄子精神的吸收在其哲学结构的整体架构方面发挥了积极的作用。

第4章《庄子口义》的三教融合思想（上），就作品《庄子口义》，从"艾轩学派的庄学传统""庄儒融合""理学入庄""愤世和异端之书"四个方面论述了林希逸的三教融合思想。

第5章《庄子口义》的三教融合思想（下），从"庄禅互证""以文评庄""流传及影响"三个方面进行论述。认为《庄子口义》在庄学史上具有极其重要的意义，明初传入日本后，对日本也产生了一定的影响。

结语指出，到北宋庆历年间，儒家经学进入了一个全新的阐释时代，即后人所说的"经学变古时代"。这一阐释方法在中国思想史上的意义举足轻重，具体表现为：一是怀疑批判前贤注疏的权威性和神圣性，力图把握著者的原初本意；二是肯定超越文字训诂的个体化的心灵认识；三是提倡自由灵活的解释方法。这种阐释观念对《庄子》注疏的影响不容忽视。（丁希勤）

优等生一定要知道的《庄子》典故

《优等生一定要知道的〈庄子〉典故》，邵勋潜编著。石家庄：花山文艺出版社，2012年4月第1版，12开，120千字，系"'读·品·悟'优等生必知国学智慧书系"之一种。

邵勋潜，编撰有《优等生一定要知道的成语典故》《优等生一定要知道的寓言典故》《优等生一定要知道的〈孟子〉典故》等系列书籍。

本书的体例，每篇分为释义、故事、赏析三个部分。按有关内容，编著成生动有趣、别具一格的课外读物。道家的思想以老子为宗，庄子承其学而更发扬光大。著者以一个个寓意深刻的故事阐述庄子的人生理想，一是庄子向往自由、淡泊名利的逍遥世界，"不受米粟""介推焚死""君子之交""贫病之别""随珠弹雀""屠羊之赏""曳尾涂中"等皆表明庄子不愿与世俗同流合污。自由的活动不带任何名利、是非的欲望。世俗的得失、富贵、功名利禄都会扰乱人心，而不得自主。二是庄子的人生观照，庄子认为宇宙的一切事物都是相对的，"安时处顺""鼓盆而歌""鼠肝虫臂""相濡以沫""游方之外"等皆表明世间万物有幸而生，死即必然。宠辱不惊，看庭前花开花落；去留无意，望天上云卷云舒。"不材之木""不龟手药""瓠何所忧""无用之用""分庭抗礼"等皆表明所谓大小之殊、贵贱之别、是非善恶只是比较而得并非绝对。有无相生、难易相成、高下相倾、音声相和、前后相随。万事万物皆是相对的。应顺应自然，勿强分彼此。三是庄子的养生哲学，贵在顺性，贵在依乎天理、因其自然。"明王之治""庖丁解牛""七窍之祸""不胜为胜""鲁侯养鸟""物固自生""与时俱化"等不仅有养生之道，也有治国之道。养生贵在顺应自然，治国贵在无为而治。顺应自然，使其自然成长，让万事万物随时间变迁而更新交替，并在变化中保持自我。这些皆表明庄子反对刻意作为，主张无为自化、清静自正。

著者以众多篇幅展现了庄子的人生至境，庄子所追求的最高境界，是"至人无己""神人无功""圣人无名"。人生的痛苦多源于一个"争"字，"东施效颦""邯郸学步""鹤长凫短"争美的事物，"鲁多假儒""昭然若揭""祝宗说彘""吮痈舐痔"争人的名利，"蜗角虚名""同师之异"争事的是非。人生有耳目之知，肢体之行，既已为人，便有情欲的贪得，有欲望，有私心，进而带来痛苦。人生的存在，又存在种种的束缚，"海纳百川""井底之蛙""望洋兴叹""蚊虻负山""贻笑大方""朝菌蟪蛄"等皆有自身的局限和束缚。人要摆脱痛苦和束缚，就要做到"心斋""坐忘"的境界。"心斋"是指人受到物象和情欲的牵引时，如何才能够保持心灵的清明，才能不会迷失，不会误入歧途。物欲足以迷心，能去物欲，始为心斋。"心斋"就是无我。感受不到自己的存在，进而与道化合为一。人世间的事物千变万化，疲于应对，唯无心而不自用，乃能随物变化，而不受其累。"坐忘"就是离形去知，即堕肢体，黜聪明。"佝偻承蜩""心如死灰""神工鬼斧""坐忘境界""庄周梦蝶"皆是"坐忘"。连"我"都没有了，无物无我，无彼无此，一片虚无，天人合一，自然无是非利害。

本书帮助学生，尤其是初涉人生的青少年读者，使之得到心灵的滋养、智慧的启迪，得到美的教义和熏陶。本书中的故事，寓意深刻、深入浅出、寓教于乐、活泼有趣，是一部别具一格、生动有趣的书籍。不足之处：本书由 163 个故事组成，按首字母排序，使得书中的内容较为零散，没有将寓意相同或相近的故事放在一起，难易不同的故事交叉出现，并且有些故事的释义陈述得过于简单。（李海林、刘爱佳）

六合内外：庄子内篇道论研究

《六合内外：庄子内篇道论研究》，陈清春著。北京：科学出版社，2012年5月第1版，252千字，系"山西大学建校110周年学术文库"之一种。

陈清春，1966年生，山西孝义人，祖籍河南汝州。山西大学哲学社会学学院教授。主要研究领域为中西哲学比较、庄子哲学、宋明理学等，发表论文多篇。

本书共五章，内容包括物谓之而然、道行之而成、吾丧我、心和形就、古之真人。在充分吸取前人研究的基础上，将庄子的哲学思想归纳为由存在论、方法论和境界论组成的道论体系；概括了庄子的本体存在论和本体认识论，对庄子独特的本体存在论的表达方式有所呈现，对庄子本体认识论的性质、逻辑过程和具体途径亦有清楚揭示；又吸收了现象学的观点和方法分析庄子的思想和庄子哲学中的一些具体问题。著者指出三个特别值得我们注意的观点：

第一，普遍的怀疑态度。宗教起于信，哲学则始于疑。庄子的怀疑与笛卡尔相似，不仅针对是非、美丑、善恶之类的价值观，而且针对事物的存在、真理的标准、人类的认识以及吾言的交流，甚至是怀疑自身的存在，正是普遍的怀疑态度促使庄子寻找人生可以确定的东西。

第二，彻底的反思方法。反思方法是哲学思维的根本方法，庄子通过对自己意识活动的分析考察和究根问底，发现了世界及人生产生的根源、机制、过程以及范围与性质，从而建立了一个完整的关于现象世界的存在理论。

第三，追求自由的精神人格。中国传统哲学多以政治和人生为主题，庄子哲学便是以解决人生问题为核心的典型人生哲学。他的主要问题就是如何在当时混乱的社会生活中实现人生的自由，获得对自然的本真感受。

在先秦诸子中，庄子哲学无疑是最具生命力的哲学体系之一。其生命力一方面表现为对历代知识分子的思想、人格和生活方式的深远影响，另一方面表现为历代庄学家对庄子文本的独特理解和创造性诠释。因为每个时代都有其特有的思想文化背景，并面临着特有的亟待解决的时代课题，生活于其中的哲学家必然要基于时代的思想文化背景，通过其创造性的哲学活动回答时代所提出的课题，他们通常采用的方法之一就是经典诠释。人们对庄子哲学的理解和诠释，虽然多数都是以《庄子》的原典文献为依据，以阐述庄子的原意为目标，但最终为历史所认可的有创造性的诠释成果总是以反映诠释者本人的独特思想以及所处时代的思想精华的方式呈献给世界。（黄部泽、李海林）

走进庄子

《走进庄子》，程恩著。北京：北京燕山出版社，2012年7月第1版，32开，77千字。

程恩，1927年生，四川人。早年求学于北京大学。中华人民共和国建立后，先后在中国人民大学和黑龙江大学工作。1980年后任北京财贸学院、首都经济贸易大学经济学副教授、教授，有经济学说史和政治经济学方面的著作问世。1994年在首都经济贸易大学离休。著者热衷传统国学，本书是他多年学习《庄子》的心得之作。

正如著者所说，本书是他学习《庄子》的一点体悟和收获，不是一部学术著作，没有专业学者那样的旁征博引。著者给自己提出的任务是，作为一位忠实的读者直接进入庄子的精神世界，力求领悟《庄子》一书的主要思想内容和观点，并试图探讨它的价值所在。正因如此，本书在内容选择上，打破了传统庄子研究的套路，并没有一味附和《庄子》一书的结构，而是选取了几篇有代表性的章节以及庄子著作中的几个重要思想，结合实践谈自己的些许感想。庄子的著作中经常谈到一些人生哲理，如"有"与"无"、"生"与"死"、"苦"与"乐"、"小"与"大"等等，庄子对于这些问题，有时谈得生动有趣，有时又深奥难懂，但是最终都是在劝导人们要以宽容、包容、达观和淡然的态度去看待这些问题，摆脱烦恼，保持心境的平和安宁。上述这些庄子思想的要点，著者都做出回应，并赋予了新的诠释。值得注意的是，著者考虑到《庄子》距今年代久远，在文字使用上有别于今天，这给阅读会带来一些困难，因此在本书中若有涉及原著相关内容，著者一律直接将其译成白文，而不引用原文，这样深入浅出的叙事方式使得读者在阅读时更容易理解。

本书在阐释庄子的思想方面固然有所不足，而且书中更多的是表达著者个人学习《庄子》之后的相关感受，所以书中涉及的一些思想和表述也会带有一定的个人色彩。此外，本书只选取了庄子思想中的部分要点，所以有些以偏概全，不具有完备的说服力。但是总的来说，本书简单易懂，对于一般读者粗略了解庄子哲学对人们日常生活的影响还是足够的。（刘源源、李海林）

逍遥人生：庄子的智慧

《逍遥人生：庄子的智慧》，宁远航译注。合肥：安徽人民出版社，2012年9月第1版，16开，312千字。

《庄子》共33篇，分为内篇、外篇、杂篇三部分。本书并未完整收录此33篇原著，而是选取了三部分中具代表性的文章进行译注、剖析。

本书对原文注解是分段进行的，有利于读者更加直观、清晰地了解原著的思想；译注主要分为字词注释和译文两部分，这样对原著中生僻的字词及其用法都有更清楚的说明。此外，本书在吸收前人成果的同时，加入了时代元素，给读者带来一种崭新的、轻松的、自在的国学经典诵读体验。例如在第一章节《逍遥游》的最后，著者阐释道："所谓的'有用'，其实就是一个个'我'为中心，希求获得一份价值，一件功德，或一种认可。强求物为我用，这个念想让我们很累。庄子说要顺物自然，随其所用。这就是所谓的无用之用。无用，也可以有用；无用，就是有用。"在这一段中，著者将庄子的"无"和"有"思想融入到当今现实社会，分析人内在的渴求，然后引出庄子的自由主义思想。本书最大的亮点就在于在注释和译文之后，针对当下现状所做的阐释。这些阐释都是对当下实况的有感而发，旨在以庄子豁达从容的心态感染现代人，直指最初本然的心体，顺境或逆境时都能够坦然面对；使人能够卸下肩上的沉重负担，在嘈杂的世间获得内心平和的力量，以一颗清净之心将世俗之事运筹于帷幄之中。

本书对《庄子》的解读有其独到之处，但正如对待国学经典一样，我们对待《庄子》的不同解读方式也应该持辩证态度，从中汲取积极有利的部分，才能更多地学到庄子的智慧。（刘源源、李海林）

魏晋南北朝庄学史论

《魏晋南北朝庄学史论》，马晓乐著。北京：中华书局，2012年12月第1版，16开，265千字，系"中华文史新刊"之一种。

马晓乐，1977年生，山东济南人。任教于山东大学国际教育学院，主要从事语言与文化传播、国际汉语教育、魏晋南北朝文献等领域的研究。

本书先是骈言与绪论，后是正文9章，书末是余论和参考书目。骈言由徐传武所作，指出本书之特色。徐先生是马晓乐的博士生导师。

绪论探讨了两个问题，一是庄学思想的理性精神。二是先秦两汉时期庄学发展概貌。

正文分9章：第1章汉魏之际庄学的勃兴，第2章竹林时期庄学的兴盛，第3章西晋时期庄学的大炽，第4章庄学发展的高峰——郭象《庄子注》（上），第5章庄学发展的高峰——郭象《庄子注》（下），第6章东晋时期庄学的延蔓，第7章南朝时期庄学的绵亘，第8章北朝时期庄学的隐现，第9章庄学与佛学的相互影响，对魏晋南北朝庄学的发展情况进行了全面而系统的论述。

余论对全书内容进行了总结，指出庄学在魏晋南北朝时期的发展脉络是比较清晰的，经历了一个由弱到强、由简到繁的过程。从先秦两汉时期的潜行到汉末建安的勃兴，随着社会思潮和学术风气的转变，特别是经过正始玄学的引渡，迎来了炽热发展的高峰阶段，由此也完成了庄学传播的一个质的飞跃。东晋是庄学由表入里的渗透阶段，渐渐与治国方略、士人心态和价值取向等一些深层次的领域结合到一起，但此时的庄学已不仅仅是庄子及其学派之学，还包括了郭象的思想主张，甚至将阮籍、嵇康、向秀、司马彪等人的某些理念也纳入其中。一言以蔽之，此时的庄学是经过了儒学和玄学洗礼的新的庄学。从东晋开始，庄学与异域文化佛学的融合更加突显，显示出改造异质文化的力量，促进了外来文化中国化的进程。与此同时，庄学与中国土生宗教道教的关系也日渐密切，与道教的结合主要还是附属于老学而进行的。所以，东晋是庄学深层次发展衍生的历史阶段。南北朝的对峙也将庄学的主干分流出两条支脉。南朝一脉，基本上延续玄儒兼综的传统，最突出的一点就是正式获得了官方学术的认可，这是庄学史上的又一个里程碑。还有一个新的迹象，就是庄学不再局限于个人研习的范围，而具有了学术传承的特点，像经学那样带有了某些师承家法的意味，如萧梁学术集团、周弘正学术集团等，表明庄学形成了自己独立的根系。（丁希勤）

《庄子》哲学思想论纲

　　《〈庄子〉哲学思想论纲》，李延仓著。济南：齐鲁书社，2012年12月第1版，32开，250千字。

　　李延仓，1975年生，山东郓城人。2005年毕业于山东大学哲学与社会发展学院中国哲学专业，获哲学博士学位。毕业后留校任教。现为该院教授，博士生导师。主要从事中国哲学研究，特别是道家与道教哲学研究，已出版《早期全真道教哲学思想论纲》（与丁原明、白如祥合著）等，发表论文多篇。

　　本书是著者在多年本科教学中逐渐积累、反复琢磨的成果。为了多维度展示《庄子》的哲学思想，正文共分6篇20节。（一）渊源篇。该篇共8节，主要介绍了庄子其人、《庄子》其书以及《庄子》对原始宗教、巫术、数术、楚文化和先秦道家学术等方面的影响。（二）大道篇。该篇4节，主要介绍了《庄子》的道论及其以道论为纲的逍遥、齐物、技术等思想。主要阐述《庄子》哲学思想的本体论和宇宙论。（三）人道篇。该篇3节，主要介绍了《庄子》道论统摄下的理想人格、人性、生死等问题。中国哲学讲究"以人为本"，"人道篇"是中国哲学比较有特色的部分，也是《庄子》不可回避的哲学问题，因此也是本书的重点。（四）治道篇。该篇共两节，主要介绍了《庄子》关于战争、治国的理论。（五）道境篇。该篇共两节，主要介绍了《庄子》关于人生境界的主张。（六）道衡篇。该篇共1节，主要介绍了《庄子》对百家之学尤其是儒学的衡定、评判。为了使读者进一步加深对《庄子》的理解，本书的结语部分简要回顾了两千多年来《庄子》在历代的传播史。

　　本书在大道篇、人道篇和道境篇从人格论、人性论、生死论等方面阐述了《庄子》的哲学思想，但关于《庄子》哲学思想的总体特点、特色，本书论证还很不充分，并没有专门的章节进行讨论。此外，关于什么是"庄子哲学思想"，该书交代不是特别清楚。使读者在阅读的过程中，对其中的某些内容，如战争论、政治论、百家论等是否属于哲学思想，可能会产生一定的疑问。

　　本书脉络清晰，从庄子其人、《庄子》其书及其与诸多文化的渊源入手，进而从人格论、人性论等方面多维度地分析了《庄子》的哲学思想，让读者对《庄子》哲学思想有一个总体把握。此外，许多哲学思想用故事加以诠释，避免了乏味的理论论述，学术性与趣味性相结合，是本科生或具有一定基础的庄子哲学爱好者了解庄子哲学的不错书籍。（李海林）

《庄子》心解

《〈庄子〉心解》，涂光社著。北京：学苑出版社，2013年1月第1版，32开，700千字，系"诸子研究丛书"之一种。

涂光社，1942年生，湖北黄陂人。毕业于辽宁大学中文系古代文学专业，后留校任教。教授，博士生导师。研究方向为魏晋南北朝文学、《文心雕龙》、古代文学理论和中国古代美学等。主要论著有《势与中国艺术》《庄子范畴心解》等。

全书正文共分上下两编共十二章，章下分节，数目不等，十二章之外又各有引论、余论、附论若干。文前有罗宗强序、胡晓明序、自序，文末有后记一篇。上编名为"《庄子》范畴心解"，正文四章，分为"心论""天论""物论""言论"四大范畴。其中"心论"主要讨论"游""忘""虚静""心""神""体""明"等精神活动；"天论"聚焦自然论，包括对"性""适""迹""待""知"等范畴的讨论；"物论"则从"物""气""机""和"等范畴入手讨论物质世界与主客关系；"言论"则聚焦《庄子》论"言"与用"言"，是对言与意的疏解。下编名为"《庄子》寓言心解"，正文八章，这部分内容全从《庄子》寓言入手，主题不同。首章专论《逍遥游》，次章聚焦寓言中的庄子形象与生存困境。后两章总名思维，既谈庄子对"事物相对于通同的普遍性"的体认，也谈庄子"对知识和认知方式的质疑"。其后诸章分别涉及《庄子》尊生养生之道，美学含蕴以及社会政治思想等。

本书所谓"心解"之心即著者本心，"心解"即是著者与庄子心灵通会之体认。著者对《庄子》的体认有两种方式，范畴与寓言。范畴指选定并围绕庄子创用的"游""忘""适"等概念，综合字词原义与引申义，以求打通古今。寓言则是指注重还原寓言文学性的叙事面目，将分散的寓言以其共同的论域勾连查考，系统认识庄子的哲思。著者强调应将对《庄子》的解读联系

到当代人的需要，将共时性的解读变为历时性的发挥，以求从古老经典中吸取营养回应时代关注。（亓尹）

庄子丧葬及生死思想

《庄子丧葬及生死思想》，许雅乔著。台北：文津出版社，2013年2月初版，25开，系"文史哲大系"之一种。

许雅乔简介详见《老庄思想》提要。

本书由作者的五篇关于庄子生死问题研究的独立论文构成。开端由两位学者作序，结尾附有两篇附录。第一部分主要论述庄子生死哲学产生的因由及理论根基，从文化的演进、庄子本人的性格、人生态度、时代背景等方面去探讨产生的因由及其理论根基。第二部分主要论述庄子对死亡的解惑及其对生死教育目标的意义探究。从《庄子》文本中"鼓盆而歌""天地为棺椁""乌鸢与蝼蚁食"等寓言故事，理清庄子的生死观，并开始引入西方的生死教育观念。旨在透过庄子对死亡的解惑，阐发其对生死教育目标的诸多启示与意义，以供庄子生死哲学及生死教育者参考。第三部分主要论述庄子丧葬思想对临终关怀教育的启示。旨在透过庄子的丧葬思想，阐发其对临终关怀教育的意义及启示，同时使现今临终关怀的实践有了其理论根基。第四部分主要从"庄周梦蝶"这一故事去论述庄子对于死亡的超越。透过"庄周梦蝶"，探究庄子如何揭示死亡的真相及如何超越死亡，使吾人在面对死亡时，了然以何种态度面对死亡，从而超越死亡。附录一主要对于"生死教育"这一概念进行了专门性的论述，介绍了生死教育兴起的因由、内涵以及其所蕴含的哲学意蕴。附录二以"杨王孙裸葬"为特例，详细论述了有关丧葬的内容。

本书除了阐发中国人的生死智慧，如庄子逍遥思想对于现代人的忙碌与无助，也发挥了平衡与中和的功效，尤其庄子生死观对临终关怀与悲伤辅导中展现极大的功能，并产生极深远的生命意义。本书古为今用，在今日的生命教育及教学中，深化了生命教育的哲学意涵，对建构生命教育的理论与生活中的实际运用，持有很大的助益。（李梓亭）

反思与重构：郭象《庄子注》研究

《反思与重构：郭象〈庄子注〉研究》，暴庆刚著。南京：南京大学出版社，2013年3月第1版，32开，320千字。

暴庆刚，1976年生，河北邯郸人，任教于南京大学马克思主义学院，主要研究方向为中国传统文化与思想政治教育、儒道哲学，著有《千古逍遥：庄子》。

本书序由赖永海作，认为郭象是魏晋玄学研究中无法避开的举足轻重的人物，因此该书无疑具有较为重要的理论意义与学术价值。

导论从研究意义、研究现状、研究方法和研究创新四个方面进行论述。研究创新主要有3点：一是在研究模式上，以人的自由问题为中心展开郭象的哲学体系；二是提出了一些新的观点或见解；三是对《庄子注》进行辨误与追问，对其中存在的注解问题与理论盲点进行了集中的揭示。

正文分七章：郭象其人暨《庄子注》疑案考辨；郭象时代的自由主题及《庄子注》之旨趣；《庄子注》自由理论之实践内容；《庄子注》自由理论之形上根据；《庄子注》方法探析；《庄子注》之辨误与追问；《庄子注》之影响及评价。书中将郭象哲学置于魏晋时代的大背景下，以自由问题为主线展开《庄子注》的思想体系，认为适性逍遥、齐物诠释、内圣外王构成《庄子注》自由理论的实践内容，独化论、性分论、自然论则构成《庄子注》自由理论的形上根据。认为郭象对庄子的道、有无、逍遥、是非、生死、圣人、无为等范畴和观点进行了创造性的诠释，将庄子思想从超越的境界形态诠释为实然的知性形态，构建了以"适性逍遥"为核心的"实然的知性形态诠释学"体系。书中还对《庄子注》疑案、《庄子序》的真伪、《庄子注》的方法、《庄子注》中的误解与曲解、理论盲点与吊诡等问题进行了详细的考辨和阐述。（丁希勤）

大生命视域下的庄子哲学

《大生命视域下的庄子哲学》，李振纲著。北京：人民出版社，2013年12月第1版，16开，350千字。

李振纲简介详见《老庄易"三玄"浅解》提要。

本书共十章，前七章以《庄子》内七篇为重点，第一章以《逍遥游》为中心展示了生命苦旅的心路历程。第二章以《齐物论》为中心阐述了实现道通为一的方式是化解"成心"对生命的遮蔽。第三章以《养生主》为中心，展示了庄子思想中对生命的呵护及生与死的超越。第四章以《人间世》为中心讨论了虚心安命、委形世间的存在方式。第五章兼论《德充符》的生命美学，探讨天地之美与生命之美。第六章以《大宗师》为中心，回答了回归生命本真的"路"是宗天师道。第七章则以《应帝王》为中心，回应了做"帝"和"王"的方式是因任自然。全书最后三章对《庄子》外篇、杂篇的思想进行了概括探讨。第八章重点在于解读庄子对"圣知之法"的批判。第九章就庄子对"知"的态度进行了辨析，指出庄子并不无条件地否定"知"的意义，其"黜知"实际是为了"归真"获得"真知"。第十章以《庄子》文本的最后一篇《天下》为中心，将庄子思想与先秦诸子的思想进行了比较、评论。

本书具有鲜明的问题意识，著者敏锐地发现当今研究和解读《庄子》文本需要与时俱进地进行"视域"转换，由此带领读者从后现代主义"大生命哲学视域"进入并领略庄子的精神世界，把庄子的生命哲学转化为现代人化解人与自然、人与社会、人与自身矛盾冲突，谋求合理的存在方式和生活态度的智慧和德性。（王波）

自然与自由：庄子哲学研究

《自然与自由：庄子哲学研究》，李大华著。北京：商务印书馆，2013年12月第1版，32开。

李大华简介详见《隋唐道家与道教》提要。

本书分为十章，末附有中文、外文译著类参考书目。第一章论述《庄子》内外杂篇的问题及其研究方法。第二章论述道的问题。第三章论述有关物之齐与不齐、小大之辩、时与化、有用与无用之辩、名实之辩等相对主义问题。第四章解释认知、相知、真知的具体内涵，梳理言、意、象三者之间的关系问题，并指出王弼在这个问题理解上对庄子的超越。第五章论述道与德内涵以及它们的关系。第六章论述庄子的逍遥与自由。第七章从美学的角度阐述庄子无言之大美。第八到十章分别从以郭象《庄子注》、成玄英《庄子疏》为代表的道家，以林希逸《南华真经口义》、王夫之《庄子通》与《庄子解》为代表的儒家以及支遁、僧肇、憨山德清为代表的佛家角度来论述他们对庄子学的研究。

著者在著述的过程中参考了诸多前人的研究成果，但只列举了和自己观点相关的内容，对于与自己不同的前人观点，一般都说明了理由。著者在承认内外杂三分的基础上，破除三分格局，以内篇为内核，相信外杂未必不真。在辨别外杂各篇的真伪过程中，运用矛盾排除法、精神类似法，以个性化的句式、态度来确证是否为庄子所作。著者结合《庄子》原文，试图揭示庄子的某些隐微之义，指出庄子提出的一些相对主义问题的价值。（赵怡然）

庄子浅说

《庄子浅说》，陈鼓应著。北京：生活·读书·新知三联书店，2014年4月第1版，32开，58千字，系"图书馆经典文库"之一种。

陈鼓应简介详见《老子今注今译及评介》提要。

本书最早命名为《庄子哲学》，由台北商务印书馆1966年出版。后有1998年、2012年三联书店版。两版版式、页数不同。2014年版订正了少量错讹。

陈先生在《作者的话》和《前言：庄子的影像》中指出，《庄子》是其于世界上所有书籍中最喜爱的两本书之一，庄子为身处繁复而混乱社会中的人们"设计了自处之道"，人们在庄子的价值世界中可以无一牵累，怡然自适。这可见著者对《庄子》推崇备极。

本书主要阐发《庄子》的哲学思想。本书的"生活篇"通过庄子贫穷的生活、异鹊的故事、庄子终生不仕、契友慧施、鼓盆而歌五则小文，描述庄子的生活处境、生活态度、生活追求及其旷达的心境。"生死篇"有两则：一则"蝴蝶梦"，以此说明庄子的物我浑然一体、人生如梦、物化无惧的死生和谐观；二则"生死如来去"，探析庄子以洒脱心境面对死亡，以此说明庄子的生死观绝不是消极出世的。"思想篇"有11则，讨论庄子思想关于小大之别、有用无用、天道人世、真、善、美等各种面向。"终结篇"一则"庄子思想的评价"，以中西哲学比较的视野阐述庄子的思想光芒。

本书非一般性的《庄子》注译之书，而是著者于《庄子》深海中探幽理奥，感通《庄子》义理，遂简约直铺、深入浅出之作。逻辑清晰，文字简洁，将庄子意蕴平缓舒畅地沉露出来，令人如在暖冬幽雅中淡泊啜茗，回味无穷。此亦符合"浅说"二字之意。（李育富）

《庄子》研究

《〈庄子〉研究》，何善周著。北京：中华书局，2016年3月第1版，32开，200千字，系"东北师范大学文学院学术史文库"之一种。

何善周（1910—2008），河南滑县人。曾就读于北京大学、西南联合大学。东北师范大学文学院教授、古籍整理研究所首任所长，是我国第一批中国古典文献学硕士学位点主创人之一。

著者曾问学于闻一多先生，学识渊博。在古典文献学、训诂学及中国现代文学、古代文学、古代传统文化等研究领域卓有功力，尤其在庄学研究上成果卓著，本书即是其庄学研究论文集。

本书共收有著者庄学论文八篇，分别为《〈庄子·逍遥游〉解歧》《〈庄子·逍遥游〉"三餐而返"解歧》《〈庄子·养生主〉校注辨正》《〈庄子·人间世〉校注辨正》《〈庄子·人间世〉续疏》《〈庄子·德充符〉校注辨正》《〈庄子·马蹄篇〉校注辨正》《〈庄子·秋水篇〉校注辨正》。后有附录《庄子章句（附校补）·齐物论（伦）》，该文本为闻一多先生《〈庄子〉章句》遗稿，由何善周整理编辑而成。

诸篇论文体例稍有不同，《〈庄子·逍遥游〉解歧》《〈庄子·人间世〉续疏》两篇一句一疏；其余校注辨正诸篇皆先成段引原文，后附注释；《〈庄子·逍遥游〉"三餐而返"解歧》一文则专就"三餐而返"问题详加论说。著者注解《庄子》从字词训释入手，在音韵训诂之中融通庄子思想，其中尤重对同源词、连绵词的解说，又力避拘泥于字词之见、不顾全文之弊。同时注重对清人以来诸多旧说加以辨正，多有创见确解。他的庄学研究在学术界广受好评，已超越了单纯的注解，具有了学术思想史、语言学史的价值。

冯友兰先生曾评论道："以前读《庄子》有许多不清楚的地方。读了何善

周先生的文章，这些疑难问题'涣然冰释'。"（亓尹）

庄子哲学的精神

　　《庄子哲学的精神》，陈赟著。上海：上海人民出版社，2016年7月第1版，16开，296千字，系"东方青年学人文库"之一种。

　　陈赟，1973年生，安徽怀远人。先后毕业于南京大学与华东师范大学，现为华东师范大学哲学系中国哲学专业博士生导师、教育部人文社会科学重点研究基地华东师范大学中国现代思想文化研究所副所长。主要论著有《回归真实的存在——王船山哲学的阐释》《困境中的中国现代性意识》等，发表学术论文多篇。

　　本书为作者庄子研究的初步成果。各章由独立的论文构成，全书以"化"的思想为中心，是理解《庄子》的一种先行尝试。本书以"化"为核心概念，将庄子的内圣外王之道理解为"与化为体"的个人生存论与以"化"为表征的生命政治学，将庄子的"内圣外王之道"总结为以"化"为机制的生命政治之运作。

　　本书共分为八章，文末附有作者研究庄子的一些感想。第一章以《庄子·天下》作为文本依据，总括性地论述了庄子的"内圣外王之道"。第二章以《庄子·逍遥游》作为文本依据，将鲲鹏的寓言与人的自由相联系，论述了人应突破自身，实现无限的自由。第三章以《庄子·齐物论》作为文本依据，从认识论的层面论述了认识的不同层面以及人应当扬弃是非与彼此，由"知"进"明"，最终使得天籁得以开显。第四章以《庄子·养生主》作为文本依据，以庖丁解牛的故事论述养生的大义。揭示了人们应学会"缘督以为经"的生活方式，才能养护自身的生命。第五章以《庄子·应帝王》作为文本依据，借助《应帝王》之中所描绘的政治现状，对于当时"霸道"政治展开了批判。在批判的基础上又展开了对于王道政治的憧憬与向往。第六章以"混沌之死"这一特例为文本依据，批判了当前政治的德礼政教，继而引出了"帝"与"王"政教实践的理念纲领。第七章从"人"这一认识主体出发，论述了认识主体应由自身转向天地，提出了"以天代人"的新主体观。第八章回归到"化"的本质含义，将"无体之体"的本体与"与化为体"的主体相

联系。（李梓亭）

王夫之庄学研究：以《庄子解》为中心

《王夫之庄学研究：以〈庄子解〉为中心》，谭明冉著。济南：山东人民出版社，2017年9月第1版，16开，240千字。

谭明冉，1970年生，河南开封人。先后毕业于北京大学与多伦多大学，现为山东大学哲学与社会发展学院教授。主编《儒道同源》，发表中英文论文若干。

本书分十章考察王夫之对庄子的评价。第一章述说王夫之解庄的缘起，通过《庄子》强调其对君子之道的态度及其对庄子思想的认同。第二章讲述王夫之对《庄子》各篇作者的判定。第三章讲述王夫之解庄的方法，突出其以儒解庄的特色。第四章分析天和人在《庄子解》中的意义。第五章探讨了神、明的含义。第六章讲述王夫之与庄子对待知的不同态度和心知关系。第七章比较了王夫之和庄子对道、德、性的不同理解。第八章探讨了庄子、王夫之对理想人格的不同理解。第九章讲述了先秦诸子中圣、王、内圣与外王之关系，以及《庄子解》中对内圣外王的实践应用。第十章总结了王夫之在其儒学著作中对庄子的评价及其与《庄子解》之评价的关系，概括了《庄子》对王夫之的影响。著者指出：解庄通庄使王夫之认识到了内圣外王之大宗，避免了宋明儒生泥守章句、缺乏事功的缺陷，回复到了真儒应知天时、懂地形、事至而断的理想，使他的思想学说更为完备可行。

本书认为王夫之解庄是出于欣赏并且想通之以儒，以此反思宋明理学的道德理想主义缺陷，批判儒家的治理方式，从而形成对儒家更清晰的认识，超越宋明以来儒者的自负和空想。论证了王夫之注解《庄子》是为了吸取其优点，批判其缺点，从而恢复儒家的君子之道。阐明《庄子解》的目的并非解释《庄子》的原义，而是力求淡化《庄子》的道家色彩，呈现出一个具有儒家色彩的、思想可以与儒家相通的《庄子》。（彭博）

6.管子、杨朱、列子、文子、淮南子思想研究

《管子》哲学思想研究

《〈管子〉哲学思想研究》，张连伟著。成都：巴蜀书社，2008年12月第1版，32开，200千字，系"儒道释博士论文丛书"之一种。

张连伟，1976年生，山东聊城人。哲学博士，北京林业大学人文社会科学学院副教授，硕士研究生导师。主要从事中国古代哲学和林业史研究。参与编著《新时期中西哲学大论辩》《热点问题解读》等，公开发表学术论文多篇。

《管子》是先秦时期的一部重要著作，在中国思想史上占有重要地位，也是学术界争议较大的一部典籍，无论从文字、校勘或版本，还是从思想、理论或学派，都存在诸多分歧和争论，再加上学术界长期以来将它视为春秋战国诸子百家的语录汇编，使得对其研究一直缺乏系统性和完整性。

著者宏观把握了《管子》的研究现状并以此为出发点，在开篇绪言中即已将以往学术界存在的诸多分歧一一阐述，包括流传与校勘、著者以及成书时代等，并且将当前《管子》哲学研究存在的状况和问题做出详细说明。在此基础上，著者展开了对《管子》哲学思想全面、系统的论述。

本书正文共有七章。著者在借鉴和汲取以往研究成果的基础上，试图从一个较新的视角梳理出《管子》理论的内在逻辑联系，从道、天地、阴阳五行、气、仁义道德和礼法等方面，以点串线地构架出《管子》的哲学思想体系，对《管子》哲学思想研究有所推进。著者强调，研究《管子》的哲学思想，不能仅仅局限于《管子》四篇。《管子》以仁义道德为内涵，以礼法为形式，把礼治和法治结合起来，教法合一；以自然之道填充和完善人伦之理的内涵，建立起人伦社会的形上学基础，形成一套综合性的政治哲学系统，这是《管子》哲学的核心精神。

著者认为,《管子》承袭春秋战国思潮,是在较长一段时间内传承书写而成,并非诸子百家语录的总汇。《管子》所关注的是社会,是天下的治乱,而非仅仅个人的存在以及由此而生发出的霸王之道、牧民之道。它以天道作为人事活动的根据,以对人性的分析作为君主政策的现实基础,将天道与人情相结合,形成了《管子》内容驳杂与主旨明确的特点。可以说,天道理性即是《管子》思想的核心和精髓,它使《管子》从社会现实出发,以务实的态度思考天下国家的"政治"与"生活",建立起自己的思想体系。

本书试图立足现代学科分类,从哲学的角度对《管子》思想进行诠释。著者在书中明确指出,以往对《管子》哲学思想研究的主要问题是把《管子》看作诸子百家的杂烩,并没有系统思想。著者认为《管子》思想具有整体性,首先在于其编排上有一个系统,其次是在内容上有关联。著者试图通过对《管子》哲学思想的研究,加深对《管子》思想的认识,在此基础上重估《管子》在先秦哲学史上的地位和价值。

本书的写作方法也独具特色。著者在运用逻辑分析方法阐明《管子》哲学思想的同时,也侧重在思想史的背景中阐释《管子》的哲学思想。通过综合运用逻辑分析与历史叙述两种研究方法,试图对《管子》思想做到最彻底、最真实的还原,最终发现文本的内涵并阐明其隐含的意义。

著者在书中尤其肯定了《管子》的文化价值。指出,《管子》内含的思想不仅带有齐文化的地域特征,而且带有春秋战国社会变迁的时代风貌,是先秦思想交融互动的产物,对研究先秦思想文化的发展具有极大的价值与意义。

本书有较高的学术价值。首先,进一步阐发了《管子》的哲学思想内涵,明晰了《管子》的自身特色,丰富了《管子》的研究成果。其次,揭示出《管子》所蕴含的时代精神,即是以天道理性为根基的天地人一体的哲学观念。第三,研究方法有一定的创新性,有助于引领先秦哲学等相关领域学者从史卜传统和思想融合这一独特角度对《管子》进行思想价值的重估,进而正确衡量《管子》在中国哲学史上的地位和价值。(韩潇、李海林)

杨朱哲学

《杨朱哲学》,顾实著。南京:东方医药书局,1931年版。台中:文听阁图书有限公司，2010年初版，16开，约80千字，系"民国时期哲学思想丛书"之一种。

顾实简介详见《庄子天下篇讲疏》提要。

本书凡分三篇，上篇显真论，穷搜杨朱信史资料；中篇名取论，阐发杨朱道术之精微。以上皆为真杨朱而作也。下篇辟伪论，则为辟伪杨朱而作也。本书的宗旨，乃在于显真、明取及辟伪也，使真杨朱能够大白于世，痛辟伪杨朱，企图真杨朱重光，伪杨朱灭亡。本书论点颇多，谨列于下：一、杨朱即阳子居。二、杨朱与孔子曾学于老聃，杨朱优于孔子。三、著者从攻杨墨声中，透露出杨朱的思想，亦见证杨朱思想的存在。攻杨墨声中，有老聃、庄子、孟子及韩非等。四、著者从言盈天下的杨朱，说明《荀子》《吕氏春秋》之书中的杨朱思想；并从两汉、魏晋人所见之杨朱书，不同于魏晋张湛所编之《列子》，透露出张湛之书乃为伪书。五、中篇明取论，说明杨朱与墨家、道家、儒家及杂家的关系。透过杨朱与诸家的关系比较，显露出杨朱哲学的旨趣。著者并将《吕氏春秋》中之《本生》《重己》《贵生》《情欲》《尽数》及《先己》诸篇，直视为"准杨朱书"。六、著者归纳杨朱的主义有：全性（全生）主义、为我（贵己）主义、察变主义及人道主义等。七、著者亦举证出杨朱之徒属。八、著者认为今存魏晋人之《列子》一书，乃是伪托之作。《列子》一书凡八篇，著者在上篇显真论已详言真杨朱书亡而伪杨朱篇作之变迁。著者进一步从古书之剿绝、地理之错误、先哲之污蔑及劣手之作伪等四项，说明《列子》之书乃是伪托之作。

总言之，本书企图光大真杨朱哲学，痛辟伪杨朱，意义鸿遒远大。《列子》一书可视为先秦旧籍，虽说部分为六朝人伪撰，然其中抑或有真杨朱之思想，未可尽诬。著者论证杨朱即阳子居，论点由此开展。若此论点不成立，后面证明亦显为无基之论。再者，著者以《吕氏春秋》中之《本生》《重己》《贵生》《情欲》《尽数》及《先己》诸篇，直视为"准杨朱书"，可谓有见。然论证薄弱，可视为旁证，而非直接证据。此诸篇或可视相近于杨朱哲学。著者诸论点，可谓有见，亦成一家之言。另外本书所示，亦可作为日后研究杨朱哲学开展之基础，功亦不可没。（郭正宜）

杨朱的政治思想

《杨朱的政治思想》，即《中国政治思想史大纲》第一篇第二章第三节之内容，陈安仁著。上海：商务印书馆，1932年12月初版，1933年6月再版。另有北京：国家图书馆出版社，2013年12月第1版，系方勇主编《子藏·道家部·列子卷》之一种，据1933上海商务印书馆排印《中国政治思想史大纲》本收录。

陈安仁（1889—1964），字任甫，广东东莞（今东莞市）人，早年任教职于香港九龙，并秘密加入中国同盟会。抗战时期，任广州市民众抗敌后援会常委、第七战区委员会编纂委员、第九战区少将参事、中国史学会理事等职。抗战胜利后，任立法院委员，兼外交、经济、商法委员会委员。1949年赴香港，在珠海学院、崇基学院等教育机构任教，1964年病逝于香港。一生著述颇丰，计有著作60余种（含辑为12册的专题论文集），其他论文不可胜数，研究内容涉及哲学、历史、文学、政治、经济、社会、教育等领域。

著者将《杨朱的政治思想》列于《中国政治思想史大纲》一书上古政治思想——道教的政治思想之中。该文分为三部分内容：一、杨朱列传；二、杨朱思想所受时代的影响；三、主张极端的个人主义。

著者首先说明杨朱是春秋末战国初时人，当在孔、墨二子之后，孟、庄二子之前，其学说是承接老子与道家之学而稍变的。在孟子那个时代，杨朱的思想非常盛行，可以说和儒墨两家一起三分天下。其次，他认为杨朱的学说是脱于老子无为独善的思想，故而不具有奋斗进取之精神，而是厌世放任的。但归根结底，杨朱学说是时代的缩影，是受当时所处时代的政治文化影响而形成的。再次，著者认为由于杨朱哲学的根本思想是个人主义，其政治理论也是个人主义，所以杨朱排斥干涉主义而主张放任主义，并进一步解释杨朱政治思想是"以为人人能实行自治，而天下不期治而自治"乃是一种彻底的政治主张。

《杨朱的政治思想》仅是陈安仁《中国政治思想史大纲》中的一节，所以篇幅不长，并未对杨朱学说进行深入讨论，但该文却以广阔的视角将杨朱学说及其政治思想阐释出来，给人以提纲挈领之感，不失为学习和研究杨朱学说的一篇较好参考文献。（李铁华）

御风而行的哲思：列子

《御风而行的哲思：列子》，罗肇锦编撰。海口：中国三环出版社，1992年10月初版，系"中国历代经典宝库"之一种。

　　罗肇锦，1949年生，台湾苗栗人。曾任台湾彰化师范大学、台湾新竹教育大学教授，台湾"中央大学"教授、博士生导师，兼任客家语文研究所所长、客家学院院长，专长为客家语研究。出版专著《国语学》《台湾的客家话》《风的断想》等。

　　作为先秦时期道家经典著作，《列子》思想绵远，立论高超，历代研究者不断，研究成果亦十分丰富。本书是台湾20世纪80年代较有代表性的一部有关《列子》研究的著作。本书著者在深刻体悟到《列子》的价值与魅力后，透过平实素朴的语言，用娓娓道来的方式重述原典，分析《列子》中的智慧和哲思。

　　本书的行篇布局完全依照《列子》原文的顺序，由《天瑞》篇始，至《说符》篇终，共八篇。以讲故事的口吻重述《列子》，并在此基础上对列子思想进行评述。随后，著者做一结语，以"谈道""谈顺""谈幻""谈心""谈神""谈命""谈逸""谈变"八个部分为全书做总结，通过对结语的阅读，读者可以更好地理解本书，更好地理解《列子》。在全书的最后，有一附录，为《列子》原典精选。

　　著者将列子喻为默默行脚的浪子，质朴真诚、清新脱俗又引人入胜。他强调，若欲洞察《列子》御风而行的哲思，必先了解《列子》书中的真旨。他创作此书的目的，即是为了扩充重写原版《列子》，并于其中道出列子御风而行的哲思，以期为喜爱《列子》的读者带来新的感悟与启示。

　　著者认为，幻灭的生命所吐出的心语，即是《列子》一书所包含的哲思。《老子》《庄子》《列子》是道家经典的三大代表，其中当以《列子》最为淋漓酣畅地体现出对生命的达观、磊落之态。正如《列子·力命》所言，"生非贵之所能存，身非爱之所能厚；生亦非贱之所能夭，身亦非轻之所能薄"，生死厚薄都是天命主宰，我们不需要在上面过度执着、用尽心力。不仅如此，《列子》还将本真的人性做了深入细腻的刻画，全文饱含反传统、反礼教的现实主义精神，这一点既有别于其他道家经典，又在诸子思想中独树一帜。可以说，《列子》留给世人的，正是这种悠游达观、光明磊落的清空哲思。

　　本书是著者早期的一部学术著作。他以宽宏包容的心态解读《列子》，将每一篇都视为神来之思，既是对列子御风而行的哲思的率真肯定，也是对道家恣肆反叛精神的高度认同。本书客观而真挚地评述了《列子》"顺自然之道，冲虚而无为"的哲思，观点鲜明、论说得当，是《列子》研究中的优秀作品。
（韩潇、李海林）

走进列子理想的大世界

《走进列子理想的大世界》，东方桥著。台北：玄同文化事业有限公司，
2002年12月版。

东方桥简介详见《老子现代读》提要。

《列子》按章节分为《天瑞》《黄帝》《周穆王》《仲尼》《汤问》《力命》《杨
朱》《说符》等八篇，每一篇均由多个寓言故事组成，寓道于事。其中较为人熟
悉的包括"愚公移山""杞人忧天""亡鈇者（亡鈇意邻）""歧路亡羊"等。书中
许多寓言都带有足以警世的教训，也具有一定的文学价值。著者分析第一《天瑞
篇》说出宇宙的客观规律，本源于一个"道"字，这是《列子》书的总纲。第八
《说符篇》说出人的主观意识，是一个"心"字，这是《列子》书的总结论。

本书即就《列子》八篇内容归纳分析。列子的故事是依据河图、洛书的
"五"，与伏羲氏的"乾、坤、坎、离、震、艮、巽、兑"八卦演化而成145个
"故事"，在其中又有29个"五"数字的变化原理。著者研究指出：《列子》运
用易学原理，贯通全篇145个故事，开中国哲学史的先河，又有极大的文学价
值以及辩证法的思想方法、科学的论证，医学、音乐、宗教、神学，尤其对
后世的禅学有求证的效果。如"找到金子了"的专注，是"禅修"上极重视
的法门。但最终的目的，他还是在实践一个"华胥氏之国"的理想，那个国
家没有老师，也没有长官，一切听其自然。人民没有什么嗜好，也一切听其
自然。列子不仅是一位实证的科学家，说故事的高手，更是道地而不空谈的
哲学家，也是中国禅学之父。

著者认为列子的故事是一个"知识论"。知识，是指"认识"进行时所获
得的结果。认识，是指"知识"创造进行时所经过的历程。列子在这些故事
中，告诉人类要如何去遵循"宇宙大道"的本性，体会"道"的存在，从这
里去认识真实的世界。既然万物损于彼者，必盈于此，又何必斤斤于得失予
取？既然生不知死，死不知生，又何必效杞人忧天？既然天地阴阳乃一气的
回转，又何必固执于自我？这种自然现象和人生观的确定，是自然科学在宇

宙行程的理论基础上，有相当高的水平；对我们人类按"道"之规律征服自然，也是开哲学史上的先锋；这也是《列子》全书的总纲。"道"是不变的，道，没有学派，道，就是道。（林翠凤）

列子御风：无拘无束的自在人生

《列子御风：无拘无束的自在人生》，王德有著。上海：东方出版中心，2010年4月第1版，16开，241千字，系"慢生活主义丛书"之一种。

王德有简介详见《老子指归全译》提要。

全书共八章，分为"大道""巧术""天地""生死""智愚""谋遇""力命""身物及其他"，较为全面地概括了《列子》的生活哲学思想及其现代意义。每章有一章之旨，章首有对该章之旨的解读，其后分若干节，每节围绕该节的中心意旨，以《列子》中相应故事佐证，实为以《列子》之事证之以著者对《列子》的当代释读。全书文本侧边空白简洁明了地概括说明重要文本，或强调核心概念与义理，或引出思想在当代的应用。以首章《大道》篇言之，篇首言何为"大道"：宇宙原本的面貌、自己和"我"的真谛就是"道"。其后为第一节"一切皆虚幻"，先以著者自己的语言阐释列子思想，即"一"才是永恒不灭的，变化不居的现象世界是短暂和不真实的；随后引用虞舜"一无所有"的故事，认为该例子是说明空间的并非实在与时间的不断逝去两个观点。随后，著者再引"华子医忘"和"龙叔求医"，认为华子的忘掉世事和龙叔的呆痴其实都是大智慧，并提出进入这种境界的途径是"忘"掉现象世界的名利恩怨等，接下来，又以"襄子遇怪""呆若木鸡""姑射神仙""列子演射""善渡忘水"进一步明了庄子之"忘"。在文本侧边空白处，则说明万事万物生于"一"又将复归于"一"，"一无所有"指身体、生命等只是暂时为人所有等，人自应不将其作为一己之物，而应"忘"之，从另一个方向强调了其核心思想。全节由万物皆为虚幻、以万物为虚幻之后的"忘"万物、进入"忘"之境界等一层层深入，将对列子形上思想的阐释、当代人的做法、列子应对生活的智慧融为一体。

当代兴起将经典思想与现代生活相结合的潮流，将先贤的智慧与当代实际相结合是国学传播与实践中的热点。本书著者从哲学角度出发，把握了《列子》中的本体论、实践论等特征，但又能够对《列子》进行消化后的融合和创造，摆脱《列子》原文本的章节结构，以自己提炼出的《列子》思想为中心，将《列子》中的寓言按照这些章节的旨意重新串起来，形成对列子思想的创造性诠释，看似与文本距离较远，实际上可以说是对列子思想的活用，可供普通读者领会中国传统文化与精神。（蔡觉敏）

《文子》思想及竹简《文子》复原研究

《〈文子〉思想及竹简〈文子〉复原研究》，赵雅丽著。北京：北京燕山出版社，2005年11月第1版，16开，520千字。

赵雅丽，1964年生，吉林四平人。北京师范大学历史学博士。现任职于北京社会科学院历史所。著有《清宫档案证史书系·宣统王朝》《晚清京师南城政治文化研究》《中国古今官德研究丛书·史说官德》等。

《文子》被称为《通玄真经》，列为道教"四子真经"之一，对后世道教思想信仰的形成和发展影响深远。本书围绕着道家黄老学派传世本《文子》和定州出土竹简《文子》进行了全面系统的研究。绪论部分，全面系统梳理了《文子》的有关史料，并综述前人研究成果。正文共18章，第一至四章分别研究《文子》的《道源》《精诚》《九守》《符言》篇；第五章复原定简《文子》并与传世本《道德》篇进行比较；第六章主要研究《文子》的阴阳观；第七到十二章分别研究《文子》的《微明》《自然》《下德》《上仁》《上义》《上礼》；第十三章探讨了《文子》的用兵思想；第十四到十八章分别探讨了《文子》的思想特色、学派的归属问题、各篇成篇时代、思想史地位和文子其人。结语对《文子》进行综述。

本书的要旨有以下几个方面：其一，分篇综合考察传世本12篇思想。采用分篇考察与通篇研究结合的方法，探讨传世本12篇的思想内涵及内在联系。其二，对定简《文子》古本进行复原。其三，研究定简本与传世本两种文本思想的内在联系。把传世本《道德》篇及其他各篇分别与复原后的定简本进行比较，探讨两种文本的思想承继关系。其四，探讨《文子》的思想特色。通过考察《文子》关于道、德、仁、义、礼、法、圣、知等思想，讨论其思想特色。其五，研究《文子》的学派归属问题。本书将《文子》作为自成一家的学派著作，从两种文本的思想主旨、内在逻辑联系、文子学派的思想特色、所关注的问题、与司马谈《论六家要旨》的比较等方面出发，对其学派归属问题做全方位的综合研究。其六，考察《文子》各篇的成书年代。对于定简本，从文本自身及其与楚简《老子》的关系出发考察其成书年代；对于传世本则结合各篇思想内涵、避讳、与《淮南子》比较等，分别考察各篇的成书年代，并对传世本流传过程中的篇幅增益问题进行了合理的推测，得出了新的结论。其七，研究《文子》的思想史地位。把《文子》竹简本和传世本分别与楚简、帛书及今译本《老子》《庄子》《淮南子》《黄帝四经》以及简帛儒家著作进行比较，研究其在道家思想史、先秦思想史、道教史上的重要地位。其八，研究文子其人。由于有关文子资料的史料阙如，难以对文子其人做确切的论断，本书在复原定简《文子》并全面考察定简本及传世本《文子》各篇思想的基础上，探讨文子学派，进而探讨文子的思想，从而全面认识文子其人。

本书主要采用文本研究法，对传世本《文子》采用分篇考证和通书研究相结合的方式，提炼每一篇的主旨，结合散见全书各篇的概念义理，以一篇探讨一个思想主题的方式，如实提炼出传世本《文子》12篇文本所隐含的思想与逻辑主线，以全面了解《文子》的思想、成书时代、学派特点。对定简《文子》，打破了常规的按照传世本排列简文的方法，从定简本本身所关注的问题出发，以提出问题、分析问题、解决问题为逻辑主线，把所有残简进行排列，然后结合所关注问题的背景而补足缺文，力图恢复定简本的原貌。

本书对定简《文子》古本进行复原，并按照定简本文本内容的内在逻辑关系重新排列了定简《文子》的篇章结构，是本书的重点、难点和创新点，是对《文子》研究的一个新的突破。在恢复原貌的基础上，采用对比研究法，把定简本、传世本两种文本进行对比，发现其间思想承继和发展具有一贯性，同时将《文子》与《老子》《庄子》等书进行比较，探究其在先秦思想史上的地位，丰富了先秦至汉代思想史的内涵。总之，本书全面系统研究了《文子》，无论是在接近文子思想面貌方面，还是在文本复原方面都有不少的推进。（李海林）

《淮南子》治道思想研究

《〈淮南子〉治道思想研究》，戴黍著。广州：中山大学出版社，2005年9月第1版，32开，253千字，系"中国传统治道研究丛书"之一种。

戴黍，1973年生。哲学博二。华南师范大学公共管理学院行政管理系系主任、中山大学中外管理研究□心兼职研究员。在《哲学研究》《学术研究》《伦理学研究》等杂志发表学术论文多篇，出版专著、译著5种。

本书对《淮南子》治道思想进行挖掘、整理，并加以合理的诠释，共分六章，按照如下线索展开。

第一章，探讨《淮南子》论治的方式，以《要略训》对"天地之理""人间之事""帝王之道"的探求为根据，认为《淮南子》之论治由三个维度展开：其一，"道"为基础、理据，"道"有能治之功，《淮南子》之"道"的重心在"治道"；其二，"人"为中心，人有可治之性，《淮南子》所持人性论为"人性可教而变"；其三，"史"为起点，"史"有证治之用，《淮南子》的历史观为"圣王史观"。由此，认清《淮南子》论治的立场与叙述策略，明确其治道思想中的道家倾向以及对各家的兼综并用。

第二章，从"君势"及与之密切相关的概念"众势"入手，认为《淮南子》以"君势"为为治之关键，从"道""人""史"三方面剖析了君势之来源、君主之类型及君势之价值；同时又以"众势"为为治之根本，指明了"乘众势之利"与"逆众势之害"，并以"君臣""民本""用人"为进路，分析了"君势乘于众势"的为治格局，进而阐释了《淮南子》对"君本"论与"民本"论的调和。

第三章，由《淮南子》对"汉代秦起"的反思着眼，以"法""德""风俗"作为研究进路，以先秦、黄老的思想为参照，结合历史背景，考察了《淮南子》对"法"传统的继承与重建、对"德"资源的借鉴与吸收以及对"风俗"的为治功能的确认。

第四章，阐释了《淮南子》对"无为""因""权"这三个先秦以来袭用的为治范畴的拓展。"无为"是贯穿《淮南子》全书并与"道"相互倚重的另一个主要概念。但《淮南子》所说的"无为"又有着独特之处。相应地，作为"无为"原则的具体化的"因""权"也被赋予了与先秦、黄老有所不同的新意。

第五章，从"以义用兵""兵之胜败，本在于政""用兵之术"三个层面阐论了《淮南子》的兵学思想。与先秦时强调强兵攻取、多谋善战不同，《淮南子》中的兵学体现了显著的封建大一统时代特征，其用兵旨趣从"取天下"向"安天下""治天下"的政略转变，阐论方式也从"独到之见"向"学术兼容"的转变。

第六章，对《淮南子》的思想史地位及其影响做出了定位、分析。《淮南子》上承《吕氏春秋》《春秋繁露》，其书集众家之所长，尤其对先秦各家兼收并蓄，并加以汇聚、糅合，是汉初思想发展的一块重要里程碑；同时，延续并强化了汉初学术的致用倾向，其书对"治道"的探求是秦汉之际治国理民问题的深切反映；并且对后世的学术旨趣、学术方式甚至民间风俗产生了巨大影响。

本书探讨《淮南子》的"治道"问题，因而深入各篇对其治道思想进行发掘、整理，在自觉遵守和维护《淮南子》原意的前提下，并不拘泥于原文各篇的次序，而是致力于以《淮南子》中所呈示的一系列"治道问题"为线索来揭示隐含的逻辑结构。同时，本书注重运用内在理路与外缘研究相结合的方法，既强调忠实于《淮南子》的文本、关注其学派渊源的承续，也注重汉初历史背景的影响，力求不脱离史实中的政治、经济、文化状况空谈"治道"。本书系统地在诠释《淮南子》原文的基础上发掘其治道思想，对研究《淮南子》提供了一个新的思路和视角，丰富了学界对《淮南子》的研究。（段博雅、李海林）

淮南子的自然哲学思想

《淮南子的自然哲学思想》，王巧慧著。北京：科学出版社，2009年3月第1版，精装，32开，382千字，系"中国科技思想研究文库"之一种。

王巧慧，1972年生。哲学博士，教授，任教于河南城建学院法律系（思想政治教育教学部）。

本书以道、自然、理、数、阴阳、五行等范畴为逻辑起点，以自然观、认识论、方法论、科学思想、技术思想为范畴推演和转化的中间环节，最后以这些范畴为中心，寻找其在各个中间环节之间的内在联系和转化，从而上升到揭示淮南子自然哲学思想形成的机制和规律。本书于绪论之后分八章。绪论阐述了对自然哲学概论的厘定，以及介绍了刘安其人和淮南子自然哲学思想研究的重要意义和研究价值。

第一章，淮南子自然哲学思想的基础范畴。本章对道、自然、理、数、阴阳与五行这六个概念从范畴演变的思想过程和社会历史背景相结合的角度进行讨论，主要研究这些范畴所体现的人与自然、自然与社会的关系以及其对科学思想、技术思想所产生的影响。

第二章，淮南子的自然观，涉及宇宙演化论与天人关系两方面。首先解释了道从"无"向气的转化以及《天文训》《精神训》中以道作为宇宙演化的根源，分析了宇宙演化的机制、天地阴阳万物生成的次序和《俶真训》中从现象世界物之始、有与无的关系进行逆向追溯天地万物产生之源。继而，著者论述淮南子的天人关系围绕着人的存在而展开，是基于人生存、生产实践活动和精神追求的需要，主要包括天人同根、万物平等、天人相参、天人感应、天人相分、天人合一等方面，体现了淮南子天人一体化的有机整体的自然观以及人与自然的对象性关系。

第三章，著者主要从淮南子认识自然的目的、方式和是非观来论述其认识论。淮南子继承了荀子是非观之客观性和庄子是非观的相对性以及齐物精神来判断所获取知识的正确性。主张真理的客观性和相对性统一的是非观，在保持事物个体性、独特性、差异性的基础上寻求统一，同时充分发挥认识的主观能动性对是非进行察验与考辨。

第四章，著者对《淮南子》中的隐喻和假说、类比和推理、分析和归纳等方法逐一进行了探讨。论述了观物取象、喻道于物与语境式隐喻这三种表达方式以及其在认识自然中的作用；分析了《淮南子》中的宇宙演化假说、生物演化假说、胚胎发育假说以及矿物演化和水循环假说；阐释了以天与人之构造以及数目的类比、人之器官与社会的类比为主的类比，以及将五行与天干、地支、五色、五兽等进行比附，从而构成一个系统的、机械化的体系；介绍了《淮南子》中类推和连锁推理的两种推理方式以及简单枚举法和直觉归纳的两种归纳方法。

第五章及第六章论述了淮南子的科学思想，以淮南子的科学知识内容为基础，从内史与外史相结合的角度探讨了淮南子的天文、地理、农学、医学、乐律、物理、化学等学科领域的科学知识体系。

第七章，论述淮南子的技术思想，主要包括以技合道和重技轻器的技术观、言传之知和默会之知的有机统一、经世致用的技术传统、技术的进化与管理调控等方面。

第八章，淮南子自然哲学思想形成的机制和动力。以道、自然、理、数、阴阳、五行为中心，从天道自然的观念和自然主义的认识方法、"道"本论的认识趋向和道通的学术观、"气"的渗透及关联式思维、符号化语言的运用、自然主义的理性精神这几个方面探讨了自然哲学思想形成的内部机制；从人类生存生活、生产实践的需要探讨了其形成的外部动力。余论对第八章的研究结论做了几点补充和强调，有助于更加清晰地理解《淮南子》中所潜藏的自然哲学思想。

本书的主要价值在于：系统阐述了淮南子的自然哲学思想，学术观点独到，科学性强，丰富了学界对淮南子哲学思想研究，对学界专门研究淮南子的哲学思想有参考意义。本书史论结合，资料可靠。（段博雅、李海林）

《吕氏春秋》与《淮南子》思想研究

《〈吕氏春秋〉与〈淮南子〉思想研究》，牟钟鉴著。北京：人民出版社，2013年3月第1版，16开，264千字，系"中央民族大学哲学宗教学文库"之一种。另有济南：齐鲁书社，1987年9月第1版，32开，232千字，系"中国传统思想研究丛书"之一种。

牟钟鉴简介详见《老子新说》提要。

《吕氏春秋》与《淮南子》是中国学术思想史上两部重要的著作，两书兼取百家之长、尽弃其短，从内容而言包罗万象，兼综儒墨道法等学派，但从思想旨趣而言，又难以尽归一家，故以其"杂"而传于后世。本书并不以"杂"来界定两书，而是以"容"来标榜其思维成果。在序言中，著者指出两书的主导思想是道家，并且两书之间有着前后相继、一以贯之的关系。序言后，本书分为两个部分——《吕氏春秋》的思想与《淮南子》的思想。

第一部分，《吕氏春秋》的思想。著者从现存的史料考辨，还原《吕氏春秋》的历史面目和价值，综合分析了该书在内容和形式上的特色，并且赞同以东汉高诱为代表一派的观点"此书所尚，以道德为标，以无为为纪"。继而，着重从哲学思想的角度，分析了《吕氏春秋》的宇宙观和天人关系说、社会历史观和政治观、认识及思维经验教训、人生论、军事理论和音乐理论，这些方面的思想内容足以证明吕书是一本价值很高的著作，有其无可替代的历史地位，这也是著者在这一部分贯穿始终的观点。《吕氏春秋》是历史从先秦向两汉转变时期的产物，开创了秦汉之际道家的学术思潮，对整个汉代的学术和哲学乃至政治生活都有很大的影响。

第二部分，《淮南子》的思想。此部分著者首先从成书时代背景、成书时间、结构和思想来源以及历代注说等方面介绍了《淮南子》一书的基本情况，指出了该书的根本出发点和最后落脚点是向最高封建统治者贡献治国之道。《淮南子》是继《吕氏春秋》后的又一部集体创作的理论巨著，无论在内容还是在形式上，两者都有高低精粗之别。因而著者从宇宙演化、认识论、生命观、历史辩证法、社会政治思想以及历史地位与评价等几个方面对《淮南子》的哲学思想内容进行了分析阐释。其中，在论及《淮南子》的社会政治思想时，将其与《吕氏春秋》的社会政治思想进行对比，阐释二书在社会政治思想上的异同。最后，著者阐述了自己对于《淮南子》的评论，认为这是对于汉以前的古代文化的一次最大规模的汇集和综合，反映了儒术独尊以前汉代学术面貌，发展了朴素的唯物论和辩证法思想。当然，书中的神学和唯心主义杂质，对后世也有消极的影响。

本书注重文献史料的搜集整理和使用。所引的主要资料：《吕氏春秋》以许维遹《吕氏春秋集释》为据；《淮南子》以刘文典《淮南鸿烈集解》为据。此外，本书在每一部分结尾时分别附录了历代有关《吕氏春秋》的考评辑要和历代关于《淮南子》考评辑要，反映了不同时代学者以及学界对两书的理解与评价。这都反映了著者研究工作的深度、广度，体现了严谨而扎实的学风。

著者把《吕氏春秋》与《淮南子》放在一起研究是一个创举，认为两书在思想格调、编排体系、思想背景、著作方式等方面都存在着前后相继的关系，是思想历史上的姐妹篇。更重要的是，著者通过详细的史料考辨和精湛的思想分析，回答了历史上众说纷纭的《吕氏春秋》与《淮南子》的思想基调问题，认为两书的主导思想是道家，从学派归属而言当属秦汉道家，同时，都以道家为底色，吸收了儒学的成果，初步形成了中华民族儒道互补思想的格局。本书以"容"的角度将这两本巨著放在一起研究，启迪了我们重新认识两书的历史地位和价值。（段博雅、李海林）

（二）道教思想研究

1.道教思想综论

道教讲传录

《道教讲传录》，赵家焯讲述。台北：道学杂志社，1971年6月版，32开。

赵家焯（1902—1981），道号存神，湖南桃源人。北平民国大学政治经济系、陆军大学一级将官班第一期毕业，历任湖南茶陵、江西新淦、贵州普定等县县长及中华学术院道教文化研究所所长。在军职方面，曾任省保安司令部参谋长，授少将衔，后升任中将。历任台湾省道教会理事长、道教世界总庙总住持，因功升授第六十八代宏道大师。著有《政略学及政略原理》《道教通诠》等书，创办《道学杂志》。

著者自序提及，此书的撰作，系因受宗教文化研究中心及道教徒邀请，就"道教理论"为题，前往该中心进行十余次专题演讲，将近五万余言，由"如何认识道教、道学"立论，再就道学所涵摄之理学、玄学、神学逐次论述，进而拈出著者认为道教在教理教义层面的中心思想。且因当时海内外学者从事道教研究时，多由人类学角度出发，注重于斋醮科仪的层面，认为了解宗教的仪式就能了解该宗教的本质，著者有感于此，遂将其观点发而为文。

著者认为，古代道教各宗派的祖师高道弘道设教，应具有其理论、理想、远景、目标，若能将各宗派的思想加以推扩，则可窥知道教的中心思想、教理教义所在，此方为道教之真精神所在。故道家以"道"为研习思想的根据，道教以"道"为修炼的常轨，两者同以"道"为根本，因此，著者就道教学者与道教神职人员两类分别立论，指出"研道而不信教，则未能通道；信教而不体道，亦止在下乘用功而已"。又说"学者每惑于出世之清，而忘其入世之贵，每观其仪法之旧，而忘其理论之尊"，偏执一概者，皆有所不及，唯有兼具"明道、守道"与"明教、守教"者，方可称作"有道之士"。

在《如何认识道教》一文，著者以汉民族固有文化、固有宗教的出发点立论，认为一般社会大众对发源自中国的唯一固有宗教——道教，由于其内容与社会风俗息息相关，故早已习焉而不察。因此，应当重新认识道教，并提出依次了解道教的理论（道学范围、研究程序、中心思想）、实质（宗派传承与发展史、未来展望）、形式（神祇、经典、戒律、宫观与家庭焚修、混淆宗教认同的原因等）等三步骤。此认识论的系统颇为紧密，且能兼包形上、形下，值得肯定。

《甚么是道》先就文化道统立论，提出"北孔（衍圣公）、南张（张天师）"两人物，作为传统文化"崇儒重道"的象征。进而引证《道德经》《南华经》与历代子书、道教经典，拈出"道"的定义，并认为道教尊崇孔子，系肇因于孔子思想承袭固有民族文化的宗教思想作结。

著者在《道学》文中，则将道家思想概分为上乘"理学"（涵摄哲理、伦理、性理，并分别衍生各种学科）、上上乘"玄学"与最上乘"神学"，并对各自衍生的学科、神学日用修炼的工夫（天人相发、天人相应、天人相显、天人相通、天人相感等五种途径）、终极关怀之境界（神妙之境、神化之境、神明之境、神灵之境、神同之境）——析论，能成一家之言。

《道教要义——道教中心思想》文中，著者认为道教具有独特的"本能论"（中）、"本体论"（有）、"本命论"（动）、"本形论"（大）、"本性论"（德），亦出入经籍、多方引证。

总的来说，著者在提出一己界定的道学思想观点时，因其学养根柢甚深，故能形成一自成体系的宏观、缜密论述，值得加以肯定。（李建德）

寒原道论

《寒原道论》，孙克宽著。台北：联经出版事业公司，1977年12月初版，有平装，有精装，32开。

孙克宽（1905—1993），原名至忠，号靖金，改字今生，号茧庐（又作"简庐"），安徽舒城人。孙立人将军堂侄，1921年入北平私立中国大学修习法学，1923年毕业离京。1930年，奉派任石埭县长。1931—1933年，先后掌篆灵璧、宿松二县。1937年抗战爆发，遂转赴川、滇二省。战后受时任内政部长张历生重用，任参事兼主任秘书一职。1949年赴台，任陆训部少将参议，同年年底，受邀转赴屏东中学任教，讲授文史课程。1955年，受曾约农、戴君仁邀请，转赴东海大学中文系任教，时与徐复观、孔德成、王静芝等学者以诗文相酬唱，并陆续开设诗选、杜诗等课程。后移居加拿大，仍持续从事元史、道教、古典文学等方向之研究不辍。

著者研究领域涵括元史、道教史、古典诗学，撰有《元初儒学》《杜诗欣赏》《宋元道教之发展》等多部著作；并撰论文90余篇，分见《大陆杂志》《中国诗季刊》《东海学报》《孔孟月刊》等期刊。

本书为论文集形式，共收《唐代道教之发展导论》《唐以前老子的神话》《唐代道教与政治》《元代南儒与南道》《元虞集与南方道教》《元代的一个文学道士——张雨》《明初天师张宇初及其〈岘泉集〉》等7篇。《唐代道教之发展导论》《唐以前老子的神话》《唐代道教与政治》等3篇，环绕在老子神格化的滥觞与流变、唐代道教发展之外缘因素等面向；《元代南儒与南道》《元虞集与南方道教》《元代的一个文学道士——张雨》等3篇，讨论元代知识分子基于文化认同立场而采取遁迹玄门、和会儒道的方式；而《明初天师张宇初及其〈岘泉集〉》则探讨在历代63位天师中，诗文数量最多且能挺立自身学术思想的第四十三代天师张宇初与其著作《岘泉集》。

据林富士先生《台湾地区的道教研究书目（1945—2000）》统计，战后台湾最早发表道教学术研究篇章及出版专书的学者，皆为本书著者（《元初正一教与江南士大夫》〔1952年5月〕、《宋元道教之发展》〔1965年5月〕），其在台湾道教学术研究史上的地位可见一斑。且著者在书中提出以现代学术训练立场，从文献、民俗、思想演变等三面向整理、解析道教，亦为平实可行之道。（李建德）

中国道教思想史纲（第一、二卷）

《中国道教思想史纲》（第一卷），卿希泰著。成都：四川人民出版社，1980年9月第1版，32开，177千字。《中国道教思想史纲》（第二卷），卿希泰著。成都：四川人民出版社，1985年9月第1版，32开，262千字。

卿希泰简介详见《中国道教史》提要。

　　第一卷由著者独著，主要对汉魏两晋南北朝时期的道教发展状况进行考察。本卷主要分为四章，第一章"引论"，著者详细论述了为什么要研究中国道教思想史以及为什么要研究马克思主义宗教学这两大问题。第二章"道教的起源和民间道教的兴起"，著者在此章重点对道教产生的历史条件和思想渊源以及早期道教人物、经典和道派，比如魏伯阳与《参同契》《太平清领书》、三张和五斗米道、张角和太平道、于吉和南方道教活动等问题进行重点分析。第三章"封建统治阶级的两面政策、民间道教逐渐演变成官方的政治工具"，本章重点论述了道教与官方统治阶级的关系问题。著者通过曹魏政权对道教的政策，葛洪《抱朴子》，孙恩、卢循起义，寇谦之对天师道组织的改造，陆修静、陶弘景对道教的清整入手，勾勒出道教与官方相互影响的活动轨迹。第四章"汉魏两晋南北朝的道派和道教与儒释的关系"，著者站在道教视角对早期儒释道三教关系问题进行了细致论述，并对这一时期的主要道教流派作了简要分析。

　　本书在1980年出版，当时道教研究在大陆尚未兴起，可谓冷门中的冷门，著者能够在当时的社会环境下先行对道教历史进行研究，并独立撰写出如此厚重的道教思想史纲，显示出著者敏锐的学术视野和孜孜不倦的学术能动性。

　　《中国道教思想史纲》第二卷主要研究隋唐五代北宋时期的道教历史。由于著者在第一卷出版后，承担了《宗教词典》《中国大百科全书·宗教卷》等编写任务以及教学事务的繁重，后期增加了丁贻庄、赵宗诚、曾召南代写部分章节初稿，最后由著者定稿。

　　本卷接续第一卷的章目，共分为三章。第五章"隋唐五代北宋时期道教的兴盛和发展及其与封建政治的关系"，著者在此章按照时间顺序，分别对隋唐道教的兴盛及其原因、唐玄宗的崇道举措、道教在唐代的发展高潮、安史之乱至五代十国时期的道教发展以及北宋时期道教的地位等问题进行勾描，刻画出道教变迁的历史线索。在宏观历史背景清晰的基础上，著者在第六章中，重点对此一时期内道教学者所创发的思想理论进行聚焦，分别选取了孙思邈、成玄英、王玄览、司马承祯、吴筠、李筌、杜光庭、谭峭、陈抟、张伯端、陈景元等人所倡导的道教思想进行深入探讨。接下来，著者在第七章对儒释道三教关系问题进行进一步的讨论，讨论顺序按照王朝更替依次展开。

　　第二卷问世之后，在学界产生了积极的讨论，史冲《拓荒者的脚印》评论此卷"资料详实、方法科学、分析深入"，开创了道教研究的新领域，堪称

"拓荒"之举。刘国梁评论此书'不仅给人们提供了隋唐五代北宋时期道教思想史方面系统而全面的知识，重要的还在于给人以道教研究方法的启示"。

综合而言，《中国道教思想史纲》（第一、二卷）不仅是研究内容还是研究方法，都对学界产生了积极的影响，打开了学界对道教进行学术研究的大门，可以说，本书的出版具有里程碑式的重要意义。虽然书中的某些观点不可避免地带有时代的印记，但时至今日，本书仍可谓是道教研究不可或缺的重要参考书目。（孙伟杰）

道家和道教思想研究

《道家和道教思想研究》，王明著。北京：中国社会科学出版社，1984年6月第1版，32开，302千字。

王明简介详见《太平经合校（附插图）》提要。

本书是一部论文集，分为上下两编，主要选辑了著者从20世纪40年代到80年代的论文，共17篇。其中，上编收入的论文有：《论老聃》《论老子兵书》《论庄周》《论葛洪》《论陶弘景》《从墨子到〈太平经〉的思想演变》《论〈太平经〉的思想》《试论〈阴符经〉及其唯物主义思想》《论〈无能子〉的哲学思想》。下编收入的论文有：《论〈太平经〉的成书时代和著者》《论〈太平经钞〉甲部之伪》《〈太平经〉目录考》《敦煌古写本〈太平经〉文字残页》《〈周易参同契〉考证》《〈老子河上公章句〉考》《〈黄庭经〉考》《农民起义所称的李弘和弥勒》。

上编以道家为主题，偏重思想阐释。该编又可粗分为人物和经典两部分。人物部分分别阐释了老子、庄子、葛洪、陶弘景的思想发展历程，经典部分则论述了《太平经》《阴符经》《无能子》的哲学思想。从先秦《老》《庄》到唐末《无能子》，显示出著者深邃、宽阔的学术视野。例如，《从墨子到〈太平经〉的思想演变》一文，著者通过将《太平经》同墨家学说进行比较，发现《太平经》的某些观点是继承墨学而来。这不仅辨清了《太平经》思想的源流问题，也纠正了学界关于墨学在秦汉之后终绝的传统观点。

下编以道教为主题，偏重文献考证。尤其是一系列关于《太平经》的考证文章，凸显出著者扎实的文献功底。由于《太平经》多有散佚，学界对《太平经》的成书年代、章节目录等内容一直争论不休。著者从该书中许多常用的语言、词汇、地名以及社会风尚和哲学概念等各个方面进行了详细的考察，发现它在这些方面都保存着汉代的特征，于是，综合这各个方面的情况，断定《太平经》大抵是公元2世纪前期的作品。此外，著者还就《周易参同契》《老子河上公章句》《黄庭经》进行了时代论证和思想主旨的独到阐发。

本书的出版，在当时道教研究薄弱的时代背景下，具有极大的开拓意义。诚如卿希泰先生在为本书所作的述评中所言，此书的重要意义，"不仅在于它给我们提供了许多历史知识，而且它为我们的宗教学研究提示了指导思想和基本方法。这种思想和方法，乃是辩证唯物主义与历史唯物主义的基本原理在宗教学研究上的具体运用"（《哲学研究》1986年第4期）。（孙伟杰）

道家与道教

《道家与道教》，[法国]甘易逢著，李宇之译。台北：光启出版社，1989年3月版。

甘易逢（Yves Raguin, S. J., 1912—1998），神父，法国籍，天主教耶稣会会士，精研神修学，对东方灵修有其独到的体验。其作品融合东西方神修精髓，具宏观角度，而又深邃至极。著有《活泼的静观》《祈祷与现代人》《静观蹊径》等。

本书分15讲，分别为《道教的起源》《道之哲学》《道在中国古代的哲学观念》《战国时代至两晋时代的道家运动》《道教经典的大主题：道、德》《道教经典的其他主题：根、无为、反、自然》《道教的创始》《道教之复兴：清谈、玄学》《道教之发展》《道教多神之趋向》《道教的五宗》《道教的庙、神及道士》《道教的礼仪》《道教与基督教的神学之异同》《道教与基督教的生活》。前有绪言。如篇章所示，这是一本简单的道家及道教发展的指南，可供天主教徒参考使用。

如著者所言，本书不是作为一本道家和道教研究的论著，而是关于道家思想及道教发展史的指南手册，是著者在辅仁大学附设神学院讲学时，为学生所作的授课参考。其授课名称为东方各宗教与天主教的神学。神学院的学生专精于天主教神学，但对于不同宗教的认知却不多，甚或有反感之处。著者在上课时兼讲道教之学，作为对学生补充的教材，同时作天主教神学与道教比较。

但书中有些观念可能待商讨，例如认为道教的来源为战国时代的老子及庄子，这是混淆了道家与道教的差别，而本书的重点是对于宗教的道教作描述，而非哲学性的道家。再者，视台湾的道教及佛教为民间宗教或民间信仰，不能说是真的道教或佛教等，佛教、道教及台湾民间宗教信仰有其区别，著者只看到民间信仰这部分，却疏忽了纯佛教及道教的活动。

如实而言，这不是严格的道教研究书籍，只是给神学院的学生了解道教的发展，作为一部指南手册，又是由天主教士撰写，也难能可贵了。（蓝日昌）

道教新论

《道教新论》，龚鹏程著。台北：台湾学生书局，1991年初版，系"中国哲学丛刊"之一种。另有北京：北京大学出版社，2009年1月第1版，16开，395千字，系"龚鹏程'三教论衡'系列"之一种。

龚鹏程，1956年生，江西吉安人。现任北京大学中国语文学系文艺理论教研室教授。曾任南华大学与佛光人文社会学院的创校校长、中华道教学院副院长、国际佛学研究中心主任、北京师范大学特聘教授等职。学术论著约可分成文学理论、美学、中国文学、史学、宗教、哲学、文化、散文与时论，其中宗教类的重要著作有《佛教与佛学》《道教新论二集》等。

本书有五个讨论主题，著者认为现今所流行诠释中国宗教的模式，多数是文献整理与校勘分析，经常忽略反省分析历史现象的观念与思维，与抓住一个宗教的核心问题作论述，故藉本书作反省，推阐新见。第一篇"导论：理性与非理性"，主在剖析近代宗教研究无法合理发展的根本原因。从无神论讨论起，以严复的理性精神讲科学证据讨论其鬼神观与胡适以新文化运动打倒迷信达民主科学精神，讨论宗教的理性与非理性，并认为五四运动后，新史学与科学方法竟然对于道教研究无所建树，呼吁当今学者改其研究方式，重新出发。第二篇道门文字教——道教的性质与方法，从道教的自然创生经典的观念着手，讨论道教认为自然垂文结气成字、形成天书为文明之本的意涵，并剖析道教的文字信仰即为其信仰的核心，由此发展出的符、诀、咒、印都为文字崇拜的产物，并以此理论与外来的佛教、耶教与回教论证道教的特出性。第三篇受天神书以兴太平——《太平经》释义，著者以"受天书以开太平"说明太平世的构想，并认为太平道为一个宗教政治组合，整体组织秩序由天书所规定。另，著者大肆批判近代史家只因黄巾之乱的"乱"字，就归于农民革命的研究方式，于是著者讨论"太平将至""立致太平""力行真道"的教义，主要教人行善积功，以实践建立在人间的太平天国。这种"平治天下"的境界，从蜀所设立的二十四治，可视为平治天下的体现，且以治病作为传教的手段，采"用符""上章""生死簿""通气""任使""姓名录"来治理整个庞大组织的教团。最末以《太平经》讨论道教的发展，而以"不舍世而超脱"论道教，定义为一种世俗化与神圣性统一之宗教。第四篇成玄英《庄子疏》初探，此篇以与郭象注不同的第一部道教庄子解来定位成玄英的《庄子疏》，有别于成玄英注疏《度人经》只单纯为道经注释，著者认为《庄子疏》里的注疏，有反思的想法，对道教思想有开展性的贡献。此外《庄子疏》还吸收了佛教思想，常引《西升经》作注解，批判贬抑儒家与墨家，企图说明道教不仅能治身，且能真治世。故透过成玄英的《庄子疏》可以理解唐代初期义理的发展状况。第五篇《阴符经》叙论，为著者整理《阴符经集释》的一部分，有两个重点讨论。一就成书年代与著者，认为《阴符经》于李筌前已问世，故非李筌所能伪造，《黄帝阴符经》确定为后人所假托，著者与著时不可考。二整理诸《阴符经》注本，依朝代阐述《唐书》《通志》《宋史》《明史》《清史稿》《四库全书》与《道藏》里的注本，并论证《阴符经》实非李筌所伪造。

　　本书为著者的五篇文章所集，讨论主轴有五：一以宗教的理性与非理性为议题，论述鬼神与科学；二以文字立教的概念论道教；三批判近代学者以农民革命论太平道，以《太平经》里的"受天书以开太平"重新审视太平道；四关心被忽略的成玄英《庄子疏》里道教思想的背后意含，以观察唐初义理发展状况；五整理与考据《阴符经》注本与确认该书非李筌所伪造。从这五个讨论议题、讨论方式、切入面向与最后结论，读者可以获得崭新的观点，如认为道教为一文字教，此说打破以往论道教的诸学说。又如以道教思想切入看成玄英的《庄子疏》，并重新诠释重玄派，都为创新观点，书名题为

"道教新论"，实是名至实归。此外本书大篇幅的剖析与讨论《太平经》，无论是理论结构或是教团组织、教义规范，到与汉代的政治关系等，除完整讨论《太平经》一书的理念，也与实质太平道的发展作结合，并以李丰楙《当前〈太平经〉研究成果及展望》一文为附录，讨论面向与资料完整度实为研究《太平经》的重要论著。（萧百芳）

续·中国道教思想史纲

《续·中国道教思想史纲》，卿希泰著。成都：四川人民出版社，1999年8月第1版，32开，410千字。

卿希泰简介详见《中国道教史》提要。

本书是由著者在80年代撰写《中国道教思想史纲》第三卷的手稿整理而成。著者之所以将书名定为《续·中国道教思想史纲》，主要是基于此书具有相对的独立性，可以单独成为一本著作的考虑。本书部分章节内容是由詹石窗、郭武所提供的初稿修订而成。

本书共有四章，主要阐述南宋以降及至明代的道教思想发展史。第一章主要对南宋和金元南北对峙形势下，道教在南方的发展、变革和分化问题进行考察。由于南宋统治者对于道教的尊崇，道教在南宋时期得以继续发展，并分化出神霄、天心、清微、东华等道派，著者对这一历史过程进行了细致的分析。并对净明道和紫阳派的形成和发展衍变进行了考索。第二章主要针对金朝统治下北方新兴道派进行研究。不仅分析了统治者的崇道举措所产生的影响，而且对新道派，例如太一道、真大道、全真道的兴起进行了一一说明，并归纳总结了新道派的宗派特色及思想主张。第三章则是对元代道教发展历程的考论。本章主要对如下几个问题进行了重点研究，一是全真道在元代的贵盛；二是太一道、真大道在元代的合流；三是李道纯对南北二宗的兼收并蓄；四是正一道及其支派玄教在元代的兴盛；五是净明道在元代的更新；六是茅山宗在元代的复苏；七是武当清微派与全真派的融合。第四章主要是对道教在明代的盛极而衰以及"三教融合"思想的深入发展问题进行分析。本章除对明代统治者的道教政策进行研究之外，还对明代道教宗派以及著名道士赵宜真、张三丰、张宇初等人的道教思想进行了考察。

与前两卷《中国道教思想史纲》一样，本书的撰写依然是建立在详实的史料分析、科学的研究方法的基础之上，不过此卷仍具自己的特色。比较而言，本卷的最大特点在于对道教历史进行研判的过程中，尤为突出对统治者的道教政策及其影响进行分析说明。著者通过将道教历史与整个社会政治环境相联系，尤其是增加了对中国传统社会中"皇权"对"教权"的支配地位的考量，使得本书对道教历史现象的呈现更具客观性和说服力。（孙伟杰）

明清之际道教"三教合一"思想论

《明清之际道教"三教合一"思想论》，唐大潮著。北京：宗教文化出版社，2000年6月第1版，32开，125千字，系"宗教学博士文库"之一种。

唐大潮简介详见《道教史》提要。

本书的篇章结构分为引言、正文和结语三个部分。在引言部分，著者首先阐述了本书的写作缘起，认为儒释道三教合一是三教关系的主要方面，其中三教之一的道教尤其是明清之际的道教"三教合一"思想是研究中的薄弱环节，本书正是为了填补这一空白而作。其次，著者论述了本书所涉及的主要问题有：明清之际的道教的总体情况；道教人士如何构造其三教合一思想；三教合一思想的具体表现、特点及其形成的主要原因；三教合一思想对中国封建社会末期统治者的治世政策、思想文化乃至于民众生活的作用、影响等。

正文分为三章。第一章分别从"统治者从崇道到抑道的转变""正一道之贵盛与衰颓""全真道的沉寂与中兴"三个方面论说了明清之际道教逐渐衰落的发展历程。第二章分别阐释了陆西星、伍守阳、柳华阳、王常月、刘一明、闵一得、薛阳桂、阳道生、李西月、娄近垣等人的三教合一思想。进而著者总结出明清之际道教"三教合一"思想的四个特点，分别为："三教合一"思想是历史上的总结与发展；儒释道三家经典是重要的依据；儒释道三家思想的求同存异；儒佛两家学说对道教内丹学的契入。第三章著者进一步从儒、释、道三教思想的历史发展，道教自身的内在因素，明清之际的社会思潮这三个方面考察明清之际道教"三教合一"思想的成因。结语部分对全文进行了提纲挈领式的总结，认为"明清之际道教的三教合一思想，既是对道教各个历史时期三教合一思想的全面总结，又是当时社会风尚的产物和组成部分；既是服务于行将衰落的封建社会，也是为了已衰颓不堪的道教自身的生存；既与封建政治有密切的关系，又对社会诸多方面发生着广泛而深刻的影响"。

明清道教是道教研究的薄弱环节，在20世纪90年代更是鲜有人问津，著者敏锐地把握到明清之际道教"三教合一"的突出特点，并由此深入分析了明清之际道教"三教合一"思想的历史原因、社会渊源及自身表现，因此本书虽然篇幅有限，但对明清之际道教"三教合一"思想的研究可谓是逻辑严密、入木三分，是当时为数不多对明清道教"三教合一"思想做出深入研究的著作之一。（孙伟杰）

生命存在与境界超越

《生命存在与境界超越》，李大华著。上海：上海文化出版社，2001年1月第1版，32开，203千字，系"道家文化研究丛书"之一种。

李大华简介详见《隋唐道家与道教》提要。

本书正文分上下两篇。上篇"生命本体论"分四章。第一章道教理论化的内化倾向及其生命观念和生命哲学，首先追溯了道家生命哲学的源流和内外丹思想的理论特征，进而阐述了本书的主旨，即生命观念是道教理论的核心观念，生命哲学的形成标志着道教理论的成熟。第二章自然本体，分别从"道本体"和"气本体"两个层面对道教应对自然的生命理论进行了深入探讨，这是从"外"的视角进行的理论反思。第三章生命本体，则从道教面对自我入手，就"道气""性命"问题进行考察，这是从"内"的视角的反观。第二章、第三章是逻辑上的递进关系。从"外"到"内"的深化，标志着道教完成了从自然本体到生命本体的理论建构。第四章从"本根即本体""客观先验的时空论与主观经验的印记""生流不息与变化"三个层面对道教本体存在的方式以及道教生命哲学的基本特征进行分析归纳。下篇"修炼论"分两章，主要对道教的"修炼"这一宗教实践进行理论分析。第五章生命结构论，就道教修炼活动中的"精气神""关窍""三田""脏腑""经脉"等观念进行解构，并对"炼精化气""炼神还虚"等修炼步骤进行哲学阐析。第六章生命之悟，分别从"本质直观之悟""对象之悟""道机之悟""自我显现之悟""外观与内观"五个方面阐述了著者关于道教生命理论的体悟。

本书上下两篇层层递进，上篇重解构，下篇重体悟，互为表里。更难能可贵的是下篇是著者在博士论文完成之后对道教生命问题的继续深思和理论探究。本书主要运用哲学方法对道教生命理论进行概念解析与理论建构，有助于我们加深对道教生命哲学的理解和反思。（孙伟杰）

宋明道教思想研究

《宋明道教思想研究》，孔令宏著。北京：宗教文化出版社，2002年4月第1版，32开，390千字。

孔令宏简介详见《中国道教史话》提要。

本书是著者在其博士后科研报告基础上修订而成。全书分为四章。第一章为导论。在导论中，著者分别针对"道家与道教""道与术""道术与道教史的分期""道术与传统文化""道家与道教哲学"等问题做了细致的研究。第二章唐末至北宋时期的道教思想，在本章中著者首先论述了唐末至北宋时期内丹的转变，接着阐述了钟吕学派对内丹理论的初步建构，进而列举了陈抟、张伯端、陈景元等人的内丹理论，并阐发了《道藏》的文字哲学思想。第三章、第四章整体论述南宋至明代中期的道教思想。其中第三章分别论述了南宗先命后性、北宗先性后命的道术思想以及全真道南北宗合流之后的李道纯、陈致虚、张三丰等人的道教思想。第四章则分别论述太一道、大道教、净明道、符箓派等道派的道教思想以及杜道坚的王道之术，并旁及道教的伦理之术、与佛教的关系、三一教中的道教思想等内容。此外，本书在附录中还分别讨论了道家道教哲学的理论建构以及近百年道教思想史研究的基本概况。

本书主要着眼于宋明时期的道教思想，著者将其归纳为"道"与"术"的问题。在行文之时，著者紧紧围绕这一主题展开深入探研，文中既包含对宏观道派、人物思想的讨论，也囊括对微观术语、概念、范畴的思考。（孙伟杰）

屈服史及其他
——六朝隋唐道教的思想史研究

《屈服史及其他——六朝隋唐道教的思想史研究》，葛兆光著。北京：生活·读书·新知三联书店，2003年8月第1版，16开，223千字。

葛兆光，1950年生，籍贯福州。北京大学古典文献专业研究生毕业。曾任扬州师范学院历史系副教授、清华大学教授、复旦大学文史研究院院长。现为复旦大学特聘教授，文史研究院教授、历史系教授、复旦大学学术委员会委员。研究领域主要包括东亚与中国的宗教、思想和文化史等。著有《道教与中国文化》《中国思想史》《且借纸遁：读书日记选1994—2011》等。

本书主要由业已发表的论文修订结集而成，分为内编、外编和附录。内编由引言和六篇文章组成。引言部分，著者主要就当代道教史研究方式的革新问题进行了阐述，呼吁学界重视历史过程中那些被理智和道德逐渐减省的思想和观念。六篇文章分别是：《从张道陵"军将吏兵之法"说起：道教教团从二十四治到洞天福地》《从"六天"到"三天"：六朝到隋唐道教斋醮仪式的再研究》《黄书、合气及其他：道教过度仪的思想史研究》《〈上清黄书过度仪〉的文献学研究》《最终的屈服——开元天宝时期的道教》《妖道与妖术：小说、历史与现实中的道教批判》。这六篇文章看似彼此旨趣迥异，实则有着著者严密的逻辑考量。首先著者从道教教团组织方式的转变中，考察了教权与皇权的关系问题，接着对斋醮仪式中的"圣"与"俗"问题进行思考，继而对道教意识形态在开元天宝时期的塑形进行阐释，最后对小说、历史与现实社会对道教整体认知的多样性问题进行说明。整个内篇其实都是在围绕着道教历史的真实面相到底为何，后世学人该如何对其进行书写展开，这同时也与著者在引言中所呼吁的用"减法"看历史的研究视角相呼应。外编主要由讲稿、书评和研究综述组成，分别为：《道教研究的历史和方法——在清华大学研究生课上的讲稿》《文献学与历史学的思路——评吉川忠夫编〈六朝道教の研究〉》《"重玄"何有"派"？——评砂山稔〈隋唐道教思想史研究〉》《重新清理唐代宗教的历史——评吉川忠夫编〈唐代の宗教〉》《一个学者与一个时代的道教史研究——关于王明及其道教研究》《中国（大陆）宗教史研究的百年回顾》。该编既有著者对于道教研究方法的讨论，也有对现有道教研究成果的反思，其中不乏令人耳目一新的创见。比如针对重玄学派的讨论，著者所提出的重玄是宗派还是学派亦或是思潮的问题，便颇具眼光。附录由两篇文章组成，分别对唐宋时期道教的投龙简以及小说、历史和现实中的道教信仰考验问题进行考察。

本书虽然是论文的结集，但在行文之中始终贯穿著者独特的视角和对道教历史研究方法的反思。本书虽然已问世十余年，但书中所提到的问题仍值得当代道教研究者的深思。综合而言，本书给学界所带来的贡献远大于争议。（孙伟杰）

道教的信仰与思想

《道教的信仰与思想》，孙亦平著。台北：东大图书股份有限公司，2008年1月初版，系"宗教文库"之一种。

孙亦平简介详见《杜光庭思想与唐宋道教的转型》提要。

本书分成六章，先论述道教的信仰与理论，再讨论道教仙学、伦理观、社会观的意涵，以及与科学间的关系。第一章道教信仰的基本特点，认为道教吸收自然崇拜、祖先崇拜、鬼神崇拜与神仙信仰，由此建立特有的神仙谱系。依此将道教信仰特点归于五个面向，一是成仙得道的追求，二是由老子到太上老君的信仰，三是以三清尊神玉皇大帝为最高神，四是《真灵位业图》将神仙位阶系统化使道教走向上层社会，五为神仙居处之地为洞天福地，对应于人间实境成为信众修炼成仙之地。第二章道教理论的主要内涵。道教的内涵有宇宙观、生命观、道性论等涉及庞广，诸理论的立论皆在说明得道成仙信仰的合理性，著者以五项理论作论证。一是造化天地的道，是从无到有，具法自然的特性。二为如何禀道受气获形神，以得道成仙。三从道法自然的宇宙理论，寻找永恒生命，因而衍伸出贵生恶死观。四是从心性层面发展出清静自然、修心可成仙之论。五是魏晋重玄发展成道体与道性论，通过有无双遣来解决有限与无限的肉体矛盾。

第三章道教仙学的文化精神。成仙为道教信仰的目标，如何成仙，有五个方向。一是汉代《太平经》的"精神主生"，讲求保养精神就能长存。二是魏晋追求"形体永固"，促使服药养生流行。三是唐代承服药之风，转以修道即修心，从心性找成仙之道的内丹兴起。四是元代全真派承内丹，以性命双修炼气炼神，以达全真为仙之境。五是宋代净明道，以忠孝立本，终至净明，为儒释道三教合一的成仙之道。

　　第四章道教伦理的基本特征。道教的特殊性除得道成仙外，在成仙之前需先修人道，再修仙道。因此在人道方面须担负起社会义务，加诸因果报应的观念，使道教有着劝善止恶的教化功能。依此著者归纳出四个特征，一为先修人道再修仙道，而能无欲元为达仙境。二是因果报应观，行善能免除承负，得道成仙。三是强调劝善可止恶，促成功过格的产生。四是从《元始无量度人上经》的"齐同慈爱，异骨成亲"的伦理观，可见道教对万物的慈爱的想法。第五章道教社会观的独特内蕴。著者强调道教的理想社会，是一处平均安宁稳定的社会。在此社会的个人无欲，帝王"经国理身"为无为而治之，为社会理想内蕴之一。万物皆为道所化，道教提倡贵生，因此以道教佐国的国家戒杀抑兵，国家因而能长治久安，为理想社会内蕴之二。道教讲求阴阳调和、天人合一的视角，帝王子民都能顺应阴阳之理，可达天下太平之境，为理想社会内蕴之三。第六章道教之术与中国古代科技。此章强调道家思想为古代科学技术之根本，道士所从事的道术既是宗教生活的一部分，也试图解释自然的运行，以达长生久视的目的。

　　本书如著者所述"道教是以'得道成仙'为基本信仰的中国传统宗教"，可见全书六章皆以"得道成仙"为主轴，紧扣此基本信仰，旁征引证，说明无论从信仰、理论、仙学、伦理观、社会观还是科学视角，道教都在追寻得道成仙，寻找让生命无限存在的可能性，故以"得道成仙"贯穿道教信仰与思想的论述，为本书的特点之一。虽以"得道成仙"为主轴，但各章的论证却自成体系，引用经书资料细微，能精准地讨论道教各种思想，使其成为单一主题的讨论，为本书的特点之二。对于道教的历史脉络与其道派发展，皆能系统且清楚地说明，为本书的特点之三。六章所选主题皆为道教的关键特色，读本书即能全面认识与了解道教，为本书特点之四。（萧百芳）

道家的根本道论与道教的心性学

　　《道家的根本道论与道教的心性学》，张广保著。成都：巴蜀书社，2008年11月第1版，32开，480千字，系"中青年学者道教研究自选集"之一种。

　　张广保简介详见《唐宋内丹道教》提要。

　　本书共收录著者自1988年起20多年的研究论文，共计19篇。第一部分"根本道论"共收录有《道与中国哲学中的自然智慧》《道家道论的哲学诠释》《原始道家道论的展开——道家形而上的梦论与生死论》《从道家的根本道论到道教的内丹学——兼论原始道家的生道合一原则》4篇文章。第二部分"根本道论与心性论"，共收录3篇文章，分别是《原始道家的道论与心性论》《唐代道教上清派的心性之学》《金元全真教徒的宫观生活与心性修行》。第三部分"内丹道与易道"，收录有《道典中所载黄帝修道登仙说之繁衍》《〈太平经〉——内丹道的成立》《〈周易参同契〉的内丹道与天道》《〈周易参同契〉的内丹道与易道》《雷思齐的河洛新说——兼论宋代的河洛九、十之争》《全真教性命双修的内丹学》《明清内丹思源与陈撄宁学派的内丹学》共7篇论文。第四部分"全真道研究"，收录《全真道研究一百二十年述评（1879—2007）》《蒙元时期全真宗祖谱系形成考》《蒙元时期全真教大宗师传承研究》《早期全真道戒律形成研究》《道教洞天福地理论的起源及历史发展》5篇论文。

　　上述论文是著者长久以来对道家道教心性理论与全真道研究坚持不懈的见证，可谓篇篇皆有真谛。第一组文章，反映了著者长达20年对道家、道教根本道论及其于生死观、内丹解脱说的思考。显然著者的意图是通过理论诠释打通隐含于道教道论与道教内丹术之间的理路。第二组文章主要关注道教的心性理论，著者认为心性理论既是道论面向主体的内在贯通，又是道教各种解脱修炼术尤其是内丹术需要解决的现实问题。第三组文章涉及两大问题：一是有关内丹道，一是有关内丹与易学。本章内容，著者多有新意，比如著者首次提出的"陈撄宁学派"、建立"周易参同学"等问题，引起了学界的热烈讨论。第四组文章重点讨论金元全真道教史的宗派传承、宗祖谱系以及戒律等问题。

　　正如著者在自序所言，书中这19篇论文既勾勒出著者在道教研究道路上的轨迹，同时也是其生命精神探索、生成的见证。本书的出版，不仅仅是对著者学术研究的一种肯定，也促进了学界对于道教心性理论以及全真道研究的深入。（孙伟杰）

中国道教思想史

《中国道教思想史》，卿希泰主编，詹石窗副主编。北京：人民出版社，2009年12月第1版，4册，精装，16开，2360千字，入选"国家社科基金成果文库"。

卿希泰简介详见《中国道教史》提要。

詹石窗简介详见总主编简介。

本书写作汇聚了全国一批道教研究专家，其中既有年过80的老学者，也有30至50余岁的中青年学者，通过12年联合攻关，几经讨论、修改，最终完成、出版。

《中国道教思想史》于导论之后分六编38章。导论阐述"道教思想史"命题的含义、研究对象、发展脉络与基本特点，说明其理论价值、现实意义、研究方法。第一编，论析道教思想渊源。该部分共四章，著者从上古宗教思想观念与易学、阴阳家思想的考察入手，进而阐述道家与神仙家思想，儒墨思想与谶纬神学，医学养生与术数学思想的由来、变迁以及它们在道教思想体系形成过程中的作用。第二编，论析魏晋南北朝的道教思想。著者一方面对《太平经》《周易参同契》《老子想尔注》《上清经》《抱朴子内篇》《黄帝阴符经》等一系列经典展开思想诠释，另一方面抓住道派和主要人物，透析这一时期道教思想的内涵及其时代特征。此外还对汉魏至南北朝道教与儒、释的思想关系、道教劝善思想与文学进行了详细探析。第三编，论析隋唐至北宋的道教思想。著者着眼于"重玄学""心性说""服气论""修养观"内涵的解读，进而对《易》《老》《庄》等道教经典诠释学予以梳理，发掘其深层意蕴。这一阶段是道教兴盛时期，道教在科技思想、斋醮科仪思想大有创获，著者也分别加以考察。第四编，论析南宋金元至明代中叶的道教思想。著者侧重考察了金丹派南宗、净明道、清微派、神霄派、天心派、东华派、全真道、真大道、太一道等南宋以来新道派的理论建树和时代特质；同时也注意对此时道教斋醮科仪的救度思想、劝善思想、科技思想等予以阐述和评估。第五编，论析明代末叶以来的道教思想。著者从全真龙门派的内丹性命学和三教合一思想的考察入手，继而扩展于东、西、中等道教内丹派的理论成就。顺着脉络的发展，著者对现代学者关于道教思想研究的成果予以总结，对道教与社会主义社会相适应的理论问题予以阐发。第六编，论析道教思想的历史影响与现代价值。著者从民间结社、少数民族宗教信仰、明清小说三个领域展示道教的思想影响。最后，著者从哲学、伦理、医学养生、文学艺术等不同领域对道教思想进行系统总结，对其现代价值作了新的评估。

本书展示了道教思想发展的基本线索，认为道教思想是一个广博而复杂的体系，它涉及的内容很多，尽管头绪纷繁，却是杂中有序。一方面，修道成仙的思想核心是前后一贯的；另一方面，在不同历史时期道教对修道成仙的具体阐述和论证是不尽相同的。例如，在汉魏两晋南北朝时期，道教所追求的主要是通过服食以达到长生成仙、肉体飞升的目标。为了达到这个目标，当时的道教思想家从本体论方面进行阐述和论证，他们将神仙论与宇宙生成论统一起来，为整个道教神仙理论体系奠定基础。隋唐五代北宋时期，道教思想家在神仙论与宇宙生成论相统一的成果基础上，逐步把讨论的重心从本体论转向心性论，并且出现了由外丹服食逐步向内丹修炼转化的趋向，道教理论逐渐体系化，以"道"为核心的自然观、社会观和神仙观渐趋完整。南宋金元至明代中叶，则出现了强调通过内丹修炼达到精神成仙的新道派，该道派斥责巫法邪道，鄙弃肉体飞升之说，强调精神不死，这在教理教义方面可谓一大变革。明代中叶以后，中国封建社会逐步显露其衰落趋势，道教的状况也发生变化。这个时候，道教活动的重点便由上层转向民间，甚至和民间的某些秘密宗教结合起来。虽然，修道成仙的基本思想仍然保持未变，但却向世俗化和通俗化的方向回归。事实说明，从东汉张陵创教开始到中华人民共和国成立之前为止，道教修道成仙这一核心思想的发展和演变是有一个基本脉络存在的。

本书注重文献史料的搜集整理和使用，既引述了《正统道藏》《万历续道藏》《藏外道书》《道藏精华》《无求备斋老子集成》等各种道家道教的大型丛书，也广泛涉猎了《四库全书》《四部丛刊》《四部备要》《诸子集成》等许多文献丛刊中的道教思想史料或有关儒道关系资料，至于历代学者的个人文集以及二十五史，更是本书经常征引的文献。此外，还注意敦煌道教文献以及近30年来各地考古资料的道教思想内涵的发掘，通过历史文献与地下考古资料的相互印证，彰显不同时期道教思想的传播与演变情况，反映了该项研究工作的深度、广度，体现了严谨而扎实的学风。

本书的最大贡献在于：开拓了道教思想研究的新领域，深入追溯道教的思想渊源、全面系统地论述了道教思想的形成过程和发展脉络，考察了道教思想的历史影响，从当代社会的视角审视道教思想内涵和价值。

本书也存在不足之处。比如力图通过许多特定专题来揭示道教思想的形成与发展脉络，但有些专题却未能一贯到底，如关于道教与儒家、佛教的关系问题，本书只考察到明代中叶以前的史料，而对于明代末叶以来至当代的三教关系则缺少专门的探究，这是比较遗憾的。不过，从总体上看，这无疑是一部很有分量的专史论著。（张丽娟、郑长青）

仙境信仰研究

《仙境信仰研究》，李晟著。成都：巴蜀书社，2010年6月第1版，精装，32开，180千字，系"宗教与社会研究丛书"之一种。

李晟，1962年生，四川乐山人。曾任四川画报社美术编辑。现为四川大学艺术学院教授，硕士研究生导师。主要从事中国画、书法、篆刻、宗教艺术的教学、创作和研究工作。

本书分为序言、正文和结语三部分。序言部分，著者论述了本书的研究意义，认为仙境信仰是中国文化中特有的一种宗教信仰形态，彰显了中国文化注重现世人生的实用理性精神。正文由五章组成。第一章轴心文化与"两个世界"，本章主要就雅思贝尔斯所提出的"轴心时代"理论进行中国式的理解和反思，并对中国上古历史中"绝地天通"的故事进行重新审视。第二章仙境信仰的起源及其早期形态，著者在本章主要阐述了仙境信仰的思想根源，认为以长生不死为核心信仰的神仙思想是仙境信仰产生的真正根源，并认为仙境信仰的起源地主要是东夷文化区。进而对仙境信仰的早期形态进行考察，认为早期仙境信仰大多笼罩着浓郁的巫教色彩。第三章死后升仙的仙境信仰，本章主要就死后升仙的思想文化根源以及墓葬中的仙境象征符号进行分析，认为死后升仙思想在汉代人的宗教信仰中具有非常重要的影响。第四章进入仙境的传说与信仰，著者在本章将研究视角转向了承载仙境信仰的民间传说，通过对传说故事的解读，著者认为汉晋以来兴起的道教仙境思想深刻地影响了仙境信仰在民众中的传播，使得仙境信仰带上了浓厚的宗教感情和道教色彩。第五章道教仙境体系的构建，本章主要考察了道教文化中的仙境信仰系统，著者将其划分为地上、诸天、身内三个层面，并分别列举了道教仙境信仰的具体形态。结语部分，著者对整部著作进行了总结说明。

本书以仙境信仰为主体展开论说，为我们梳理了仙境信仰的来龙去脉以及在不同历史时期的具体表现形式。书中穿插有大量涉及仙境信仰的图像，这是本书的特色所在，有助于加深我们对仙境信仰的直观感受。（孙伟杰）

仙境与游历：神仙世界的想象

《仙境与游历：神仙世界的想象》，李丰楙著。北京：中华书局，2010年10月第1版，16开，390千字，系"李丰楙道教文学研究系列"之一种。

李丰楙，台湾政治大学中国文学研究所博士。曾任台湾"中央研究院"中国文哲研究所研究员、台湾政治大学华人宗教研究中心讲座教授。学术专长为道教文学、道教调查、华人宗教、身体文化，是国内少数同时具有道士身份的大学教授。

本书系著者道教文学研究的论文集。全书由导论和9篇论文及1篇附录组成。9篇论文分别题为：《神仙三品说的原始及其演变——以六朝道教为中心的考察》《魏晋神女神话与道教神女降真神话》《西王母五女神话的形成及其演变》《王母、王公与昆仑、东华：六朝上清经派的方位神话》《〈汉武内传〉研究——〈汉武内传〉的著成及其演变》《〈十洲记〉研究——十洲传说的形成及其演变》《〈洞仙传〉研究——〈洞仙传〉的著成及其思想》《六朝道教洞天说与游历仙境小说》《从误入到引导：唐人小说游仙类型的传承与创新——一个"文学与宗教"的观点》。附录为《六朝仙境传说与道教之关系》。

本书主要聚焦于"仙境与游历"这一主题，时间集中于六朝及至唐代。这一时期是宗教文学"从发展到定型"的关键时期。正如著者自己所言，本论文集所收录的文章基本上可以以《神仙三品说的原始及其演变》一文为总纲要，这一架构成为此后仙学的共同基础。余下9篇文章可以分为3组。第一组是与西王母、东王公有关的3篇论文。该组文章不仅对道教与民间的互动进行关注，更运用考古资料与道经两种证据，试图对西王母、东王公的产生于演变历程做出解析。第二组文章以道教传记研究为主题，通过对《汉武内传》《十洲记》《洞仙传》3部道教传记小说进行研究，对六朝时期笔记小说与道教经、传之间的关系进行了梳理。第三组文章以游历仙境小说为主题，本组文章除了对小说文身进行分析之外，更注重对"文学与宗教"研究中方法论问题的检讨。

本书虽然是著者多年前论文的结集，但书中所反映的道教文学或者宗教文学研究问题仍然值得学界的深入讨论。因此本书给读者带来的不仅是知识的填补，更多的是研究方法和范式的冲击与回应。（孙伟杰）

道教生命文化析论

《道教生命文化析论》，张美樱著。台北：兰台出版社，2013年2月初版，系"道教丛刊"之一种。

张美樱，辅仁大学中国文学系博士。现任佛光大学乐活生命文化学系专任教师。其研究领域涵盖道教文学、道教养生、道教术数、道教文化、道教经典及《公羊传》等领域。主要著作有《〈列仙、洞仙、神仙〉三仙传之叙述形式与主题分析》《全真七子证道词之意涵析论》等。

著者撰写本书之动机，系源于鲁迅说中国的根柢全在道教，李约瑟说中国人如果没有道家，就像大树没有根一样。因道教在现代社会一直被误会，使得学习道教文化、了解道教文化颇具迷思，所以著者觉得应撰写一本道教文化的书，来厘清与重塑道教之价值。

著者指出道教文化的核心为神仙信仰与鬼神文化，神仙信仰在于生命永恒的追求，道教对鬼神的关注则聚焦于人们的祸福吉凶，仍落到生命焦点上。本书的目的即在于透过学术专书的论述，将道教生命文化中的生命内涵呈现出来，从而能够让人们理解道教生命文化中的精华，佐助处理个人的生命问题。因此本书的生命文化议题，聚焦于生命的根源、人们对生命最为关心的养护与救济问题及对道教最为好奇的生命预测与生命修炼部分，依从生命发展的程序，讨论道教的生命结构、生命预测、生命养护、生命救济、生命修炼五大生命文化之内涵。

著者从道→气→神→万物的宇宙观，看待人的生命从道而生化为具体生命，可以说人的生命源头是道，而道具反复的特质，则道教对于人生命的追求，即是人→神→气→道的生命转化。进一步，著者提出天人合一思想，在道教生命文化中，出现以易学、阴阳五行之理演绎的现象，因此道教的生命文化中充满着易学及阴阳五行学说的运用。本书的研究重心，在于呈现道教经典中所展现的生命文化内涵，及蕴涵于其中的天人合一、易学、阴阳五行元素，以此作为著者研究道教生命文化的开端。

著者归纳整本书的逻辑与价值，指出道教的生命文化内涵，以天人合一为核心，本着以道为本原的宇宙观，藉由易学、阴阳五行之理，展现天道无穷的变化规则，在气的运化中，体现人与天道之间既统一又独立的同构关系。明天道而尽人道是人落实天人合一的理念于现实生活中的具体行为，也是道教认为人生在世应该依循的准则。

严格来看，著者撰写本书有很明确又严谨的理论架构及思维体系，加上其梳理的资料原典甚为丰硕，对后学者作延续性的研究助益甚多，尤其是启发性之导引作用，证明了道教文化有其深厚的内涵，对一般社会价值之拨乱反正，应可收以正视听之效。（熊品华）

2.道教哲学思想研究

中国重玄学——理想与现实的殊途与同归

《中国重玄学——理想与现实的殊途与同归》，卢国龙著。北京：人民中国出版社，1993年8月第1版，32开，380千字。

卢国龙简介详见《马丹阳学案》提要。

本书主要由绪论和正文组成。绪论部分，著者在认真辨析了"重玄"一词的语义之后，将道教重玄学的历史发展归纳为"四个阶段、三次宗趣转变"。第一阶段是南北朝时期，宗趣在于经教体系的建立。第二阶段是隋及唐初，宗趣在于重玄的精神超越。第三阶段是高宗武周朝，宗趣复由精神超越转变为道性论和心性修养。第四阶段是盛唐时期，宗趣最终由体道修性复归于修仙，开导了唐宋内丹道之风气。正文按照重玄学的产生发展历程展开论述，共分为七章。第一章对孙登首托"重玄"的思想背景进行了细致考察。第二章重玄流变——南北朝道教义学与重玄学，列举了顾欢、臧矜、宋文明等人以及《升玄经》《无上秘要》等道经的重玄思想。第三章重玄学的盛衰转变与宗趣转变的历史背景，重点对隋及唐初统治者对道教的态度所引发的佛道论争以及重玄学理论的深入问题进行分析。第四至六章重点对隋唐重玄学的流变历程进行阐释，分别按照"道体论与重玄解脱""道性论和心性论""体道修性向修仙的复归"三大主题展开。第七章重玄余韵，对《清静经》等经典中的重玄思想以及唐末五代重玄学的复兴问题进行了辨析。

本书是国内外学界较早对重玄学进行系统研究的著作之一，最大贡献是将重玄学的发展历史划分为"四个阶段、三次宗趣转变"，这成为后来道教重玄学研究的基本范式。马西沙先生在本书序言中称赞此书有两个学术突破：一是填补了中哲史研究的空白，一是丰富了道教史的研究。本书的出版在学界引起了积极的反响。余敦康先生评价此书"基本上贯穿着史论交融的研述方法，能够以一种纵贯的史学观把握重玄之道的理论发展"。同时著者能够"站在同情理解的角度，剖析重玄之道的理论特质及其内在矛盾，并求征于史实，将重玄的理论深化与其阶段性发展结合起来"（《世界宗教研究》1994年第3期）。李养正先生则认为该书"是一本功夫稳实，见地明白的书，很有新意，有不少精辟之见。是研究玄学的新进展，是研究道教学的新进展，是研究道教重玄学的新开拓"（《中国道教》1994年第4期）。（孙伟杰）

金元全真道内丹心性学

《金元全真道内丹心性学》，张广保著。北京：生活·读书·新知三联书店，1995年4月第1版，32开，218千字，系"三联·哈佛燕京学术丛书"之一种。

张广保简介详见《唐宋内丹道教》提要。

本书曾荣获首届"汤用彤学术奖"。全书由引言、正文、后记组成。著者首先在引言中论述了宋金元时期道教勃兴的历史原因，随后简要论说了金元全真道内丹心性思想的重要意义。正文由历史篇、心性篇、比较篇三部分组成。在历史篇中，著者按照时间顺序，分别从"甘河证道、山东阐教""七真宏教、全真大盛""重修《道藏》、以文传道""教被江南、南北合流"四个方面细致考察了全真道在金元时期的产生发展历史，并以附录的形式对王重阳的名号、籍贯问题进行了认真辨析。在心性篇中，著者分别考察了全真道丹阳派、龙门派、盘山派以及江南全真道派的心性思想，并将各个道派的心性理论特点分别归纳总结为：丹阳派——清净本色、龙门派——内道外儒、盘山派——以道合禅、江南全真道——性命双修。这显示了著者突出的理论分析能力。在比较篇中，著者以"存心养性与无心无性——全真与理学的对峙"和"明心见性与性命双修——全真与禅宗的对话"为题，分别阐释了全真与同时期理学与禅宗心性思想的内在关系。

本书是著者在1992年博士论文的基础上修改而成，是学界较早对全真道心性理论进行系统研究的代表性著作之一。本书不仅有史事、史迹的考证辨析，还有理论的阐释发微，更有比较研究的学术视野，正如汤一介先生在序言中所言，本书"是一本很成功的著作"，是"近年来我国系统、全面研究道

教内丹心性学说的第一本"。（孙伟杰）

汉代道教哲学

《汉代道教哲学》，李刚著。成都：巴蜀书社，1995年5月第1版，32开，190千字。

李刚简介详见《隋唐道家与道教》提要。

本书分为四部分，第一部分为导论，首先讨论了道教哲学能否成立以及怎样界定道教哲学的问题，在此基础上，对道教哲学与道家哲学的联系和区别、道教哲学的个性特征、道教哲学在中国哲学史上的地位与贡献、道教哲学在当代社会的价值等问题进行了分析，并由此引申出对汉代道教哲学的思想渊源、内容及特征的讨论。第二部分"汉代道教哲学的发端——《太平经》"，首先对《太平经》的成书及《太平经钞》甲部进行了文献辨析，继而对《太平经》中天人合一的人天观和宇宙论、融合儒墨道的认识论、神仙长生的生命哲学、致太平的政治哲学等问题进行了理论探析。著者认为《太平经》率先提出了道教哲学的一些重要范畴和命题，初步提出了神仙长生的生命哲学，形成了系统的致太平的政治哲学，如果不清楚其哲学思想，后世道教哲学的逻辑演化也就无法厘清。第三部分"道教老学的孕育和发生——《老子河上公章句》和《老子想尔注》"，主要围绕着道教老学早期的两部重要经典展开，认为自《河上公章句》把老子之"道"解释为神仙长生之道，已开了《老子》注解宗教化的风气，《想尔注》继此进一步将老子神化为"太上老君"，使《老子》的哲学之道演化为宗教之道，最终促成了道教老学的产生。并且生命哲学和政治哲学是道教老学萌芽和发生时期的两大主题，这两大主题给后世道教老学以深远的影响。第四部分"道教易学的滥觞——《周易参同契》"，主要以对《周易参同契》的研究为线索，对《周易参同契》的著者及成书年代进行了探析，并考察了其与汉代易学的紧密联系，进而对经典本身所蕴含的"物性可变的自然哲学""天人一体的生命哲学"进行了理论阐发，认为在中国哲学史上，《周易参同契》不仅对后世道教哲学发生影响，间接对宋明理学也有影响。

本书采用以点带面的书写方式，选取汉代道教哲学典籍中最重要的四部经典进行理论发掘，将汉代道教哲学的整体面相提纲挈领式勾画出来，不仅为后来的道教哲学打下了良好的学术基础，而且也树立了相应的研究范式。（孙伟杰）

道教哲学

《道教哲学》，卢国龙著。北京：华夏出版社，1997年10月第1版，32开，489千字。

卢国龙简介详见《马丹阳学案》提要。

本书由导论、正文及跋组成。在导论部分，著者讨论了道教哲学与中国传统哲学的关系，认为道教哲学是传统哲学大系统中的一个子系统，对道教哲学的讨论不能离开中国传统哲学的理论架构。正文分为上中下三篇。上篇从"神道设教"到道教，由四章组成。第一章就"神道设教"中的人文精神进行解析。第二章讨论了礼俗之间的互动关系。第三章对汉代礼俗、信仰与道教的形成问题进行分析。第四章重点对道教斋醮礼仪的本旨、结构等问题进行申论。

中篇从"玄道"到"重玄之道"，由五章组成。第一章汉魏晋"玄道"及其根旨，讨论了"玄道"的由来及其本根论思想。第二章"重玄"的产生及其思想背景，主要就孙登、孙盛、支道林等人对重玄思想的阐释与回应为线索展开论述。第三章南北朝时期道教义学与重玄学，主要讨论了三个问题：一是南北朝时期道教义学的开展；二是有无贯通的道体论；三是清虚自然的道性论。第四章隋唐重玄的精神哲学，首先讨论了佛道争论中的理论问题以及《本际经》《海空经》的道体、道性思想，接着分别就成玄英、李荣、王玄览三人的重玄思想进行展开讨论。第五章重玄思潮下的道德性命之学，以司马承祯、吴筠、唐玄宗《道德经注疏》、《清净》诸经的性命学思想为线索展开论述。

下篇从方仙道到内丹道，由四章组成。第一章重点论述了方仙道的精神旨趣和道家的贵己重生思想。第二章《参同契》与唐五代道教的外丹理论，本章主要讨论了《参同契》与外丹之间的历史渊源及思想史价值。第三章接续第二章展开论述，主要就《参同契》与唐宋道教内丹理论的关系问题进行深入分析。第四章内丹道中的心性之学，主要就唐宋内丹道和金元全真道的心性学思想展开研究。

作为较早对道教哲学进行系统研读的著作，本书对道教的哲学思想有一种条畅通贯的理解。但本书止步于金元全真道的心性学思想的研究，对明清时期的道教哲学思想缺乏进一步讨论，实为憾事，不过将本书与著者的另一部道教哲学著作《中国重玄学》互参，可以加深我们对道教哲学思想尤其是重玄学、内丹学思想的认识和理解。（孙伟杰）

道教人学研究

《道教人学研究》，杨玉辉著。北京：人民出版社，2004年12月第1版，32开，310千字。

杨玉辉，1958年生。四川大学哲学博士。现任西南大学宗教研究所所长、西南宗教管理研究中心副主任等职。主要学术著作有《道教养生学》《中华养生学》等多部。

本书认为道教人学即是道教关于人的认识的理论体系，以对人的形、气、神和性、命的认识为核心，系统阐释人的本质，其理论内容包含了人的本质论、形神论、性命论、脏腑论、经络论、人生历程论、人神鬼关系论、人生价值论、修道原理与方法论等。全书共分12章。

第一章人的本质结构，主要从历史与范畴两个角度论述道教关于人的本质特性，以形气神和性命等重要范畴来统摄道教之人本观，认为从现代观点来看，形神关系就是物质与意识的关系，性命关系就是意识与生命的关系。

第二至三章论述人体的脏腑、经络理论，主要是从传统中医角度结合道教对人体脏腑、经络的实践认知进行阐释。第四章论述人的生活历程，从道教的角度看待人的孕育、出生、发育、成长、衰老及死亡。

第五章探讨道教的世界结构及人的归宿问题，认为道教的生存世界包含天国、地狱、世间三个维度，人的归宿要么是修道成仙，要么是死亡为鬼。第六章论述人生存在的特性，认为人在世存在具有生难永恒性、形体滞碍性、苦痛常伴性、祸福无常性等局限性和有限性，因此，道教特别重视人的身心健康和生命的可贵，不轻易否定现世生命的价值。

　　第七章讨论修道的意义、价值和修道所需的各种素质。第八章讨论修道的基本原则，归纳为积善修德、敬神重醮、爱气尊神、虚静无为、和顺自然、人我和同等。第九章探讨修道的方法，包括一些常见的方法，如斋醮、服食、行气、守一、导引、存思等。第十章讲述内丹的概念、原理、程序等问题，著者认为，从现代观点看，道教内丹之学其实是一种意识主导信息和物质的过程，最终实现形神俱妙、与道合真的目标。

　　第十一章比较儒释道三教的人学观，分别从人的本质观、价值观、修行观三个层面阐释其异同，认为三教都强调人是身心的统一体，但对人的本质认识上，道教将人看成是形气神的统一体或性命统一体，儒家将人看成是以仁义道德为本的心性存在体，佛教将人看作是物质与精神或名、色统一体；在价值观上，道教指向侧重个人，重视生命的健康长寿，既有现实目标亦有超越性追求，儒家的人生价值观更多指向社会生活层面，实现社会的长治久安，具有极强的伦理性和功利性；佛教的人生价值观从根本上而言要摆脱现实人生的痛苦和烦恼，出世性更强。第十二章总结道教人学的特点、内在矛盾及现代意义。

　　总体而言，本书是第一部系统研究道教人学思想的专著，对道教人学的一些基本问题进行了细致阐释，提出了自己的独到理解，尤其是从现代意识科学的角度来看待道教传统的修炼思想和人体科学的相关问题，给古老的道教思想赋予了现代科学色彩。（朱展炎）

重玄之道开启众妙之门——道家哲学论稿

　　《重玄之道开启众妙之门——道家哲学论稿》，李刚著。成都：巴蜀书社，2005年4月第1版，32开，400千字，系"中青年学者道教研究自选集"之一种。

　　李刚简介详见《隋唐道家与道教》提要。

　　本书共收录有自序一篇及著者从事道教研究多年写就的11篇论文，分别为《道教哲学与中国哲学》《葛洪神仙学中的哲学思想》《道教重玄学之界定及其所讨论的主要理论课题》《"重玄之道"开启"众妙之门"——论成玄英的重玄思想》《李荣重玄思想管窥》《王玄览〈玄珠录〉解读》《〈道教义枢〉以重玄为旨趣的哲学思想述评》《论吴筠的道教哲学思想》《司马承祯坐忘服气的哲学思想探析》《论李筌以"盗机论"为内核的哲学思想》《张宇初究天人之际的哲学思想发微》。

本书所选文章以"道教哲学"为纲要，既有诸如《道教哲学与中国哲学》这样的宏观比较，也有如《王玄览〈玄珠录〉解读》《论李筌以"盗机论"为内核的哲学思想》的微观释义。著者通过对道教典型人物及重要典籍的释读，深入发掘了道教哲学的深刻内涵。例如《〈道教义枢〉以重玄为旨趣的哲学思想述评》一文，著者不仅将《道教义枢》置于隋唐重玄学的时代文化背景之中进行考量，而且对经文中的核心概念，比如"道德""自然""有无"等进行了经典释文，将道典所深含的哲学思想一一呈现。

整体而言，本书虽然是多篇论文结集而成，不过每一篇论文都是经过著者的慎重思考和悉心选择，其亠既有严谨精微的史料考证，也有鞭辟入里的思想分析，因此本书是人们了解道教哲学思想研究必不可少的重要参考书籍。（孙伟杰）

杜光庭《道德真经广圣义》的道教哲学研究

《杜光庭〈道德真经广圣义〉的道教哲学研究》，[韩国]金兑勇著。成都：巴蜀书社，2005年12月第1版，32开，170千字，系"儒道释博士论文丛书"之一种。

金兑勇，1969年生，韩国人。哲学博士，韩国汉阳大学讲师。

本书由前言、正文、结言、附录及参考文献组成。前言部分阐述了本书的研究缘起，回顾了学术界以往的研究成果，概括了本书的主要研究内容。正文分为三章。第一章为杜光庭与《道德真经广圣义》，考证了杜光庭其人的生平与学术经历，简要介绍了杜光庭的著作及其内容，而后对《道德真经广圣义》其书的版本和体例进行了诠释。第二章为《道德真经广圣义》论《道德经》及老子，讨论了《道德真经广圣义》中所论的《道德经》及老子其人，对《道德真经广圣义》所诠释的《道德经》的名义和体例进行了论述，说明了《道德真经广圣义》所列《道德经》注疏目录的学术研究价值，最后说明了《道德真经广圣义》中所提老子30个位号及其相关史事的看法。第三章为《道德真经广圣义》的道教哲学，讨论了《道德真经广圣义》的道本论、道性论、成仙论以及理国理身论思想。结言部分对本书进行了概括性的总结。此外，附录讨论了杜光庭的另一部哲学著作，即《太上老君说常清静经注》，以此作为杜光庭《道德真经广圣义》的道教哲学之简本。

道教哲学是道教神仙学的理论基础，本书通过对杜光庭的代表作《道德真经广圣义》的研究剖析，对杜光庭的道教哲学——道本论、道性论、成仙论、理国理身论进行了阐释，揭示了其主要的哲学思想体系。（孙伟杰）

隋唐道教心性论研究

《隋唐道教心性论研究》，李作勋著。贵阳：贵州人民出版社，2006年5月第1版，32开，235千字。

李作勋，1972年生，贵州遵义人。哲学博士。曾任贵州省发展和改革委员会副主任。现任贵州省政府副秘书长。

本书是著者的博士论文。全书的篇章结构分为内容提要、前言、正文、后记四个部分。内容提要部分简要归纳了各章的主旨大意。前言部分阐述了本书的写作缘起和主要创新点以及所采纳的立场和原则。正文分为七章。第一章著者追述了隋唐以前的道教修道论及心性思想。第二章著者从"道教与道家的融合""佛道关系及其效应""隋唐道教心性论的基本概况和主要特征"三个方面论述了隋唐道教心性论产生的社会文化背景。第三章分别以"道体论""道性论""道心论"三个层面阐释了隋唐道教的道体道性思想。第四章分别以"发明道性清净心""知见灭尽，乃得道矣""静其心室，以冥道境""修心易简，渐阶达道""修心与修命"为主题论说隋唐道教心性炼养论的主要思想。第五章以"超越生死，廓然无得"的真人境界、"内修心性，外涉教化"的圣人境界、"神与道合，兼被于形"的仙人境界三个维度对隋唐道教的心性境界论思想做出解说。第六章主要辨析了隋唐道教心性论与佛教心性思想的关系，分别从"道性与佛性""明心见性与修心复性""成佛与得道"三个视角展开叙述。第七章从"原始儒学的人性论与隋唐道教的心性论""世俗之儒与超越之道""复性明诚与存性去情""隋唐道教与宋代理学"四重视野对隋唐道教心性论与儒家心性思想进行比较研究。

心性论是隋唐时期哲学的基本特征，儒释道三家皆有精彩的理论建构，其中以道教心性论的研究最为薄弱。著者以此为题，显示了著者的开拓精神。本书在具体论述时，不仅考察了道教本身心性思想的发展历史及时代表征，而且注意与同时代的佛家、儒家心性思想进行比较研究，避免了"偏信则暗"的狭隘。（孙伟杰）

道教自然观研究

《道教自然观研究》，赵芃著。成都：巴蜀书社，2007年11月第1版，32开，350千字，系"儒道释博士论文丛书"之一种。

赵芃，1958年生，山东济宁人。四川大学哲学博士。齐鲁工业大学政法学院教授、硕士研究生导师。已出版专著《山东道教史》等。

本书由导言、正文、主要参考文献及后记组成。导言部分，著者对道教自然观的产生及基本概念进行了基础性的解释。正文分为八章。第一章为宇宙生成论，道教的宇宙生成论是道教自然观的重要组成部分，是道教认识和理解宇宙天体及其本质的起点。本章对道教天体起源的"气"说、"混沌"说、"太极"说、"老君"说、"虚无"说进行了阐释，继而对道教宇宙生成和演化的"道"说、"三生"说、"三始"说、"三分"说进行了详细论述，本章最后总结了道教宇宙生成与演化的基本规律和主要特点。第二章为道之本体论，道教的本体论是其宇宙生成论思想的深化和发展，是道教对宇宙本体存在的深入思考和逻辑把握，蕴含着丰富的哲学思想。本体论是关于存在研究的理论，本章解释了道教本体存在认识论的"自然"说、"应物"说、"老君"说、"三一"说、"无为"说，而后又对道教本性认识论的"空玄"说、"因缘"说、"本然"说、"至理"说、"本心"说进行了文本解释。第三章为天人感应，天人感应是中国哲学思想中关于天人关系的一种学说，天人感应学说深深影响了道教，并作为一条普遍原理贯穿于道教各典籍和方术之中。本章分析了道教天人感应的自然本质和主要特点，并论述了其生命运动及其表现形式，最后表达了天人感应实现美好的社会生活理想的目标追求。第四章为天人合一，著者对道教天人合一关系的形成与演化、主要内涵与本质，以及天人关系的美好愿望与特征进行了论述。第五章为生命之道，主要阐述了生命之道的形成与演化、生命运动及其主要特征、生命的构成及其主要特点。

第六章为生死之道，本章对道教生死之道的基本内涵与主要特征、对立与统一规律、生死之道的基本态度进行了基本探讨。第七章为生活观，本章主要考察的是道教生活的行为本质及其自然属性、生活的基本要求及其行为体现、生活的基本态度及主要特点。第八章为治政观，本章首先对治政的基本含义进行了解释，概括了其主要特点，继而对治政行为的基本要求及其主要体现、治政的目的和实现条件进行了论述。

本书通过"宇宙生成论""天人感应""生死之道"等方面，论述了道教自然观的基本内容、主要特点，展现了道教自然观作为一种辩证的世界观和方法论对社会现实的影响。这种道教自然观在现代社会依然拥有潜在的价值和魅力，对现代人处理人与自然关系具有很强的理论意义。（孙伟杰）

唐代道教重玄派研究

《唐代道教重玄派研究》，张宪生著。新北：花木兰文化出版社，2009年初版，精装，16开，系"古代历史文化研究辑刊"之一种。

张宪生，台湾台北人。台湾文化大学博士。现为慈济大学专任教师。主要学术领域为唐代思想史、宗教史与数术史。

本书共分六章。首先论《本际经》的创发，对佛教学理进行初步的消化，并且重新检视传统的道教修炼观点，成为隋唐时代重要的教义典籍。之后在成玄英、李荣的《老子》相关注解中，充分发挥关于老子学说的体悟，在世学与修身上并立，成为道教学术的高峰。在民间则有王玄览的《玄珠录》，以自己修炼的基础领悟传统经典中的内涵，以成玄英、李荣交互辉映。

唐玄宗时期司马承祯、吴筠等的思想，将人人皆可成仙加以体系化的说明，使得《坐忘论》经由重玄思想的启发，开展道教修炼体系上的重要建设。玄宗时期的《道德经》注疏中，以理身、理国作为焦点，全面吸收前人观点，与传统道教有着一些距离。在方法上，承袭了成玄英、李荣的思辨架构，开展不同的探索空间，偏向哲学的进展。

杜光庭为唐末重要的重玄派学者，一方面重新省思玄宗注疏，一方面重新肯定道教的修炼意涵，成为唐代道教的集大成者。之后，下开宋真宗、徽宗等帝王醉心道教老子学说的研讨，也对于道教性功修炼提供一条可行的观点。

关于重玄派，最早是蒙文通先生提出，并陆续整理了一些关于重玄派的重要道教史料。之后，日本学者藤原高男和砂山稔、中嶋隆藏等学者继续探讨，其中砂山稔《隋唐道教思想研究》，可以视为日本重玄研究上重要的里程碑，得到相当丰富的成果。卢国龙《中国重玄学》《道教哲学》关于重玄学思想的研究，讨论重玄体系的作品逐渐丰富，之后李申、郑灿山等相关论文继出，丰富了重玄学的探讨。简言之，重玄派基本上是继承魏晋以来道教老子神话与学说的探讨，以玄学的有无之辩，继之佛学的真空、妙有的观照，在鸠摩罗什传入中国的中观体系后，道教在道、释两教对立论难上，也相应产生进一步的反省，产生援佛入道的教义探索，确立以老子为核心的体系建构之路。（郭正宜）

心性灵明之阶
——早期全真道情欲论思想研究

《心性灵明之阶——早期全真道情欲论思想研究》，刘恒著。成都：巴蜀书社，2010年11月第1版，32开，270千字，系"儒道释博士论文丛书"之一种。

刘恒，1968年生，山东东营人。硕士研究生阶段在中国科学院心理学研究所学习心理学，2006年于厦门大学攻读中国哲学博士学位，师从盖建民教授。主要研究方向是道家道教心性学、心理学。

本书由序、绪论、正文、结语、参考文献及后记组成。本书的序由著者的博士导师盖建民教授所作，他在序中分析了道教与心理学研究的关系，概括了本书的研究内容，肯定了著者的成果。绪论部分阐述了本书所用的情欲概念，回顾了国内外相关研究现状以及提出了本书的研究意义和理论框架。正文由四章内容组成。第一章为道教情欲论的理论基础，道教形气神的身心观与心性学成为道教情欲论形成发展的理论基础。第二章为全真道情欲论概述，讨论了全真道情欲论产生的教旨背景，对全真道心性学的多层次结构进行了探析，继而对全真道情欲论的基本观点及态度进行了阐述，最后以全真道创始人王重阳的心性实践修炼探讨其在修道期间的心性变化。第三章为全真道对基本生理欲望的超越，详细地探讨了全真道超越生理欲望的理论、方法和意义，结合全真七子的案例分析全真道人去欲炼心的新型转变。第四章为全真道情欲论特点，结合现代心理学理论对全真道的情欲论进行了再认识。本文最后的结论部分对全书的主旨进行了概括和总结，阐述了全真道情欲论的主要思想，并指出了本书的创新与不足。

本书考察了早期全真道情欲论思想，结合现代心理学、生理学的理论，以王重阳及全真七子修炼过程中的心性变化为详细案例，探究其情欲论思想，对当代人超越物欲、安顿身心，全面拓展生命的丰富性有着现实的指导意义。

（·孙伟杰）

早期全真道教哲学思想论纲

《早期全真道教哲学思想论纲》，丁原明、白如祥、李延仓著。济南：齐鲁书社，2011年5月第1版，32开，254千字。

丁原明，1943年生，山东日照人。曾任山东大学哲学系教授、博士生导师。主要从事中国哲学的教学和研究，著作有《简明中国政治思想史》《黄老学论纲》等。

白如祥，1970年生，山东沂源人。山东大学哲学博士，中共山东省委党校教授、中西哲学教研室主任。

李延仓简介详见《〈庄子〉哲学思想论纲》提要。

本书由引论、正文、结语及后记组成。引论部分通过四部分论述了全真教的心性本体论，"明心见性"为先的修炼观，全真教的神仙境界以及多元综合的思维方式。第一章为早期全真道教创建于山东的背景考察，通过对社会文化与道教基础这三个不同背景的论述考察了早期全真道在山东创建的原因。第二章为王重阳的"全真"哲学思想，对王重阳的生平与著作进行了介绍，并对王重阳的宇宙论、修炼观、伦理观、宗教观进行了详细的阐述。第三章为马钰的"全真"哲学思想，通过对全真七子之一的马钰的生平著作、"真性"本体论、炼养功夫论、宗教伦理思想的论述，考察了他的哲学思想。第四章为丘处机的"全真"哲学思想，首先介绍了丘处机的生平及著作，继而对他的宇宙论、修道论，以及功行双修的伦理思想进行了讨论。第五章为谭处端的"全真"哲学思想，本章在对其生平及著作考察外，对其重性轻命的修炼思想、出世而入世的伦理精神等思想观念进行了详细论述。第六章为刘处玄的"全真"哲学思想，考察了其生平及著作，着重阐释了刘处玄的哲学思想来源、修道历程、道本气化的宇宙论及性命双修的炼养论。第七章为王处一的"全真"哲学思想，首先对王处一的生平与著作进行了介绍，继而对其"普救存亡"的劝化思想、"全真而仙"的修道论进行了全面的阐释。第八章为郝大通的"全真"哲学思想，介绍了郝大通的易学天道及医学丹道思想。第九章为孙不二的"全真"哲学思想，介绍了孙不二的生平、著作，阐释了其道气阴阳的宇宙观、性命双修的修炼观以及普度众生的真行观。结语部分对与早期全真道思想相关的问题进行了阐述，概括起来主要有三个问题：一是道教与哲学的关系；二是全真道教哲学思想的性质；三是全真道教哲学思想的现代价值。

本书的书写方式以哲学思辨为主，历史考证为辅，重点阐述了以王重阳及全真七子为代表的早期全真道的哲学思想。本书的出版，是全真道哲学思想研究的创新，有助于加深学界对早期全真道教人物及其思想的理解。（孙伟杰）

3. 道教伦理思想研究

劝善成仙——道教生命伦理

《劝善成仙——道教生命伦理》，李刚著。成都：四川人民出版社，1994年7月第1版，32开，190千字，系"中华道学文化系列"之一种。

李刚简介详见《隋唐道家与道教》提要。

本书由引言、正文组成。引言部分阐述了道教生命伦理这一命题，并与儒家、佛教的伦理做了横向比较，认为道教生命伦理以个人的生命存在价值和意义为出发点，要人通过为善去恶，提高生命质量，长生久视，最终为人的生命寻找一个光明的归宿。正文分为五章。第一章为汉魏两晋劝善成仙思想的萌芽和初步形成体系，本章通过对《太平经》《抱朴子内篇》《天师教戒科经》等道教经典中的道教劝善成仙思想的剖析，借以窥探汉魏两晋道教所形成的劝善成仙思想的初步体系。第二章为南北朝隋唐五代劝善成仙思想的分化发展，南北朝隋唐五代时期，由于受到佛教的强烈影响，道教劝善成仙思想呈分化发展的态势，著者此章通过对传统派、半传统派、反传统派三种不同派别的生命伦理观的阐释，考察了南北朝隋唐五代时期道教劝善成仙思想的分化发展情况。第三章为宋元明清劝善成仙思想的系统化，经过南北朝隋唐五代时期的分化发展，宋明时期的道教劝善成仙思想形成了一个较为系统的体系，与魏晋时期相比，内容更丰富，特色也更为明显，著者于本章通过对宋明时期三个新系统：劝善书系统、净明忠孝系统以及内丹系统的阐述，进而考察了宋元明清道教劝善成仙思想的系统化。第四章为道教生命伦理学的主体性与可操作性，主体性与可操作性是道教生命伦理学的主要特征，此二特征又有着密切的联系，主体性中蕴含着可操作性，可操作性中埋藏着主体性，著者在本章对此二特征进行了详细的论述。第五章为生命伦理学的功利性、形象示范性和融摄性，著者通过横向剖析，考察了道教生命伦理学功利性、形象示范性、融摄性等三个特征。

道教生命伦理学是道德理想主义的重建，本书通过纵向与横向的对比，深入浅出地论述了道教生命伦理。本书历史与逻辑统一，弘扬了道教生命伦理所蕴含的传统美德，为净化社会风气起到了理论指导作用。（孙伟杰）

汉魏两晋南北朝道教伦理论稿

《汉魏两晋南北朝道教伦理论稿》，姜生著。成都：四川大学出版社，1995年12月第1版，32开，170千字。

姜生，1964年生，河北昌黎人。先后获得山东大学历史学学士、复旦大学历史学硕士、四川大学哲学博士学位。主要从事历史学、宗教学、科学史的交叉学科研究，近期致力于两汉思想文化研究。曾任山东大学宗教、科学与社会问题研究所所长，现任四川大学文化科技协同创新研发中心主任、四川大学历史文化学院教授、博士生导师，教育部长江学者特聘教授。

本书由导论、正文和结语组成。导论部分，著者对道教伦理学的内涵及意义进行了阐释。正文分为五章。第一章前道教中国思想文化对道教伦理的影响，本章主要从"上古传统伦理思想""诸子思想之伦理内核""神仙信仰之伦理底蕴"三方面追溯了道教伦理思想产生的思想根基。第二章道教伦理之社会历史起源，本章主要讨论了道教伦理思想产生的社会历史原因，认为秦汉时期的整个社会的政治经济危机以及信仰伦理危机对道教伦理思想的产生起到了刺激作用。第三章汉魏两晋南北朝道教的生命伦理思想，此章通过对道教的生命价值理念、生命操作与转化理论以及人的主体性与生命过程的道德化等问题进行讨论，认为汉魏两晋南北朝道教生命伦理思想的一个重要特点表现在它所追求的肉体不死、即身成仙的生命理想和各种延护生命的操作理论之中。第四章汉魏两晋南北朝道教的社会伦理思想，分别从道教信仰者在现实生活中的伦理准则、教派内部的伦理规范、世俗伦理与教派伦理的协同作用及其机制三个方面阐释了这一时期道教伦理思想在社会层面的功用。第五章汉魏两晋南北朝道教的神学伦理形态，本章对道教的神学伦理思想进行考察，分别就人神交通及其媒介、人与天地之间的伦理、伦理神学及其社会功能等问题进行具体解析。认为道教以"人—神"伦理来映射"人—人"之间的伦理价值，从而在心灵的深处，对人的行为意识构成以美好的道德行为为目的的定向性制约力量。结语部分，著者从报应论、修身论、崇尚"无为"、对老子哲学的复归，以及对社会具有强大的行为控制力等方面，对汉魏两晋南北朝道教伦理思想所体现出的时代精神进行了阐发。

本书选取汉魏两晋南北朝时期作为分期，有着特殊的考虑。因为这一时期是道教伦理思想产生和初步定型的重要时期，著者对此问题的关注为其另一部著作《宗教与人类自我控制——中国道教伦理研究》的出版作了理论铺垫。本书是国内较早对道教伦理思想进行系统研究的专著之一，郭武教授评价此书的研究方法"超越了汉魏两晋南北朝道教伦理本身，适用于整个道教史上的道教伦理学说，为今后的道教伦理研究奠立了一个完好的体系"（《世界宗教研究》1996年第2期）。詹石窗教授则评价此书具有两大突出特点：一是回应了马克斯·韦伯道教没有伦理思想的论断，具有理论建构的价值；二是将道教伦理思想分为生命伦理、社会伦理、神学伦理三个层次，揭示了道教伦理思想块层间的相互区别和内在联系，充分表明著者在研究中确实走过了一个辩证的理论思考过程。（《宗教学研究》1996年第2期）（孙伟杰）

宗教与人类自我控制——中国道教伦理研究

《宗教与人类自我控制——中国道教伦理研究》，姜生著。成都：巴蜀书社，1996年9月第1版，32开，230千字。

姜生简介详见《汉魏两晋南北朝道教伦理论稿》提要。

本书由导论和正文组成。导论部分，著者讨论了中西方不同的"控制"理论形成的历史与文化原因，进而引出对道教思想中所蕴含的控制理论的思考。正文分为上、下两篇。上篇"宗教的社会控制功能"，由三章组成。第一章宗教控制模式的形成，从人类第一个自我控制形态入手，继而对原始巫术对外界的控制、宗教与自我控制的回归以及人需要有目的的控制等问题进行分析。第二章历史上世俗社会控制的局限性及其宗教化，首先从道德理性的局限性以及秦汉中国社会控制模式的局限性入手，分析了世俗社会控制的弊端，进而引出对控制模式宗教化的思考，以及对价值标准与戒律权威问题的讨论，最后引申出对"神道设教"与社会控制的普世化问题的探研。第三章宗教之社会控制功能的结构基础，本章是在第一、二章的基础上对宗教的控制功能的深入分析，主要讨论了来世观念的价值结构转换功能、神权垄断与社会控制权的垄断、土地崇拜与伦理模式的神学化、宗教禁忌的传统化与风俗化、宗教戒律控制的双重性、宗教伦理向类宗教法律形态的演变等问题。整个上篇侧重于对宗教控制历史发展的探讨。

下篇分为五章。第四章道教神仙思想的自我控制性，主要讨论了三大问题，一是道教如何对生命进程进行自我控制以达到长生不死的目的；二是道德决定论的结构；三是道教神学的控制结构、符号及功能特征。第五章道教对儒家伦理控制结构的弥补，首先对儒家纲常伦理结构的缺陷进行分析，在此基础上，引申出道教伦理思想对儒家的弥补问题的讨论。第六章道教美学形态与自我控制的符号化，分别从道教文学的社会教化功能、道教绘画艺术与社会伦理的符号化、道教音乐对社会空间的净化、道教建筑与造像艺术的社会教化功能四个层面对道教美学思想中的控制理论进行讨论。第七章道教伦理结构与社会控制功能的嬗变，主要讨论了价值观的矛盾运动对道教伦理的激变作用以及神仙观念的变迁及其功能性根源两大问题。第八章传统、秩序与现代问题，将视角延伸至现代社会的治理问题，尤其是对"现代化"以及现代社会的伦理道德建设问题进行了理论反思。

本书主要采用历史学与宗教学理论相结合的研究方法，上、下两篇层层推进，不仅注重对道教伦理思想史料的梳理，更注重对道教伦理思想的社会控制功能的理论性反思。不过由于本书是中期成果，许多问题的讨论尚有待继续深入。（孙伟杰）

弘道扬善——道教伦理及其现代价值

《弘道扬善——道教伦理及其现代价值》，丁常云著。上海：上海辞书出版社，2006年12月第1版，32开，198千字，系"上海城隍庙·现代视野中的道教丛书"之一种。

丁常云简介详见《十大道士》提要。

本书由绪论、正文组成。绪论部分为道教伦理概述，首先对道教伦理的概念进行了界定，认为道教伦理即是以传统伦理为基础、以道教信仰为核心而构成的一种伦理体系。其次辨析了传统伦理与道教伦理的关系，著者认为传统伦理很多内容被道教继承并得到发展，成为道教伦理的重要组成部分。继而著者分析了道教伦理的三个主要特征，道教伦理的基本内涵和表现领域。最后著者阐述了道教伦理的现实与未来。本书正文分为七章。第一章主要探讨了道教徒的人格理想与价值目标，对道教徒的处事方式、人格理想等内容进行了详细叙述，进而对道教伦理的价值取向与基本原则进行了讨论。第二章主要探讨了道教济世伦理的基本理念与具体实践，著者认为学道为人是道教济世伦理的基本理念；慈心于物是道教济世伦理的情感依据；无量度人是道教济世伦理的普世性质；扶贫帮困是道教济世伦理的具体实践。第三章道教对和谐社会伦理的追求与使命，著者认为慈爱和亲、众生平等、天人合一的和谐思想始终是道教社会伦理的追求。第四章讨论了道教生命伦理的价值取向与追求，仙道贵生是道教生命伦理的核心，道教通过修身养性的手段从而实现从人道到仙道的生命伦理转变，得到长生久视的道教生命伦理的理想境界。第五章论述了道教伦理修养的原则、方法、途径等内容，并阐述了道教伦理修养的当代启示。第六章论述了道教劝善活动的相关内容，从道教劝善思想的形成、基本内容到道教劝善书的特色与社会作用，著者探讨了道教劝善活动的社会功能。第七章考察了道教伦理对现代社会的建设，阐述了道教传统伦理的现代价值走向。

本书通过道教典籍《道德经》《太平经》《太上感应篇》等的介绍和阐述，揭示道教伦理道德的内涵与特征。通过本书，读者不仅可以了解道教伦理道德的渊源和内涵，而且可以从中得到启示，规范言行举止，提升人格魅力，因此本书具有很强的现实教化意义。（孙伟杰）

中国道教伦理思想史稿

《中国道教伦理思想史稿》，乐爱国著。济南：齐鲁书社，2010年10月第1版，32开，504千字，系"香港道教学院丛书"之一种。

乐爱国，1955年生，浙江宁波人。复旦大学哲学硕士。现为厦门大学哲学系教授、博士生导师，兼任厦门大学道学与传统文化研究中心研究员、《道学研究》副主编、国际儒学联合会理事等。研究领域涵盖中国哲学、儒家哲学、朱熹理学、中国古代哲学与科技、中国科技史、道教思想史。

本书由导论、正文、结语组成。导论简述道教与伦理的关系、道教伦理的基本特点以及研究道教伦理思想史的重要意义。正文由六章组成。第一章道教伦理思想产生的历史渊源，分别从中国传统伦理思想的萌芽、先秦儒家伦理思想、先秦道家伦理思想以及先秦两汉宗教与谶纬神学伦理思想四个方面追溯了道教伦理思想产生的历史原因。第二章东汉魏晋时期道教伦理思想的形成，著者在此章中重点论述了《太平经》《老子想尔注》、葛洪以及同时期的《西升经》《黄庭经》等经典的伦理思想，认为早期道教伦理思想的形成很大程度上是在儒家伦理思想的基础上进行了重新的诠释和修正。第三章南北朝时期道教伦理思想的发展，此章选取寇谦之、陆修静、陶弘景以及道教戒律中的伦理思想进行讨论，认为此一时期道教伦理思想主要体现在对道教的整顿和改造以及道教组织制度的建立之中，因此，此一时期道教伦理思想的特点主要是教内制度化的伦理。第四章隋唐时期道教伦理思想的成熟，以成玄英、王玄览、孟安排、司马承祯、吴筠、李筌、杜光庭、潘师正、谭峭等人为代表，对隋唐时期的道教伦理思想进行阐释，认为唐代道教伦理思想以道性论为主题，唐代道教对道性论的讨论，不仅为道教伦理建立形而上学的基础，而且构建了从道性出发，融合修道论、教化论以及道教伦理规范等为一体的整个伦理思想体系，从而把道教伦理思想发展至一个新的高峰，标志着道教伦理思想趋于成熟。第五章宋元时期道教伦理思想的开新，以金丹派南宗、金代全真道、李道纯、陈致虚、张继先、杜道坚、王道渊、宋元净明道以及宋元道教劝善书的伦理思想为线索展开论述，认为此一时期道教内丹修炼思想中的伦理思想不仅融入了道家清静无为的道德理念，而且也纳入了儒家忠孝仁义的伦理思想。这与净明道以及道教劝善书中的伦理思想相互呼应，从而促进了道教伦理思想的新发展。第六章明清道教伦理思想的流变，以张三丰、张宇初、王常月、刘一明、陆西星、伍守阳、闵一得、傅金铨、李西月为例，阐述了道教伦理思想在此一时期的发展历程，认为这一时期虽然仍有不少学者提出过一些有价值的伦理思想，但是思想的创新性已非常有限，并表现出儒学化的趋势。然而道教伦理思想在民间的传播以及对社会生活的影响并未随之减弱。结语部分，著者对道教对中国古代伦理思想发展的作用进行了概括总结，并将之归纳为三个方面：一是对伦理道德作了宗教的诠释，强化了中国传统伦理道德；二是对伦理思想作了重要的补充，使之更加完善；三是为道德教化提供了可行的方法，使之广泛深入。

本书的突出特色首先是通史性，全书以道教伦理思想为主线，按照道教发展的历史特征进行分期，对道教伦理思想的产生、发展、流变进行了提纲挈领式的分析与总结，贯穿了整个道教发展历史。本书的另一特色在于系统性，基本上将整个道教历史上重要的经典、人物一一囊括，以点带面，重点突出。本书为今天社会的伦理道德建设提供了有益的启迪。（孙伟杰）

道教社会伦理思想之研究

《道教社会伦理思想之研究》，何立芳著。成都：巴蜀书社，2010年11月第1版，32开，200千字，系"儒道释博士论文丛书"之一种。

何立芳，1967年生，四川峨眉人。四川大学哲学博士。曾任乐山师范学院外国语学院教授，现为电子科技大学外国语学院教授。发表学术论文数篇，出版著作《道教术语汉英双解词典》《写作技巧与范文》等。

本书由绪论、正文、结语、参考文献与后记组成。绪论部分界定了道教社会伦理的概念，阐释了道教社会伦理研究的现实意义，提出了道教社会伦理思想研究的方法，论述了本书的主要研究内容。正文分为五章。第一章为从仙道到人道——道教的伦理化趋势，对道教神仙思想的伦理化过程以及仙道到人道的转变过程进行了论述，在道教教义中，仙道与人道并不是相互排斥的，而是相互统一的，在人道中成就仙道，是道教社会伦理思想的主干线索。第二章为"爱民则国安"——道教的政治伦理思想，主要讨论的是道教对政治的关怀。阐释了道教修身与治国合一的思想，早期道教的"致太平"社会伦理，道教"天人感应""君无为而臣有为""以人为本"的政治伦理，认为道教的政治伦理思想体现了道教"爱民则国安"的思想。第三章为"天道助弱"——道教社群伦理思想，主要对道教的社群伦理思想进行展开讨论。探讨了道教社群伦理中的道性平等思想、承负思想以及道教社群伦理对普通民众的关注，对现代社会的"社会公平"问题具有理论借鉴意义。第四章为"冲气以为和"——道教的人际伦理思想，从哲学意义上的"我—你"关系入手，分四个不同的部分指出道教有丰富的关心他人、关心社会的思想，并阐述了积善伦理的具体内涵以及它在构建人际和谐中的作用。第五章为道教社会伦理思想的实践性，概述了道教界人士实现道教社会伦理思想的手段及成果、道教社会伦理思想对和谐社会构建的借鉴意义。结语部分总结了道教社会伦理思想的现代价值。

本书围绕道教神仙思想的演变，从不同方面探讨了道教以神仙信仰为基础的人伦准则和社会行为规范及其实现渠道和取得的一些实践性成果。本书所反映的道教社会伦理思想可以而且应该成为当代社会的有益参考。（孙伟杰）

中国道学女性伦理思想研究

《中国道学女性伦理思想研究》，刘玮玮著。长春：吉林大学出版社，2012年9月第1版，16开，300千字。

刘玮玮，1975年生，湖南株洲人。中国人民大学哲学博士。现为天津医科大学医学人文学院副教授、硕士研究生导师，主要从事伦理学教学与研究工作，发表学术论文多篇。

本书由摘要、导论、正文、余论、参考文献及两篇附录组成。摘要部分高度概括了全书的研究内容，指出本书旨在全面展示道学女性伦理思想的内涵及价值。导论部分论述了道学女性伦理思想的研究意义，回顾了当前国内外对女性伦理思想的研究现状，总结了本书所用的研究方法及研究思路。正文分为四章。第一章为道学及其对女性的尊崇，本章首先界定了道学的内涵及其外延，讨论了道学文化中的女性崇拜现象，阐释了道学尊崇女性的哲学、宗教渊源和社会历史原因。第二章为道学女性伦理观，本章详细全面地阐述了道学女性伦理思想的内涵，梳理了道学女性伦理性别平等观、婚姻家庭伦理观、母性伦理观、伦理美学观以及道德修养观的内容。第三章为道学女性伦理观与儒、佛女性伦理观之比较，本章首先梳理了儒家"男尊女卑"与佛教"男尊女垢"的女性伦理观，继而剖析了道学女性伦理观与儒、佛女性伦理观之间的相黜相成、互斥互摄的关系。第四章为道学女性伦理观与西方女性主义伦理观之比较，出于道学女性伦理思想与后现代女性主义思潮、生态女性主义思潮以及关怀伦理学在某些方面存在的相似性，本章将道学女性伦理观与西方的女性伦理思想进行了比较，借此发掘道学女性伦理思想的现代价值。余论部分主要论述了道学女性伦理思想的现代意义，包括其理论意义及现实意义。本书最后的附录部分对比了藏传佛教与道教、汉传佛教的女性伦理观。

本书作为一部系统研究道学女性伦理思想的专著，具有一定的新意及独到见解，在一定程度上补充了道学文化研究的某些空白，弘扬了中国传统道学伦理文化，对我国女性学科有积极的建设作用，对解决女性解放问题有着一定的理论意义。（孙伟杰）

道教养生哲学：吕祖善书思想研究

《道教养生哲学：吕祖善书思想研究》，阙丽美著。北京：人民出版社，2012年12月第1版，精装，16开，341千字，系"国学新知文库"之一种。

阙丽美，1957年生，台北人。厦门大学哲学博士。曾任教于金门大学等校。

本书认为，在华人社会中，道教善书的传播和影响空间是相当广泛的。"吕祖善书"被著者界定为以吕祖为信仰核心所形成的道教劝善文书，且其作为道教思想的具体展现和承续，与常民生活联系紧密，具有独特的民间文化意涵。对吕祖善书的研究，不仅有益于提升道教在中国哲学史上的地位，并且有利于深化"善书"研究的学术程度，同时还能引发人们对于"善书"的全新思考。全书共分六章。

第一章吕祖善书行世的文化背景，认为吕祖善书的行世首先同吕嵒的成长背景以及吕嵒学道、修道、行道、成道的历程有着直接关系，同时也不能忽视其传播过程中，民间力量和信仰氛围所发挥的重要作用。吕祖善书行世的因缘契机起源于其修道过程中许下的慈心济度世人之宏愿，并于过程中衍生出一系列著作。"道赖人显，亦赖书传"，吕祖信仰在民间的显化与传播营造出了浓厚的信仰氛围，并且其善书和思想为道观所宣化、刊印、传播。

第二章吕祖善书的文献学考察，认为"吕祖善书"指的是以吕祖信仰为纽带、以扶乩降笔为契机而形成的关于劝善成仙的各类资料的总称，对其进行文献学考察有利于理解前人的文化思想，挖掘其现实价值。以这一判断为出发点，著者以年代先后为界限，从宋元吕祖善书的问世考察到明清吕祖善书的逐步增加，最后分析至民国吕祖善书的因袭与演变。但不管时空如何交移，吕祖善书经历着或数量或方法上的变异，其济世度人的根本性质是没有改变的。

第三章吕祖善书的理论根基，表明由于吕祖善书思想文化体系的广博和复杂，涉及内容颇多，所以对其的认识研究必须从各个不同层面深入。著者由此将吕祖善书的理论根基归纳为三点：以"道生德蓄"作为立论之本，道生则德蓄，德蓄反助道生，两者相辅相成；以"理通炁行"为玄思依凭，若能通彻宇宙之理，即能动静随心，感通万物；以"阴阳五行"为经纬脉络，要想实现达本还原的终极目标，需以阴阳五行为经脉进行实践炼养。

第四章吕祖善书的主要思想，主要表现在以下三个方面：吕祖善书的三一论，为追求形而上之"真常之道"，须以"真一""三元"为依凭，方有机缘进入玄思的境界；从生命观念上来看，吕祖在承袭道教先贤思想的基础上提出了炼魂制魄、人之三宝、生命内景、返本还元等新的精辟论述；吕祖善书"修道说"主张性命双修，内外不废。

第五章吕祖善书的"三教圆融"思想，认为吕祖善书既继承与发挥了道教理论，同时也融摄与发展了佛教智慧，同时还做到了对儒家思想的吸纳与超越。吕祖善书继承了道教传统思想，发挥了其中的精华，衍生出了丰富的道体论、内丹论、养生论、成仙论等内容；同时也摄取佛学智慧，形成了具有鲜明特色的"真如本性""止观思想""解脱之道"等论述；吕祖善书收容改造儒家观念，提出了注入自己理解的诸如天人理一、伦理道德、"和"之思想、真儒等理论。

第六章吕祖善书思想意义再审现，提出吕祖善书秉持以"道"为核心的思想，其所表现出的大公无私和不以占有为目的的价值理念，能够为当今人类面对的诸多困境提供参考的解决方案。吕祖善书思想具有劝善说理、身心双修和归根复命的基本特点，同时也发挥着净化人心、救劫消灾、济世寿民的社会作用；吕祖善书思想在中国哲学史、文化史和宗教史上都占有重要地位，同时就其现代意义来说，能使人省思人生真谛，进行以德养生的实践，追求阴阳平衡的和谐。

本书在广泛搜集各地吕祖善书文献的基础上，通过多角度分析和层层深入的探究，全方位地展示了吕祖善书及其思想的研究价值，是目前比较全面和深入研究吕祖善书思想的一部学术专著。（李丹阳）

道教生态学

《道教生态学》，乐爱国著。北京：社会科学文献出版社，2005年5月第1版，32开，252千字，系"哲学新视界系列丛书"之一种。

乐爱国简介详见《中国道教伦理思想史稿》提要。

本书根据生态学的基本观点，对道教所蕴含的生态思想或生态智慧进行全面而多维度的探究考察，希望从中汲取思想资源构建起更适宜当代的生态理念。全书共分五章。

第一章道教生态智慧的历史渊源，探究了道教生态思想的形成和发展。道教生态思想根植于早期道家思想，但从其思想产生的历史渊源来看，早期神话、易学、儒家以及道家中的生态思想都对道教生态思想的形成和发展产生过重要影响。

第二章道教生态学的哲学基础，认为道教的天人整体观正是道教生态学的自然哲学基础，也是道教解决人与自然之间相互关系的出发点。道教继承先秦老庄关于"道"的思想，以天地万物生成于"道"的宇宙论表明了天地同根、万物同源的观点，人与自然万物亦同出于一源，这是道教生态学的自然哲学基础。同时，道教通过对先秦以及汉初各家思想的继承和发挥构建出了以"三气""五行""八卦"为特征的自然界结构理论，力图揭示出自然界万物的同构性和互感性。

第三章道教生态学的理论要素，提出道教生态学关于解决现实中人与自然的矛盾、保护自然环境、实现生态平衡的三个基本观点：认为人与自然意义上的天地万物具有一致性，并要求与之和谐相处的"天人合一"说；认为天地生养主宰人类，人在天地之中要与其相互和谐，要像敬爱父母一样的尊重天地，若破坏环境就会为天地所惩罚的"天父地母"说；这一学说指出了人面对天地自然应有敬畏和尊重的态度，同时也为实现"天人合一"这一目标制定了基本的行为准则，即"道法自然"。"道法自然"作为道教处理人与自然关系所奉行的基本法则，要求人们以"自然无为"的方式来顺应和保护自然，以达到人与自然相互和谐的状态。

第四章道教生态学的伦理建构，是在以自然哲学本体论和生态学理论为基础的完整思想体系上，进一步在人与自然间建立起一种伦理关系。道教伦理的核心问题是生命问题，道教伦理以生命伦理为特征，这里的生命除指人外还包括动植物及天地的生命。在建构过程中，道教生命伦理除继承先秦道家思想外，也吸收了儒家的仁义思想和伦理纲常思想。道教生态伦理以普遍的生命为中心发展出了"慈心于物"的道德认知、"仙道贵生"的道德情怀和"守道而行"的道德准则。道教神学作为道教生态伦理的一个重要基础，通过发挥其宗教神学的力量，使得劝善成仙和神明赏罚这样的生态伦理规范得以落到实处。

第五章道教生态学的现实延伸，点明了道门中人生活现实中交织蕴含着道教生态学思想以及生态伦理。从生态学的角度来看，道教"洞天福地"观念反映出道教对于生态环境自然性的重视、对人与自然和谐的追求、对自然环境相较于人的价值的推崇，同时也深刻影响着中国古代世俗社会的居住观念。道教堪舆也包含着丰富的生态思想，可以大致概括为重视家居的自然环境，注重自然界的有机性，主张顺从自然、遵循自然规律这三个方面。道教许多关于保护动植物的戒律也蕴含着丰富的生态伦理思想，既体现了自然物与人平等的观念，也反映了保护和尊重自然的要求。道教劝善书作为道德伦理教化书的一种，其所欲传达的伦理道德规范不仅用作调节人与人、人与社会之间的相互关系，并且能进一步推广到人与动植物、人与自然的关系，蕴含着具有神学特征的生态伦理思想。

本书所着力构建的学科体系是道教学研究的新兴领域，这一研究方向对于复杂的全球生态环境来说具有重要的现实意义。著者由道教生态观念的历史渊源入手，逐步考察了道教生态学的哲学基础、理论要素以及其伦理建构，最后著者将着眼点放在道教生态学的现实延伸上，期望在这一思想资源丰富的领域中为诸多现实问题找到解答。（李丹阳）

道教生态伦理思想研究

《道教生态伦理思想研究》，蒋朝君著。北京：东方出版社，2006年12月第1版，精装，16开，426千字，系"国学新知文库"之一种。

蒋朝君简介详见《道教科技思想史料举要——以〈道藏〉为中心的考察》提要。

本书从道教生态伦理的哲学和宗教信仰基础、道教生态伦理的规范和准则、道教生态伦理在实践中的表现形式等三个方面开展研究，力图建立道教生态伦理的研究范式和建立"道教生态伦理"的理论框架。全书共分上中下三编。

绪论部分介绍道教生态伦理的内在含义、理论框架、研究价值及学术史回顾。上编"道教生态伦理的哲学和宗教信仰基础"，分三章展开。第一章道教生态伦理的本体论基础，主要探讨先秦道家的道本论、宇宙生成论以及历史流变。第二章道教生态伦理的宇宙结构模式论基础，主要探讨了天、道、阴阳五行学说对构建道教生态宇宙景观的基础性作用。第三章道教生态伦理的宗教信仰基础，主要探讨道教的神仙世界、道物关系等。

中编"道教生态伦理的规范、准则及其情感皈依"，分三章展开。第四章从"道"到"德"，副标题是"道教生态伦理'自然无为'的规范、准则得以确立的思想核心"，此部分主要探讨了德之含义及其与道的关系，论述道教生态伦理规范、准则的思想核心是由道法自然到自然无为。第五章"清虚自守"和"护生戒杀"，副标题为"道教生态伦理的规范、准则核心思想的具体表现"，此部分从道教徒个人修炼、道教戒律等方面挖掘道教的生态伦理意蕴。第六章道教生态伦理对待自然环境和生命的态度及其情感皈依，此部分从道教的"天父地母"思想、道教劝善书及道教的非人类中心主义角度阐发道教对待自然环境、世间万物的态度和情感。

下编"道教生态伦理的实践成果及其几类典型的表现方式"，分三章展开。第七章道教在生态环境保护方面所做出的实际贡献，主要探讨了道教历史上致力于保护环境的典型人物、事迹，道教"洞天福地"学说中的环保理念，名山宫观志所记载道教徒对动植物物种的保护。第八章徜徉在神圣与俗世之间的道教生态伦理实践，副标题为"对道教斋醮科仪活动及道门隐逸人士日常生活场景的考察"，主要考察道教斋醮科仪这一独特和常见的道门活动所蕴含的种种生态伦理以及《神隐》一书中所体现的人与自然和谐相处之道。第九章道教文学对道教生态伦理精神的艺术化展现，主要从道门人士的诗、词、歌、赋、文等文学样式中挖掘道教的生态观念。

本书从道教生态伦理的哲学、信仰基础入手，深入挖掘道教生态伦理的规范、准则以及实践中的表现样态，以伦理学的视角来切入道教关于道物关系、天人关系、身心关系的环保意蕴，广泛使用道教善书、道教戒律、道教文学以及名山志等相关文献，同时能汲取国内外道教生态思想的相关研究成果，是一部专业性较强的道教生态思想专著。如果能在道教生态思想的历史发展过程及其不同时期的思想特点等方面加深论述，整体就显得更加完整和深入。（朱展炎）

道教生态思想的现代解读
——两汉魏晋南北朝道教研究

《道教生态思想的现代解读——两汉魏晋南北朝道教研究》，白才儒著。北京：社会科学文献出版社，2007年4月第1版，32开，196千字，系"东方古代哲学系列"之一种。

白才儒，1966年生，四川平昌人。山东大学历史学博士。

著者认为道教生态思想对于认识和解决当今人类面临的全球性的生态环境问题具有重要理论价值和现实意义。道教生态思想中包含的合理伦理元素对于建立和维护和谐社会秩序具有重要的作用，包含的诸多科学元素也成为推动科学发展的重要动力。全书共分五章。

第一章生态学、生态思想和道教生态思想，认为认识道教生态思想前要先对生态学和生态思想有一定的了解。道教生态思想是道教教义中存在的与生物生存相关的生态宇宙观、生态伦理和控制思想。道教各经典以其神学话语描述出的作为一个不断演化有机体的宇宙和现代生态学宇宙观十分相似。道教所奉行的尊道为善，维护宇宙神圣秩序，消除灾异，确保万物生命价值的基本教义，与生态学作为一门价值科学所遵持的万物共生与自我实现的核心观念非常相似。道教在面对生态危机时所展现出的主动寻求解决的态度和以某种巫术或技术控制生存环境的表现也反映出某种程度上的生态技术观念。

第二章道教生态思想的原生性，认为道教生态思想是汉魏晋南北朝以前的中国社会历史文化生态的产物，从根源上来讲是原生性的。上古神道传统是它的源头，其有机宇宙观是道教生态宇宙观的原型，其传统伦理思想是道教生态伦理思想的根源，其含有的生态控制思想是道教生态控制思想的源头；春秋战国时期的理性革命是道教生态思想理性神学的前提，汉代的神学氛围是它成长的土壤。道教作为上古神道传统在汉代的理性化和逻辑延续，是道家、儒家和鬼神信仰合流的产物。

第三章道教生态宇宙观，著者指出在不确定之复杂生存世界中寻求自然与社会间的秩序及统一性，是一般包括道教在内的宗教宇宙观的基本主题。道教通过成仙和救世的学说来维护宇宙作为一个整体的有机性，同时为作为这个有机整体一部分的社会建立并维护起一种神学化的社会秩序和伦理秩序，以达到拯救社会苦难之目的，引导人们通过遵道为善的修道原则来对整个宇宙加以控制，最终实现道教济世度人、长生成仙的目的。道教教义通过对世俗伦理、宗教伦理和生态伦理和合而成的伦理体系的构建，来确保宇宙秩序的和谐，也为遵道为善、度世成仙指出了一条可行的规范之路。宇宙秩序正常运转的基本元素正是这种世俗及宗教伦理被赋予的生态内涵。

第四章道教生态伦理思想，将囊括了世俗伦理、道教伦理和生态伦理的道教美德的核心概括为"遵道为善"。世俗伦理的生态含义主要体现在其生态根源与效应之上，宇宙神圣秩序赋予世俗伦理的合理性和必然性，使其反过来对宇宙秩序有一定影响力。这种通过将世俗伦理与宇宙秩序统一而使前者神圣化的表现，是汉魏晋南北朝道教伦理的基本特征。通过分析五斗米道、《太平经》和南北朝时期的宗教伦理及其生态内涵，来说明以道戒为形式的世俗伦理既根源于道（宇宙神圣秩序），同时对这些伦理规范的遵守直接反作用于宇宙秩序的运行。道教生态伦理思想将善恶发展为人类企图控制和影响外界自然社会环境的价值工具。

第五章道教的生态控制思想，通过阐述道家、道教对宇宙的复杂性和不确定性的认识，来引出道教试图通过道经、斋仪、道术进行生态控制的努力。通过列举《老子想尔注》《太平经》《抱朴子》等道经对控制生态功能的论述及其他南北朝时期道经的生态控制功能，体现了这一时期道教试图将宇宙生化过程符号化，进而工具化，通过这种工具来控制影响宇宙，成为人类命运之主宰的愿望。而斋仪作为沟通人与道、神、宇宙的神圣路径，通过神盟、祈神、神功的模式实现其生态控制功能。包含炼丹术及许多具有实物形态的方法和法器去控制人体生态及生存环境的道术，都是这一时期道教对于生态控制的尝试和努力，其中也不乏科学与技术光芒的闪现。

本书从道教与传统文化的关系、人与自然的关系、人与社会间的关系以及道教与科学的关系，多角度地考察道教生态思想，可以说是一部系统研究道教生态思想的专著。（李丹阳）

助天生物——道教生态观与现代文明

《助天生物——道教生态观与现代文明》，蔡林波著。上海：上海辞书出版社，2007年8月第1版，32开，198千字，系"上海城隍庙·现代视野中的道教丛书"之一种。

蔡林波，1969生，湖南资兴人。历史学博士。现为华东师范大学哲学系副教授、上海宗教学会会员，主要从事宗教学、中国哲学等方面的教学和研究。曾参与撰写《邓小平理论与当代中国宗教问题研究》《中国道教科学技术史》。

本书旨在表明道教作为基于对森林环境的生态规律的认识而生长出来的古老思想和信仰，对现代文明的发展前景具有精神性的启示价值，并提出这种神圣价值在当代仍具有实践指导意义。全书共分五章，分别考察了道教生态观的历史源流、道教的生态知识和技术、道教生态伦理及其践履、道教的生态审美与实践以及当代道教的生态文化实践。

第一章"天地之思：道教生态观的历史形成"，著者从自然灾厄的存在与发生入手，阐述了道教早期典籍《太平经》对于灾异的认识反思和力图控制和解除灾害的努力。《太平经》作为早期道教最具实践性和理论系统性思想的著作，立足于"和合"这一概念之上。"和合"既蕴含了天地和合的生态整体性和谐思想，也代表着万物和生的生物多样性和谐思想，同时也有人民和调的社会和谐思想意味。由此也确立起了道教以"助天生物"为原则的生态实践。

第二章"学生之道：道教的生态知识与技术"，介绍了部分道教生态观念所转化出的具体可操作的知识和技术。其中有反映了道人精思山林，对整体生态的认识及体悟的山岳真形图和广泛认知各类生物物种的药草书图，同时也涉及了对生物遗传多样性和生态系统内在运动的认识。道教"洞天福地"说作为道人对理想生境的精致化构设，全方位地集聚了各类质优生态因子，建立起较为完整的生态知识结构。

第三章"和为人经：道教生态伦理及其践履"，通过三个方面来介绍道教"人天和合"的生态伦理观念：首先肯定了大自然作为生态功能载体的价值，赞扬其至上的"达生之德"，宣扬物类平等、类无贵贱的伦理本性生态自然观，同时认为人类有承担生态义务的使命；其次，道教万物存神、善恶有报、守戒修道的多神信仰由其合理性和深度能够生发出一种自觉、有效的普遍生态伦理；最后道教的生态思想作为一种深层生态学，对道人之生态实践人格有着重要的塑造作用。

第四章"道化美极：道教的生态与审美实践"，要求人们探寻更为清晰有力的美学理论，同时进行连续的、修正性的审美实践。当人们能够突破小我、与自然和谐相生，就可能得到某种超乎感官的审美愉悦。道教生态审美视野力图超越世俗审美观念，从流变反复的自然整体和人天和顺的境界之中体味道化之美。以自然之舞乐画图等为形式的道艺之美，是道教生态审美的外化，其中闪现着道教生态和谐精神的审美原则、情感价值和理想人格。

第五章"大道泛兮：当代道教的生态文化实践"，指出道教深厚的生态文化传统及其现代价值越来越受到国内外人士的关注和重视。道教界人士也更加着力于对道教生态思想的研究和大力弘扬，与社会各界联合举办形式多样的宣传活动，以更为积极自信的姿态参与、拓展对外文化交流，让世界认识和了解道教生态智慧。同时道教界也积极开展环境保护活动，通过信众的自觉环保行为、发展宫观建设与生态旅游以及对一些环保项目的具体实施，是当代道教对其生态文化的重要实践。

本书最大的特点在于既以历史性的角度分析了道教生态观的形成及其转化出的生态知识和技术；同时也重点关注了道教生态伦理和审美的践履实践，并紧跟时代脚步探究道教生态观对现代文明的助益。（朱展炎）

道教与基督教生态思想比较研究

《道教与基督教生态思想比较研究》，毛丽娅著。成都：巴蜀书社，2007年11月第1版，32开，350千字，系"儒道释博士论文丛书"之一种。

毛丽娅，1965年生，四川乐山人。四川大学博士。现任四川师范大学历史文化与旅游学院教授、硕士生导师、中国哲学史研究会常务理事等。主要从事中外宗教、世界史及旅游管理的教学与研究。出版专著《天堂地狱：基督教文明》等。

本书认为：面对生态危机频发的全球现状，我们可以从道教和基督教蕴含的生态思想资源中得到启示、获得助益。著者试图构建的道教与基督教之间的跨文化对话，不仅能够促进中西方宗教间的相互了解和补充，同时两者也共同构成了当今宗教对话不可缺少的重要组成部分。全书共分五章。

第一章道教与基督教的生态神学思想，提出道教生态思想和基督教生态思想间的交流和交融实际上是一种互补的关系。著者先从道教之"道"与"道化生万物"和基督教之"上帝"与"上帝创世"以及它们对神人关系的表述来探讨两者的生态神圣观。紧接着，从道教的"天人合一"观和基督教"神人合一"观、道教"三一"论与基督教"三位一体"的整体思维模式以及物种保护与生态平衡三个方面来研究两者的生态整体观。

第二章道教与基督教的自然生态思想，从探讨自然的价值和权利入手考察了道教、基督教的生命观与环境及它们的自然生态伦理。道教与基督教都认为人是自然的一部分，要尊重自然价值，提倡物无贵贱、万物平等。道教和基督教虽然在探索生命奥秘问题的回答上各有不同，但是在追求和超越永恒生命上却是一致的。道教"洞天福地"与基督教"新天新地"都是人与自然和谐共处的理想之境。同时道教和基督教思想中也蕴含着丰富的自然生态伦理思想，如道教的"天父地母""道法自然""自然无为"等学说和基督教的"爱上帝""敬畏上帝"等思想都体现出了贵生戒杀、尊重生命等价值观念。

第三章道教与基督教的社会生态思想，提出必须要从道教和基督教中汲取思想资源来解决现实的生态危机与社会问题。著者首先从神圣与世俗的角度考察了道教和基督教的"出世"和"入世"、济世度人与社会公平、道教的

"承负"与"贵柔守雌"和基督教的"尽义"与妇女观。在人类的生活方式与环境上，道教的"少思寡欲"和基督教的"禁欲主义"也有其相似之处，并且都蕴含着"反对战争、崇尚和平"的思想内涵。

第四章道教与基督教的环境保护及其实践，主要介绍了道教和基督教对环境保护方面的宗教践履与实践。道教和基督教律法中都有与保护动植物、保护土地和水资源等相关的环境保护规定。本书从道教宫观与基督教教堂建筑、道教斋醮科仪与基督教圣礼、道教堪舆与环境保护三个方面来论述两者的宗教践履。同时也介绍了一些当代道教与基督教戒杀放生、植树护林的环境保护实践活动。

第五章全球化与道教、基督教的生态思想，认为全球化潮流推动各宗教走向对话，并且在环境保护这一领域表现出了对其他宗教的宽容。道教和基督教都致力于维护人、社会、自然的和谐；倡导尊重生命，维护生态平衡；主张自然无为，保护生态环境；引导适度消费，合理利用自然资源；立场鲜明地反对战争，努力建设人类和平与安全的世界。

本书首次系统地对道教与基督教生态思想进行了比较研究和当代审视，为我们理解两种不同文明传统及其现代价值提供了一种不同的视角，可以说是宗教生态学研究领域的一种有益尝试。（李丹阳）

道教与生态——宇宙景观的内在之道

《道教与生态——宇宙景观的内在之道》，〔美国〕安乐哲等主编，陈霞、陈杰、岳齐琼、何立芳译。南京：江苏教育出版社，2008年5月第1版，16开，348千字，系"世界宗教与生态丛书"之一种。

安乐哲（Roger T. Ames），1947年生，美国籍汉学大师。现任夏威夷大学哲学系教授、世界儒学文化研究联合会会长、国际儒联副主席。主编《东西方哲学》《国际中国书评》，著有《孔子哲学思微》《汉哲学思维的文化探源》等。

陈霞简介详见《道教劝善书研究》提要。

岳齐琼，1957年生，四川成都人。曾任四川大学外国语学院副教授，主要研究领域为道教、妇女学、英语语言文学。

何立芳简介详见《道教社会伦理思想之研究》提要。

本书是在 1998 年 6 月哈佛大学世界宗教研究中心举行的"道教与生态"会议基础上形成的论文集，同时增加了一些新的文章和翻译稿。本书主要是希望借助西方学者对道教生态思想的前沿研究，引发中国各界人士对本国传统文化和生态问题的思索，使我们在化解生态危机的理论和实践方面都能够更进一步。本书分为五部分。

第一部分"框定问题"中收录有：培珀尔的《道教与深度生态学：幻想与潜能》、布尔德威斯托的《道家思想中的生态学问题：当代问题与古代文本》、迈克尔·拉法格的《道教的"自然"是人类文化的一部分》、祁泰履的《道教与秩序的追求》、苗建时的《本编讨论：道教能为生态学作出什么贡献》。

第二部分"对道教经典的生态阅读"包括施舟人的《道教生态学：内在转化——早期道教戒律研究》、黎志添的《〈太平经〉的"中和"思想：人类对于自然疾病的责任》、张继禹和李远国的《论〈阴符经〉中三才相盗思想》、康儒伯的《服食异物：以葛洪为例看修行者与自然的关系》，最后由苗建时、王岗、爱德华·戴维斯共同带来《本编讨论：道教经典里有哪些生态思想》。

第三部分"文化背景中的道教与生态"收录有 E.N. 安德森的《梅花树：环保实践、民间宗教与道教》、斯蒂芬.L. 菲尔德的《找寻龙脉：风水与民间生态》、韩涛的《简论道教野地观念》、默耶尔的《园林里的救赎：道教与生态》、约翰·帕特森和苗建时的《本编讨论：我们如何成功地将生态学的观念应用于道教文化语境》。

第四部分"走向道教环境哲学"包括：郝大维的《从指涉到顺延：道家与自然》、安乐哲的《地方性与焦点性在实现道家世界中的作用》、柯克兰的《对自然界的"负责的无为"：基于〈内业〉〈庄子〉和〈道德经〉的分析》、拉菲尔丝的《综合智慧或负责的无为：对〈庄子〉〈道德经〉和〈内业〉的进一步反省》、刘笑敢的《无为与当今环境：老子哲学的概念与应用研究》，以及古德曼和苗建时的《本编讨论：早期道家经典对环境伦理有什么意义？》。

第五部分"当代道教对生态的关注"涵盖的论文有：苗建时的《尊重环境与上清派的存想》、张继禹的《中国道教协会全球生态宣言》、利维雅·科恩的《变化始于细微之处：道教修炼与个体生命生态学》、何乐罕的《道教环保主义在西方：厄秀娜对道教的接受及传播》、苗建时的《本编讨论：道教——当代生态意识的重要传统》。

本书在全球范围内收集了讨论道教与生态关系的专题论文20余篇，期望能通过对这一问题深入而广泛的探索，解答道教是否助益于生态学、在哪些方面能够推动环境伦理学之发展等相关问题。本书主要贡献即在于消除西方文化传统对于道教的种种偏见和误解，全方位地探讨道教对于生态问题的思考。（朱展炎）

衣养万物：道家道教生态文化论

《衣养万物：道家道教生态文化论》，李远国、陈云著。成都：巴蜀书社，2009年11月第1版，32开，300千字。

李远国简介详见《四川道教史话》提要。

陈云，1978年生，湖北襄阳人。四川大学哲学博士。现为四川省社会科学院民族宗教研究所副研究员。

本书通过综论道家道教的历史、典籍、人物、思想来发掘其中的生态思想，认为道家道教这一古老的思想传统蕴含着深刻的生态伦理思想，可以为当代世界的环保主义运动提供一种东方的智慧和视角。

全书共分12章。第一章被褐怀玉的哲人及其学派，主要探讨道家学派创始人老子的生平事迹、学派流变、秦汉道教学说和黄老道至道教之演变。第二章千古智慧的源泉——大道论，主要探讨天道与人道、老子之道的哲学理解和西方宗教与文化中的道。第三章道法自然的生态理念，重点阐释道家道法自然的生态观念。第四章衣养万物的宇宙法则，重点阐释以自然为师、物我并生的生态法则。第五章天人和合的生养体系，主要探讨道家的和合理念以及崇尚赤子、婴儿的人格理想。第六章三才相盗的生态系统，主要探讨道教经典《阴符经》天、地、人三才互法、相盗思想。第七章重人贵生的大乘理念，主要探讨道教重人贵生的慈人爱物思想，揭示道教深刻的大地伦理与深度生态理念。第八章生态女权主义中的"道"，主要结合西方生态女权主义这一视角来反观道家道教尚雌重柔、崇阴重母思想对生态理念的构建。第九章身心并重的健康理念，主要探讨道教贵神重形、性命双修、我命在我的身心修炼观。第十章返朴归真的生活方式，主要介绍道家道教的见素抱朴、少私寡欲等生活理念与实践。第十一章常善救物的慈悲心怀，主要探讨道家道教慈爱万物、物尽其用的环境保护理念。第十二章洞天福地与环境保护，主要探讨道教的洞天福地及其背后的环保理念。

本书从多角度挖掘道家道教的生态文化思想，为当前人类生态危机提供了一种来自东方古老智慧的启示。全书第一至五章侧重于道家生态思想的总体论述，第六章开始融入道教三才相盗、重人贵生、形神俱妙、返朴归真、慈心利物等生态环保理念，让我们对古老的道教有了一个全新的认识。（朱展炎）

道教生态思想研究

《道教生态思想研究》，陈霞主编，陈云、陈杰副主编。成都：巴蜀书社，2010年6月第1版，精装，32开，490千字，系"宗教与社会研究丛书"之一种。

陈霞简介详见《道教劝善书研究》提要。

陈云简介详见《衣养万物：道家道教生态文化论》提要。

本书共分上中下三篇。导论部分"道教与生态学研究现状及理论"探讨宗教生态学、学界研究现状及道教生态哲学等问题，尤其对道教生态哲学道、神、生、物等核心范畴的论述颇有新意。上篇"道教教义中的生态思想"，分七章展开。第一章论道教的天人关系，强调天人互依，认为道教蕴含弱化了的人类中心主义主张。第二章论道教身体观中的生态意义，以道教《内景图》为例，论述身体的自然化和自然的身体化，凸显道教对物、我关系的独特理解。第三章从道教追崇天人合一的整体观来引出道教天父地母、万物平等、因应物性等独特的环境伦理。第四章从神仙世界的角度来探讨道教环境伦理的基础，以《真灵位业图》、道教早晚坛功课经等材料作为切入点，分析了作为道教徒核心信仰的神仙世界所蕴含的深度生态思想和原则。第五章论述无为而治与绿色政治，认为道教的生态政治理想核心即是无为而治。第六章从道教少私寡欲的自律观来探讨正确的消费观念，认为道教追求一种可持续发展的消费观念，反对过度消费。第七章从西方生态女性主义的视角来挖掘道家道教慈爱和同、崇雌尚柔的女性观，认为道教思想具有西方女性主义所认同的一种"女性原则"，从而与男权主义的家长制相区分，更能促进人与环境、他者的和平相处。

中篇"道教实践中的生态思想"，分八章展开。第一章论述道教内丹中的生态思想，分别从内丹概说、人体观、先后天的生命发展观、实践观等角度分析，认为道教的内丹学说蕴含深层生态学的最高准则——"自我实现"。第二章论述道教医学中的生态思想，分别从道教病理观、天人同构论、人病致天病等角度强调道教身、心、世一体的医世理论。第三章论述道教洞天福地学说中的生态意蕴。第四章论述道教宫观建筑与环境协调。第五章论述道教斋醮科仪和道法中的生态思想，认为其中蕴含了深刻的生态意识和生命意识。第六章论述道教劝善思想对环境保护的启示。第七章从道教音乐的角度论述心灵生态。第八章论述道教仙游思想对生态旅游的启示。

下篇"道教与佛教、基督教生态思想之比较"，分三章展开。第一章比较道教与佛教的生态思想，从生态伦理、生命观、自然观、生态实践等角度进行论述，认为佛道二教都强调清净身心，追求生态的和谐，但道教偏重于人间仙境，佛教则向往极乐净土，道教修炼偏在"静"，佛教则在"净"。第二章从生态神学角度比较道教与基督教，以神与自然、神与人、人与自然，人、自然、社会等主题进行了分析。第三章从生态实践层面分析二者的实际措施异同，包括生态保护措施（保护动植物、土地、水等）、修道场所的样式、理想的生态环境等内容。

总体而言，本书从教义、实践及与佛耶二教对比等三个方面系统地阐述了道教所蕴含的生态保护思想，尤其将道教内丹、道教医学、道教斋醮、道教仙游等纳入生态思想的视角进行阐释，使其内容、结构更显完善与独特。（朱展炎）

道法自然：道教与生态

《道法自然：道教与生态》，周冶著。成都：四川人民出版社，2012年9月第1版，32开，150千字，系"中华道文化丛书"之一种。

周冶，1977年生，重庆南川人。四川大学哲学博士。现为四川大学道教与宗教文化研究所副研究员。已在《世界宗教研究》《宗教学研究》等刊物发表论文多篇。

本书通过对生态学发展历程和道教之"道"的阐述来找出两者可契合的基础，并由此察窥天道，体味道教历经千年而弥新的生态智慧，同时直面于各类环境问题频出的现实，结合生态学理论，研究考察如何进行现代化的道教生态实践。本书共分三章。

第一章"导论：道教与生态学的'阴符'"，意在揭示和探寻道教思想文化与生态学之间相契相合之处。著者首先回溯了生态学的发展历程，认为其发展使人们开始用"是否生态"这一视角来观察世界，面对因陈旧观念而造成的一系列环境危机，应对传统世界观、自然观进行主动的清整和重构并推动整改实践。而道教之"道"所具有的广纳的包容性及泛博的超越性使其古老的智慧在现代社会依旧闪耀着熠熠生机，道教与生态学两者间具有相互契合的需要和可能性。现代人类所面对的生态环境危机是道教与生态学相互借鉴交融的现实基础，而两者相契合的理论基础则在于它们平衡宇宙秩序与生态、维护普世利益、重生养生的现世性等相似的思想诉求与特征。

第二章"观天之道：道教的生态智慧"，提出天道不言，必待于观，通过介绍道教天道之观，启发现代生态学理论及其实践。著者首先从天人同源、天人同构、天人同律三个方面入手考察了道教"天人合一"思想，以及由此衍生出的秉持生态伦理整体感的和谐共生思想。而道生长化育世间万物，万物皆禀道而生、存道而成，因此万物自然平等而各有其价值。但同时道教又讲以人为本，万物当各处其宜，任其所长，人在尊重万物、"顺万物而不伤"的基础之上，采取主动地"参天地之化育"的方式来体现人作为"万物之灵"这一现实地位。同时道教提倡"返璞归真"，倡导人们抛弃异化的过度欲望，崇尚节俭清静、知足常乐。由于生态主义在各个领域的贯彻，20世纪80年代以来社会政治领域也卷起了绿色化浪潮，表现为绿色政治组织和运动的崛起以及政治改革运动的发展。

第三章"执天之行：道教的生态实践"，认为在强调以生态实践为目的的前提下，"执天之行"可以诠释为：顺循天道而行动、于生活中实践天道。道教信奉"得道成仙"说，而成仙又必以利益万生、协调社会生态平衡为任，同时列举了道教史上多位慈悯众生万物、致力于维护生态和谐的高道，以实例来说明道人之生态观念。以王屋山、青城山等道教洞天福地来考察道教对于生态环境的认识，又从宫观修建对于自然环境的利用和顺应来引出现代道教界为改善生态环境而做出的努力。道教戒律中尊重生命、护生戒杀、关爱自然和谐的内容和意在"降真祈福、济物利人、度人弘道"的各类斋醮仪式都蕴含着深厚的生态意蕴，同时道教劝善书中护生戒杀、神明惩恶扬善等思想都对广大群众产生了较大的影响，由此引导劝诫人们走上一条"和谐"的生态之路。

本书以平和朴实的文字和平易近人的叙述方式为大家展示出道教思想和生态学之间的联系，通过列举的方式展现了道人、道观以他们自己的方式保护生态、构建和谐宇宙的努力，也呼吁我们要将古老的道教智慧与现代生态学及其他科学技术巧妙地结合起来，共同运用于保护生态的实践之中。（李丹阳）

5. 道教戒律思想研究

汉末魏晋南北朝道教戒律规范研究

《汉末魏晋南北朝道教戒律规范研究》，伍成泉著。成都：巴蜀书社，2006年12月第1版，32开，200千字，系"儒道释博士论文丛书"之一种。

伍成泉，1970年生，湖南安化人。华中师范大学历史学博士。现在湖南师范大学历史文化学院从事教学科研工作。研究方向为历史文献学，重点研究道家文化与文献。已发表学术论文多篇。

本书先有序和导言，而后是四章正文，最后有结语、参考书目和后记。本书采用历史文献与宗教哲学思辨相结合的方法，在揭示道教戒律规范的渊源及其形成过程的基础上，对汉魏六朝道教戒律规范的具体状况进行了系统的阐析。第一章论述了道教戒律规范的起源和初步形成，著者认为，道教戒律规范的源头可追溯到原始宗教和先秦宗法性国家宗教的禁忌规定，以及世俗国家的政令等，道教戒律规范直接形成于汉代儒家"神道设教"的实践、谶纬神学和《太平经》的"天诫"信条。第二章既概述了魏晋南北朝经典文献的道教戒律规范内涵，又分述了天师道清整运动及其所造戒律规范文献、晋宋时期三洞经书中的戒律规范文献和南北朝中后期的戒律规范类经典，说明了此时期道戒的载体情况。第三章具体说明魏晋南北朝道教戒律规范得以形成的外部条件是对儒道释思想的融摄，具体说明儒家伦理对天师道、洞神派、灵宝派和上清派戒律规范制定的思想引导，说明道家思想对道戒形成的作用，说明佛教小乘戒、大乘菩萨戒、大乘"愿念"、佛教"因缘"观念对道戒形成的影响。第四章阐明了该时期道教戒律规范的表现形式、基本原理和实际持行状况。著者认为该时期道教戒律规范通过条文化的"道诫"和"道律"表现，当然，各道派的道戒表现各不相同，如上清派的"科""律"融合，洞神派的"禁""戒"分合，灵宝派的"科""戒""律"混同和"戒律"部类形成。著者认为该时期道教戒律规范的基本原理有禁律规范的受持功德；戒业与"仙真"位秩；戒法的"止""行"之分和"以无戒为戒"思想；科律的罪与罚。

21世纪初期关于道戒研究的成果本来不多，而此书几乎是唯一一本进行道戒断代研究的成果，所以，本书内容比较集中，论述比较深刻，既有该时期道戒的思想源头研究，也有道戒形成的社会影响因素研究，还有该时期的道戒内涵和实践研究，这对于我们全面了解一个具体历史时期的道戒有十分重要的意义。（袁名泽）

唐代道教管理制度研究

《唐代道教管理制度研究》，林西朗著。成都：巴蜀书社，2006年12月第1版，32开，220千字，系"儒道释博士论文丛书"之一种。

林西朗，1966年生，四川成都人。四川大学哲学博士。已发表《唐代道举制度述略》《唐代道教丧葬礼制初探》等论文。

本书先有序和绪论，而后是八章正文，最后有结语、参考书目和后记。本书从管理制度的角度对唐代政府管理道教和唐代道教内部的管理作了较为全面、深入的研究。第一章从最高中央政府对待道教的政策予以论证唐朝是道教发展的鼎盛时机。第二章从皇帝重视道教的表现予以说明，从皇帝所设的道教的管理机构及道官制度的角度介绍唐朝的敕度制度、置观制度及世俗礼法制度。第三章介绍道教的斋醮制度，首先阐明何为道教斋醮，再分别介绍太清宫、"内道场"和天下名山洞府的斋醮活动。第四章介绍唐朝的道举制度，分别从其形成、道举的管理机构、实施情况、道举的"明四子科"制举内涵和意义说明这一制度。第五章介绍唐朝的组织制度，首先解释何为道士，然后分别介绍教阶制度、法位制度和宫观执事制度三大内容。第六章介绍了唐代道士的日常生活科戒、服饰制度和丧葬礼制等日常生活制度。第七章介绍了唐代道教经戒法箓传授制度中所包含的经戒法箓定义、传授制度和经书的制作等内容。第八章介绍了唐代道教的宫观常住的沿革和来源。

本书和《汉末魏晋南北朝道教戒律规范研究》一样都属于断代道教研究，本书详尽考察了唐代道教制度的基本内容，方便我们了解唐代政府管理道教

的手段和制度内涵。资料充足，显示出著者扎实的学风，也显示出著者善于查找、运用资料的能力，以及概括和写作能力。（袁名泽）

道教戒律学

《道教戒律学》，任宗权著。北京：宗教文化出版社，2008年2月第1版，2册，32开，480千字，系"蓬瀛仙馆道教文化丛书"之一种。

任宗权，1968年生，陕西渭城人。全真派道士。1992年于中国道教学院"高功班"进修，曾于河南、湖北、湖南、云南、陕西及辽宁道教知识学习班主修全真韵学、斋醮科仪、章函符印篆等知识。2002年中国道教全真派第三次"千山五龙宫玄都律坛"开坛传戒，被中国道协聘为传戒八大师之一的登篆大师。著作有《道教手印研究》《道教章表符印文化研究》《道教科仪概览》等，发表论文多篇，创作道曲《愿相随》等。

道教戒律是道教约束道士思想言行，防止"恶心邪欲""乖言戾行"的条规。它是一个动态的发展过程，道教每个发展阶段均有其不同的戒律。初期戒律简约，主旨为戒贪欲、守清静。两晋南北朝时期，儒释道三教开始互相融摄，上清派、灵宝派、新天师道等沿袭佛教戒律，并汲取儒家名教纲常观念而制定"五戒""八戒""十戒"和其他戒律。其内容除五戒、八戒基本同于佛教，十戒为八戒基础上增加儒家戒律，列有"不得违戾父母师长""不得杀生屠害""不得叛逆君王""不得淫乱骨肉""不得毁谤道法""不得污漫静坛"等。道教戒律的表现形式大部分为经典，如《老君想尔戒》为早期天师道戒，《说十戒》和《思微定志经十戒》为上清、灵宝派之戒律，《老君说一百八十戒》为新天师道之戒律。金代全真道出，丘处机开创传戒制度，凡愿入道为道士者必须受戒。元明之际，全真戒律扩展到清规，即由事前警戒到事后惩罚，仍袭于佛教。《正统道藏》和《道藏辑要》所收《全真清规》与清代北京白云观所订清规，均按道士所犯过失之轻重，分别处以跪香、催单（劝离）、革出（逐出）、杖革（杖责逐出）以及火化（处死）等。清初，全真龙门派王常月撰《初真戒律》，与《中极戒》《天仙大戒》合称"三堂大戒"。凡受此三戒之道士，须经百天戒期。本书以道教戒律发展史为经，各时期道教戒律和各道派的戒律内容为纬，两者共同交织，对道教戒律进行了体系化研究。

本书先有缘起，再有五篇序、闵智亭道长的来信和绪论。而后是七章正文；末有三个附录：《建国后全真道教各方丈及传戒律师》《建国后全真派的几次传戒大师履历》《马来西亚第一次传戒活动》。

本书绪论部分阐发了早期道教戒律的形成和发展，重在阐明道教戒律产生的思想基础和社会基础。第一章讲魏晋南北朝道教戒律的充实与变迁，具体介绍了"三张"后北天师道戒律的革新、寇谦之改革道教及其戒律学思想、陆修静之新道教及其戒律思想和道观（馆）的兴起与南北朝戒律体系的整合等内容。第二章讲了隋唐道教戒经的编撰与法箓传授，主要介绍道教经典中的戒律体系、戒学思想及其编撰情况。第三章介绍了宋元道教戒学体系，主要是阐明宋元时期戒经的编撰情况、宋元时期包含在戒经中的戒律体系及其思想。第四章阐明了明清道教戒律的革新。具体介绍了张宇初、朱权、陆道和以及以王常月为代表的全真律宗的戒律体系和思想。第五章主要论述历代法制对道教戒律的影响，说明道教戒律体系的形成与思想体系深受政府法制的影响。第六章具体介绍全真戒学体系，说明全真道传戒威仪、全真三坛大戒析解、全真传戒程序等组成部分及其功能。第七章论述当代道教戒学为何亟待革新，以及新形势下如何搞好道教新戒学体系建设等问题。附录部分主要介绍中华人民共和国成立后全真道教戒律的传戒实践，介绍国内各方丈和传戒律师的活动及其简历，还介绍了马来西亚第一次传戒活动。

本书注意文献史料的搜集整理和使用，引述了《正统道藏》等许多文献丛刊中的道教思想史料或有关儒道关系资料。

本书的最大贡献在于：开拓了道教思想研究的新领域，深入追溯道教戒律的思想渊源、全面系统地论述了道教戒律的形成过程和发展脉络，从当代社会的视角审视道教戒律存在的问题，阐明了著者关于新形势下如何搞好道教新戒学体系建设的主张。

从总体上看，本书无疑是一部很有分量的专史论著。（袁名泽）

道教戒律研究

《道教戒律研究》，唐怡著。成都：巴蜀书社，2008年12月第1版，32开，180千字，系"儒道释博士论文丛书"之一种。

唐怡，1973年生，四川南充人。四川大学哲学博士。现任职于四川民族出版社。在《世界宗教研究》等学术期刊发表论文数篇。

本书先有绪论，而后是六章正文；末有结语，最后有参考书目和后记。本书以1911年之前的道教戒律（戒、律、清规）为研究对象，分析道教戒律的发展沿革、内部结构、外部环境、社会功用等。它首先考察了道教戒律的发展沿革，认为道教戒律的发展大致分为四个阶段：初胚、制定、充实、完善；其次，论述了收录道教戒律的典籍与道教戒律的授受；第三，探讨了道教戒律与道教成仙理想的关系，即分析道教戒律在道教生命哲学中的作用，指出"戒行精严"是道教实现其生命超越的操作实践之一；第四，分析了道教戒律中的伦理思想，指出伦理道德是道教戒律的内核，道教戒律是道教道德原则的具体体现，并剖析道教戒律中的伦理思想各层面；第五，分析了道教戒律与外部环境的关系，即道教戒律与儒家礼制、佛教戒律、政府对道教的管理的关系；第六，探讨了道教戒律的社会功能——对于社会控制的影响；最后，指出道教戒律在伦理道德建设和社会控制方面的现代意义，并对当代道教戒律建设提出一些个人建议。

本书旁征博引，既引述了《正统道藏》《万历续道藏》《藏外道书》《道藏精华》等各种道家道教的大型丛书，也广泛涉猎了《四库全书》《四部丛刊》《四部备要》《诸子集成》等许多文献丛刊中的道教思想史料或有关儒道关系资料，至于历代学者的个人文集以及二十五史，更是其经常征引的文献。此外，著者还注意敦煌道教文献以及近30年来各地的考古资料的道教思想内涵的发掘，反映了研究工作的深度、广度，体现了严谨而扎实的学风。

本书的最大价值在于它深入追溯道教戒律的思想渊源、全面系统地论述了道教戒律的形成过程和发展脉络，认为道教戒律的发展大致分为四阶段：道教戒律的初胚、道教戒律的制定、道教戒律的充实、道教戒律的完善。初胚阶段（道教的初创时期），所谓的道教规戒仅有一些禁止性的规定，并未正式成形。制定阶段（魏晋南北朝时期），各道派大量制定戒律，规定由简至繁，内容以老子思想为基础，与儒家纲常逐渐相结合，并以神的名义颁布。充实阶段（隋唐宋时期），道教戒律理论十分丰富，并有不少道士重视戒律建设，整理和编纂了一些戒律经书。完善阶段（宋以后至明清时期），出现了作为戒律的补充的清规，以及从具有众多品级、条目的传统道教戒律中删繁就简而来的三坛大戒。而且，本书从宏观上论证了道教戒律产生的内在机制和动力为其成仙理想，同时把儒礼释戒视为其外在的理论基础，把政府管理视为道教戒律的外在社会基础，所以分析了道教戒律的伦理思想内涵，突出了道教戒律的社会控制功能，分析道教戒律在道教生命哲学中的作用，指出"戒行精严"是道教实现其生命超越的操作实践之一，弥补了《道教戒律学》对这两个问题的宏观分析。使本书形成了既有脉络梳理，又有戒律内涵和功能分析，还有发展问题及对策分析的严密体系。

从总体上看，本书是一部很有分量的专史论著。（袁名泽）

宗教律法与社会秩序
——以道教戒律为例的研究

《宗教律法与社会秩序——以道教戒律为例的研究》，刘绍云著。成都：巴蜀书社，2009年11月第1版，32开，200千字，系"儒道释博士论文丛书"之一种。

刘绍云，1976年生，安徽肥东人。山东大学历史学博士。主要学术研究领域为中国法律思想史、中国传统哲学。已在核心学术期刊及有关文集中发表论文多篇。任职于安徽省公共政策研究、省民族宗教事务管理部门，并任安庆师范学院兼职副教授。

本书先有序和绪论，而后是六章正文，最后有参考书目和后记。本书以道教戒律为案例，研究在传统社会秩序的建构及其动态调节过程中，宗教律法所发挥的重要影响和作用。第一章论述道教戒律的产生、发展及其特点。著者认为汉魏、晋南北朝、隋唐宋元和明清时期分别是道教戒律的萌生、成熟、发展和泛化时期，并且从根源上探讨了道教戒律产生的哲学基础，进一步探讨了道教戒律在形式上和思想上的特点。宗教伦理的主要载体是戒律，它虽以宗教信徒为主体，但在传统社会中，宗教戒律向社会泛化，并产生形式上的衍变，戒律的思想、戒律化的自我约束方式广泛地为社会所接受。本书第二章论述道教戒律对道教徒调心制身和行法寻丹之修炼活动、饮食起居之生活行为的重大影响，对观内关系、世俗家庭和世俗社会、道团等社会关系的影响。第三章论证道教戒律与传统家规的关系，认为因为传统家规具有宗教特征，所以才受道教戒律中劝善报应、阴骘阴德、神判天罚等思想和老君五戒、惜字纸律等内容的影响；家规也影响了道教戒律的制定与执行，道教戒律伦理与家族伦理道德有机结合，导致道教家族化。第四章探讨道教戒律与传统经济伦理的关系，道戒中轻财贵生的财富观念、道戒的无为而富经营思想、仁义为利的义利之辨、重契守信的经济责任观、疏财济世的社会经济观均具经济伦理意义。道教亡正是在有序的经济运行秩序中形成自己的经济戒律。第五章论述道教戒律与传统法律的关系。认为道戒与传统法律之间具有价值观和内容上的一致性；论述了道戒与传统法律之间的互动，认为道戒精神约束对法律刑罚约束有弥补作用；列举了历代官方关于道教的主要法律与规范。第六章论述宗教律法与社会秩序之间的互动关系，认为道戒对社会秩序的建构与调节控制起到了自发而积极的作用。

本书的最大价值在于既梳理了道戒的形成与发展脉络，又阐明了道戒对道教徒修炼和生活的影响，还从道戒形成机制中的外在因素论述了道戒与传统家规、传统经济伦理、传统法律和社会秩序之间的关系，凸显了道戒的社会功能。它与《道教戒律学》《道教戒律研究》一起构成了21世纪初期三大道戒研究的专门著述。（袁名泽）

6. 道教科技思想研究

道教与科学

《道教与科学》，金正耀著。北京：中国社会科学出版社，1991年7月第1版，精装，32开，178千字，系"中国社会科学博士论文文库"之一种。

金正耀，1956年生，又名金棹，湖北安陆人。中国科学技术大学理学硕士，中国社会科学院哲学博士。主要从事金属资源考古、同位素考古、传统科技与宗教文化研究。著作有《道教与炼丹术论集》《中国的道教》《中国道教史》等。发表论文《三星堆铜器金属成分的几个问题》《论商代青铜器中的高放射成因铅》等多篇。曾任中国社会科学院世界宗教研究所研究员，现为中国科学技术大学科技史与科技考古系教授、博士生导师。

本书是著者以博士论文为基础修订出版，先有任继愈先生序，其次是自序和导论，而后是八章正文，最后有参考书目和后记。著者早年曾从事中国科技史的研究，在自然科学和历史社会科学两方面受过严格的基础训练，所以本书深刻论述了道教的起源、发展，并能从道教的历史发展中揭示其与科学的关系，如实地区别宗教与科学的界限。本书着眼于道教在历史过程中"为什么"和"怎样"同科学发生关联，同时也兼及道教吸收的传统科学技术内容在以后各个时代的发展变化。著者倾向于认为早期道教主要是一种以救治危世而致太平为其神学教义核心的"救世"的宗教，而魏晋之际则开始蜕变为以追求成仙不死为最高目标的"度世"的宗教，而以后的发展则基本没有越出这个轨道。所以，著者将全书内容分为上下两篇。上篇包括三章，论及道教起源和东汉道教的特征，还论及救世的宗教学说与医学之间的关系。下篇"度世的宗教与科学"分为五章，分别论及理性复归后的道教历史性转折、葛洪与道教神学基本教义的确立、上清派与《黄庭经》、内丹术与科学、外丹术与科学，围绕道教之"术"，结合现代"科学"含义从宏观上论述了道教与科学的关系。尤其在结语部分，又谈论道教与中国古代科技文明，重点说明两者之间的关系。

本书是较早研究道教与科学关系问题的力作，其特点是在道"术"中挖掘其科学韵味，这是其突出优势。当然，道术并非只有内丹和外丹，科学也是一个含义非常广泛的概念，所以，如本书再将道术扩展，更深层次挖掘其中的科学含义，那么本书的内容可能更深更广。（袁名泽）

中国道教科学技术史

《中国道教科学技术史（汉魏两晋卷）》，姜生、汤伟侠主编。北京：科学出版社，2002年4月第1版，精装，16开，1408千字。《中国道教科学技术史（南北朝隋唐五代卷）》，姜生、汤伟侠主编。北京：科学出版社，2011年5月第1版，精装，16开，1971千字。

姜生简介详见《汉魏两晋南北朝道教伦理论稿》提要。

汤伟侠，1949年生，香港人。四川大学哲学博士。曾任香港道教联合会学务部主任、香港圆玄学院文化学术发展委员会主任。受聘为四川大学、厦门大学及山东大学客座教授。

汉魏两晋的道教处于与佛教抗衡的初始阶段，许多科学思想、方法和实践正在讨论和探索之中，同时也产生了魏伯阳、葛洪、陶弘景等对后世产生持久影响的集大成者。道教思想广博精微，本书汉魏两晋卷从多学科角度，通过丰富的图表，介绍了汉魏两晋时期，道教在化学、医学、养生学、天文学、地学、物理学、建筑等科学技术领域所取得的令人赞叹的辉煌成就。本卷分八个部分，按学科论述了汉魏两晋时期的道教科学思想与实践。第一部分是导论，总论道教与科学的关系，道教科技产生的根源和发展历程。第二部分为汉魏两晋的道教，主要介绍道教产生的历史文化背景、原始道经等理论基础和东汉时期的社会现状，以及道教理性化过程。第三部分是道教科学思想总论，具体可分为道教科学思想产生的思想基础和认识论基础，以及此时期道教科学思想的内涵与彧体。在此篇的附论中还阐释了道教与婆罗门教等外来思想交流的若干轨迹以及存疑的问题。第四部分是炼丹术与化学篇，该部分首先考证了早期道教炼丹术的源流，后又考证汉魏两晋主要炼丹家与炼丹著作和炼丹术的实物成果，同时该篇又以附录的形式，使用"实验"阐释炼丹术中的"术"。第五部分为医学篇，该篇首先阐述道教医学的渊源：巫医和道家影响下的中医理论。其次通过列举《神农本草经》《淮南子》《太平经》等道家著述概述汉代道家医学思想与方士医学内涵。最后又说明了以葛洪为代表的两晋道教医学状况。第六部分为养生学篇，该篇首先概述道教养生的体系和内容，以阐释《老子河上公章句》中的养生思想为主线概述道家养生与道教养生的紧密关系。其次，具体介绍了《太平经》中的养生理论和养生方法。再次，具体介绍了魏晋时期的《老子想尔注》、以嵇康为代表的玄学养生思想、以葛洪为代表的养生思想和方法。第七部分为天学与地学篇，该篇首先介绍了先秦道家、《淮南子》《列子》和深受道家影响的张衡《灵宪》中所包含的宇宙起源论思想。其次介绍了《淮南子》中所包含的盖天说、道家思想所包含的浑天说、葛洪的浑天说等天地结构论思想，以及我国早已有之的"天人感应"论的天学认识模式。再次，该篇还具体介绍了《淮南子》等早期道家思想中的星象、历法和天文观测思想及我国天文史上的圭表测向和时制研究思想。最后，该篇介绍了汉晋道教的地学探索。认为道家道教地学思想源于创教修道和洞天福地选址的需要，这种地学思想具体体现在我国最早的等高线地图《五岳真形图》中。第八部分为物理学与技术篇，该部分具体阐述了汉魏晋时期道教的时空观、力学知识、热学知识、光学知识、声磁学知识、原始道教的建筑（含水利建设）和建筑思想、飞行和潜行思想。另附参考文献、中日文综合索引和西文人名、论著和关键词语索引。

本书南北朝隋唐五代卷，内容体系基本同于汉魏两晋卷。按学科具体分九个部分，详细论述了南北朝隋唐五代道教在修道成仙理想和此时期道教特有的思想文化生态驱动下，其科学思想发生、发展的过程、成果及实践情况。南北朝隋唐五代时期，道教发展进入鼎盛阶段，并作为中国传统文化的主要代表，与佛教等外来宗教展开持久的思想论争，促进了佛教的本土化。此时期的道教以外丹信仰为主，在炼丹过程中逐渐丰富其科学思想内涵，提高其各种技术能力，在科学思想、炼丹术与化学、医学、养生学、天学、地学、物理学与技术、生物学等诸多领域，取得了世人瞩目的重要成就，且化及域外，其传播轨迹于今多有可考者。本书通过大量的图表、研究数据和模拟实验，生动翔实地展现了南北朝隋唐五代时期道教在科学技术领域曾经的辉煌，

以及对中国历史和世界科技发展的重要影响。（袁名泽）

道教科学思想发凡

《道教科学思想发凡》，盖建民著。北京：社会科学文献出版社，2005年12月第1版，有平装，有精装，32开，450千字，系"哲学新视界系列丛书"之一种。

盖建民简介详见《道教金丹派南宗考论——道派、历史、文献与思想综合研究》提要。

本书先有二序和导论，而后是九章正文，最后有附录《道教与科技研究百年回顾与展望》、参考书目和后记。全书以道教与古代科学思想关系为主线，结合现代科技含义，充分挖掘道教思想中的科学成分。导论中首先界定了何为"道教科学思想"。第一章探析了道教所具有的"仰观俯察""实验与参验""博闻善择与析理入微"的科学思维方法。第二章具体介绍了道教为何崇尚天文学，选取了颇具代表性的道教经典介绍其中的天文学思想。第三章介绍了道术与数的关系，及道术中所包含的数学思想，指出"术""数"不二，介绍了颇具代表性的道教经典《数术记遗》和天元术中的数学思想。第四章首先认为"物理"一词就出自道教经典，故而认为道教具有浓厚的物理学思想，接下来指出了道教物理学思想的特征，最后从经典中挖掘这种思想，又举出了道教物理学思想的典型案例。第五章首先介绍了道教黄白术的基本情况，然后从黄白术的哲学思想基础、方法、器具和步骤分析指出道教黄白术萌芽和孕育了我国古代化学思想和知识。第六章首先分析了道教"尚医"之原因、传统，然后分析道教医学模式的特点及其养生思想的现代意义。第七章介绍了道教农学思想，提出了"农道合修"的概念，举了陈旉《农书》为实证。第八章介绍了道教地理学思想，首先说明道教地理思想的形成原因，指出道教地理学思想主要体现在地图科学，然后分别介绍了《五岳真形图》和朱思本的地图学思想，介绍了《长春真人西游记》的地理学价值。第九章论述了道教的堪舆术与古建筑学之间的关系，阐述道教古建筑学思想。著者从表层的史实还原、深层的意义诠释和整体的系统解读这三个方面下功夫，力求在史料挖掘有新的突破，并在思想凝炼上有所创新。

本书最大的优点在于分学科充分挖掘了道教科学思想的内涵和特点，分析了道教各门科学思想产生的原因和基础，阐明了各学科思想的发展源流和个案表现，对后来研究道教科学思想起了一个领航作用。本书虽然具有言出有据的优点，但对材料的概括和分析还有不足，有些地方只是提供经典材料，缺乏分析；虽然划分了各学科，但是对各学科的道教特点也还缺乏概括。但从总体上看，这无疑是一部独具特色、很有分量的道教科学思想的专门论著。（袁名泽）

道教农学思想发凡

《道教农学思想发凡》，袁名泽著。桂林：广西师范大学出版社，2012年6月第1版，32开，450千字，系"道教科技研究丛书"之一种。

袁名泽，1967年生，湖南邵阳人。厦门大学哲学博士。现任玉林师范学院政法学院副院长、教授，第六届学术委员会委员、中国哲学史专业学术骨干。2011年聘为四川大学道教与科技研究中心兼职研究员。主攻方向为中国哲学与中国古代科技。在《中国农业大学学报》《西南民族大学学报》《宗教学研究》等发表文章50余篇，合著《民族关系与地方治理》，主编书稿3部。

本书先有序和导论，而后是五章正文，最后有结语、参考书目和后记。本书是我国第一部系统阐述道教农学思想的学术著作，它旁征博引地纵览了各历史时期的道教经典和农书，以丰富的史料和内涵纠偏了世人认为道教没有农学思想的思想理念，扩充了胡道静、杨直民和梁家勉等农学家所提出的"山居系统""隐君子"等宗教人士著述中的农学思想。全书以道教与古代农学思想的关系为主线，结合现代农学思想，充分挖掘道教思想中的农学思想成分。导语部分，首先阐释道教农学思想的含义，其次阐明此书研究的旨归，然后进行相关的文献综述，指明本书的研究方法。第一章是道教农学思想的渊源，认为远古神话、《周易》、诸子百家的著述，特别是先秦道家著述中的农学思想是道教农学思想的理论基础。第二章是道教农学思想的形成与发展，该部分认为汉魏两晋南北朝时期道教的创教模式、高道著述和此时期道经中所显现出来的农学思想是道教农学思想产生的标志；隋唐宋时期数量巨大的道经所包含的丰富农学思想、繁荣的宫观农业经济，特别是此时期道门农书的农学思想成为隋唐宋时期道教农学思想繁荣的标志；金元明清时期道教农学思想持续发展的标志是新道教重农意识浓厚、道门农书内容进一步丰富并成体系化趋势，同时道教农学思想得到以朱权为代表的社会上层广泛的重视和实践。第三章是道教农学思想内容和特征的阐释，该部分认为道教农学思想包括农业起源观、农业环境观和农业科技观，认为道教农学思想具有宗教神学性、哲学思辨性和以论述山地种养技术为主的特点。第四章是从农道双修——即道教农学思想的实践层面论证道教农学思想的存在，该部分首先解释了农道双修的概念，指出道教宫观中修道与务农的关系，阐述了农道双修的思想基础和社会基础；其次，该部分指出了农道双修的宗教意义、经济意义和农学理论意义；最后从具体个案考证了道教宫观农道双修的存在。第五章阐明了我国道教农学思想与其他传统农学思想的互动关系，指出这种互动的思想基础和机制。结语部分点明了道教农学思想对现代农业的启示，道教农学思想对现代重农意识的培养、农业人本思想的构建和对土地问题的反思均有一定的指导意义。

本书最大的优点在于分析了道教农学思想产生的思想基础，充分挖掘了道教农学思想的内涵和特点，阐明了道教农学思想的发展源流和个案表现，开启了道教科技研究的一个新领域。本书虽然具有言出有据的优点，但书中所提供的只是经典材料，缺乏田野调查，对现代道教科技思想缺乏一种深度认识。尽管如此，因本书是一部开创性比较强的知识体系，所以无疑仍是一部独具特色、很有分量的道教科学思想的专门论著。（胡瀚霆）

道家科技思想范畴引论

《道家科技思想范畴引论》，谢清果著。北京：宗教文化出版社，2013年9月第1版，16开，300千字，系"唐山玉清观道学文化丛书"之一种。

谢清果简介详见《中国道家之精神》提要。

本书由绪论、正文五章、余论构成。绪论部分首先阐释相关概念的含义，其次阐明此书研究的旨归，再次进行相关的文献综述，指明本书的研究方法。第一章是道家科技思想构建的范畴基础，探究了道家科技思想范畴研究的源起和意义，说明了道家科技思想范畴的特点。第二章指出道家宇宙论的基础范畴，认为道家提出的"道德"是宇宙万物的本原，"宇宙"是道家对时空认识提出的范畴，"混沌"是道家所提出的世界图景；认为道家的"道德"客观实体就是"太一"，由此提出"太一生水"的宇宙生成论，"太一"也由此成为道家哲学与科学交融之源。第三章是道家自然观的基础范畴。它认为道家之"气"是天地万物的质料，其分化出来的阴阳之气的相互激荡是世界变化的动力机制，由阴阳激荡产生的五行是天地万物的结构，由阴阳构成的八卦是解释世界的符号系统，阴阳二气的动与静构成道家的运动观。第四章是道家科学认识论的基础范畴。它解释了道家对"物"范畴的理解，认为"理"是道家对世界本质与规律求索所提出的范畴。道家为了便于由客观世界到主观世界的转换，提出了本学派的"名实"观，根据事物的显现程度，提出"有无"是事物现象与本质的表征。第五章是道家科技实践论的基础范畴。天、地、人是道家思考世界的向度，由此也构成道家科技实践的三个组成要素。提出在实践过程中必须遵守"自然"这个对世界秩序的敬畏法则，必须做到"无为"，凸显了"无为"合天的行为取向、"无为治世"的社会技术思想、"无为养生"的自我技术思想。余论部分解释了形神相合的生命存在方式、生死两种生命存在形态等道家生命论的基础范畴。

本书是著者对道家科技思想范畴的说明与论述，有助于了解道家科技思想中的一些基础性概念和理念，为阅读和理解道家科技思想准备了理论基础。但是因本书对道家科技的理解不全面，所以对一些范畴的介绍不够充分，且还存在"宇宙观"和"自然观"等相互重叠的现象。（袁名泽）

道教农学思想史纲要

《道教农学思想史纲要》，袁名泽著。北京：人民出版社，2016年4月第1版，32开，270千字。

袁名泽简介详见《道教农学思想发凡》提要。

本书先有序，而后是六章正文，最后有结语、参考书目和后记。前言部分首先阐释相关概念的含义，其次阐明本书研究的旨归，然后进行相关的文献综述，指明本书的研究方法。第一章阐明道教农学思想的渊源，认为远古神话、《周易》《诗经》以及诸子百家的著述，特别是先秦道家著述中的农学思想是道教农学思想的理论基础。第二章是道教农学思想的形成。首先论及汉魏两晋南北朝时期道教的创教模式、五斗米道和此时期道教经书所包含的农学思想。其次论及葛洪、陶弘景等高道的著述中蕴含的农学思想。最后概述和举要说明了此时期道经中所显现出来的农学思想，介绍了《刘子》中《贵农》篇的农学思想。第三章介绍隋唐宋时期数量巨大的道经所包含的丰富农学思想，尤其重点介绍了《化书》中的农学思想。此时期道门农书的农学思想成为隋唐宋时期道教农学思想繁荣的标志，特别介绍了《亢仓子》中的《农道篇》《山居要术》、陈旉《农书》和陈翥《桐谱》中的农学思想。第四章首先介绍金元明清时期新道教农学思想，其持续发展的标志是新道教、全真教的农道合修、重农意识浓厚。其次，概述和分述了此时期道书的新体征和农学思想。最后，列举了《道书十二种》中的农学思想，对此时的道教农书进行了简要说明；用朱权的著述为代表说明道教农学思想此时已引起社会上层的广泛重视和实践。第五章是从农道合修——即道教农学思想的实践层面，以史书记载和宫观志、道教金石碑刻为具体素材纵向梳理各历史时期道教农学思想的存在。第六章讨论道教农学思想的现代转向问题，首先分析了这种转向的具体原因，认为道教组织发展式微、道教理论创新能力衰退、近现代经济对道教宫观经济的冲击是这种转向的原因。然后讨论了道教农学思想转向后的体现，认为这并未改变道教农学思想的本质，道教农学思想转向后呈现出多元化倾向，经营方式也有了明显变化。

本书以一个全新的视角，以比较翔实的史料文献论证了道教农学思想的存在，探讨了各历史时期道教农学思想的内涵、特质和不同载体，立足而又不囿于道教思想，从农学史的角度去解读道教思想史，重点突出其中的农学成分，扩展了道教思想史研究的领域，具有非常明显的理论价值和现实意义。

（胡瀚霆）

7. 道教教育思想研究

道家道教教育研究

《道家道教教育研究》，陈德安、齐峰主编。北京：教育科学出版社，1997年9月第1版，32开，399千字。

陈德安，1939年生，江苏如皋人。为山西师范大学教授、硕士生导师、教育科学研究所所长、《山西师大学报》（教育版）主编、《教育史研究》副主编。兼任山西省学位委员会科评议组成员、山西省高校教师高级职务评委。从事中国教育史、中国古代史、中国文化史的教学与研究。发表论文50多篇。主编、参著《道教文化研究》《孔子思想研究文集》《孔子教育思想研究》等。

本书是全国教育科学"八五"规划国家教委重点课题研究成果，是一部论文集，收入论文包括：《〈老子〉的教育思想与先秦文化学传统》《庄子教育思想探微》《试论〈淮南子〉的教育思想》《〈太平经〉的教育思想》《〈老子想尔注〉教育思想简论》《阮籍教育思想探析》《〈列子〉的世界观与人生观教育》《论葛洪神仙道教教育思想》《寇谦之的教育思想》《成玄英的教育思想》《王玄览教育思想探析》《司马承祯的教育思想》《吴筠的教育思想》《杜光庭的"政教合一，守道化人"的教育思想》《〈云笈七签〉——道家道教教育哲学的"百科全书"》《〈悟真篇〉金丹学教育思想的思辨特色》《论王喆的道教教育思想》《佛、道与两宋理学教育思想融合、斗争的具体表现》《道家道教女子教育思想对两宋理学女子教育思想的影响》《论丘处机道家道教教育文化学的思想特色》《白玉蟾道教教育思想研究》《李道纯"真常之道，悟者自得"的道教金丹学教育理论探微》《〈太上感应篇〉——道教劝善书的典范》《道教内丹教育的里程碑——〈上阳子金丹大要〉述评》《试论张宇初的教育思想》《论〈三教搜神大全〉教化思想的特征》《陈撄宁及其道教教育思想》《中国道教教育管理制度初探》《道教教育在国外的传播及影响》。这一组论文，大部分都是从未发表的论文，共收录了29篇。

本书对先秦到近代2000多年来道家和道教发展中具有重大影响的人物、著作的教育思想做了系统挖掘、整理和研究，填补了中国教育史研究中的空白，具有首创性。本书的一个特点是，著者以详尽的资料为基础，以马克思主义的唯物史观为指导，运用现代教育理论和心理学知识，对道家教育的目的、内容、原则与方法进行了宏观性论述，同时，对道教的道德、审美、医学健康养生、科技教育以及师道等方面进行了系统总结与剖析，肯定了道家道教强调天人合一、自然无为、重视人的智慧与潜能开发、注意环境建设等教育内涵的积极贡献，揭示了道家道教教育思想所具有的特殊政治意义。另一个特点是，著者在研究时注意与我国传统文化中的儒家、佛学思想紧密结合，企图从哲学上探讨道家思想对宋明理学的人性论和去欲主静主敬等修养论的影响。并且勾画了道家道教教育思想的历史脉络，延续到近代，特别之处在于道家道教教育思想在国外的传播和影响，这不仅扩大了道家道教教育思想研究的视野，而且有助于我们全面理解道家道教教育的政治功能和人文价值。

但作为论文集，本书以个案研究为主，这明显缺乏对道家道教教育思想的整体性把握，这方面的缺点只有以专著的形式才能克服。同时，由于作者众多，难免水平参差不齐，这样不利于以统一的标准评价和考察道家道教教育思想。对道家道教教育思想的探索，值得人们深思和继续探求。（袁名泽）

汉魏六朝道教教育思想研究

《汉魏六朝道教教育思想研究》，汤伟侠著。成都：巴蜀书社，2001年11月第1版，32开，200千字，系"儒道释博士论文丛书"之一种。

汤伟侠简介详见《中国道教科学技术史》提要。

本书有前言、序，而后分两篇五章，还有结语、附录、参考文献、后记。本书以我国汉魏六朝的道教教育思想为主线，力图爬梳此时期道教教育思想的产生背景和发展历程。对此时期道教教育思想史进行了全面系统的梳理，以道教经典文献为主要立论材料，同时吸收、总结已有研究成果，阐述此时道教代表人物和经典的教育思想内涵。本书分为上下两篇，上篇探讨了此时期道教教育思想的渊源和产生的历史背景。它又分为两章，第一章阐明道教教育思想的渊源，认为先秦诸子的教育思想和神仙家的教育模式构成此时期道教教育思想的渊源。第二章认为秦汉时期中国思想文化的变迁与教育思想的发展和汉代的社会现实是道教教育思想产生的社会历史背景。下篇探讨了汉魏六朝道教教育思想之演进。第三章重点介绍了《太平经》和《老子想尔注》等早期道教经典中所蕴含的教育思想。第四章则重点介绍了葛洪和寇谦之等高道阐明的教育思想，论证了这种教育思想与现实社会的协调与适应。第五章则从宏观上对汉魏六朝"道化教育"思想的理论结构和贡献做了概括和论述。

本书最大的优点为：在简单归纳道教教义的基础上，运用美国分析派哲学家法兰根纳拟定的教育哲学分析模式及方法研究汉魏六朝的道教教育思想。将历史的展开与"道化教育"思想相结合，具体分析了此时期道教教育思想中所体现出来的道教教育目标、教育方法、教育计划、教育过程等内容。认为"道化教育"以自然为法，其认知观念"以道为宗"，在品德教化上"以德为化"，其教育方法是"以修为教"，教育目标是"以仁为育"。以上内容初步构建起了汉魏六朝时期道教教育思想的框架和体系。但是本书的部分内容还有待于进一步深化。例如，对道教初期和汉魏六朝时期的经典挖掘还不是很充分，如果能进一步挖掘此时期的道教经典中的教育思想，则本书的内容会更加丰富，体系将更加完美。（袁名泽）

中国道家道教教育思想史（先秦至隋唐卷）

《中国道家道教教育思想史（先秦至隋唐卷）》，陈德安主编。北京：社会科学文献出版社，2008年9月第1版，精装，16开，1084千字。

陈德安简介详见《道家道教教育研究》提要。

本书前有主编和白娴棠合写的前言，而后分5编51章，末后记。本书以我国历史上的道家道教教育思想为主线，力图爬梳先秦到隋唐时期的道教教育思想内涵和特点，内容丰富，卷幅宏富。对先秦至隋唐时期具有2000多年历史的道家道教教育思想史进行了全面系统的梳理，对21位人物和27篇经籍进行了深入的探索，运用现代教育理论和心理科学，对其教育作用、教育目的、教育对象、教育内容、教学原则和方法、道德教育、审美教育、健康养生教育、医学教育、科技教育以及尊师重教等方面，进行了深入的剖析和总结，彰显了道家道教教育在理论和实践上的独特成就及对中国古代教育的贡献。第一编分为5章，主要是阐述先秦时期道家的教育思想，介绍了老子、《文子》、庄子和以《黄帝四经》《慎子》《管子》《鹖冠子》《吕氏春秋》为代表的黄老道家教育思想内涵。第二编以7章的篇幅主要阐述两汉时期道家道教的教育思想，揭示两汉时期的《淮南子》《老子河上公章句》和五斗米道及太平道时期的《太平经》《老子想尔注》《周易参同契》等经典中所包含的教育思想。第三编主要阐述魏晋时期道家道教的教育思想，共有8章，分别介绍了《西升经》《洞玄灵宝自然九天生神章经》《赤松子中诫经》《列子》《黄庭经》《灵宝度人经》等经典所包含的教育思想和葛洪等人的教育思想。第四编主要挖掘南北朝时期道家道教的教育思想，分为12章。分别介绍了《太上洞渊神咒经》《太上灵宝元阳妙经》《太极真人敷灵宝斋戒威仪诸经要诀》《三天内解经》《正一法文天师教戒科经》《洞玄灵宝五感文》《洞真太上太霄琅书》《黄帝阴符经》等经典的教育思想和陶弘景、陆修静、寇谦之等高道的教育思想。第五编为隋唐时期道家道教的教育思想论述。隋唐时期是我国道教发展的鼎盛时期，所以本篇内容绞多，共分为19章，分别介绍了孙思邈、潘师正、成玄英、李荣、司马承祯、张万福、吴筠、杜光庭、吕洞宾等人和学派思想中的教育思想，以及《无上内秘真藏经》《本际经·付嘱品》《太玄真一本际妙经》《道教义枢》《太上老君说报父母恩重经》《无能子》《太上老君说常清静妙经》《太上太清天童护命妙经》中的教育思想。

　　本书对道教教育思想进行了纵向体系化研究，爬梳了先秦到隋唐时期道教代表人物或代表性经典中的教育思想，运用现代教育理论和心理科学，对此时间段中21位人物和27篇经籍中的教育思想进行了深入的剖析和总结，彰显了道家道教教育在理论和实践上的独特成就及对中国古代教育的贡献。本书知识点丰富，脉络清楚，但是也还存在因著者较多造成的观点不一、各章轻重不一的弊端，以及对道家道教教育思想的具体内涵及其发展轨迹还存在模糊不清的认识，这些问题还有待于后学继续予以重视和研究。（袁名泽）

道与化——道家道教以"道"化人思想研究

《道与化——道家道教以"道"化人思想研究》，史冰川著。成都：巴蜀书社，2012年5月第1版，精装，32开，200千字，系"宗教与社会研究丛书"之一种。

史冰川，哲学博士，汉语言文学博士后。现任四川大学哲学系党总支书记。在《宗教学研究》《中国宗教》等刊物上发表学术论文多篇。

本书由导论、正文、结语组成。在导论中，著者简述了本书写作的缘起和章节安排。第一章道与化，首先从"道之体""道之相""道之用""道之全体"四个方面对"道"进行解释，进而再从"物之化"的角度讨论万物生化、运动的规律。第二章以道化人，围绕着"道"与"人"的关系，分别阐述了"以道化人"的目标、思想、方法和范围，认为人借助于"道"的指导，不断实践，最终化入"与道合一"的境界，这个过程就是"以道化人"的过程。第三章以德化人，将第一章和第二章中有关"道"的思想应用于道教治世领域，得出以"德"化人的观点、思想和方法。该章的特色在于分别比较了宋徽宗、王安石、丘处机三人的治世模式，认为只有丘处机的治世模式才是老子"无为"思想的本意。第四章以仁化人，主要从道教伦理的视角对"道化"思想进行阐析，重点对"仁"与"道"的关系问题、道教劝善书中的仁化思想、全真道"慈爱、仁义"的仁化思想、净明道"孝忠明"的仁化思想进行考察，并辅以人物事迹以例证道教仁化思想对社会的重要影响。第五章以术化人，从术道关系、道术的分类以及内丹修炼方法入手，对"以术化人"思想进行分析，认为"术"的根本归宿离不开向"道"的复归。第六章以美化人，主要讨论了道化思想在道教美学领域的应用，归纳出道教的"虚静之美""灵动之美""和谐之美"三个不同层次的"美化"思想，进而阐释了提高审"美"的方法和功能。结语部分对全书进行了归纳总结。

本书对道教的"道化"思想进行了系统性的考察分析，并构建出"以道化人""以德化人""以仁化人""以术化人""以美化人"五个层面的"道化"思想体系，自成一家之言。本书不仅清理出道教"道化"思想在古代社会中的地位和作用，而且对当代文明建设和教育体系具有借鉴意义，也让我们对道教思想文化的了解又多了一个方面和角度。（孙伟杰）

8.其他

苏轼与道家道教

《苏轼与道家道教》，钟来因著。台北：台湾学生书局，1990年5月初版，系"道教研究丛书"之一种。

钟来因简介详见《长生不死的探求——道经〈真诰〉之谜》提要。

本书分七章。第一章苏轼时代的气氛，此章为建立苏轼的道教与道家信仰的背景，故先从北宋统治者真宗与徽宗崇道说起，帝王热衷故苏轼等文人或官员也亲近道学，然鉴于唐代服食丹药而丧命之实，宋代则以内丹风行于文士之中。第二章苏轼一生崇道概况，为认识苏轼崇道的一生，作为本书立论之基，著者细腻地将苏轼一生分成11个阶段，除少年时代引了密友米芾对苏轼所作的挽诗外，其余各个阶段，皆从苏轼本人在那个年代所作的诗篇里截取最适切足以形容当时苏轼崇道心境的诗句作为标题。因为选用的标题明确，在这11段崇道过程中，可见苏轼从神仙可学，进入实验阶段，到隐居看淡世事，追随《抱朴子》胎息修炼，而将养生融入生活里的过程。第三章苏轼家族中的崇道因素，这一章从苏轼家族对于道教的看法与关系，来佐证苏轼崇道有其背景。文分四节。从祖与父辈的苏序、苏洵具隐士精神论述起，再论苏轼的三位夫人，尤其与最末一位王朝云的互动，字里行间透露追求神仙之境的想法。三论其弟苏辙受祖父影响，更贯彻于内功的学习。四论苏轼贬岭南时偕子苏过前往，耳濡目染下，苏过也崇道。第四章苏轼与儒佛，在此著者认为北宋末期为儒、释与道三教交融汇合的时代，苏轼在其时代潮流下也具有如此的想法。尤其是儒学方面，为了科考与仕途，早年对于儒学有坚定信念，对于《中庸》的诠释，认为出于诚明，本乎人情，尽万物之理。至于佛学，苏轼并不是佛教徒，也不信佛，只是单纯认为佛与道相关。第五章道家道教对苏轼创作的影响，苏轼文采有目共睹，著者认为其崇道学仙对其创作有影响，故此章就"摆脱人生忧虑的苏轼哲学"与"道家道教对苏轼审美观的影响"两方面，说明苏轼欲寻找桃花源的理想境界，与由此发展成崇尚"天然平淡""幽独虚静"与"妙理学问"的审美想法。第六章苏轼崇道名作精华述要。如章名所示，本章整理了苏轼与崇道相关的诗文共20篇，从其作品剖析苏轼的崇道情怀与想法。第七章苏轼道教修炼作品选读，对应第六章的崇道相关作品，这一章入选的作品如《龙虎铅汞说——寄子由》等，为苏轼修炼道教的实际方法说明与其修炼体验的心路历程。

著者熟稔苏轼作品，以此驾驭全书，比如介绍苏轼崇道的一生，除了各节标题采用苏轼作品中的文句外，介绍内容也多引诗文作佐证。此外，本书以一个新视角，从两个面向来论述苏轼的崇道因素：一是将崇道因素的探讨扩及于整个苏轼家族，让苏轼崇道与学道有了更合理的证据与说明；二是本书不局限于只探讨苏轼道学的喜好，更从儒学与佛学两个面向看苏轼，讨论苏轼与儒、佛、道的关系，来说明苏轼在时代环境下参加科考以儒起家，而与佛的交集最少，明确地论证苏轼非佛教徒，再因家族环境与其境遇背景下，苏轼走向道教，并因此创作丰沛的文学与炼养作品，此乃本书对于道教研究的重要贡献。（萧百芳）

韩国道教思想

《韩国道教思想》，[韩国]车柱环著，[韩国]赵殷尚译。北京：人民文学出版社，2005年8月第1版，32开，240千字。

车柱环，1920年生，字德民，自号简堂，韩国江原道宁越郡人。1952年汉城大学本科毕业，获文学（中国文学）学士学位，1954年获文学硕士，随即留校在文理院历任讲师、助教授、副教授和教授。1968年获得汉城大学文学博士学位。在此期间，他曾到台湾大学进行过一年的中国文学研究。后来一直主攻中国文学和中国道教研究。出版专著：《道教与韩国思想》《道教与韩国文化》《韩国道教思想的展开》等。

本书前有著者自序，而后为正文十章、附录。本书以韩国道教思想的渊源和特质为主线，充分探讨了韩国道教思想的发展史以及道教在不同时期的内涵与特质。第一章道教概说，主要阐明道家与道教的关系。首先阐明了7世纪中国道教传入高丽后，在韩国所起的社会作用；其次，阐明了韩国道家思想与道教的相互融摄关系；更次，说明了道教在韩国不同历史时期的不同变化；最后，从民间道教的角度说明中国道教传入韩国后，对韩国社会所产生的影响。第二章和第三章具体介绍了中国道教传入韩国并被接受吸收的过程。介绍新罗时期中国的神仙思想、道家道教中的道术传入后引起新罗仙风和方术的产生；第三章认为留唐学人是道教传入的重要途径之一，其吸纳形式表现为昭格署及其斋醮形式、丹鼎派道教和道教地理图谶思想传入并流行。第四章阐明道教对新罗社会层百所产生的影响，这主要表现在新罗人具有道家的生活意识和仙风思想、对艺术人充满敬爱之心、多有奇行和方术、罗末学人尊崇丹鼎派道教等方面。第五章阐明高句丽时期道教思想的传入与吸纳。在高句丽时期，人们认为道教始祖充满了神异性，后来五斗米道和其他道教教派分别传入，从此，道教人士和各道派分别受到人们的尊崇，道教思想日益被吸纳并在高句丽时期有所创新。第六章主要是阐明高丽时期道教的传入和吸纳，此时期主要是道教图谶的传入及其对高丽人的思想影响，社会上层以睿宗为代表，中下层主要产生了守庚申的习俗，人们普遍相信并演化道教的地理图谶说。第七章探讨朝鲜初期的道教思想。首先说明此时期韩国的儒家和符箓道教的斗争；其次，论及道教地理图谶思想的继续发展；再次，介绍民间道教神谱的建立，丹鼎派道教的盛行；最后，道教养生论开始在民间兴起，道教医药学引起朝鲜学人的注意。从第八章起，介绍具体道派的思想。第八章介绍金丹派的缘起、代表作和思想内涵。首先介绍《抱朴子》中的金丹思想；其次介绍金丹炼造的步骤；再次，探究精气神以及内外丹的统摄对人体生命健康的重大作用；最后，简述胎息及龙虎秘诀，推介内丹中的气息调节和修养之法。第九章介绍符箓派道教在朝鲜半岛的情况。首先，介绍道教科仪的基本情况，并予以举例说明；其次，介绍符箓派道教的定位与变迁；最后，介绍了朝鲜半岛的符箓派道教发展概况和道士、科仪等情况。第十章介绍了韩国道教中数算功过思想和司过神的信仰。数算功过思想主要体现在对《太微仙君功过格》、袁了凡《阴骘录》、云栖禅师《自知录》和《汇纂功过格》四本功过格的介绍；司过神信仰主要体现在对中国的守庚申习俗、《物名考》及高丽时代的守夜、朝鲜时代的庚申守夜习俗的介绍。附录部分主要介绍了《伽倻步引法》《鸾郎碑序》《云笈七籖》等著述的思想，以及南斗、老人星祭和高丽睿宗等的基本情况。

本书是著者的代表作，倾注了毕生精力，且经过了几次大的修改，所以是一部不可多得的道教论著。其最大的优势是介绍了韩国的道教思想，同时也简略地介绍了道家思想及相关问题，探讨了各时代的发展过程，并叙述道教或道家思想的基本概念等。在论述过程中，将韩国道教思想与中国道教思想进行了对比研究，内容充实，论证充分。（袁名泽）

二十世纪中国道教学术的新开展

《二十世纪中国道教学术的新开展》，傅凤英著。成都：巴蜀书社，2007年11月第1版，32开，220千字，系"儒道释博士论文丛书"之一种。

傅凤英，1971年生，甘肃陇西人。中国人民大学哲学博士。现任职于北京联合大学民族与宗教研究所。主要从事道家、道教文化研究工作。出版著作《新译性命圭旨》，承担"理学丛书"之《理学与道家、道教学术》的撰写任务。在《宗教学研究》《中国道教》等刊物发表文章多篇。

本书前有自序和引论，而后正文分六章，还有参考文献和后记。本书重点在于说明20世纪道教研究的概况和特点，以及充分挖掘和介绍20世纪道教研究的著名学者的主要成就。引论主要阐述本书的内容和范围以及本书要突破的难题、创新及意义。第一章主要阐述20世纪中国道教研究概况：首先介绍了中国内地在50年代之前西学冲击下、50年代至80年代之前马克思主义话语下、80年代之后文化多元背景下的道教研究现状；其次，介绍了中国港台地区研究的总体情况、特点和香港、台湾道教研究的具体概况；再次，指明道教研究应该从现实出发对科学做出回应、道教养生学资源的发掘、弱势背景下寻求道教文化的存在空间、开展道教经典的基础性研究等几个向度进行。第二章主要介绍仙学倡导者陈撄宁的主要活动和成就：首先介绍他因患童子痨而不得不转向道教的外丹和内丹，因此翻阅《道藏》和主笔《扬善半月刊》；其次介绍陈撄宁的仙学与神仙学的区别在于仙学贯通三元丹法，重点在于内丹；再次介绍仙学的性质独立性，指出仙学不是宗教，而是一种性命双修的内丹学；最后论及如何化解仙学与科学的矛盾，认为仙学应该强调学术性，应该关注现实，充分利用科学指导仙学。第三章介绍养生学的弘扬者——萧天石的思想：首先概括萧天石的养生学的活动为"战乱以武入军校，敷治以文成一家"，"访求延生续命术，专走弘扬道学路"，"半隐自遁扬道学，常刊万世不刊书"；其次萧天石认为"发大心"是儒、释、道三家的修养基础，所以，他提出养生学应重视心性修养，应以心法为首务，静坐为修养心法的入门功夫；再次解释了萧天石养生学所提倡的性命双修原则，性命双修包含养生学和道德学两个层面的内涵，具有动静双修、内外兼养的特征；最后说明萧天石的道教养生学的超越性特征，且首推内丹学，其最高境界是"道世界"。第四章介绍王明这位道教文化研究的拓荒者的活动与成就，认为王明"生在时局动荡中，爱国读书两不误"，"博览群书文史哲，多方从师勤求教"，打下了道教研究的学术基础，其研究以专攻道教文化为重；接着介绍了道教与老庄道家文化的关系，道教与儒家、墨家和佛教等传统文化组成部分的关系；最后说明道教与科学技术的关系，认为道教不仅和我国古代的科学技术，而且与现代科学技术，均有深厚的渊源关系。第五章介绍陈国符这位《道藏》学研究奠基者的活动与成就。陈先生早年虽从事化学学科的学习与研究，但是刻苦攻读文史，不仅漂洋过海将纤维化学引入中土，而且为了研究道教黄白金丹的成分，遍考《道藏》，由此成为《道藏》学研究的奠基者。其次，介绍了陈国符对《道藏》编纂历史的考辨。陈国符将《道藏》编辑分为三期：第一期为未成"藏"名以前、第二期为正式《道藏》的产生、第三期为现存《道藏》的产生；最后介绍了陈国符对外丹黄白术的考辨，认为陈国符对丹经丹诀的词谊、丹经丹诀的出世朝代均有考证，尤其是其研究方法有很大的创新。第六章论述了20世纪中国道教学术研究的新特点，认为此时期的道教研究由宫观转到学界、道教与科学的关系成为研究热点、道教养生学受到关注、道教文化成为研究亮点、基础性经典研究方法推陈出新、从道教的视角关注现实人生；其次明确道教研究在中国传统文化和世界宗教文化中的定位。

　　整个20世纪，经历了中西多元文化的激烈冲撞、一元文化的范式转化、全球化背景下多元文化的再一次激荡角逐，中国的道教研究在多次的浮沉和变通中，经历了排外、接受、容纳、调适的发展过程，获得了新的价值和生命力，本书就是在这样的背景下完成的。它由著者的博士论文修改而成，考察了20世纪道教学术研究的总体概况，并以四位典型学者为例，分析了20世纪道教研究的几个向度，概括了20世纪中国道教学术的若干新特点以及道教研究的定位问题。著者对学界研究现状和成果十分熟悉，既潜心于道教本身的资料，又充分吸纳当时学界成果，是一部不可多得的学术专著。本书虽然抓住了当时四位典型学者的成果进行论述，很具代表性，但这明显是不够的，因为 20 世纪的道教研究视角日益广阔，研究成果丰硕，所以，如果对 20 世纪的道教研究成果进行一个学术上的简单综述，应该更能使读者明确当时道教研究的整体面目。（袁名泽）

两宋道教与政治关系研究

《两宋道教与政治关系研究》，向仲敏著。北京：人民出版社，2011 年 11 月第 1 版，16 开，190 千字，系"青年学术丛书"之一种。

向仲敏，1973 年生，四川南充人。哲学博士，副研究员，硕士生导师，西南交通大学人文学院党委书记。主要研究方向为儒家哲学、道家道教哲学、大学文化。在《宗教学研究》《社会科学研究》等刊物发表学术论文多篇，出版《田埂上的折耳根——大学·文化·生活小品文集》。

本书前有绪论，而后正文分四章，还有结语、参考书目、后记。本书紧紧围绕两宋时期道教与政治的关系行文。第一章首先勾勒出两宋君王崇道史，分别说明北宋和南宋崇道的概况。第二章阐明两宋时期道教与政权的关系，首先论证两宋君王崇道的原因在于道教对君权的神化；其次，从政治上对君王崇道之举予以考量；又其次，以丰富的史料说明两宋君王与道士的政治互动；再次，从道教的角度说明道教的斋醮科仪与赵宋政权的政治祈福间的关系，说明道教对两宋政权的巩固发挥了重要作用；最后，探讨了两宋臣僚对道教的关系和态度。第三章阐明两宋的政治管理制度及其政治意义，首先，简单介绍了两宋的道教管理机构及其政治作用；其次，介绍了道官选任制度及其政治意图；最后，介绍了两宋道教事务管理制度化趋向及其随意性特征，论及这种管理制度所具有的政治意义。第四章探讨了两宋道教与政治伦理的关系，主要论及两宋道教与君王的政治伦理关系和两宋道教与臣民的政治伦理关系。

本书最大的优势在于既立足于中国自古以来政教分离的现状，又有力辨析和说明了宗教与政治的相互利用和促进关系。本书克服了其他道教研究著述以道经为宗逐一说明和介绍的缺陷，从宏观上抓住道教本身的管理制度所具有的政治意义，分析道教将皇权神化并使之成为道教政治活动的基础，同时也点明了皇权为何要利用道教的政治原因。（袁名泽）

道教政治管理之道研究
——道教黄老传统考察

《道教政治管理之道研究——道教黄老传统考察》，吕有云著。北京：中国书籍出版社，2012年7月第1版，16开，297千字，系"中国书籍文库"之一种。

吕有云，1965年生，四川华蓥人。哲学博士，发表学术论文多篇。现供职于东莞理工学院，主要研究方向为中国传统生命哲学、思想政治教育。

本书以道教经典文献为主要立论材料，同时吸收、总结已有研究成果，旨在阐述道教政治管理之道的思想基础和内涵。第一章通过对道教黄老传统的考察与梳理，阐述了道教理身理国之道的思想基础，著者认为黄老之源为《道德经》，黄老之流为儒墨名法阴阳诸家，简述了黄老管理之道的发展历程，认为《淮南子》集中体现了黄老管理之道的内涵。同时也认为，我们可从《论六家要旨》看出黄老政治管理之道的理论特色。第二章揭示了道教为治者的治身之道。认为道教管理者"内以治身"的自我管理是道教政治管理的基础。著者认为道教治身之道以"爱生""重生"为指导思想，以"致虚守静归根复命""少私寡欲知足守分""守柔善下持后不争""功成事遂，不恃不宰"为治身之道的根本理念和方法。第三章论证了道教为治者治国之道的基本原理和原则要求。认为"致太平"是政治管理的终极目标，"正性清静，气质驳杂"是政治管理的人性论基础，因而"民为国本，本固国宁"是治国的思想基础；其具体的治国方法是"因任自然，无为而治""仁义法度，辅以为治""任贤使能，各处其宜"。第四章说明了道教政治管理之道的实践、历史地位和现实意义。在这一章中，首先论证了道教治国管理的实践表现，同时也对儒、道政治哲学的互补性价值做了比较中肯的分析评价，论及了道教政治管理之道在当今人类政治管理实践中的借鉴意义。

本书最大的优点在于充分挖掘了道教政治管理思想产生的思想基础，分析了这种思想基础发展的源流，并阐述了道教政治管理思想的内涵，论证了治身与治国的关系。最后，还论及道教政治管理之道的实践、历史地位和现实意义，构建了道教政治管理思想的理论体系。（袁名泽）